普通高等院校精品教材

金融学

杨 利　张俊杰　牛海龙◎主　编
黄贞贞　臧真博　山秀娟◎副主编
赵强林　邢玉柱　周代数◎参　编

清华大学出版社
北　京

内 容 简 介

本书按照应用型本科教育的规律，结合构建完整金融学知识体系的需要，系统介绍和阐述了现代金融理论与我国金融实践的发展成果。本书主要介绍了货币与货币制度、信用、利息与利率、汇率和汇率制度、金融市场、商业银行、国际储备和国际收支、中央银行等内容，体现了应用型本科教学特点。本书结构完整，内容涵盖了金融学领域的各个方面，体系结构合理。本书注重知识性与实践性，除了介绍基础理论外，每章附有课后综合练习题和实训项目训练，充分锻炼了学生分析问题和解决问题的能力。

本书可作为应用型普通高等院校经济管理类专业和其他专业的"金融学"课程教材，也可作为经济金融工作者和有兴趣的读者的参考书。

本书封面贴有清华大学出版社防伪标签，无标签者不得销售。
版权所有，侵权必究。举报：010-62782989，beiqinquan@tup.tsinghua.edu.cn。

图书在版编目(CIP)数据

金融学/杨利，张俊杰，牛海龙主编. —北京：清华大学出版社，2020.6（2025.1重印）
普通高等院校精品教材
ISBN 978-7-302-54942-0

Ⅰ.①金… Ⅱ.①杨… ②张… ③牛… Ⅲ.①金融学-高等学校-教材 Ⅳ.①F830

中国版本图书馆 CIP 数据核字(2020)第 025517 号

责任编辑：刘志彬
封面设计：李伯骥
责任校对：宋玉莲
责任印制：刘海龙

出版发行：清华大学出版社
网　　址：https://www.tup.com.cn, https://www.wqxuetang.com
地　　址：北京清华大学学研大厦 A 座　　邮　编：100084
社 总 机：010-83470000　　邮　购：010-62786544
投稿与读者服务：010-62776969, c-service@tup.tsinghua.edu.cn
质量反馈：010-62772015, zhiliang@tup.tsinghua.edu.cn

印 装 者：三河市科茂嘉荣印务有限公司
经　　销：全国新华书店
开　　本：185mm×260mm　　印　张：18　　字　数：416 千字
版　　次：2020 年 8 月第 1 版　　印　次：2025 年 1 月第 7 次印刷
定　　价：49.80 元

产品编号：086051-01

前　言

本教材基于专业性应用型本科人才的培养目标，以适应行业和经济发展需要为目标，组织教学以"理论应用"为主旨构建课程和教学体系，是实现应用型人才培养的目标载体之一。在编写中，着重加强对金融基本理论和基本规律的分析，把介绍金融学的基础知识和原理与研究中国金融体制的改革结合起来，做到理论阐述准确、系统、深入浅出；内容具有现实性和适用性；中心思想明确，重点突出。近年来，经济金融领域日新月异，金融理论的逻辑体系虽然不变，但内容推陈出新，要求我们及时更新和完善教材，与时俱进。在此背景下，我们对本教材进行了修订。

本教材的特点如下：

第一，本教材凝聚了作者多年教学心得和体会。考虑到学生对金融学的历史、现状以及运行规律了解较少的实际，用较大的篇幅介绍现代金融的基础知识和原理，力图给学生一个清晰的、成熟的、规范的金融学基础理论和专业基础知识框架；反映学科的最新发展，并引导学生密切关注金融学理论与实践的最新动态，使学生对新事物在概念上有更准确的把握，对新理论有更深刻的理解，对变化趋势有更清晰的认识，启发学生运用所学理论去分析和探讨实践中的金融问题。

第二，本教材在体系结构设计和知识的涵盖方面，在反映金融学理论与金融实践发展的完整知识体系的同时，考虑到我国金融改革的市场化趋势，尽可能突出我国金融体制改革的相关内容。在各章设置了拓展阅读资料专栏进行相关的案例讨论，帮助学生提高学习兴趣，能对相关内容进行更深入的了解和学习，从而提高分析问题和解决问题的能力。帮助学生学以致用，快速适应现代经济发展的需要，不断提高对金融知识和业务的理解能力。

第三，本教材注重学生学以致用能力的培养，加强了应用型知识的介绍和练习；在各章开始，设有学习目标和能力目标，帮助学生掌握该章的核心内容；在各章结尾，设有复习思考题，并配有大量的习题练习，以帮助学生复习、巩固和深化知识。

第四，本教材具有融理论性、知识性、前瞻性和启发性于一体的鲜明特色。在编写过程中，注重宏观金融和微观金融的转换、学术性和应用性的结合，以传统货币金融理论为基础，紧紧把握现代金融发展的趋势与挑战，阐述金融学基本原理和现实问题，既注重金融运行的微观化和市场化，又注重金融控制的整体化和制度化。

在本书编写过程中，中泰证券股份有限公司烟台南大街证券营业部和招商银行有限公司烟台分行的专家给予了指导和帮助，提供了丰富的案例和数据支持，同时我们还参考了业内专家学者的著作，在此向他们表示衷心的感谢。

由于编者水平有限，书中难免存在疏漏，恳请读者批评、指正。

编　者

2019 年 9 月

目 录

第一章　金融概述　1
- 第一节　金融和金融学 ·· 2
- 第二节　金融在国民经济中的地位与功能 ···················· 5
- 第三节　现代金融体系的基本构成 ······························ 7
- 本章小结 ·· 10
- 综合练习题 ·· 10
- 实训项目 ·· 11

第二章　货币与货币制度　12
- 第一节　货币的出现与货币形式的演进 ······················ 13
- 第二节　货币的本质和职能 ······································· 18
- 第三节　当代信用货币的层次划分 ···························· 22
- 第四节　货币制度 ·· 25
- 本章小结 ·· 39
- 综合练习题 ·· 40
- 实训项目 ·· 41

第三章　信用、利息与利率　43
- 第一节　信用概述 ·· 44
- 第二节　信用形式与信用工具 ··································· 46
- 第三节　利息与利息率 ··· 62
- 本章小结 ·· 75
- 综合练习题 ·· 76
- 实训项目 ·· 79

第四章　汇率与汇率制度　81
- 第一节　外汇与汇率 ·· 82
- 第二节　汇率的决定理论 ··· 91
- 第三节　汇率决定的基础和影响汇率变化的因素 ········ 99
- 第四节　汇率制度及人民币汇率管理 ······················· 107

本章小结 …… 121
综合练习题 …… 122
实训项目 …… 125

第五章　金融市场　126

第一节　金融市场概述 …… 127
第二节　货币市场 …… 130
第三节　资本市场 …… 146
第四节　外汇市场 …… 158
第五节　衍生工具市场 …… 172
本章小结 …… 182
综合练习题 …… 183
实训项目 …… 185

第六章　商业银行　186

第一节　商业银行功能及商业银行制度 …… 187
第二节　商业银行的业务 …… 190
第三节　商业银行的资产负债管理 …… 200
本章小结 …… 211
综合练习题 …… 212
实训项目 …… 213

第七章　国际储备和国际收支　214

第一节　国际储备 …… 215
第二节　国际收支 …… 224
本章小结 …… 237
综合练习题 …… 237
实训项目 …… 240

第八章　中央银行　241

第一节　中央银行概述 …… 242
第二节　我国的中央银行制度与金融机构体系 …… 249
第三节　中央银行的资产与负债 …… 252
第四节　银行体系的货币供给 …… 256
第五节　中央银行的货币政策 …… 264
本章小结 …… 277
综合练习题 …… 278
实训项目 …… 279

参考文献 …… 280

第一章 金融概述

>>> **知识目标**

1. 理解我国和国外对金融及金融学的不同界定。
2. 掌握金融的含义以及金融的构成要素。
3. 了解金融的产生和发展历程。
4. 熟悉金融学的研究对象、金融学科体系。

>>> **能力目标**

1. 通过对我国现行金融制度的评价,能够分析我国金融业与国际水平的差距。
2. 正确理解金融的范畴及金融在整个国民经济中的重要作用。

>>> **本章关键概念**

金融　金融学　微观金融学　宏观金融学　金融范畴　金融体系

>>> **导入案例**

生活中的经济与金融现象

我们每天都要活动,很多活动是属于经济方面的活动。比如,购物、炒股、存钱取钱、借钱给别人、到单位上班、领工资、付电话费、到银行还买房子的贷款、把家里没用的东西卖给收废品的、找人来维修一下水龙头、吃喝玩乐等。这些都是经济活动,都是经济上的一种行为。那么,什么是经济呢?

马克思认为,社会生产活动的四个环节是:生产、分配、交换、消费。西方经济学家认为,经济讲的是资源配置问题,目的是满足人们的需要。现实事例告诉我们,经济活动基本都和"钱"有关。

思考题:

本案例列举的经济活动中,哪些属于金融活动?

第一节 金融和金融学

一、金融的含义及其构成要素

(一) 金融的含义

金融(Finance)是一个经济学的概念和范畴。在现代经济生活中,人们每天都离不开金融并频繁地使用"金融"这个词。但是,目前理论界对于金融的含义却存在较大的分歧,没有统一的定义。"金融"一词我国古代没有,是从英文"finance"翻译而来的。在中国的文字历史中,"金"是指货币资金;"融"是指交易、调剂、流通,即通过中介以借贷形式所进行的资金融通。根据金融系统中个体与整体的差异,可以把金融划分为微观金融和宏观金融两部分。微观金融(Micro-Finance)是指金融市场主体(投资者、融资者;政府、机构和个人)个体的投融资行为及其金融资产的价格决定等微观层次的金融活动;宏观金融(Macro-Finance)则是指金融系统各构成部分作为整体的行为及其相互影响以及金融与经济的相互作用。金融作为资金融通活动的一个系统,是以各个微观主体个体的投融资行为为基础,工具、机构、市场和制度等构成要素相互作用并与经济系统的其他子系统相互作用的一个有机系统。

西方人对"finance"的用法大体可归纳为以下三种类型:

(1) 最宽泛的诠释为货币的事务、货币的管理、与金钱有关的财源等。这是最为普通的用法,具体包括三个方面:政府的货币资财及其管理,Public Finance,即国家财政;工商企业的货币资财及其管理,Corporate Finance,即公司金融;个人的货币资财及其管理,Personal Budget,即个人收支。这种诠释所概括的范围大于"金融"在中国所涵盖的范围。

(2) 最狭窄的诠释是把这个词仅用来概括与资本市场有关的运作机制以及股票等有价证券的价格形成。在国外的经济学界,这样的用法通行。近年来,在我国开始流行的对"金融"的狭义解释,即来源于国外对"finance"的这种用法。

(3) 介于两者之间的口径是把这个词所包括的内容诠释为货币的流通、信用的授予、投资的运作、银行的服务等。一些国际组织采用这样的统计口径。

可见,中文"金融"与英文"finance"虽然都有广义与狭义之分,但并非一一对应。

简单地说,金融就是资金的融通,即由资金融通的工具、机构、市场和制度构成的有机系统,是经济系统的重要组成部分。该含义是一种广义的金融含义。在这里,融通的主要对象是货币资金;融通的主要方式是有借有还的信用方式,而组织这种融通的机构则为银行及其他金融机构。金融具有以下特征:

第一,金融活动是以货币为载体的运动。各种金融关系都表现为货币关系,货币不仅对商品交换存在媒介关系,而且货币与货币之间也存在着兑换、积累、分配等关系,这一切又构成了金融关系的基础。

第二,金融的本质表现为信用关系。金融的本质实际上是一种信用关系,但信用关系比金融的范围更广泛。金融活动是指以货币或价值为对象的借贷活动;而信用关系还包括各种非货币形式的借贷,如实物借贷。

第三,金融体现的是一种价值关系。一切金融活动必然都表现为货币的运动,而现实生活中货币只是一种价值符号,货币运动和货币信用活动实际就是价值的流动和运动。

第四,金融体现的是一种跨时期的动态关系。金融活动是一种动态的活动,金融资产的流动性越强,也就越有活力。

中国文字中的"金融"

"金融"一词并非古已有之。古代文字中有"金",有"融",但在《康熙字典》及其之前的工具书中,都没有出现"金融"连用的词。最早列入"金融"条目的工具书是1908年开始编纂的《辞源》和1905年酝酿编纂的《辞海》。《辞海》1936年版"金融"条的释文是"谓资金融通之形态也,旧称银根"。于1937年第11版"金融"条的释文是"今谓金钱之融通状态曰金融,旧称银根。各种银行、票号、钱庄,曰金融机构……"出现在20世纪初编纂的工具书中,说明"金融"一词在当时人们的经济活动中已经开始使用并成型。

(二)金融的构成要素

▶ 1. 金融主体

金融主体就是参与金融活动的各类参与者。其中,各类金融机构是构成金融活动主体的主要部分。此外,政府、企业以及居民也是重要的金融主体。

▶ 2. 金融客体

金融客体也被称为金融工具或者信用工具,它是货币资金或金融资产借以转让的工具。理论上,金融既然是货币信用关系的体现,那么,各种金融活动能够成立的前提就是首先必须有货币的存在,没有货币,金融也就无从谈起。

▶ 3. 金融市场

金融的核心内容是资金融通机制。如何高效率地合理配置资金,对一国经济的发展具有重要意义,金融市场就是这一资金融通机制的主要载体之一。

▶ 4. 金融制度

金融制度通过提供规则和安排以界定人们在金融交易过程中的选择空间,约束和激励人们在金融交易中的行为,降低金融交易费用和竞争中的不确定性引发的金融风险,保护金融交易双方的权利,提高金融资源的配置效率。

二、金融学及其学科体系

(一)金融学的概念

金融、金融学均为现代经济产物。古代主要是农耕、农业经济,是易货和简单的货币流通，根本不存在金融和金融学。如在中国，一些金融理论观点散见在论述"财货"问题的各种典籍中。它作为一门独立的学科，最早形成于西方，叫"货币银行学"。近代中国的金融学，是从西方介绍来的，从古典经济学直到现代经济学的各派货币银行学说。

兹维·博迪和罗伯特·C.莫顿在他们合著的《金融学》一书中，定义"金融学是研究人们在不确定的环境中如何进行资源的时间配置的学科"。金融学实际上是研究微观金融主体个体的金融决策行为及其运行规律的学科，因此也可称为"微观金融学"。显然，这是与狭义的金融概念相对应的狭义的金融学概念，也是目前西方使用较多的金融学的概念。

总的来说，金融学是研究货币金融的基本理论及其运行规律的学科，是研究货币、信用、金融机构、金融市场等基本范畴及其运作机制的一门经济学科。

（二）金融学的研究对象

在理论继承上，金融学无疑是在货币银行理论长期研究的基础上发展起来的。作为一种经济范畴，货币银行理论的发展经历了几个不同的历史阶段，在不同的历史阶段，新的社会、经济环境赋予了它新的表现形态、内涵及作用。金融学则是在当代新的历史阶段中，有关货币银行理论研究的进一步延伸和扩展。金融学是以融通货币和货币资金的经济活动为研究对象，具体研究个人、机构和政府如何获取、支出以及管理资金和其他金融资产的学科。

作为经济学的重要分支，对金融学的研究应该既包括以金融主体行为及其运行规律为研究对象的微观金融学的内容，又包括以金融系统整体的运行规律及其各构成部分的相互关系为研究对象的宏观金融学的内容。概括起来，金融学主要研究和阐述以下几方面内容：货币及信用原理、金融机构运作原理、金融市场与投资、金融调控及货币政策、国际收支、汇率与国际货币体系、金融发展与金融监管等。

（三）金融学的学科体系

金融学的学科体系是由从不同角度研究金融系统各个方面的活动及其规律的各分支学科综合构成的有机体系。按通常理解的金融口径，金融学学科体系应大体分为：宏观金融分析和微观金融分析。

微观金融分析和宏观金融分析分别从个体和整体角度研究金融运行规律。

（1）宏观金融分析从整体角度讨论金融系统的运行规律，重点讨论货币供求均衡、金融经济关系、通货膨胀与通货紧缩、金融危机、金融体系与金融制度、货币政策与金融宏观调控、国际金融体系等问题。主要的分支学科有中央银行学、金融监管学、国际金融学等。

（2）微观金融分析有两大分支：金融市场分析和金融中介分析；在金融市场与金融中介分析之下是技术层面和管理层面的学科。

金融中介分析也称金融中介学，主要研究金融中介机构的组织、管理和经营。包括对金融机构的职能和作用及其存在形态的演进趋势的分析；金融机构的组织形式、经济效率、混业与分业、金融机构的脆弱性、风险转移和控制等。主要的分支学科包括商业银行学、投资银行学、保险学、微观银行学等。该领域的研究历史悠久，并且在19世纪末20世纪初金融理论和实践的发展中占有重要地位。但是，20世纪中叶以来，与迅速发展的金融决策学相比，金融机构学的发展则相对滞后，远不能适应世界金融业飞速发展的需要。

金融决策分析主要研究金融主体投融资决策行为及其规律，服务于决策的"金融理论由一系列概念和定量模型组成""这样的金融决策理论是个人理财、公司理财乃至一切有理财要求的部门所共同需要的"。该领域的分支学科包括金融市场学、证券投资学、公司财务学、金融经济学、金融工程学、金融风险管理、金融资产定价等。几十年来，该领域的研究得到快速发展，并取得了许多优异的成就，获得了多次诺贝尔经济学奖。例如，1990年获得诺贝尔经济学奖的马柯维兹的资产组合理论、W. 夏普的资本资产定价模型、莫迪利亚尼—米勒定理（MM 定理）；1997 年获得诺贝尔经济学奖的布莱克—斯科尔斯—默顿的期权定价公式等。上述成就的取得，在推动金融理论研究和金融市场发展方面做出了重要贡献。金融学学科体系图，如图 1-1 所示。

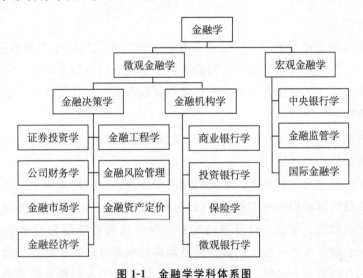

图 1-1 金融学学科体系图

第二节 金融在国民经济中的地位与功能

在现代经济中，金融和经济发展之间存在着一种相互刺激与影响的关系：一方面，健全的金融状态能对资金进行有效的动员，引导资金投向生产领域，从而促进生产的发展，增进经济繁荣；另一方面，繁荣的经济又使经济主体对金融服务的需求相应增长，从而刺激金融业的扩展，加深整个经济金融化的程度。金融在现代经济中，主要发挥着以下重要功能与作用。

一、金融在现代经济中的地位

（一）金融是现代经济的核心

金融在现代经济中的核心地位是由其自身的特殊性质和作用所决定的。金融运行的正常有效，货币资金的筹集、融通和使用就充分而有效，社会资源的配置也就合理，对国民经济走向良性循环所起的作用也就明显。

（二）金融是调节宏观经济的重要杠杆

现代经济是由市场机制对资源配置起基础性作用的经济，其显著特征之一是宏观调控的间接化。而金融在建立和完善国家宏观调控体系中具有十分重要的地位。

（三）金融是沟通经济生活的命脉和媒介

在现代经济生活中，货币资金作为重要的经济资源和财富，成为沟通整个社会经济生活的命脉和媒介。现代一切经济活动几乎都离不开货币资金运动。

二、金融的功能

（一）聚敛功能

相对于企业或项目建设单位自筹资金来看，金融为现代经济建设筹措巨额建设资金，具有所用时间短、筹措资金多等优点，因而有利于迅速筹措巨额建设资金。

金融筹措资金，一般来说有三种方式：吸收社会存款、发行债券和在资本市场融资。

（二）配置功能

金融的配置功能，主要是指资源的配置、财富的再分配与风险的再分配，有利于提高社会资金和资源的使用效率。

金融为现代经济建设提供资源的配置包括两个方面：一方面是资金的配置，根据需要为急需的建设项目筹措和提供所需资金，以保证建设的顺利进行；另一方面是由资金的配置而引起的人才、物资、信息、机器等的配置，吸引这些资源随着资金的流动而正向流动。一个有效的金融系统将社会上剩余的资金调动起来并将之用于有益的经济活动，从而达到社会资源的合理利用。这样，一方面，企业、国家及个人的资金需求得到满足；另一方面，储蓄者的资金得到有效的利用，储蓄者因此得到回报。

（三）命脉功能

在现代经济生活中，金融，特别是货币资金作为重要的经济资源和财富，成为沟通整个社会经济生活的命脉。现代一切经济活动，几乎都离不开货币资金运动。从国内看，金融连接着各部门、各行业、各单位的生产经营，联系每个社会成员和千家万户，成为国家管理、监督和调控国民经济运行的重要杠杆和手段；从国际看，金融成为国际政治经济文化交往，实现国际贸易、引进外资、加强国际经济技术合作的纽带。

作为命脉，金融首先为现代经济建设提供"营养"。这里所说的"营养"，是指形成新价值的三大要素——资本（资金）、劳动者和劳动对象——中的资本（资金）要素。没有了资本（资金）要素，劳动者仅凭两只双手，是什么也创造不出来的。

（四）反映功能

金融的反映功能，主要表现在反映微观经济运行状况，反映国家货币供应量的变动，反映企业的发展动态，反映世界经济发展变化情况等。为此，金融的反映功能也可以称为"晴雨表"功能。

银行的作用不仅是帮助企业融资，更重要的是帮助企业用好银行贷款、减少风险；股市不仅解决了企业的融资，更重要的是起到了监督与反映企业运行、奖优惩劣的作用。

金融本身是一个高风险的行业，如果出现问题，也会对经济建设、对构建社会主义和谐社会带来非常严重的影响。金融发展如同一把"双刃剑"，金融之乱，既有金融系统自身管理和运营上的紊乱，也有因多种原因引起的整个金融系统和牵动社会的剧烈动荡。小至一般的"故障"，大到较大的金融风波，最严重的乃至社会动乱，甚至世界性的危机。事实一再证明，凡是经济社会发生问题，首先从金融界传出信号。由于金融系统本身是一个巨大的信用链条，一旦哪个环节出现问题，就很容易发生连锁反应，引起全局性、系统性的金融风波和金融危机。

（五）调节功能

金融是现代经济中调节宏观经济的重要杠杆。现代经济是由市场机制对资源配置起基础性作用的经济，其显著特征之一是宏观调控的间接化。而金融在建立和完善国家宏观调控体系中具有十分重要的地位。金融业是连接国民经济各方面的纽带，它能够比较深入、全面地反映成千上万个企事业单位的经济活动。同时，利率、汇率、信贷、结算等金融手段对微观经济主体有着直接的影响。国家可以根据宏观经济政策的需求，通过中央银行制定货币政策，运用各种金融调控手段，适时地调控货币供应的数量、结构和利率，从而调节经济发展的规模、速度和结构，在稳定物价的基础上，促进经济发展。

（六）信用功能

金融的特点，决定了它的正常运行需要两个最重要的社会条件，一个是有比较系统完备的法制，另一个是具备基本的信用基础。人们知法守法，讲究诚信，金融业务才能正常开展。金融发展，与金融有关的法制也会发展，与金融有关的伦理道德的建设也会发展，从而有助于培养社会的法制观念，营造诚信氛围。

第三节 现代金融体系的基本构成

一、金融体系的类型

金融体系（Financial System）是有关资金流动、集中和分配的一个系统。它是由连接资金盈余者和短缺者的多种金融中介机构和多层次金融市场共同构成的有机整体。在金融体系中，金融中介机构和金融市场利用金融工具实现资金在个人、家庭、企业和政府部门之间的融通，并在中央银行等金融监管机构的监督下实现资金的有效配置。

在现实中，世界各国具有不同的金融体系，很难用一个相对统一的模式进行概括。各国金融体系大概可以划分为两类：一类是以商业银行为主导的金融体系，其典型国家如德国；另一类是以资本市场为主导的金融体系，其典型国家如美国和英国。

（一）以商业银行为主导的金融体系

在以商业银行为主导的金融体系中，企业外源性融资主要依赖银行。一方面，一家银行和它的客户企业间建立起长期稳定的银企关系，银行持有企业的债务和股份；当该企业陷入财务困境时，银行会积极主动地介入处理。通常越不透明的企业越依赖银行信贷，这是因为它们的品质通常无法通过公开信息来衡量。另一方面，银行也有向它们提供贷款的动机，因为银行对信息的把握能力，强化了银行对贷款对象的审查和监督，并可以通过垄断力量获得贷款收益。例如，在德国，除了相对少数的上市公司，大部分企业依靠银行贷款获得外源融资。银行系统主宰着资金的融通活动，金融市场的位置相对次要。2017年，德国国内信贷投放额占GDP的比重为141%，而德国的股票交易额占GDP的比重仅在34.7%左右，远远低于美国的132%和英国的95%。最大的三家健全型银行——德意志银行、德累斯顿银行和德国商业银行，为企业和个人提供一系列产品与服务。德国发达的银行系统为企业筹资提供了重要的途径。

（二）以资本市场为主导的金融体系

在以资本市场为主导的金融体系中，企业融资主要依靠金融市场。该模式下的银企关系是以市场交易为基础的一种松散的关系模式，健全的法律系统提供了相应的约束机制。银行对信贷风险的评估大多基于企业的公开信息，如分析企业的财务报表获得其财务状况及盈利状况的信息，这些信息基本上都是"硬"信息。只有当企业违约时，银行才能对企业起到监督作用，以保证贷款本金和利息的安全性。

银行主导型的金融体系和市场主导型的金融体系是互补的。在银行主导型的金融体系中，市场制度仍是其基本制度背景；而在市场主导型的金融体系中，投资者其实也要通过中介参与金融活动。

通常，只有在人们的收入水平达到一定的阶段后，才可以慢慢发展市场主导型的金融体系。像英国、美国这样的发达国家在过去很长一段时间内一直也是银行主导型的金融体系，到了20世纪五六十年代以后才建立了市场主导型的金融体系。

二、金融体系的构成

金融体系包括金融调控体系、金融机构体系、金融监管体系、金融市场体系、金融环境体系五个方面。

（一）金融调控体系

金融调控体系是国家宏观调控体系的组成部分，包括货币政策与财政政策的配合、保持币值稳定和总量平衡、健全传导机制、做好统计监测工作、提高调控水平等；金融调控体系也是金融宏观调控机制，包括利率市场化、利率形成机制、汇率形成机制、资本项目可兑换、支付清算系统、金融市场（货币、资本、保险）的有机结合等。

（二）金融机构体系

凡专门从事各种金融活动的中介组织均称为金融机构。金融机构体系是媒介资金流动的整个中介机构系统。

金融机构的种类很多，根据资金来源的方式，目前世界各国通常把它们分成两大类，即银行性金融机构和非银行性金融机构，它们在社会资金分配和再分配中协同作用。其中，银行是整个金融机构体系中最基础的环节。

▶ 1. 银行性金融机构

银行性金融机构是经营货币资金从事货币信用活动的金融机构。其资金来源主要是吸收存款，资金运用主要是发放贷款，并办理结算、汇兑等中间业务。在现代商品经济中，银行是社会资金融通的枢纽，是金融机构的主体。当前世界各国银行体系不尽相同，根据业务经营的特点，一般把经营性银行分为商业银行、储蓄银行和合作银行。

▶ 2. 非银行性金融机构

非银行性金融机构是除了银行之外的一切可以办理金融业务的机构，包括保险公司、信托投资公司、财务公司、证券公司、租赁公司及投资基金等机构。非银行性金融机构是随着金融资产多元化、金融业务专业化而产生的。非银行性金融机构的资金来源于会员的股金、保险契约、发行债券借入的资金和信托存款等，资金运用主要是证券投资和房地产投资。

非银行性金融机构的产生和发展推动了金融创新，使融资机构、融资渠道和融资形式日益多样化，为客户提供的服务也更加周到，尤其为中小企业的发展提供了方便。与此同时，非银行性金融机构的存在和发展，也使金融领域竞争更加激烈，给金融业的发展注入了活力。

（三）金融监管体系（金融监管体制）

金融监管体系包括健全金融风险监控、预警和处置机制，实行市场退出制度，增强监管信息透明度，接受社会监督，处理好监管与支持金融创新的关系，建立监管协调机制（银行、证券、保险及央行、财政部门）等。

金融监管体制按照不同的依据可以划分为不同的类型。其中，按照监管机构的组织体系划分，金融监管体制可以分为统一监管体制、分业监管体制、不完全集中监管体制。

（1）统一监管体制：只设一个统一的金融监管机构，对金融机构、金融市场以及金融业务进行全面的监管。代表国家有英国、日本、韩国等。

（2）分业监管体制：由多个金融监管机构共同承担监管责任，一般银行业由中央银行负责监管，证券业由证券监督管理委员会负责监管，保险业由保险监督管理委员会负责监管。各监管机构既分工负责，又协调配合，共同组成一个国家的金融监管组织体制。

（3）不完全监管体制：不完全集中统一的监管体制可以分为"牵头式"和"双峰式"两类监管体制。"牵头式"监管体制是在分业监管机构之上设置一个牵头监管机构，负责不同监管机构之间的协调工作。巴西是典型的"牵头式"监管体制国家。"双峰式"监管体制是依据金融监管目标设置两类监管机构。一类机构专门对金融机构和金融市场进行审慎监管，以控制金融业的系统风险；另一类机构专门对金融机构进行合规性管理和保护消费者权益的管理。

（四）金融市场体系（资本市场）

金融市场是金融资产的交易系统，是金融资产的供求关系及其运行机构的总和。金融市场必须具有交易主体、交易工具、交易价格及市场法规四个基本要素。现代经济活动很大程度上是通过金融市场来完成的。

按照金融中介机构在融资活动中所起的作用，金融市场的资金融通方式有两类：间接融资和直接融资。

间接融资是以商业银行为核心的一个融资活动。银行以资金需求者的身份向社会公众出售各种存款凭证，将社会闲散资金集中起来，再以资金供给者的身份通过不同形式的贷款提供给资金需求者。在这种融资活动中，银行割断了资金盈余者和资金短缺者的直接联系，并始终存续在融资链条中。

直接融资是以证券公司为核心，资金盈余者直接购买资金短缺者的债权或产权的融资方式。金融机构与资金交易双方不是债权债务关系，而是委托关系，从中获取代理费用。直接融资工具主要是股票和债券。

直接融资和间接融资如图1-2所示。

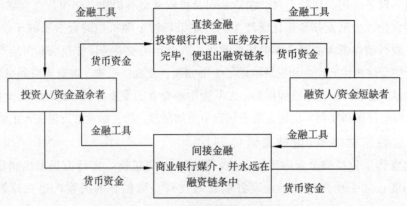

图1-2 直接融资和间接融资

不管是直接融资还是间接融资，都只能部分地满足社会对融通资金的需求。在现代商品经济条件下，两种融资形式都有现实的生存空间和发展基础，在量上也存在替代互补关系。两种融资形式各具优点，共同促进了经济的发展。

（五）金融环境体系

金融环境是指一个国家在一定的金融体制和制度下，影响经济主体活动的各种要素的集合。金融环境体系包括建立健全现代产权制度、完善公司法人治理结构、建设全国统一市场、建立健全社会信用体系、转变政府经济管理职能、深化投资体制改革等。

本章小结

本章作为金融学的开篇，旨在勾勒出一幅清晰的金融框架，以便理解金融的内涵和基本范畴，明确金融学的研究对象和学科体系，理解金融体系的构成，了解金融产生和发展的历史及其在现代经济中所起的作用，为深入掌握金融知识打好基础。

综合练习题

一、单项选择题

1. 下列选项中，属于间接金融的资金融通方式的是（　　）。
   A. 商业票据　　B. 企业债券　　C. 股票　　D. 银行票据
2. 金融是（　　）以及与之相联系的经济活动的总称。
   A. 商品流通和货币流通　　　　B. 货币流通和信用活动

C. 商品流通和信用活动　　　　　D. 以上都不对
3. 能直接融资的主要工具是（　　）。
A. 基金　　　　　B. 股票和债券　　　C. 银行贷款　　　D. 个人借贷

二、判断题

1. 直接金融是指资金供需双方直接构成债权债务关系的资金融通方式。（　　）
2. 金融先于商品货币出现，并伴随着商品货币关系的发展而发展。（　　）
3. 宏观金融研究微观层面上的金融市场和金融机构以及个人投资的问题。（　　）
4. 商业银行与其他金融机构的基本区别在于商业银行是唯一能吸收活期存款、开设支票存款账户的金融中介机构。（　　）
5. 对融资方而言，间接融资比直接融资具有更稳定的资金来源。（　　）

三、简述题

1. 现代金融体系的构成要素有哪些？
2. 简述金融在国民经济中的功能和作用。

实训项目

金融与我们的日常生活

【实训目标】

1. 让学生结合实际，加深对金融的认识和理解。
2. 初步培养学生金融理财的意识和能力。
3. 提升学生主动学习金融的热情。

【实训内容】

金融与我们的日常生活息息相关，通过本章的学习，结合自己生活中所见到的金融活动，思考如下问题：

假设你经过几年的工作，各项收入在扣除日常必要开支后结余有10万元，目前没有开公司进行经营的计划，也没有特别需花钱的事项。那么，这笔"闲"钱用来干什么呢？请想出至少6种与金融相联系的理财途径，并分析每种途径收益的特点。

【知识实训分析】

这是一道应用性的训练题目。金融各部门就是为社会提供各种融资渠道的。在解题之前，我们首先要明确如下问题：

1. 金融机构是由哪些部门组成的？
2. 各部门有何功能和特点？
3. 各部门与我们的生活有何联系？

【成果与检测】

课程结束后，每个同学上交理财计划报告一份。

第二章 货币与货币制度

>>> **知识目标**

1. 了解货币的起源、货币形式的演变；了解实物货币、金属货币、代用货币、信用货币及其之间的历史联系。
2. 了解国家货币制度的概念及其构成要素；掌握国家货币制度及其主要内容。
3. 熟悉国际货币制度的演变及其主要内容。
4. 掌握货币层次划分的依据及我国货币层次的划分。
5. 熟悉区域性货币制度的类型。

>>> **能力目标**

1. 树立正确的货币价值观。
2. 能够结合现实中的货币现象分析货币的职能。

>>> **本章关键概念**

货币　货币职能　货币制度　信用货币　货币层次

>>> **导入案例**

货币的定义

许多东西都充当过货币的材料，从贝壳等实物到金银等贵金属，到纸币，以至于目前广泛运用的电子货币都被当作普遍接受的交换媒介。"在古代，据说曾以牲畜作为商业上的通用媒介。牲畜无疑是极不便的媒介，但我们却发现了，古代往往以牲畜头数作为交换的评价标准，即用牲畜交换各种物品。荷马曾说：'迪奥米德的铠甲，仅值牛九头，而格洛卡斯的铠甲，却值牛一百头。'据说，阿比西尼亚以盐为商业交换的媒介；印度沿海某些地方，以某种贝壳为媒介；弗吉尼亚用烟草；纽芬兰用干鱼丁；我国西印度殖民地用砂糖;其他若干国家则用兽皮或鞣皮。据我所闻,直到今日,苏格兰还有个乡村,用铁钉作媒介,购买麦酒和面包。"(亚当·斯密《国富论》)

17世纪,在印度的许多地方,贝壳与"巴达姆"(badam,一种不能吃的波斯硬果)被民众广泛使用,与铜币争夺"地盘"。在印度和中国的许多地方,由于开采铜和铸造铜币的成本比开采白银和铸造银币,甚至比开采黄金和铸造金币的成本还要昂贵,因此当铜短缺时或铸币成本太高时,在最偏远的市场上,贝壳就取代了铜币。直到18世纪,贝壳作为货币在非洲的奴隶贸易中仍有很大的需求。同时,枪支、巴西烟草、亚麻布、法国白兰地和火药也被用于黑人奴隶交易。当时,购买一个奴隶的价格分别是100磅贝壳,或12支枪,或5包巴西烟草,或25匹亚麻布,或1桶(约40L)法国白兰地,或15磅火药。与贝币同时使用的还有盐币。在中国明代,楚雄府就曾用人工加工好的盐块作为货币,一个盐块重二两。

现在,在南太平洋的雅浦岛上,人们仍然把石头作为货币,第二次世界大战中的集中营和战后的德国及20世纪80年代的俄罗斯都曾把万宝路香烟作为货币。

思考题:

有人说,黄金不是货币,而是货币的材料,你同意这种观点吗?为什么?那么,货币是什么?

货币是与商品经济相联系的经济范畴,是在长期的商品生产和交换过程中产生与发展起来的。只要是商品经济社会,就必然存在货币。然而,货币一旦独立于商品形态之外,它就会对整个商品经济有重要的反作用。因为货币运动的一切经济现象,如信用货币的发行、资金的借贷、货币供应量的调控及货币资金的国际转移等金融问题,都不是简单货币现象的变换,而是复杂社会经济活动的综合反映,它涉及国民经济的许多方面。可以说货币既是社会再生产顺利进行的前提条件,又是社会再生产过程复杂化的一个因素,它既能促进经济发展又能引起经济紊乱。因此研究货币及货币与经济的关系,成为现代金融理论的基本重点与中心课题。

第一节 货币的出现与货币形式的演进

一、货币的出现及货币起源学说

(一) 货币起源于社会分工和商品交换

社会分工使人们根据自己的优势生产单一产品,而人们生产和生活的需求又是多样性的。在私有制度下,解决生产单一化和需求多样性矛盾的最好手段就是交换,因此,社会分工和私有制促成了商品生产和商品交换的发展。在商品生产和交换的长期发展过程中,从商品中自然分离出来的一般等价物就是货币。

(二) 马克思用完整的劳动价值论揭示货币产生

马克思是第一个用完整的劳动价值论揭示货币产生过程本质矛盾的人。他认为商品是使用价值和价值的矛盾统一体，一个商品生产者要么拥有商品的价值，要么拥有其使用价值，两者相互依存又互为条件的关系必然导致交换，这使得商品的内部矛盾转化为商品交换过程中的矛盾。商品生产者通过出售商品的使用价值获得价值的交换过程，使每个商品生产者的私人劳动转化为社会劳动，交换过程就是商品使用价值和价值矛盾的转换过程。这一过程通过价值形式的演变表现出来，并由此导致在商品经济条件下货币产生的客观必然性。

(三) 其他经济学派通过交换形式演变说明货币产生

其他经济学派常用交换制度的演变来说明货币的产生。这些学派认为世界各地的交换都经历了直接交换制度(Direct Exchange System)和间接交换制度(Indirect Exchange System)两个发展阶段。直接交换制度即物物交换制度(Barter System)。直接交换扩大了商品的交流，促进了生产的发展，但存在着极大的局限。首先，物物交换制度下没有共同的价值标准。每种物品的价值可以用多种价值标准来表示，不仅使交换受阻，而且还不能明确地表示个人财富的多少和劳动结果的损益，更谈不上会计制度。其次，物品交换的交易成本高、效率低。在物品交换制度下，同一时间、同一地点，交换双方所愿意提供的物品很难完全使对方满意，交易双方在需求、时间与空间的多重巧合难以成立。寻求多重巧合的过程，必然浪费很多时间与精力，造成交易成本上升和效率低下。最后，物品交换的市场范围狭窄，价值分割，运输、储藏困难。物品交换期间，由于物品运输不便，交换大都被限于一个狭小地区，长途运输与远距离交换的物品很少，因此市场不易扩大；同时实物储藏困难必然导致价值积累的困难，有碍于资本的形成和整个社会生产的发展。由于物品交换的若干不便，人们在长期的交换活动中逐渐发现，大家都用一种物品作为交换媒介，再以它换回自己所需要的其他物品，可以使交易更方便，于是产生了最早的实物货币(Physical Money)。与此同时，直接交换制度就逐渐过渡到间接交换制度。间接交换制度是以货币为媒介的交换制度。作为交换媒介的货币，可以是某种物品、某种贵金属、某种代用货币(Representative Money)或信用货币(Credit Money)。

交易媒介的不断发展过程也就是货币形式不断演变的过程。

二、货币形式的演变

(一) 实物货币

(1) 实物货币就是商品货币(Commodity Money)。其典型特征是其币材作为商品用途和作为货币用途在价值量上相等。在人类经济史上，各种物品，如贝壳、谷物、布匹、家畜、劳动工具等，都曾在不同时期内扮演过货币的角色。例如，很久以前，俄罗斯西伯利亚、蒙古国和我国西藏，人们习惯用茶叶作为货币，把茶叶捣成碎末，拌上牛血和水压制成大小、重量均匀的方块作为货币使用。

(2) 实物货币的特征。由于实物货币的商品用途和货币用途存在等值关系，因此实物货币是足值货币。实物货币笨重,值小量大,不便分割,不便携带,无法充当理想的交易媒介。各种实物货币质量不一,容易腐烂或磨损,不是理想的价值标准和价值储藏工具。所以,随着经济的发展,实物货币逐渐被金属货币(Metal Money)所代替。

早期的实物货币——贝壳

贝币是最早出现、使用最广泛、最长久的实物货币。今天的人们已经很难想象它曾经是叱咤风云的"钱"。但细心的您也许会发现,繁体的"買賣"二字中,都有一个"貝"(贝)字。

这样的汉字还有很多,凡是与财富、交易有关的字,几乎都带着一个"贝"(或貝)字,如财、货、资、宝(寶)、贡、赋、贵、贱、费、赃、赠、赏、赐、购、贸、赚、贾、赎、贷、贫,等等。

这到底是为什么呢?原来,在很久以前,我们的祖先曾经把大海中的贝壳当作货币使用。在夏、商、周甚至更早的时候,贝壳是非常稀有珍贵的东西,人们用贝壳交换商品。《说文·贝部》:"古者货贝而宝龟,周而有泉,至秦废贝行钱。"说的就是秦朝以前,人们都是用贝壳、龟壳作为货币的。

人们为什么会选择贝壳作为货币呢?因为贝壳质地坚硬,不易损坏;体积小,便于携带;个数多,便于计价;不易被模仿制造。这些特点几乎是所有实物货币共同的特点。

(二)金属货币

▶ 1. 金属货币的产生

随着社会的发展,人们对自然界的认识能力和科技水平不断提高,金属材料开始活跃在人类历史舞台上。早在几千年前,人类就认识了金、银、铜、铁、锡、铅、汞这七种金属。随着金属提炼技术的提高,人们找到了比贝壳等实物货币更合适的货币材料——金属。金属材料质地坚固均匀,耐磨耐腐蚀,有较高的稳定性,有的金属材料还具有很好的塑性、韧性、延展性等,易于加工制作,可制成不同大小和形状的金属货币,适于表现各种商品的价值。于是,金属货币登上了货币历史的舞台。

金属货币是实物货币的一种典型形式,主要是指贵金属作为币材的货币。金属因其耐久、同质、可分、价值稳定、稀少及易于运输和储藏等特点,从若干交易媒介中独立出来,获得一种等价值的特殊地位。

▶ 2. 金属货币的演变

从币材角度讲,金属货币有一个从贱金属向贵金属演变的过程。"金银天然不是货币,货币天然是金银"说明了货币不是自然产生的,而是在社会生产和交换的作用下产生的,货币一进入人们的经济生活,就逐渐找到了最适合体现自身作用的材料——金银。从货币形状角度讲,金属货币有一个从称量货币(Weighted Money)到金属铸币(Coined Money)的演变过程。最初的金属货币没有统一的形式、重量和成色,在充当交易媒介时,必须随时鉴定其成色,量其重量,然后以其所含金/纯银的重量作为交换价值量的依据,这种称量货币仍然不便于交易。于是称量货币开始向铸币演变。最初的铸币是一些大商人将生金生银铸成某种形式并加上自己的印记,用他们的信誉来保证流通货币的重量和成色,这种私人铸币的信誉有限,流通范围狭小,难以适应日益发达的商品交换的需要,于是国家开始统一铸造金属货币。由此产生了典型的国家铸币,历史上曾先后出现过青铜铸币、铁铸币、金银铸币。

流通中的铸币必定会磨损,使其实际重量逐渐低于它的名义重量。磨损了的铸币可以和足值铸币一样流通,政府就开始有意识地利用贱金属铸币代替贵金属铸币或用不足值的铸币代替足值的铸币充当交易媒介,进而发行本身没有价值的银行券代替金属铸币充当交易媒介。

自从出现了金属货币之后,比起贝币时代,货币的流通范围扩大了。除了买卖东西、赏赐、馈赠等外,弱国向强国纳贡、穷人向富人借贷,也都用货币支付。

鬼脸钱——"面部"有文字的最早的金属货币

"鬼脸钱"一般指蚁鼻钱,是直接由贝币演化而来的,是贝币发展的高级形态,以其外貌形状和文字特征而得名。"鬼脸钱"不仅年代久远,而且是有文字的最早的金属货币,在我国钱币发展史上,占有一席重要的位置。

鬼脸钱,是春秋南方楚国的铸币。钱面凸背平,大小如贝,最大者长1.9cm,最小者长1.3cm,重0.6~4.1g,形似背面磨平的贝壳,钱有穿孔,币面文字为阴文,如"君""行""金""忻"等。因其上多有阴刻铸就的钱文,所以又被称为"文字贝"。

(三) 代用货币

▶ 1. 代用货币的概述

代用货币通常是政府或银行发行的代替金属货币流通的纸币或银行券。代用货币是为了降低金属货币的流通成本而产生的一种货币代用品。

▶ 2. 代用货币的特征

代用货币自身没有价值,它能够作为交易媒介在市场上流通,是因为有充足的金银货币或等值的金银条块作为保证。代用货币的持有人有权随时向发行人按规定的比率兑换成金银铸币或在一定条件下兑换成金银条块。因此,代用货币本身的价值虽然大大低于其面值,但是公众持有代用货币等于拥有对实质货币的要求权。

▶ 3. 代用货币的优点

代用货币的优点包括:发行成本低;易于携带和运输;可以把稀有的金银节省下来移作他用。

(四) 信用货币

▶ 1. 信用货币的含义

信用货币是在政府或中央银行的信用基础上发行的,并在流通中发挥货币职能的信用凭证。信用货币是目前世界各国广泛采用的货币形态。从历史的观点看,信用货币是金属货币制崩溃的直接结果。20世纪30年代经济危机和金融危机的相继到来，迫使主要资本主义国家先后放弃了金本位制（Gold Standard System）和银本位制（Silver Standard System），银行发行的银行券不再兑换金属货币，信用货币便应运而生。从经济发展的角度看，信用货币产生的内在根源在于社会生产力和社会分工的发展，使商品的交换越来越频繁和复杂化。商品交换过程中对金属货币的需求量不断增加，而黄金的产量有限，加之战争等因素的影响，黄金在国际间的自由输入和运出受到限制，而货币作为商品交换的媒介，在商品交换中只是转瞬即逝的东西，从而使信用货币能够代替金属货币执行流通职能。政府货币管理部门根据货币的使用价值，控制适度的货币发行数量，社会大众对信用货币仍然能够保持信心，货币运动对经济发展的"润滑"作用就能充分发挥，因此，法定的信用货币并不需要充足的金、银作为发行准备。当然，为了增强人们对信用货币的信心，信用货币的发行均具有相当数量的商品、外汇、有价证券等资产作为其发行基础。

▶ 2. 信用货币的特征

信用货币的典型特征是不足值，其实际价值低于货币价值，而且与代用货币不同，它不代表任何贵重金属，因此不能兑换贵金属。

▶ 3. 信用货币的具体形态

（1）现金（Cash）或通货（Currency）。

现金是家庭、工商企业和政府部门所拥有的纸钞和铸币，又称为主币，是由政府授权中央银行发行的不兑现黄金的银行券和辅币，是一国的法定货币，如我国的面值为100元、50元、20元、10元、5元、1元的现金。纸制货币产生于货币的流通手段（Medium of Exchange）职能，主要作为人们日常生活用品的交易手段，具有极强的流动性。现金发行数量的多少与一国货币支付结算制度的发达程度呈负相关关系，即支付结算制度越发达，现金需求量越少。现金中的辅币是本币的等分，即角、分，用于小额或零星交易的媒介，多以铜、镍、铝等贱金属制造或用纸印制。

（2）存款货币（Deposit Money）。

存款货币主要是指经济主体在商业银行存款账户中的存款，其中典型的存款货币是活期存款。活期存款是存款人可以随时开出支票命令银行对持票人进行支付的存款。活期存款被广泛用作交易媒介与支票手段，其优点是：可以避免钞票或铸币的丢失和损坏；传送便利，成本低廉；实收实支，免去找零钱的麻烦；支票在经收款人签署背书以后，可以在一定范围内流通。但支票只是一种票据，活期存款才是真正的交易媒介和支付手段，才是一种货币形态。

（3）电子货币（Electronic Money）。

20世纪80年代以后，货币从纸质形式向电子形式转变。社会经济运行范围扩大、资金流动速度加快的客观现实，要求货币形式与之吻合，计算机在银行业务中的运用，为电子货币代表纸质货币提供了条件。电子转账系统（Electronic Funds Transfer System，EFTS）逐渐取代票据交换，大大减少了银行或企业票据的签发，加快了资金的流动速度。

电子货币是指用一定金额的现金或存款从发行者处兑换并获得代表相同金额的数据或者通过银行及第三方推出的快捷支付服务，通过使用某些电子化途径将银行中的余额转移,从而能够进行交易。严格意义上说,是消费者向电子货币的发行者使用银行的网络银行服务进行储值和快捷支付,通过媒介(二维码或硬件设备),以电子形式使消费者进行交易的货币。

电子货币是一种信息货币,它实际上是由一组含有用户的身份、密码、金额、使用范围等内容的数据构成的特殊信息,因此也可以称其为数字货币。人们使用电子货币交易时,实际上交换的是相关信息,这些信息传输到开通这种业务的商家后,交易双方进行结算。这要比现实银行系统的结算方式更省钱、更方便、更快捷。

电子货币是现实货币价值尺度和支付手段职能的虚拟化,是一种没有货币实体的货币。电子货币是在电子技术高度发达的基础上出现的一种无形货币。一般来说,电子货币的价值通过销售终端从消费者手里传送到货物销售商家手中,商家再回赎其手里的货币。商家将其手里持有的电子货币传送给电子货币发行人并从其手里回赎货币,或者传送给银行,银行在其账户上借记相应金额,再通过清算机构与发行人进行结算。整个过程是无纸化的。所谓无纸化是与票据、信用卡相比较而言。电子货币可以在各个持有者之间直接转移货币价值,不需要第三方(如银行)的介入,这也是电子货币与传统的提款卡和转账卡的本质区别。电子货币在这一点上,很类似于真正货币的功能。

电子货币能否被称为通货,关键在于电子货币能否独立地执行通货职能。电子货币可以起到支付和结算的作用,但电子货币只是蕴涵着可能执行货币职能的准货币。首先,电子货币缺少货币价格标准,因而无法单独衡量和表现商品的价值和价格,也无法具有价值保存手段,而只有依附于现实货币的价值尺度职能和价值储藏职能。其次,由于电子货币是以一定电子设备为载体——智能卡和计算机,其流通和使用必须具备一定的技术设施条件及软件的支持。因此,尚不能真正执行流通手段的职能。最后,尽管目前电子货币最基本的职能是执行支付手段,但是现有的各种电子货币中的大多数,并不能用于个人之间的直接支付,向特约商户支付时,商户一方还要从发行电子货币的银行或信用卡公司收取实体货币后,才算完成对款项的回收。总的来说,电子货币不能完全独立执行支付手段的职能。可见,现阶段的电子货币是以既有通货为基础的新的货币形态或是支付方式。

第二节 货币的本质和职能

一、货币的本质

货币从商品交易中产生,又为商品交易服务。货币的存在原因有两种:一种是货币自身有价值,使其能够充当一般等价物,如金属货币;另一种是将货币作为一种国家或社会强制,以法律的形式使其充当一般等价物,如纸币。货币或者自身有价值或者作为一种社会强制,在商品交易中表现出两方面的作用:一方面,货币是表现一种商品价值的材料或一种技术手段;另一方面,货币代表一定的社会信心或社会认同感,具有直接和一种商品劳务相交换的能力。作为一切商品价值的表现材料，所有商品生产者都必须首先把自己的劳动产品换成货币，其次再用货币购买自己所需要的商品。作为一种社会信心的凝结或社会认同的代表，人们愿意放弃自己的劳动产品而持有货币。这两方面的作用是相辅相成的，一种货币的社会信心越强，人们就越愿意接受它，其作为一种交换媒介使用频率就越高；反之，人们对一种交换媒介的接受程度越高，说明对这种货币的信心越充足。因此，货币本质上是社会认同的一般等价关系，它体现着货币持有者与商品所有者相互对价、相互交换的价值关系。这种社会认同的一般等价关系在表现形式上无论是金、银，还是某种价值符号，都不过是一般等价关系的载体。货币的本质是人类不同劳动相交换的社会关系，并通过这种交换把私人劳动转化为社会劳动，把私人产品转化为社会产品。

在商品经济条件下，以货币为载体的劳动和产品的转化机制从宏观上制约着社会的商品生产，它要求每一类商品必须按照社会需要的数量和产量进行生产。从市场角度来讲，只有符合客观需要的商品才能转换为相应数量的货币，完成商品使用价值向价值的转化，可见这种转化程度体现为全社会货币对商品的制约关系。所以，货币代表一种广泛的社会生产和交换关系，这种本质关系是货币本身所固有的，是商品经济中的必然存在。

二、货币的职能

货币的职能是货币本质的具体表现。现代经济理论认为，货币具有价值尺度、流通手段、支付手段、储藏手段（Store of Value）和世界货币五种职能。

（一）价值尺度职能

货币的价值尺度职能是指货币具有衡量商品价值标准的职能。货币能够执行价值尺度职能是因为货币具有社会认同感，它本身具有或代表一定价值量。因此，在质上它能够表现商品价值，在量上能够衡量商品价值量的大小。

货币在执行价值尺度职能的时候，必须以货币单位（Unit of Money）为工具。货币单位是包含一定贵金属重量或代表一定价值量的货币计量标准及其等分。在金属货币制度下，金属的重量单位就是货币单位，如中国使用白银货币时曾以重量单位"两"为货币单位，英国曾经用重量单位"磅"作为货币单位。历代政府滥造货币，导致铸币重量或成色不足，货币单位逐渐与金属重量单位分离。例如，英国货币用黄金代替白银时，按照金银的比价，1英镑金币只含1/15磅黄金，货币单位"镑"和重量单位"磅"背离。代用货币产生后，不少国家以"元"作为货币单位，这种货币单位所包含的金、银由国家法律规定并沿袭到信用货币的广泛实施。20世纪70年代后，世界各国都取消了货币的含金量。货币单位是国家法定的货币计量单位。一般而言，一国货币单位的名称往往就是该国货币的名称。

货币发挥价值尺度的职能时，并不需要现实的货币，它只是作为一种观念上的货币，只是让人们知道这件商品值多少钱，如果想购买这件商品得付出多少现实货币而已，这就是价值尺度职能的重要特征。所有商品和劳务的价值都可以用货币单位来衡量或表示，从而形成不同商品的绝对价格。绝对价格是商品内含价值的货币表现，如一辆自行车300元、一辆摩托车3 000元、一辆小轿车300 000元。各种商品绝对价格的比例形成不同商品之间的相对价格，相对价格反映了不同商品的价值量比例，上述三种商品的相对价格比例是 1∶10∶1 000。从生产领域讲，相对价格的比例是产业或产品结构调整的参考依据；从消费领域讲，相对价格的比例是人们消费结构调整的依据。

（二）流通手段职能

流通手段职能是指货币用来充当商品和劳务流通媒介的功能。在物物交换时代，商品的所有者出让自己的产品和取得他人的产品，在时间上和空间上是统一的。货币出现以后，商品交换时划分为买和卖两个环节。货币流通手段打破了商品直接交换在时间上和空间上的限制，促进了商品交换的发展。

商品生产者出卖商品获得货币后，并不将其用于储藏，而是用于购买原材料等继续进行生产。这时，货币在商品生产者手中只是转瞬即逝的要素，在货币不断转手的过程中，不足值的金属铸币和信用货币能够代替足值金属货币充当流通手段，因为商品交换者所关心的只是这些交易手段是否能够起媒介作用，并不考虑它本身是否足值。可见，信用货币是从货币的流通手段职能中产生的。

（三）支付手段职能

支付手段职能是指经济交易的发生和货币的支付在时间上分离引起的货币价值形式单方面转移的功能。货币的支付手段职能仍然产生于社会认同的货币本质。货币的支付手段是适应商品生产和交换发挥需要的必然结果。由于各种商品生产和消费在时间上和空间上不完全一致，在全社会范围总是存在这样一些情况：部分商品进行季节性生产，但其消费却是全年性的；部分商品在甲地生产却在乙地消费，客观上要求商品实体的转让与商品价格的实现在时间上分离开，从而产生了商品赊购或赊销方式。

货币发挥支付手段的职能表现为货币作为独立的价值形式进行着单方面转移运动。货币作为支付手段，商品和货币在交换过程中就不再同时出现，货币运动与商品运动两者相分离，并且由货币的支付作为交换过程的补充环节而独立结束整个过程。商品的价格是在订立支付契约时就已确定的，也就是买者必须按照契约所规定的金额到期偿还债务。货币不充当商品交换的媒介，而是作为履行合约的支付手段，价值的单方面转移是其特征。

作为支付手段的货币和作为流通手段的货币共同构成流通中的货币。在货币作为流通手段时，最初主要是为使商品流通顺畅，用于商品生产者之间清偿债务。商品生产者只能在出售商品获得货币以后，才能购买原材料继续生产，其活动余地受到很大限制；货币支付手段职能使商品生产者通过赊购的方式事先得到原材料进行生产，待自己的商品出售以后，再支付货款，这在一定程度上扩大了全社会的生产规模，促进了经济发展。随着商品生产的发展，货币支付手段的职能已超出了单一的偿债范围，扩大到商品流通领域之外：大宗交易，这是支付手段发挥作用的主要场所；财政收支、银行存贷；工资、佣金、房租、地租、水电费等领域。

货币支付手段职能扩大了商品经济的矛盾，因为不同商品生产者之间赊销方式形成的债权债务关系成为全社会信用的链条。如果其中一个环节不能按时支付，就可能造成整个信用链条的断裂。如果这些情况超过一定限度，就会爆发金融危机甚至经济危机，导致大批生产经营者破产和社会经济的衰退。

（四）储藏手段职能

储藏手段职能是指货币退出流通领域被人们当作社会财富的一般代表保存的职能。货币具有的社会认同感本质，使它可以交换任何一件商品，也使它成为人们储藏财富的工具。

用于储藏的货币必须是足值的、实在的，或在比较长的时间内稳定地代表一定的价值量。由此看来，货币能否作为价值储藏，取决于两个因素：一是在储藏期内不损失其价值；二是在需要购买时能顺利地购买到所需商品。

不同的货币形式执行储藏手段的职能是不一样的。金属货币时代，人们把金属货币作为绝对的社会财富收藏起来。金属货币本身具有价值，储藏量增减的同时自动发挥着调节货币流通量的作用。当流通所需要的货币量减少时，过多的货币就会退出流通领域成为储藏货币；反之，储藏货币就会进入流通领域。在信用货币条件下的储存手段表现为银行储蓄，它们是流通手段与支付手段的准备金。信用货币能够执行货币储藏职能的原因是法律规定它代表同样的价值量，具有社会认同的本质。然而，不足值的货币特征使它执行储蓄手段职能时必须以货币币值稳定为条件。如果物价上涨、货币贬值，不仅抑制新的储蓄，原来退出流通的储存货币也会变成现实货币来冲击市场。信用货币的储存不能自发地调节货币流通量，只有通过中央银行调整市场上流通的货币数量，才能保持正常与合理的货币流通秩序。信用货币的储藏手段职能难以自发地调节经济。

（五）世界货币职能

世界货币职能是指货币在世界市场上执行一般等价物的职能。由于国际贸易的产生和发展，货币流通超出一国的范围，在世界市场上发挥作用，于是货币便具有世界货币的职能。作为世界货币，必须是足值的金和银，而且必须脱去铸币的地域性外衣，以金块、银块的形式出现。原来在各国国内发挥作用的铸币及纸币等在世界市场上都失去了作用。

在国内流通中，一般只能由一种货币商品充当价值尺度。在国际上，由于有的国家用金作为价值尺度，有的国家用银作为价值尺度，所以在世界市场上，金和银可以同时执行价值尺度的职能。后来，在世界市场上，金取得了支配地位，主要由金执行价值尺度的职能。

世界货币除了具有价值尺度的职能以外，还有以下职能：①充当一般购买手段，一个国家直接以金、银向另一个国家购买商品。②作为一般支付手段，用以平衡国际贸易的差额，如偿付国际债务、支付利息和其他非生产性支付等。③充当国际间财富转移的手段。货币作为社会财富的代表，可由一国转移到另一国，如支付战争赔款、输出货币资本，以及由于其他原因把金银转移到外国去。在当代，世界货币的主要职能是作为国际支付手段，用来平衡国际收支的差额。

作为世界货币的金属流动具有两重性。一方面，金银从它的产地散布到世界市场，为各个国家的流通领域所吸收，补偿磨损了的金、银铸币，充当装饰品、奢侈品的材料，并且凝固为储藏货币。这个流动体现了商品生产国和金银生产国之间劳动产品的直接交换。另一方面，金和银又随着国际贸易和外汇行情的变动等情况，在各国之间不断流通。

理论上，信用货币由于没有内在价值或其价值可以忽略，是不能够执行世界货币职能的。但在当代，一些西方发达国家的信用货币，成为世界上普遍接受的硬通货，实际上发挥着世界货币的职能。世界各国都把这些硬通货作为本国储备的一部分，并用来作为国家间的支付手段和购买手段。一方面是因为发行这些硬通货的国家经济发达，国力强大，国际政治经济地位较高，因此其货币也较坚挺、有保障；另一方面是国际金融发展的结果：近几十年来，欧洲美元市场、离岸金融业务的发展，促进了这些信用货币的全球化。

上述五种货币职能是相互联系的，它们都是货币本质的具体体现。其中，价值尺度和流通手段是货币基本的职能。货币区别于普通商品的基本特征是：第一，货币能表现一切商品的价值——价值尺度职能；第二，货币作为社会公认的媒介具有直接交换一切商品的能力——流通手段职能。当某种物品满足这两个要求时，它就充当了货币。因此，价值尺度和流通手段职能是货币的基本职能。

支付手段职能与上述两种职能紧密相关。货币在用于偿还债务，或者商品发生信用交易时就发挥了支付手段职能。但在进行信用交易时，首先要用货币计价，发挥价值尺度职能，其次才能发挥支付手段职能。

储藏手段和流通手段、支付手段也有紧密联系。由于货币可以随时用于购买和支付，人们愿意保存货币，使其具有储藏手段职能。同时，储藏又是一种潜在的流通手段和支付手段，只要需要进行购买和支付，储藏手段就会随时转化为流通手段和支付手段。

第三节 当代信用货币的层次划分

一、货币层次的含义

货币层次是指不同范围的货币统计概念。货币层次应根据各国不同情况和调控货币流通量的具体要求来划分，随着经济发展，金融不断创新，货币供应量的范围也会随之变化。

最初，人们对货币的认识仅限于是某种充当价值尺度和流通手段的商品。各国相继成立了中央银行并垄断发行银行券之后，人们才开始认识到银行券等同于金属货币。到20世纪初叶，西方经济学家普遍认为可转账的活期存款也是货币，使货币范围从钞票扩大到存款，这是货币理论的一个重要发展。第二次世界大战前后，一些经济学家进一步把货币的范围扩大到银行的定期存款。

美国著名的经济学家弗里德曼认为应当把商业银行的定期存款也称为货币，其理由是：①商业银行的定期存款虽然有一个期限，但定期存款可随时转化为现金或支票，并不受其期限长短的限制。②据美国90多年货币史的实证研究证明，包括定期存款在内的广义货币最能表现货币与经济活动的相关性。另外，还有一些经济学家认为除商业银行的活期和定期存款外，其他金融机构的存款与负债都具备替代交换媒介的功能，因此也应该视为货币。这样，20世纪以来，西方国家对货币范围的理解不断扩大，那些具有一定流动性、能够替代货币发挥职能的金融资产也被视为货币。

二、货币层次划分的依据

不同国家对货币划分的标准各不相同，所以对货币层次的划分也有区别，但基本思路都是按照货币的流动性或可接受性来划分的。所谓金融资产的流动性，是指这种金融资产能迅速转换成现金，而对持有人不发生损失的能力。也就是变为现实的流通手段和支付手段的能力，也称变现力。因为变现能力越强的货币，其流动性越强，而流动性越强的货币就越容易被人们普遍接受。于是按照货币的流动性和可接受性划分，货币一般可分成以下几个层次：

M1＝通货＋商业银行的活期存款。

M2＝M1＋商业银行的定期存款。

M3＝M2＋商业银行以外的金融机构的金融债券。

M4＝M3＋银行与金融机构以外的所有短期金融工具。

以上是西方经济学家对货币层次的归纳，各个国家的划分层次不完全相同。一般各国都把 M1 称为狭义的货币量，把 M2 称为较广义的货币量，把 M3 称为更广义的货币量，把 M4 称为最广义的货币量。有的国家则简单地将货币划分为 M1（狭义货币量）和 M2（广义货币量）。

三、我国货币层次的划分

（一）我国货币层次划分的依据

我国关于货币量层次的划分，目前学术界也不统一。有主张以货币周转速度划分的，有主张以货币变现率高低划分的，也有主张按货币流动性划分的。若是按流动性划分，其依据是：

（1）相对能更准确地把握在流通领域中货币各种具体形态的流通特性或活跃程度上的区别。

（2）在掌握变现能力的基础上，把握其变现成本、自身价格的稳定性和可预测性。

（3）央行在分析经济动态变化的基础上，加强对某一层次货币的控制能力。

在具体划分货币层次时一般要考虑以下三个因素：货币流转速度的快慢、存款变现率的高低、货币作为购买力的活跃程度。

（二）我国货币层次的计量

中国人民银行于 1994 年 10 月 31 日正式公布货币供应量的不同层次，确定并按季公布货币供应量指标，根据当时的实际情况，将货币划分为 M0、M1、M2、M3 四个层次货币，具体如下：

M0＝流通中的现金。

M1＝M0＋企业活期存款＋机关、团体、部队存款＋农村存款＋个人持有的信用卡存款。

M2＝M1＋城乡居民储蓄存款＋企业存款中具有定期性质的存款＋信托类存款＋其他

存款。

M3＝M2＋金融债券＋商业票据＋大额可转让定期存单等。

在我国，M1是通常所说的狭义货币供应量，M2是广义货币供应量，M3是为金融创新而增设的。

2001年6月起，证券公司客户保证金计入货币供应量（M2），含在其他存款项内。2011年10月起，住房公积金中心存款和非存款类金融机构在存款类金融机构的存款计入广义货币供应量。

M0的变动可能引起零售物价的起伏。

M1是狭义货币供应量和现实的购买力，M1的变化对社会经济生活具有广泛而明显的影响。其中，商业银行活动存款是国家货币政策控制与调节的主要对象。但由于商业银行的活动存款主要是由银行的放款和投资等资产业务形成的，因此，对商业银行活动存款的控制主要是控制放款和投资等资产业务。

M2是广义货币供应量，M2的变量变化反映了社会总需求的变化，不仅影响现实购买力，还影响潜在购买力。M1和M2是中央银行货币量监控的主要对象。若M1增速较快，则消费和终端市场活跃；若M2增速较快，则投资和中间市场活跃。中央银行和各商业银行可以据此判定货币政策。M2过高而M1过低，表明投资过热、需求不旺，有危机风险；M1过高M2过低，表明需求强劲、投资不足，有涨价风险。

M1和M2之比称为货币流动性比率，即：

$$货币流动性比率＝M1/M2×100\%$$

货币流动性比率反映货币流动性强弱的结构变化，是分析社会即期资金状况的重要金融监控指标之一。货币流动性比率与居民资产结构变化和经济市场化发展程度相适应，随着经济不断发展，在多种因素的影响下，其通常呈下降趋势，但不会无限下降。

（三）划分货币层次的基本目的

划分货币层次的基本目的是便于中央银行了解各货币层次之间的数量变化，考察各种不同货币性的金融资产对经济的影响；有助于中央银行正确估计前期货币政策的效果，从而进行宏观经济运行监测和货币政策操作。

电子支付方式是否对现行货币层次形成挑战？

在1994年的货币层次划分中，狭义货币M1中的现金仅指流通中的现金，不包括银行借记卡项下的个人人民币活期储蓄存款，而且这一项是统计在广义货币M2中的。原因在于，1994年中国银行业的电子网络化水平还比较落后，绝大部分居民活期存款必须先在银行柜台或自动柜员机提出现金后才能进行支付交易。因而以银行借记卡进行结算的交易量也很小，所以这一项并未包括在M1层次中。

随着科技进步，储蓄账户中的资金通过电子支付在人们消费与服务的支付中发挥着越来越重要的作用。近年来，居民活期存款越来越多地被用作支付和结算的工具，其流动性得到极大的增强。鉴于此，有关学者提出应将居民活期储蓄划入狭义货币M1。

目前，居民活期储蓄存款直接用于商品和劳务的购买，成为普遍的行为，且数量上已达到不可忽视的程度。此时，居民活期储蓄存款的性质已发生了根本的改变。

第四节 货币制度

货币制度是国家对货币的有关要素、货币流通的组织与管理等加以规定所形成的制度，完善的货币制度能够保证货币和货币流通的稳定，保障货币正常发挥各项职能。依据货币制度作用的范围不同，货币制度包括国家货币制度、国际货币制度和区域性货币制度。

一、国家货币制度的构成要素及其演变

国家货币制度（National Monetary System）是一国政府以法令形式对本国货币的有关要素、货币流通的组织与调节等加以规定所形成的法规体系，是国家货币主权的体现，作用范围仅限于国内。

（一）国家货币制度的形成

国家货币制度产生于国家统一铸造铸币，完善规范的国家货币制度是随着资本主义制度的产生而出现的。自然经济条件下，流通范围的狭小和领地上的割据，使铸币权分散，铸币的成色和重量不统一、铸币不断贬值等因素导致货币流通紊乱。由于货币价值标准不统一，难以正确地计算成本、价格和利润，难以建立广泛和稳定的信用关系，难以推动商业活动的扩展和难以形式上统一市场。为了清除货币流通中的混乱现象，各国资产阶级在确立了自己的统治地位后，先后以法令的方式对货币发行和流通做出种种规定，并逐步使各种规章固定下来形成了统一、稳定的货币制度，这就是现代货币制度的开始。

（二）国家货币制度的构成要素

货币制度的构成要素主要包括：货币材料的选择和货币单位的确定；规定本位货币和辅币的铸造、发行与流通；规定货币发行的准备制度和本币的对外关系。

▶ **1. 币材的选择**

货币制度的基础条件之一是要有确定的币材。世界上许多国家曾经长期以金属作为货币材料，确定用什么金属作为货币材料就成为建立货币制度的首要步骤。具体选择什么金属作货币材料受到客观经济发展条件以及资源禀赋的制约。历史上，一个国家规定哪种或哪几种物品为币材，是对已经形成的客观现实的法律认可。某种或某几种物品被确定为币材，就称其货币制度为该种物品的本位制。例如，以金为币材的货币制度称为金本位制；以金、银两种金属作为币材的货币制度称为金银复本位制。目前，各国都实行不兑现的信用货币制度，对货币材料不再做明确规定。

2. 货币单位

币材确立后还需要确定货币单位,包括货币名称和货币单位所含的金属量或法定等分。在具体的政权背景下,货币单位表现为国家规定的货币名称。

在货币金属条件下,需要确定货币单位名称和每一货币单位所包含的货币金属量。规定了货币单位及其等分,就有了统一的价格标准,从而使货币更准确地发挥计价流通的作用。当今,世界范围流通的都是信用货币,货币单位的值的确定,就同如何维持本国货币与外国货币的比价有直接关系。

货 币 单 位

金本位制度下,英国的货币单位为"镑",按照1870年的铸币条例规定,其纯金含量为123.274 47格令(合7.97g);美国的货币单位为"美元",根据1934年1月的法令,1美元含纯金13.714格令(合0.888 671g);中国在1914年北洋军阀政府颁布的《国币条例》中规定货币单位为"元",1元含纯银6钱4分8厘(合23.977g)。目前,世界各国的货币单位都是法定的公制单位,即1单位币等于100个最小等分单位。

3. 通货的铸造、发行与流通

(1) 将进入流通领域的货币(通货)可以区分本位币和辅币。本位币是按照国家规定的货币单位所铸成的铸币,亦称主币。辅币是主币以下的小额通货,供日常零星交易与找零之用。

(2) 本位币的面值与实际金属价值是一致的,是足值货币。本位货币在使用过程中具有两个典型特征:①具有无限法偿能力,即用本位货币来偿还债务时,无论债务金额的大小,无论属于何种性质的支付,任何债权人都必须接受。因为本位货币是按国家规定的币材和标准制造的,具有绝对的权威。②最后的支付手段,即债务人可以使用多种物品或货币偿还债务,但债权人可以不接受,一个债务人采用本位货币支付时,债权人不得要求其改用其他货币。

在金属货币条件下,本位货币是按照国家规定的币材和单位所铸成的铸币。最初的铸币是足值货币,其名义价值和实际价值相等。铸币可以自由铸造,国家允许公民自由地向国家铸币厂提供铸币金属请求代为铸币,政府仅收取低廉的铸造手续费。对于流通中磨损超过重量公差的本位币,不准投入流通使用,但可以向政府指定的机构兑换新币,即超差兑换。在信用货币时代,本位货币表现为纸质货币,它是根据中央银行的信誉强制发行并流通的信用货币。

(3) 辅币是各国政府规定的辅助本位货币流通的小额货币,主要用于日常零星交易。一般采用铜、镍、铝等贱金属铸造,目的在于节省流通费用。

与主币相比,辅币具有两个特点:第一,辅币是法律规定的不足值货币,即其法定定额价值高于币材的实际价值。因为辅币只是本位货币的一个可分的部分。如果辅币是其实际价值流通，一旦出现主币与辅币的币值价值变化，主币和辅币的固定的交换比率难于保证，辅币可能失去其辅助货币的作用。维持法律规定的辅币与主币固定兑换比例能保证辅币按其面额流通，并保证货币流通秩序的稳定。第二，辅币是有限法偿货币，但可以与主币自由兑换。辅币不能自由铸造，只准国家铸造，其铸币收入是国家财政收入的重要来源。以辅币支付的金额不能过大，否则收款人有权拒绝接受。

在当代纸币条件下，辅币与贱金属铸造的主币经常标示国家名称或者可以体现国家权威，但与历史上金属货币体系中将主币与辅币铸造发行权分别授予不同部门比较，更多的是具有象征意义。

我国辅币的无限法偿能力

我国的本位币是元，辅币是角和分。

根据《中华人民共和国人民币管理条例》总则第三条：中华人民共和国的法定货币是人民币。以人民币支付中华人民共和国境内的一切公共的和私人的债务，任何单位和个人不得拒收。所以我国辅币也具有无限法偿能力。

（4）银行券和纸币是贵金属储量以及相应的金银货币不能满足商品经济发展扩大的需要而出现的产物。银行券是由银行发行、以商业信用为基础的信用货币。早期银行券流通的前提和背景是持券人可随时向发行银行兑换金属货币。经历1929年"大萧条"之后，西方各国中央银行发行的银行券停止兑现，其流通已不再依靠银行信用，而是依靠国家政权的强制力量，从而使银行券转化为纸币。

▶ 4. 货币发行准备制度

货币发行准备制度是为约束货币发行规模、维护货币信用而制定的，要求货币发行者在发行货币时必须以某种金属或资产作为发行准备。即国家规定中央银行或政府，为保证货币的稳定，要储备一定的贵金属、外汇。

20世纪30年代以后，各国逐渐取消金本位制。第二次世界大战后，资本主义国家普遍实行以美元为主要储备货币的金汇兑本位制。在当代，世界各国都实行的是不兑现的信用货币制度，即不兑现本位制。

在金属货币制度下，货币发行以法律规定的贵金属作为发行准备。

在现代信用货币制度下，各国货币发行准备制度的内容比较复杂，一般包括现金准备和证券准备两大类。

▶ 5. 本币的对外关系

本币的对外关系有本国货币与外国货币的兑换方式、兑换比率和国际结算的支付方式等方面的制度或规定。

（三）国家货币制度的内容及其演变

16世纪以来，国家货币制度经历了银本位制、金银复本位制、金本位制和不兑现的信用货币制度。所以，国家货币制度的演变经历了从金属货币制度到不兑现的信用货币制度的发展过程。

1. 银本位制

银本位制是指以白银为本位货币的一种货币制度。银本位制有以下两种类型：

(1) 银两本位。银两本位是以白银重量的"两"为价格标准，实行银块流通。

(2) 银币本位。银币本位则是国家规定白银为货币金属，并要求铸成一定形状、重量和成色的银币；银币可以自由铸造和自由熔化；银行券可以自由兑换银币或白银；银币和白银可自由输出或输入，以保证外汇市场的稳定。

银本位制是最早的现代货币制度之一，从16世纪以后开始盛行。实行过银本位制的国家有墨西哥、日本、印度和中国等。19世纪后期，世界白银产量猛增，使白银市面价格发生剧烈波动，呈长期下跌趋势。白银价格的起伏不稳，加之体重价低不适合巨额支付，因而不同国家先后放弃银本位制。

我国的银本位制

在我国货币史上，白银自汉代已逐渐成为货币金属，到明代白银已货币化，中国真正成为用银之国。但实行的是银两制，以金属的重量计值，属于称量货币制度，没有踏入货币制度阶段。宣统二年(公元1910年)颁行《币制条例》，正式采用银本位，以"元"为货币单位，重量为库平七钱二分，成色是90%，名为大清银币。但市面上银圆和银两仍然并用。1913年公布《国币条例》，正式规定重量七钱二分、成色89%的银圆为我国的货币单位。"袁大头"银圆就是这样铸造成的。银圆和银两仍然并用。1933年3月8日，国民政府公布《银本位币铸造条例》规定，银本位币定名为"元"，总重26.697 1g，银八八、铜一二，即含纯银23.493 448g。银本位币每元重量及成色，与法定重量、成色相比之下公差不得超过0.3%，并规定一切公私交易用银本位币授受，其用数每次均无限制。同年4月，国民政府实行"废两改元"，发行全国统一的银币——"孙中山头像"银圆。1935年，国民政府又实行所谓币制改革，宣布废止银本位。

2. 金银复本位制

金银复本位制(Bimetallism System)是"单本位制"的对称，是指一个国家以金铸币和银铸币同时作为本位货币流通的货币制度。两种铸币都可以自由铸造，都具有无限法偿能力，都可以自由输出和输入国境。这是资本主义发展初期(16—18世纪)的货币制度。由于金币和银币同时作为本位货币，两者之间必然有相应的比价，以便于商品交易的计价和流通。按照金币比价的形成方式，金银复本位制又可分为平行本位制、双本位制和跛行本位制三种不同类型。

(1) 平行本位制

平行本位制是两种货币均按其所含金属的市场实际价值流通。国家对两种货币的交换比率不加规定。如同"平行"二字在数学上的意义，金币银币按自己的价值流通，互不干扰，由市场上，生金生银的比价自由确定。

历史上的平行本位制

中国汉武帝时期，金制钱币与银锡合金制成的钱币同时在市场上流通就可以视为一种早期的平行本位制。近代，英国曾于1663年发行金币时实行这种制度，当时英国的基尼金币与先令银币同时在市场上流通。

（2）双本位制

在平行本位制之下，一件商品同时拥有金币价格和银币价格，而金币价格与银币价格之间会发生波动，这样极其不利于社会经济发展的需要。在这种形势下，便诞生了双本位制。双本位制中，金币与银币之间的比价由政府通过立法的形式确立。如：1717年，英国立法规定1个基尼金币等同于21个先令银币，即金银间价格比为15.2∶1；1792年，美国颁布铸币法案，采用双本位制，1美元折合371.25格令（24.057g）纯银或24.75格令（1.6038 g）纯金。

（3）跛行本位制

随着19世纪70年代世界银价暴跌时的"劣币驱逐良币"现象的出现，资本主义国家开始实行跛行本位制。在该制度下，虽然金币与银币在法律上拥有同样的地位，但是银币事实上被禁止自由铸造。限制铸造使银币的币值不再取决于其本身的金属价值，而取决于银币与金币的法定兑换比率。这使得银币实际上起着辅币的作用。

美国、法国、比利时、瑞士、意大利等国家都曾实行过这一制度。从科学的划分标准来看，跛行本位制已经不是金银复本位制，而是由复本位制向金币本位制过渡的一种货币制度。

劣币驱逐良币（Bad money drives out good）

由于金币和银币之间的比率是由政府通过法律形式定下的，所以比较稳定。然而，市场上的金银之间的相对价格却经常波动。例如，当黄金实际价值增长时，人们就会将手中价值较大的金币（"良币"）熔化成黄金，再将这些黄金换成银币（"劣币"）来使用。举例来说：假设法律规定金银币比价为1∶10，而此时市场上同等质量的金银价格之比为1∶20。那么，1个金币熔化成黄金后就能卖到20个银币，即相当于原价的两倍。经过这样的一次交换，人们就能获得比直接用金币兑换银币更多的银币。有的时候，人们甚至会多次重复这样的过程：还以上面的假设为例，如果再用这20个银币按法定比率换回两个金币，再重复一次上述过程便能得到40个银币。以上是黄金价值大的情况，反之，当白银实际价值上涨时，也会发生相仿的情况。所以，当实行双本位制时，市场上的良币很快会被人们融化而退出流通，劣币则会充斥着市场并严重扰乱市场秩序。

金银复本位制的优点有：①金银同时作为本位货币使币材充足；②当需要进行大额交易时可以使用黄金，小额交易则使用白银，灵活方便；③两种币材之间可以相互补充；更有利于与其他货币之间汇率的稳定，既能同发达资本主义国家之间进行金币贸易，又能同殖民地国家进行银币交易。

金银复本位制的缺点包括：①在平行本位制度下，市场上的商品出现了两种标准价格，由于金币比价变动频繁，导致金、银铸币的兑换比率也不断变动，双重价格常常使交易混乱，货币的价值尺度职能不能正常发挥。②在复本位制下，金银的市场比价波动常常会引起金币或银币的实际价值与法定价格发生背离。因此，复本位制是一个容易引起价格混乱、货币流通不稳的货币制度。其原因是这种货币制度与货币的排他性、独占性的要求相悖。

实践证明，尽管在复本位制下，金币和银币均为法定本位货币，但在实际流通中起主要作用的往往总是一种货币：银贱则银充斥市场，金贱则金充斥市场。随着社会的发展，金银复本位制已经不能适应商品经济不断发展的要求，从19世纪起，英国及其他主要资本主义国家先后放弃了这种货币制度。

▶ 3. 金本位制

金本位制（Gold Stand System）是以黄金为本位币的货币制度。在金本位制下，每单位的货币价值等同于若干重量的黄金（即货币含金量）。金本位制于19世纪中期开始盛行。在历史上，曾有过三种形式的金本位制：金币本位制、金块本位制和金汇兑本位制。

（1）金币本位制。

金币本位制是金本位货币制度的最早形式，也称为古典的或纯粹的金本位制，盛行于1880—1914年。

金币本位制特点包括：①金币为本位货币，单位货币包含了一定量的黄金。②金铸币参与流通，可以自由铸造、自由熔化，具有无限法偿能力，其他金属铸币为实行限制铸造、有限法偿。这消除了金银复本位制条件下双重价值尺度的混乱现象。③辅币和银行券可以按各自的金额价值自由兑换金币，以保证其稳定地按照面额进行流通，避免黄金被贬值现象的产生。④黄金可以自由输出、输入国境。

金币本位制可以对一定的物价水平及国际收支产生自动调节作用。其自发调节机制表现如下：

第一，金币的自由铸造和自由熔化能自发地调节货币流通量，保持国内市场价格稳定。自由铸币具有两个方面的经济意义：一方面，自由铸币可以稳定币值，使铸币的名义价值与实际价值经常保持一致。因为持币人在必要时可以将其熔化为金属条块，这样，铸币的价格不可能低于它所包含的金属价值；同时货币金属的持有人也可随时将其铸造为铸币，从而使铸币的价值不可能高于它所包含的金属价值。由于铸造过程中的技术原因，铸币的成色和重量同国家的规定有差异,并且在流通过程中,自动磨损而造成铸币重量减轻等原因会导致铸币贬值。为此各国对铸币都规定了铸币公差。铸币公差是指国家认可的铸币铸造误差和法律所能允许的磨损程度。若流通中的铸币超过了法律所规定的公差标准,任何人都可以请求政府兑换新币。另一方面,自由铸币可以自发地调节货币流通量。当市场上铸币不足时,人们可请求政府代为铸币,投入流通;当市场上铸币过多时,人们又会自发地将铸币熔化为金属条块储藏起来。这样就会使流通中的铸币始终保持相对合适的数量,为经济运行提供良好的金融环境。

第二,黄金自由输出、输入国境,自发调节货币汇率。黄金的输出和输入,抑制了外汇的供求,从而稳定了货币汇率。

这两种自发调节机制,使金币本位制成为相对稳定的货币制度,突出表现为国内物价稳定和国际汇率稳定。这种相对稳定的货币制度促进了资本主义商品经济的发展。但是,这种自发调节机制与国家对经济的调节和控制存在着矛盾,这是金币本位制最终被放弃的重要原因。1914 年第一次世界大战爆发后,各国纷纷发行不兑现的纸币,禁止黄金自由输出,金本位制随之告终。

英国的金币本位制

英国是最早实行金币本位制的国家,1717 年,著名的物理学家艾萨克·牛顿在担任英国铸币局局长期间将每盎司黄金的价格固定在 3 英镑 17 先令 10.5 便士。1797 年,英国宣布铸币条例,发行金币,规定了含金量,银币处于辅币地位。1816 年,英国通过了《金本位制度法案》,从法律的形式承认了黄金作为货币的本位来发行纸币。1819 年又颁布条例,要求英格兰银行的银行券在 1821 年能兑换金条,在 1823 年能兑换金币,并取消对金币熔化及金条输出的限制。从此,英国实行了真正的金币本位制。到 19 世纪后期,金币本位制已经在资本主义各国普遍采用,它已具有国际性。

由于当时英国在世界经济体系中的突出地位,它实际上是一个以英镑为中心,以黄金为基础的国际金本位制度。这种国际金本位制度持续了 30 年左右,到第一次世界大战爆发时宣告解体。在金本位制度的全盛时期,黄金是各国最主要的国际储备资产,英镑则是国际上最主要的清算手段,黄金与英镑同时成为各国公认的国际储备。英镑之所以与黄金具有同等重要的地位,是因为当时英国强大的经济力量,伦敦成为国际金融中心,英国也是国际经济与金融活动的重心,于是形成一种以黄金和英镑为中心的国际金本位制,也有人称之为英镑汇兑本位制 (Sterling Exchange Standard System)。

(2) 金块本位制

金块本位制是一种以金块办理国际结算的变相金本位制,亦称金条本位制。在该制度下,由国家储存金块,作为储备;流通中各种货币与黄金的兑换关系受到限制,不再实行自由兑换,人们可用银行券按规定的含金量在一定数额以上、一定用途之内兑换黄金。例如，英国在1925年规定银行券数额在1 700英镑以上方能兑换黄金，法国在1928年规定至少须215 000法郎才能兑换黄金。黄金可以自由输出、输入国境。可见，这种货币制度实际上是一种附有限制条件的金本位制。在1924—1928年，实行金块本位制的国家有英国、法国、荷兰、比利时等。

(3) 金汇兑本位制

金汇兑本位制也称虚金本位制。在该制度下，国内只流通银行券，银行券不能兑换黄金，只能兑换实行金块或金本位制国家的货币，国际储备除黄金外，还有一定比重的外汇，外汇在国外才可兑换黄金，黄金是最后的支付手段。实行金汇兑本位制的国家，要使其货币与另一实行金块或金币本位制国家的货币保持固定比率，通过无限制地买卖外汇来维持本国货币币值的稳定。

美国的金汇兑本位制

第二次世界大战后，建立了以美元为中心的国际货币体系，这实际上是一种金汇兑本位制。美国国内不流通金币，但允许其他国家政府以美元向其兑换黄金，美元是其他国家的主要储备资产。受美元危机的影响，该制度也逐渐开始动摇。1971年8月，美国政府停止美元兑换黄金，并先后两次将美元贬值后，这个残缺不全的金汇兑本位制也崩溃了。

金块本位制和金汇兑本位制都是残缺不全的、不稳定的金本位制，这两种货币制度在1973年基本消失。首先，这两种货币制度下都没有金铸币流通。典型的金本位制下所具有的自发调节货币流通和保持币值相对稳定的机制已不存在。其次，银行券虽然规定有法定含金量，但其兑换能力已大为降低。在金块本位制下，银行券的兑现受最低兑换量的限制。在金汇兑本位制下，银行券的兑现要以外汇为中介。兑现能力的降低必然使银行券的稳定性大大削弱。1929—1933年，资本主义国家发生了世界性经济危机。在经济危机的冲击下，这种残缺不全的金本位制很快被摧毁，随之进入了通货膨胀与通货混乱的并存时期。这使得西方经济学家放弃了自发调节经济的思想而主张政府干预和调节经济。

金本位制通行了约100年，其崩溃的主要原因有：第一，黄金生产量的增长幅度远远低于商品生产增长的幅度，黄金不能满足日益扩大的商品流通需要，这就极大地削弱了金铸币流通的基础。第二，黄金存量在各国的分配不平衡。1913年年末，美、英、德、法、俄五国占有世界黄金存量的2/3。黄金存量大部分为少数强国所掌握，必然导致金币的自由铸造和自由流通受到破坏，削弱其他国家金币流通的基础。第三，第一次世界大战爆发，黄金被参战国集中用于购买军火，并停止自由输出和银行券兑现，从而最终导致金本位制的崩溃。

▶ 4. 信用货币制度

信用货币制度亦称"不兑现的信用货币制度"。"不兑现本位制"，是指既不规定含金

（银）量，也不能兑换金（银），完全取消了流通货币的金银保证，流通中的货币通过中央银行的信贷程序投放出去的货币制度。1929—1933年经济危机之后，世界各国普遍实行了信用货币制度。

信用货币制度的特点包括以下几点：

（1）信用货币是中央银行发行的本位货币，货币材料为纸，由国家法律赋予它无限法偿能力。

（2）信用货币不规定含金量，也不能兑现黄金。

（3）现实经济中的信用货币由现金和银行存款构成。现金体现着中央银行对持有者的负债，银行存款体现着商业银行对存款者的负债。

（4）信用货币是通过银行信贷渠道向社会投放。中央银行一旦确定了向市场提供的货币量，就将新印的货币存放到商业银行，然后商业银行再通过信贷方式让货币投放在流通中。各经济单位从银行得到一笔贷款后，首先在其存款账户上增加等额的存款。有了存款就可以开出现金支票提取现金，现金货币由此通过放款投入流通；有了存款还可以开出转账支票，把存款从一个银行账户转移到另一个银行账户，于是便出现了存款货币的流通。可见，无论是现金还是存款货币，都是通过银行放款程序投入流通的。这与金铸币通过自由铸造投入流通有着根本区别。

（5）信用货币的发行数量只能根据本国商品和劳务流通的需要而定，从而使国家对货币的管理成为经济正常发展的必要条件。适量的流通货币和稳定的币值是经济正常发展的必要条件。由于信用货币是银行的债务凭证，现代的货币流通实际是银行债务的转移。如果银行货币投放过多，就会出现通货膨胀；反之，就会造成生产萎缩。由于信用货币制度下已不存在黄金对货币流通的自发调节机制，为了使货币流通适应经济发展的需要，必须由金融当局对货币供应总量和银行信贷投放总量加以控制。当代金融可以发挥平衡宏观经济总量、平衡结构、稳定物价和提高效益的功能。

二、国际货币制度及其演变

（一）国际货币制度概述

1. 国际货币制度的含义

国际货币制度（International Monetary System）亦称"国际货币体系"。从广义上说，国际货币制度，是指理顺国家之间金融关系的协议、规则、程序、措施的总称。它既包括有法律约束力的有关货币国际关系的规章和制度性安排，也包括具有传统约束力的各国已经在实践中共同遵守的某些规则和程序。国际货币制度主要包括以下三方面的内容：

（1）汇率制度，即一国货币与外币之间的汇率应该如何决定和维持，是采取固定汇率制度，还是浮动汇率制度。

（2）国际储备的安排，即为了应付国际收支的需要，一国需要持有哪些资产作为国际储备资产，这些储备资产的构成如何。

(3) 国际收支调节机制,即在国际收支失衡时,一国应该采取哪些措施来进行调节。

在这三项内容中,国际储备资产是国际货币制度的基础,汇率制度是国际货币制度的核心。

▶ 2. 国际货币制度的作用

国际货币制度,旨在提供一种货币秩序或结构,使其能够充分发挥国际交易媒介和国际价值储藏的作用,以利于国际贸易和国际资本流动。具体来讲,国际货币制度的作用体现在以下几个方面:

第一,确定国际清算和支付手段的来源、形式和数量,为世界经济的发展提供必要的、充分的国际货币,并规定货币之间相互兑换的准则。国际货币制度应能提供足够的国际清偿能力,使国际清偿能力保持与世界经济和贸易发展相适应的增长速度。增长过快会加剧世界性的通货膨胀,而增长过慢会导致世界经济和贸易的萎缩。

第二,确定国际收支的调节机制,以确保世界经济的稳定和发展。这涉及三方面的内容:一是汇率机制;二是对逆差国的资金融通机制,即一国在发生国际收支逆差时,能在什么样的条件下,从何处获得资金及资金的数量和币种;三是对储备货币发行国的国际收支纪律约束机制,即防止国际货币发行国为达到某种目的而持续性地保持国际收支逆差和输出纸币。

第三,确立有关国际货币金融事务的协商机制或建立有关的协调和监督机构。随着二战后各国经济联系的加强,参与国际货币金融业务的国家日益增多,形势日益复杂。原有的双边协商机制,已经不能很好地解决所有的问题,因此,有必要确立多边的、具有权威性的国际金融事务的协商机制,制定各国必须共同遵守的基本行为准则。

(二) 国际货币制度的发展历程

▶ 1. 国际金本位制

国际金本位制是世界上首次出现的国际货币制度,1880—1914 年的 35 年间是国际金本位制的黄金时代。在这种制度下,黄金充当国际货币,各国货币之间的汇率由它们各自的含金量比例决定,黄金可以在各国间自由输出输入。在"黄金输送点"的作用下,汇率相对平稳,国际收支具有自动调节的机制。1914 年第一次世界大战爆发,各参战国纷纷禁止黄金输出和纸币停止兑换黄金,国际金本位制受到严重削弱。之后,虽改成金块本位制或金汇兑本位制,但因其自身的不稳定性而未能持久。在 1929—1933 年的经济大危机冲击下,国际金本位制终于瓦解。

▶ 2. 布雷顿森林体系

在国际金本位制瓦解后,国际货币制度一片混乱。第二次世界大战后,西方盟国都希望重建国际货币体系,以加速战后经济贸易的恢复和发展。第二次世界大战爆发后,资本主义世界各国都出现了剧烈的通货膨胀。战后,欧洲各国经济实力大大削弱,美国成为世界第一大国,黄金储备迅速增长,约占当时资本主义各国黄金储备的四分之三。西欧各国为了弥补巨额贸易逆差需要大量美元,因此出现了"美元荒"。国际收支大量逆差和黄金外汇储备不足，导致多数国家加强了外汇管制，对美国的对外扩张造成严重障碍，美国力图使西欧各国货币恢复自由兑换，并为此寻求有效措施。

1944年7月，在美国新罕布什尔州的布雷顿森林召开由44国参加的"联合国联盟国家国际货币金融会议"，通过了以"怀特计划"为基础的《国际货币基金组织协定》和《国际复兴开发银行协定》，总称《布雷顿森林协定》。这个协定建立了以美元为中心的资本主义货币体系。布雷顿森林体系的主要内容是：①以黄金作为基础，以美元作为最主要的国际储备货币，实行"双挂钩"的国际货币体系，即美元与黄金直接挂钩，其他国家的货币与美元挂钩。②实行固定汇率制。③国际货币基金组织通过预先安排的资金融通措施，保证向会员国提供辅助性储备供应。④会员国不得限制经常性项目的支付，不得采取歧视性的货币措施。这个货币体系实际上是美元——黄金本位制，也是一个变相的国际金汇兑本位制。

以美元为中心的布雷顿森林体系，对第二次世界大战后资本主义经济发展起过积极作用。但是随着时间的推移，布雷顿森林体系的种种缺陷也渐渐暴露出来。20世纪60年代以后，美国外汇收支逆差大量出现，黄金储备大量外流，导致美元危机不断发生。1971年8月15日，美国公开放弃金本位，同年12月，美国宣布美元对黄金贬值，1972年6月到1973年初，美元爆发两次危机，1973年3月12日，美国政府再次将美元贬值。从1974年4月1日起，国际协定上正式解除货币与黄金的固定关系，以美元为中心的布雷顿森林体系彻底瓦解。

▶ 3. 牙买加体系

布雷顿森林体系崩溃之后，国际货币金融关系动荡混乱，美元的国际地位不断下降，许多国家都实行浮动汇率制，汇率波动剧烈，全球性国际收支失衡现象严重，各国积极寻求货币制度改革的新方案。1975年11月，主要工业化国家经济最高级会议（也称"七国首脑会议"）在法国巴黎近郊朗布埃依城召开，会议一致同意对《国际货币基金组织协定》的条款进行修改，以便使浮动汇率制度合法化。1976年1月8日，IMF（国际货币基金组织）国际货币制度临时委员会在牙买加首都金斯敦召开会议，并达成《牙买加协定》。同年4月，IMF理事会通过《国际货币基金组织协定第二次修正案》，从而形成了国际货币制度的新格局——牙买加体系。

《牙买加协定》的主要内容：涉及汇率制度、黄金问题、扩大IMF对发展中国家的资金融通，以及增加会员国在IMF的份额等问题，具体包括以下几个方面。

（1）浮动汇率合法化

IMF会员国可以自由选择汇率制度，但会员国的汇率政策，必须受到IMF的监督，并与IMF协商。IMF要求各国在物价稳定的条件下，寻求持续的经济增长，稳定国内经济，以促进国际金融的稳定，并尽力缩小汇率的波动幅度，避免通过操纵汇率来阻止国际收支的调整、避免获取不公平的竞争利益。这实际上是对已实施多年的浮动汇率制度予以法律上的认可，但同时又强调了IMF在稳定汇率方面的监督和协调作用。

(2) 黄金非货币化

废除黄金条款，取消黄金官价，会员国中央银行，可按市价从事黄金交易；取消会员国之间，或会员国与 IMF 之间必须用黄金清偿债权债务的义务，降低黄金的货币作用。IMF 应逐步处理所持有的黄金。

(3) 提高 SDRs（特别提款权）的国际储备地位

修订 SDRs 的有关条款，以便使 SDRs 逐步取代黄金和美元，成为国际货币制度的主要储备资产。《牙买加协定》规定：会员国可以自由地进行 SDRs 交易，而不必征得 IMF 同意。IMF 中一般账户所持有的资产，一律以 SDRs 表示，IMF 与会员国之间的交易，以 SDRs 代替黄金进行，尽量扩大 SDRs 的使用范围。同时，IMF 也随时对 SDRs 制度进行监督，及时修正有关规定。

(4) 增加 IMF 会员国缴纳的基金

IMF 会员国缴纳的基金，由原来的 292 亿 SDRs，增加到 390 亿 SDRs，增加了 33.6%。主要是石油输出国组织，所占的份额比例增加了，其他发展中国家所占比例维持不变，发达国家除德国和日本外，都有所降低。

(5) 扩大对发展中国家的资金融通

IMF 以出售黄金的所得建立信托基金，以优惠条件向最穷困的发展中国家提供贷款，将基金组织的贷款额度，由会员国份额的 100% 提高到 145%。

牙买加体系的积极作用：①牙买加体系基本摆脱了布雷顿森林体系时期，基准通货国家与依附国家之间相互牵连的弊端。牙买加体系实现了国际储备的多元化和浮动汇率制。在牙买加体系下，美元不再是唯一的国际储备资产，国际储备资产多样化，使国际储备货币的"信心和清偿力"之间已不再产生矛盾。②以浮动汇率为主的混合汇率体制，能够反映不断变化的客观经济情况。主要储备货币实行浮动汇率，可以根据市场供求状况自发调整，及时反映瞬息万变的客观经济状况，这有利于国际贸易和金融的发展。同时，自由的汇率安排，能够使各国充分考虑本国的客观经济条件，做出自己的选择。③国际收支的多种调节机制，在一定程度上缓解了布雷顿森林体系调节机制失灵的困难。多种国际收支机制，更适应当今世界经济发展水平的不均衡，各国发展模式、政策目标和客观经济环境不相同的特点，对世界经济的正常运转和发展起到了一定的促进作用。

当然，随着复杂多变的国际经济关系的发展变化，这一被称作"无体制的体制"的国际货币体系的问题也日益暴露出来。第一，随着美元地位的不断下降，以美元为中心的国际储备多元化和浮动汇率体系日益复杂、混乱和动荡不安。多元化的国际货币本身缺乏统一、稳定的货币标准，因而，这种国际货币体制从一开始就包含了不稳定因素。这种不稳定的国际货币格局，随着世界经济的发展更加错综复杂，更容易造成外汇市场的动荡混乱。在牙买加体系下，汇率波动频繁而且剧烈。汇率剧烈波动增加了汇率风险，对国际贸易和国际投资都形成了消极影响。第二，在牙买加体系下，各国汇率可以比较容易地向下浮动，所以容易引起世界性的通货膨胀。在浮动汇率制度下，各国政府不再受国际收支的

"纪律约束"，一些具有膨胀倾向的政府，可以大胆地膨胀国内经济，而让货币汇率去承受国际收支失衡的后果，汇率的下跌会导致国内物价水平的上升，因而比较容易导致通货膨胀。第三，在牙买加体系下，各国政府并不完全听任货币汇率随市场供求关系而自由浮动，它仍会多多少少地对汇率的走势进行干预，使得货币汇率向着有利于自己的方向运动。也就是说，在牙买加体系下，各国实行的是"管理浮动"，这种浮动汇率制度，并没有隔绝外部经济的冲击，外部经济的变动不仅作用于汇率的波动上，而且会影响到一国国内经济目标和经济政策的制定。第四，牙买加体系下，国际收支的调节机制仍不健全。牙买加体系可以采用的汇率机制、利率机制、国际金融市场调节及国际金融组织调节，都有自身的局限性，从而无法全面改善国际收支状况。自1973年以来，国际收支失衡的局面，不仅没有得到改善，反而日趋严重。一些贸易逆差国，尤其是发展中国家，只能依靠借外债来缓解，有的国家甚至沦为重债国，一旦经济不景气，极易发生债务危机。在这种情况下，贸易逆差国往往不得不诉之于国际货币制度以外的力量，如实行各种形式的贸易保护主义来强制平衡国际收支。

三、区域性货币制度

(一) 区域性货币制度的含义

区域性货币制度(Regional Monetary System)是指由某个区域内的有关国家(地区)通过协调形成一个货币区，由联合组建的一家中央银行来发行与管理区域内的统一货币的制度。

(二) 区域性货币制度的形成与发展

▶ **1. 区域性货币制度的建立，是以货币一体化理论为依据的**

20世纪60年代初，西方经济学家蒙代尔率先提出了"最适度货币区"理论。他认为，要使浮动汇率更好地发挥作用，必须放弃各国的国家货币制度而实行区域性货币制度。他所指的"区域"是有特定含义的最适度货币区，这个区域是由一些彼此间商品、劳动力、资本等生产要素可以自由流动，经济发展水平和通货膨胀率比较接近，经济政策比较协调的国家(地区)组成的一个独立货币区，在货币区内通过协调的货币、财政和汇率政策来达到充分就业、物价稳定和国际收支平衡。

▶ **2. 区域货币制度的发展大致经历了两个阶段**

(1) 较低阶段。各成员国仍保持独立的本国货币，但成员国之间的货币采用固定汇率制和自由兑换，成员国以外由各国自行决定，对国际储备部分集中保管，但各国保持独立的国际收支和财政货币政策。

(2) 较高阶段。区域内实行单一的货币，联合设立一个中央银行为成员国发行共同使用的货币和制定统一的融资政策，办理成员国共同商定并授权的金融事项，实行资本市场的统一和货币市场的统一。

(三) 区域性货币制度的现存类型

区域性货币制度一般与区域性多国经济的相对一致性和货币联盟体制相对应。20世纪60年代后，一些地域相邻的欠发达国家首先建立了货币联盟，并在联盟内成立了由参加国共同组建的中央银行，这种跨国的中央银行为成员国发行共同使用的货币和制定统一的货币金融政策。20世纪70年代末，欧洲开始了货币一体化进程。

实行区域性货币制度的国家主要在非洲、东加勒比海地区和欧洲。西非货币联盟制度、中非货币联盟制度、东加勒比货币制度、欧洲货币联盟制度都属于区域性货币制度。

▶ 1. 欧洲货币联盟制度

随着欧洲联盟成员国经济金融一体化进程的加快，一种具有新的性质和特点的区域性货币制度——欧洲货币制度正在诞生。

欧洲货币制度是从欧洲货币联盟开始的，其起源可以追溯至欧洲经济合作组织于1950年7月1日建立的"欧洲支付同盟"以及1958年取代了该同盟的"欧洲货币协定"。"欧洲支付同盟"和"欧洲货币协定"虽然启动了欧洲货币联合的进程，但并未对欧洲货币一体化提出具体设想，当时的出发点主要是促进成员国经济和贸易的发展。真正把欧洲货币统一提上日程则是在欧共体建立之后。1957年，德国、法国、比利时、荷兰、卢森堡、意大利6国签署《罗马条约》，欧洲经济共同体宪章出台。1969年12月，欧共体正式提出建立欧洲经济和货币联盟并设计了时间表，但最初的10年，进展并不顺利。1979年3月，欧共体当时的12个成员决定调整计划，正式开始实施欧洲货币体系（EMS）建设规划。1988年后，这一进程明显加快。1991年12月，欧共体12个成员在荷兰马斯特里赫特签署了《政治联盟条约》和《经济与货币联盟条约》，统称《马斯特里赫特条约》。

《政治联盟条约》的目标在于实行共同的外交政策、防务政策和社会政策，《经济与货币联盟条约》规定最迟在1999年1月1日之前建立经济货币联盟（Economic and Monetary Union 简称EMU），届时在该联盟内实现统一的货币、统一的中央银行以及统一的货币政策。《马斯特里赫特条约》经各成员国议会分别批准后，于1993年11月1日正式生效，与此同时，欧共体更名为欧盟。1994年成立了欧洲货币局，1995年12月正式决定欧洲统一货币的名称为欧元（Euro）。1998年7月1日，欧洲中央银行正式成立；1999年1月1日，欧元正式启动。1999—2001年为欧元启动的3年过渡期。

▶ 2. 西非货币联盟制度

西非货币联盟制度最初建立于1962年5月12日，当时由非洲西部的塞内加尔、尼日尔、贝宁、科特迪瓦、布基纳法索、马里、毛里塔尼亚7个成员组成。1963年11月，多哥加入了该联盟。西非货币联盟成员国原系法国的领地或殖民地，是法郎区的一部分，这些国家在独立前后的一段时期，使用的货币为法属非洲法郎。1962年11月1日，西非货币联盟成立了"西非国家中央银行"，作为成员国共同的中央银行，总行设在塞内加尔首都达喀尔，在各成员国设有代理机构，总行负责制定货币政策，管理外汇储备，发行共同的货币"非洲金融共同体法郎",供各成员国使用。

▶ 3. 中非货币联盟制度

中非货币联盟制度由喀麦隆、乍得、刚果、加蓬、赤道几内亚和中非共和国6个成员组成,这些成员国原来亦系法国殖民地,也是法郎区的一部分,与西非货币联盟成员国一样,独立前后使用的货币也是法属非洲法郎。1973年4月1日,中非货币联盟成立了共同的中央银行,称为"中非国家银行",总行设在喀麦隆首都雅温得,发行共同的货币"中非金融合作法郎"。

西非和中非两个货币联盟虽然各自发行不同名称的货币,但都采取盯住法国法郎的货币发行机制,两种货币是等值的。

▶ 4. 东加勒比货币联盟制度

东加勒比货币区也属于区域性货币联盟制度,该货币区由安提瓜、多米尼加、格林纳达、蒙特塞拉特、圣卢西亚、圣文森特等国组成。1965年,东加勒比货币区各国成立了共同的货币管理局,废止了原来的货币——"英属西印度元",开始发行东加勒比元,实行与英镑挂钩的联系汇率。1976年7月7日,东加勒比元与英镑脱钩,改为盯住美元,20多年来,汇率一直固定在2.70元兑1美元的水平上。该货币管理局统一发行区内各国共同使用的货币——东加勒比元,但不负责对各国银行的监督,不规定上缴存款准备金,也不承担"最后贷款人"的义务。1983年10月1日,东加勒比货币区成立了东加勒比中央银行,取代了原来的货币管理局。

▶ 5. 太平洋货币联盟制度

太平洋结算法郎(CFP)是由法国所属的三个太平洋辖区——瓦利斯群岛和富图纳群岛、法属波利尼西亚、新喀里多尼亚组成的一个区域货币组织,这三个地区加在一起人口还不到一百万。太平洋结算法郎的汇率最初与法国法郎挂钩,后来改与欧元挂钩,采用固定汇率,1欧元折合119.332太平洋结算法郎。

本章小结

1. 货币是随着商品经济的发展,在长期的商品生产和交换过程中产生的。

2. 货币作为商品交换的媒介,随着商品经济的发展,货币形式从实际货币、金属货币、代用货币,直到今天演变为信用货币。

3. 货币的本质是一种作为一般等价物的特殊商品,代表着一种广泛的社会生产和交换关系。

4. 货币的职能是货币本质的具体表现,货币具有价值尺度、流通手段、支付手段、储藏手段和世界货币五种职能。

5. 国家货币制度是指一个国家以法律形式确定的该国货币发行和流通的组织形式。从历史发展过程来看,各国先后曾采用过银本位制、金银复本位制、金本位制和现代的信用货币制度。

6. 国际货币制度指国际间货币流通的组织形式。国际货币制度一般包括三个方面的内容：国际储备资产的确定；汇率制度的安排；国际收支的调节方式。国际货币制度经历了从国际金本位制到布雷顿森林体系再到牙买加体系的演变过程。

7. 区域性货币制度指在一定区域国家经济联盟和货币联盟的基础上，由某个区域内的有关国家协商形成一个货币区，由联合组建的一家中央银行来发行与管理区域内的统一货币的制度。区域性货币制度一般与区域性多国经济的相对一致性和货币联盟体制相对应。

8. 货币层次是以金融资产流动性的大小作为标准，并根据自身政策目的的特点和需要对货币进行分层。货币层次的划分有利于中央银行进行宏观经济运行监测和货币政策操作。

综合练习题

一、单项选择题

1. 在以货币为媒介的商品交换中，价值的表现形式是（　　）。

   A. 交换价值　　　　　　　　B. 价格
   C. 使用价值　　　　　　　　D. 一般等价物

2. 某公司花20万美元聘请洋顾问专门从事企业管理、咨询，以制定企业跨国发展战略。这20万美元是在执行货币的（　　）。

   A. 流通手段　　　　　　　　B. 价值尺度
   C. 储藏手段　　　　　　　　D. 支付手段

3. 一台冰箱的销售价是2 650元，一农民用卖大蒜的钱买了一台标价为2 650元的冰箱。在这里，前后出现的2 650元，（　　）。

   A. 两者都是观念上的货币
   B. 两者都必须是现实的货币
   C. 前者可以是观念上的货币，后者必须是现实的货币
   D. 前者必须是现实的货币，后者必须是观念上的货币

4. "一手交钱，一手交货"反映了货币的（　　）。

   A. 价值尺度职能　　　　　　B. 流通手段职能
   C. 储藏手段职能　　　　　　D. 支付手段职能

5. 农民用卖大蒜的450元支付了年初买化肥的钱，用550元支付雇佣临时工摘苹果的工资，1 650元归还了银行的贷款利息，22 000存入银行。在这里，充当支付手段职能的货币是（　　）。

   A. 22 000元　　　　　　　　B. 2 650元
   C. 1 650元　　　　　　　　D. 450元

二、简答题

1. 货币在商品经济中发挥着哪些职能？

2. 简述货币形式的演变过程,其发展具有怎样的趋势?
3. 信用货币为什么能取代金属货币?信用货币与金属货币比较起来,有哪些优缺点?
4. 为什么要对货币进行层次划分?其依据和意义是什么?
5. 阐述金币本位制和信用货币制的主要内容。

实训项目

认 识 货 币

【实训目标】

1. 培养学生的主动性,巩固本课内容,让学生学会学以致用。
2. 掌握货币的本质,并能用所学的知识分析现实经济现象中货币的职能。
3. 树立正确的货币价值观。
4. 通过学习,能熟练运用看、摸、听、测等方法,正确鉴别第五套人民币的真伪。

【实训内容】

任务一:观看中央二台《货币》纪录片第二集:货币从哪里来?

回答:

1. 什么是货币?
2. 简述货币的来源。

任务二:明晰货币职能

假定你在商场:

(1) 看到一件衣服标价为500元。
(2) 之后,你用500元现金将此衣服买下。
(3) 商场记录销售收入增加500元。
(4) 由于现金不够,用赊购的方式买下此衣服,1个月后将欠款付清。
(5) 商场将500元现金存入银行。
(6) 由于出售了此件衣服,商场为此支付了10元的税金。

请分别说明上述情况发生时,货币发挥了哪种职能?

任务三:课后开展"金钱是否是万能的"辩论赛

1. 赞成"金钱是万能的"观点的理由有:
   (1) _____。
   (2) _____。
   (3) _____。

2. 赞成"金钱不是万能的"观点的理由有:
   (1) _____。
   (2) _____。
   (3) _____。

任务四：鉴别真假货币

活动一：网上搜索"小游戏：大家来找假币"熟悉人民币的特征。

活动二：登录"中国人民银行"官网下的"金融知识"栏目里的"人民币与反假币"，查看"《反假货币展》——数字博物馆、第五套人民币防伪指南、第五套人民币100元券简介、第五套人民币50元券简介"，熟悉人民币防伪技术。

【成果与检验】

实训项目结束后，组织一次课堂讨论活动。各小组在讨论的基础上，把本次实训的资料(照片、文字材料、影音材料)制作成宣传册展出，之后交给老师存档。老师根据各小组表现评估打分。

第三章 信用、利息与利率

>>> **知识目标**

1. 掌握利息及利率的含义。
2. 了解利率的决定理论,理解利率的影响因素。
3. 掌握信用的概念及本质特征,了解信用的产生与发展。
4. 掌握信用工具的概念、特征和主要类型。

>>> **能力目标**

1. 掌握利率的种类及利息的计算方法。
2. 理解利率对一国经济的影响。
3. 掌握股票的价值与价格计算方法。
4. 识别各类金融交易工具的特点及区别。

>>> **本章关键概念**

信用　信用记录　商业信用　银行信用　国家信用　消费信用　信用工具　货币时间价值　利息　利率　单利　复利　利率市场化

>>> **导入案例**

在天堂门口,中美老太太买房相遇了。上帝让她们各自说出自己一生中最高兴的事情。

"我攒了一辈子的钱,终于住了一天新房子,我这一辈子活得也不冤啊。"中国老太太高兴地说。

"我住了一辈子的房子,在我去世之前终于把买房的贷款还清了。"美国老太太也高兴地说。

我国现代都市人的消费观念正在变迁，花明天的钱圆今天的梦对我们已不再陌生，许多年轻人过起了名副其实的"负翁"生活。贷款购物、分期付款已深入我们的生活。但是面对商家和银行提供的各种分期付款服务，我们究竟选择什么样的方式好呢？

第一节 信用概述

一、信用的一般概念及其产生条件

（一）信用的一般概念

信用在我们日常生活中的含义包含着信任、恪守诺言、兑现合约等。传统的信用被认为是一个社会的道德文化概念，是一种软约束。在发达的市场经济中，人们对信用的理解和传统的理解有本质的不同。经济学意义上的信用是指未来有回报的资金借贷或投融资行为，它体现了借贷双方特定的经济关系。

信用在市场经济中之所以获得广泛发展，是因为它具有融通资金、促使货畅其流的功能，发挥着调剂资金余缺和节约费用的作用，大大提高了商品流通的效率和资金的使用效率。信用能够扩大投资总量和增加消费总效用，并且有利于优化资源配置。同时，政府还能够借助它调控宏观经济的运行。

（二）信用产生的条件

信用是一个很古老的经济范畴。信用产生与私有制和商品货币关系的发展有着密切的联系。私有制是信用形成的前提，因为私有制导致的不同经济利益差别才产生借贷，通过借贷方式来满足不改变所有权的资产调剂需要。从有关信用的历史记载可以看出，信用一直是以实物借贷和货币借贷这两种形式存在的。在自然经济占主导地位的前资本主义社会里，实物借贷是主要的信贷形式，也是信用的基本形式。只有当商品货币关系在经济生活中占据主导地位的时候，实物借贷才逐渐丧失其存在的基础，货币借贷和流动才成为主要的信用形式。

商品交易的扩大促进货币支付手段的广泛运用，信用范畴的扩大又给货币支付手段提供了作用空间，信用与货币支付手段互相依存。商品生产和流通范畴的扩大，加剧了商品生产和消费的时间矛盾，使商品的买卖和货币支付不能在同一时间进行，随即出现了商品的赊购和赊销。这时，货币作为社会财富的一个代表进行单方面的价值运动，货币开始执行支付手段的职能。由于交易双方不同的所有权和各自经济利益差别的存在，商品的买卖关系转化为债权债务关系，信用随之产生。

随着商品经济的进一步发展，当货币支付手段的职能日益扩大，超出了商品流通的范围时，以商品借贷为特征的信用关系就会表现为货币借贷。一方面，一些人手里积累有货币，需要寻找运用的场所以获取价值的增值；另一方面，有些人则需要货币用来创造新的价值。因此，客观上要求进行货币余缺的调剂，使货币成为契约上的一般商品。同样，由于不同所有权和经济利益差别的存在，这种货币余缺的调剂必须采取有借有还的信用形式。

(三) 信用形成的必备要素

▶ 1. 必须有借方和贷方两个当事人

货币或商品的所有者(贷方)把货币或商品暂时让渡给需要者(借方)使用，由此产生双方的债权债务关系。债权人有到期收回债权的权利，债务人有到期偿还债务的义务。

▶ 2. 债权债务关系形成时必须有一个约定的时间间隔

借方如期向贷方偿还本金并支付一定数额的利息，由此体现借贷资金的时间价值。

▶ 3. 以合法的信用工具作为主体来实现信任关系的成立和转移

不同经济主体签发的信用工具形成不同的信用商品。资金借贷或转让的过程就是大量信用商品的销售和转让过程，从而使信用表现为一种可以制造、销售、消费的特殊商品，一种能够对人的行为产生巨大约束力和震慑力的商品。这种商品既是社会信用交易扩大的基础，也是其他商品流通的基础。

二、信用的本质

作为一种借贷行为，信用是有条件的商品或货币的转让行为。这种转让从社会本质上讲是一种分配行为，具体表现在以下两个方面。

(一) 信用是一种具有偿还性和增值性的社会价值量的再分配

信用最初是从商品流通中产生的，以商品的赊购赊销体现出来的一种经济活动，但其本身并不是流通范畴，而是一个分配范畴。因为商品流通实现的是价值的形态变化，通过这种变化解决商品价值和使用价值的矛盾；信用和货币支付手段相联系，代表着价值单方面的转移，并通过这种转移对社会资金各组成部分进行重新组合来实现社会价值量的临时再分配。这种以等价交换为原则的价值再分配，必须约定归还期限和考虑借贷期间内商品或货币资金的时间价值，因此，信用涉及的价值运动是具有偿还性和增值性的一个社会价值的再分配关系。这种分配从本质上讲不同于财政分配，财政分配虽然也是一个价值的单方面的运动，但是它不具有偿还性和增值性。

(二) 信用是使用权和所有权相分离的特殊价值运动形式

在信用过程中，价值运动是通过一系列借贷、支付、偿还过程来实现的。当货币或商品被贷出时，其所有权并没有发生转移，只有使用权发生了变化。信用正是利用使用权和所有权相分离的特点，通过对社会资金各组成部分的重新组合来实现资金的临时再分配。因此，信用实质上在一定时期内改变了不同经济主体对社会资源占有的比例关系。

第二节 信用形式与信用工具

一、信用的表现形式

借贷关系特征的表现形式就是信用形式。按照在借贷关系中借者与贷者的不同，现代信用的主要形式有商业信用、银行信用、国家（政府）信用、消费信用、国际信用和民间信用。

（一）商业信用

商业信用是工商企业之间相互提供的与特定商品交易相关的信用。其基本形式是赊销商品、预付货款、分期付款、经销、代销及补偿贸易等。商业信用是商品货币经济条件下最基础的信用。

▶ 1. 商业信用的产生

商品生产和消费的时空矛盾，以及不同经济主体的收支差异导致了商业信用。由于地区的自然条件和经济条件差异，在各地发挥自身优势的商品，于生产和经营中，必然产生季节性生产、全年消费，或本地生产、异地消费的现象。同时在商品交易中，由于赤字型经济单位需要购进商品但缺乏现实的货币，结余型经济单位又急需出售商品，当双方在互相了解的情况下，卖方允许买方延期支付。在买卖双方完成实际支付这一期间，产生了商业信用。

▶ 2. 企业信用的信用工具是企业票据

赊销商品的企业为了保证自己的权益，需要掌握一种受到法律保护的、要求债务人按照既定金额和期限承担偿还义务的债权文书，即企业票据。企业信用中的远期支付工具主要是商业本票和商业汇票。通常，商业汇票需要债务人开户银行或债务人本身承兑。

▶ 3. 商业信用的特点

商业信用具有如下特点：①商业信用的债权人和债务人都是企业经营者。由于商业信用是以商品形式提供的信用，是在商品交易中产生的，因此，其债权人和债务人都是从事商品生产和流通活动的企业经营者。②商业信用贷出的资本是商品资本。企业赊销的商品是处在流通阶段、待实现价值的商品。一家企业把这些商品赊销给另一家企业时，商品资本贷出了，使用权发生了转移，由于商品的货款没有支付，形成了以货币形式存在的买卖双方的债权债务关系。③商业信用的规模一般与产业资本动态是一致的。商业信用来源于社会再生产过程，经济繁荣，社会生产与商品流通规模扩大，商业信用规模也随之扩大。反之，则缩小。

▶ 4. 商业信用的局限性

商业信用的特征，使它的存在和发展有明显的局限性：①商业信用规模受企业能提供的资本数量限制。商业信用是在企业之间进行的，只能在它们之间对现有资本进行再分配，所以商业信用的最高界限是企业可贷出的商品资本。②商业信用的供求有严格的方向性。商业信用是在商品交易中产生的，是以商品形式提供的，每种商品都有特定的使用价值。信用供给者提供的商品，必须是信用需求者所需要的商品。同时，只有商品的需求者，才能向商品供给者预付货款。否则，没有商品供求的一致性，就不能形成借贷关系，这就决定了商业信用在供求上具有严格的方向性。③商业信用期限的局限性。商业信用提供的对象是企业再生产总资本的一部分，尚未独立于企业再生产之外，企业再生产需要连续进行，资本闲置时间很短，如果以商品形式贷出的资本不能及时归还，企业再生产和流通就难以正常进行。企业为了使再生产连续进行，不能长期将资本借出。因此，商业信用一般只适用于短期借贷。

商业信用是最早出现的一种信用形式，是商品货币关系的产物，也是其他信用形式的基础。商业信用一方面加速了商品流通和资本运动，促进了商品经济的发展；另一方面也加剧了社会生产的盲目性和无政府状态。因为商业信用是企业与企业之间的借贷行为，具有分散性和盲目性的特点，如果使用不当，则容易掩盖企业经营管理中存在的问题，加速产品结构和市场上商品供求的不平衡。为此，世界各国对商业信用都有若干法律限制。

（二）银行信用

银行信用是指银行及其他金融机构，通过存放款方式与其他经济主体之间形成的信用。银行信用是在商业信用广泛存在的基础上发展起来的一种信用形式，高度发达的商品货币经济是它生存的土壤，无论是在资本主义经济还是在社会主义经济中，它都占有重要的地位。

▶ 1. 银行信用的特点

与商业信用相比，银行信用具有如下特点：①银行信用是以货币形态提供的。货币作为商品交换的一般等价物，具有和其他一切商品相交换的能力，所以，银行可以向社会各部门提供信用，这就克服了商业信用在供求方向上的局限性。②银行信用克服了商业信用在数量和期限上的局限性。银行以一小部分自有资金为基础，广泛筹集社会闲置资金，形成巨额的资金来源，然后，银行以筹集的资金向社会提供信用。这样，银行可以超过自有资金数量提供信用，使社会闲置资金重新进入再生产过程，补充企业周转资金。银行可以集小额资金形成巨额资金；可以将短期资金长期融通使用。这就克服了商业信用在数量和期限上的局限性。③银行信用以银行和各类金融机构为媒介。银行和各类金融机构是社会的信用中介，从吸收存款的角度考察，银行是存款人的债务人；从发放贷款的角度考察，银行是借款人的债权人。在银行信用中，资金供求者之间并未直接发生债权债务关系，银行则充当了信用中介。银行和各类金融机构的信用活动，将社会大量的直接融资转化为间接融资。由于银行与社会联系比较广泛，有较强的信用能力，特别是中央银行产生以后，银行的信誉提高，稳定性增强，银行信用成了现代经济中最主要的信用形式。

▶ 2. 银行信用的地位和作用

银行信用在借贷数量、范围、期限上都优于商业信用，可以在更大程度上满足经济发展的需要，使银行信用成为现代经济条件下的主要信用形式。但是银行信用并不能完全代替商业信用和其他信用形式。这不仅因为商业信用是银行信用产生的基础，更因为商业信用具有银行信用所没有的直接、方便等优点。在商业信用能够解决的范围内，工商企业总会先利用商业信用来满足其对资本的需要，而不必求助于银行信用。其他信用形式也有其存在的基础，如国家信用主要用于基础建设和临时性财政收支赤字的弥补，这也是银行信用不可能做到的。在多种信用形式并存的条件下，我国应当根据经济发展的需要，设立以银行信用为主体，多种信用形式并存，多层次、多渠道分工合作的信用体系。

（三）国家信用

在信用经济的链条中，国家信用是极其重要的一环。国家信用是国家（政府）以债务人身份筹集资金的一种信用形式，是政府运用信用手段进行财政再分配的特殊形式。随着各国政府对经济生活干预的不断加强和预算赤字的增加，政府通过发行公债或国库券来筹措财政资金的活动越来越频繁，由此政府信用得到广泛发展。

▶ 1. 国家信用的基本形式

国家信用的基本形式是发行政府债券。期限在一年以内的短期债券，通常用于解决政府财政年度内先收后支的困难；期限在一年以上的中长期债券，主要用于弥补财政赤字或国家重点建设的中长期投资。国家信用的主要工具有国库券、公债券。

▶ 2. 国家信用的作用

国家信用的作用主要表现在：①是调剂政府收支不平衡的手段。国家在一个财政年度内，经常会发生收支不平衡的现象，有时支大于收，有时收大于支，为了解决财政年度内收支暂时不平衡，国家往往采取发行国库券的办法解决。②是弥补财政赤字的重要手段。解决财政赤字的方法主要有增加税收、挤占银行信贷资金和借债。加税会影响社会生产和商品流通的正常进行，容易引起社会公众的不满。挤占银行信贷资金会导致通货膨胀。采用国家举债的方式弥补财政赤字的副作用较小。所以许多国家都把发行国债作为弥补财政赤字的重要手段。③是筹集巨额资金的重要手段。国家为了履行管理和发展经济等方面的基本职能，在发生战争、特大自然灾害和举办大规模新开发项目建设时，需要巨额资金。对这种巨额资金需求，许多国家采用国家信用来筹集。④是调节经济的重要手段。随着国家信用的发展，一些国家中央银行通过买进卖出国家债券来调节整个社会的货币供应，借以影响市场资金供求，从而达到调节经济的目的。

▶ 3. 国家信用的评价指标

国际上评价财政赤字风险通常有两个指标，赤字率（赤字占国内生产总值的比率）不超过3％，负债率（国债余额占国内生产总值的比重）不超过60％。

（四）消费信用

消费信用是指工商企业、银行和其他金融机构对消费者提供的信用。信用消费是商品经济发展到一定阶段的产物。信用消费方式的出现，使消费者在安排消费支出上更加灵活，能够预支未来收入，提前实现消费愿望。提供的对象可以是商品、货币，也可以是劳务。消费者是消费信用的主体，也是消费信贷的需求者，在获得商品的同时成为债务人。

▶ 1. 消费信用的形式

消费信用的形式主要有以下几个方面。

（1）赊销。工商企业对消费者提供的短期信用，即延期付款方式销售，到期一次付清货款。在西方国家，赊销多采用信用卡透支方式提供。

（2）分期付款购买。消费者在购买商品或取得劳务时，第一次支付一定比例的现款，其余价款按合同规定分期加息支付。分期付款购买多用于高档耐用消费品或房屋、汽车等，属中长期消费信用。

（3）消费贷款。银行及其他金融机构采用信用放款或抵押放款方式，对消费者发放贷款，按规定期限偿还本息，有的时间可长达20～30年，属长期消费信用。按照接受贷款对象不同，消费贷款可分为买方信贷和卖方信贷两种方式。买方信贷，是对购买消费品的消费者直接发放贷款；卖方信贷，是以分期付款单作抵押，对销售消费品的工商企业、公司等发放贷款，或由银行同以信用方式出售消费品的企业签订合同，将货款直接付给企业，再由购买者逐步偿还银行贷款。

我国消费信用方式的变化

2018年一项针对消费贷款的调查资料显示，"90后"男性首选花呗和白条，已成消费贷款的主力军，而"60后"却最爱使用信用卡。从调查数据可以看出，使用消费贷款的人群中，男性占比达80.44%，女性仅为19.56%。"60后"中有50%最常使用的是信用卡；而"90后"，特别是"00后"中，花呗、白条的使用比例都已超过信用卡，成为其消费贷款中占比最高的选择。

"60后"最爱信用卡，"90后"最爱花呗、白条。不同的消费群体为什么有不同的消费方式？随着互联网的发展，消费信用的转移模式其实也在发生着变化，使消费信用逐渐从卡基向账基转移，而集中互联网的支付账户成为消费信用最好的载体。中国的"60后""70后"人群可能更加接纳的是消费信用存在于卡基上面的这种形式。而对于新生代消费者，特别是"90后""00后"来说，由于他们天生就处于移动互联网时代，他们是互联网和移动互联网的原住民，所以他们在支付领域可能更加依赖于手机等移动智能终端，他们的消费信用也更加依赖于这种互联网的消费信用产品。加上这些消费信用产品本身审核较为便捷，申请较为方便，不像信用卡的申请拥有诸多的限制性条件，还款的业务规则也相对简单，这让很多年轻人开始逐渐习惯于使用此类产品。但是从本质上来看，它们都是消费信用的一个附着性产品，本质上并没有任何不同，只是所承载的载体不一样而已。

▶ 2. 消费信用的特点

信用消费具有以下特点：

一是先消费，后付款，商品买卖和资金借贷相结合。

二是以自然人为贷款对象。

三是以个人信用为基础。

四是以银行资金作支持。

▶ 3. 消费信用的作用及局限性

消费信用的产生，使消费者能提前享受无力购买的时尚消费品，在一定条件下可以促进商品的生产与销售,甚至促进经济的增长。一些企业往往利用消费信用的优惠条件,通过消费信用来推销自己的商品,扩大商品销货渠道,加速了商品资本向货币资本的转化。同时,消费信用对促进新技术的应用、新产品的推销以及产品的更新换代,也具有不可低估的作用。

消费信用也会对经济发展产生消极的作用。消费信用的不当发展易引起消费过度膨胀,如果生产扩张能力有限,消费信用则会加剧市场供求紧张状态,促使物价上涨,为经济发展增加了不稳定因素。由于消费信用的动态与经济发展周期相一致,消费信用在经济繁荣时,借贷关系发展,消费信用扩大了商品销量;在经济萧条时,贷者和借者都减少这种借贷数额,使商品销售更加困难,从而使经济更加恶化。

(五) 国际信用

国际信用是国际上相互提供的信用。随着国际经济关系的发展,各类信用形式逐步扩展到世界范围,形成了国际信用。

与国内信用一样,国际信用也存在不同的形式,其中主要有以下几种。

▶ 1. 国际商业信用

国际商业信用是指出口商以延期付款方式向进口商提供的信用,除国际贸易中的延期付款外,还有补偿贸易和来料加工两种形式。

(1) 补偿贸易。出口国企业向进口国企业提供厂房、机器设备、技术力量、专利、各种服务、人员培训或联合发展科研项目等。待项目实现或竣工投产后,进口国企业以该项目的产品或双方商定的其他办法,偿还出口国企业的各种投资。由于进口国企业归还欠款采用补偿办法,所以称为补偿贸易。

(2) 来料加工。由出口国提供原材料、机器设备的零部件或部分生产设备等,在进口国企业加工生产商品,其成品归出口国企业所有,进口国企业赚取加工费。

▶ 2. 国际银行信用

国际银行信用是指进口国和出口国双方银行为进出口商提供的信用。其主要形式是出口信贷。

出口信贷是银行对出口贸易所提供的信贷,主要有卖方信贷和买方信贷两种形式。卖方信贷是指出口方所在地银行向出口商提供的信贷,出口商对国外进口商提供延期付款销售。买方信贷是指由出口方所在地银行或其他金融机构向进口方所在地银行或进口商提供贷款。

▶ 3. 国际政府信用

国际政府信用是指国家政府之间相互提供的信用。这种信用一般由政府和财政部门进行借贷,利率较低,期限较长,条件较优惠,具有友好往来的性质,但个别附有政治条件。

▶ 4. 国际金融机构信用

国际金融机构信用是指全球性或区域性国际金融机构为其成员国所提供的信用。国际金融机构贷款一般期限较长,利率较低,条件优惠,但审查较严格,通常用于成员国弥补暂时性国际收支不平衡、经济开发和基础设施建设。

(六) 民间信用

民间信用是指金融机构和国家政府之外的企业、个人相互之间的借贷活动。它可以以货币形式提供，也可以以实物形式提供。在社会经济中，一些企业和个人由于生产和生活困难急需资金而又无法从金融机构和政府获得借款时，需要求助暂时有资金盈余的企业和个人提供贷款，以解决生产或生活之必需。贷款人有的出于互相援助的目的，只收取较低的贷款利率；有的则是专门从事高利贷款业务的"吃利金者"。

▶ 1. 民间信用的形式

民间信用大都根据生活和生产需要在个人之间临时无组织地进行。但有些需要数额大、时间长，非一家一户所能解决，故产生了一些民间信用的临时性组织形式，如摇会、标会、轮会等，通称合会。合会的基本做法是，先由急需资金的人充当会首（借方），他们凭借个人的信用，邀请收入较为充裕而又有信用的人出面担保，邀集亲友、邻里、同事等数人乃至数十人充当会脚（贷方），然后议定每人每次出多少份金，多长时间出一次等事宜。第一次缴纳的会金一般归会首，以后依不同的方式，决定会脚收款次序。如按预先排定次序轮收的，称为轮会；如按摇骰方式确定的，称为摇会；如按投标竞争办法的，称为标会。

▶ 2. 民间信用的特征

民间信用利率高、手续不够齐备、随意性大、容易发生违约纠纷。因此，它既有对银行等其他信用形式的补充作用，又可能对正常的金融秩序造成冲击，是金融监管当局急需规范的信用形式。

二、信用工具

信用工具也叫金融工具（Financial Instruments），是载明债权债务关系的合约，是指以书面形式发行和流通、借以保证债权人或投资人权利的凭证，是资金供应者和需求者继续进行资金融通时用来证明债权的各种合法凭证，是资金供应者和资金需求者进行资金融通时所签发的证明债权或所有权的各种具有法律效用的凭证，是重要的金融资产，是金融市场上重要的交易对象。

(一) 信用工具的特征

▶ 1. 期限性（Maturity）

期限性又称偿还期，是指信用工具的债务人偿清债务之前所经历的时间。这里是指信用工具的发行者或债务人按期归还全部本金和利息的特性。信用工具一般都注明期限，债务人到期必须偿还信用凭证上所记载的应偿付的债务。

▶ 2. 流动性（Liquidity）

流动性又称变现能力，是指信用工具在较短时间内变现且不产生损失的能力。金融工具可以买卖和交易，可以换得货币，即具有变现力或流通性。在短期内，在不遭受损失的情况下，能够迅速出卖并换回货币的，称为流动性强，反之，则称为流动性差。

3. 安全性(Safety)

安全性是指信用工具的本金是否会遭到损失的风险。为了获得收益提供信用,同时必须承担风险。风险是相对于安全而言的,所以风险性从另一个角度讲就是安全性。信用工具的风险性是指投入的本金和利息收入遭到损失的可能性。任何信用工具都有风险,只是程度不同而已。其风险主要有违约风险、市场风险、政治风险及流动性风险。

违约风险一般称为信用风险,是指发行者不按合同履约或是公司破产等因素造成信用凭证持有者遭受损失的可能性。

市场风险是指由于市场各种经济因素发生变化,例如,市场利率变动、汇率变动、物价波动等情况造成信用凭证价格下跌,遭受损失的可能性。

政治风险是指由于政策变化、战争、社会环境变化等政治情况直接引起或间接引起的信用凭证遭受损失的可能性。

流动性风险是指商业银行虽然有清偿能力,但无法及时获得充足资金或无法以合理成本及时获得充足资金以应对资产增长或支付到期债务的风险。

4. 收益性(Yield)

收益性是指信用工具为持有人提供一定的收益的特点。信用工具能定期或不定期带来收益,这是信用的目的。

信用工具的收益有三种:一种为固定收益,是投资者按事先规定好的利率获得的收益,如债券和存单到期时,投资者即可领取约定利息。固定收益在一定程度上就是名义收益,是信用工具票面收益与本金的比例。另一种是即期收益,又叫当期收益,是按市场价格出卖时所获得的收益,如股票买卖价格之差即为一种即期收益。还有一种是实际收益,是指名义收益或当期收益扣除因物价变动而引起的货币购买力下降后的真实收益。

(二) 信用工具的分类

信用工具按是否与直接信用活动相关,可以分为基础信用工具和金融衍生工具;按基础信用工具的偿还期长短划分,可分为货币市场信用工具、资本市场信用工具。

1. 货币市场信用工具

货币市场信用工具是指偿还期在一年以下的金融工具,它主要包括国库券、票据、大额可转让定期存单(CDs)、回购协议、信用证和信用卡等。

(1) 国库券

国库券(Treasury Bill)是为了弥补财政赤字或解决临时需要而发行的一种短期政府债券。其期限通常为1个月、3个月、6个月,最长为1年。国债投资风险小,其收益税负轻,流动性强,既是货币市场各类机构和企业的主要交易工具,也是中央银行进行公开市场操作的主要买卖对象。它是货币市场最为安全和利率最低的信用工具。国库券的发行大多采用公募招标方式。

(2) 票据

票据(Note or Bill)是指出票人签发的、委托他人或由自己,在见票时或在到期日,无条件支付一定金额给收款人或持票人的有价证券。

票据的种类包括汇票、本票和支票。

汇票(Bill of Exchange)是出票人签发的,委托付款人在见票时或者在指定日期无条件支付确定的金额给收款人或者持票人的票据。汇票必须记载下列事项:表明"汇票"的字样;无条件支付的委托;确定的金额;付款人名称;收款人名称;出票日期;出票人签章。未记载上述规定事项之一的,汇票无效。汇票的当事人有出票人、付款人和收款人三方。按出票人的不同,汇票可分为商业汇票和银行汇票;按承兑人的不同,商业汇票可分为银行承兑汇票和商业承兑汇票;按付款日期长短的不同,汇票可分为即期汇票和远期汇票;按记载权利人方式的不同,汇票可分为记名汇票、不记名汇票和指示汇票。

本票(Promissory Note)又称期票,是出票人签发的,承诺自己在见票时无条件支付确定的数额给收款人或者持票人的票据。本票的当事人有出票人和收款人两方。按出票人的不同,本票可分为商业本票和银行本票。

支票(Check)是出票人签发的,委托办理支票存款业务的银行或者其他金融机构,在见票时无条件支付确定的金额给收款人或者持票人的票据。支票必须记载下列事项:表明"支票"的字样;无条件支付的委托;确定的金额;付款人名称;出票日期;出票人签章。未记载上述规定事项之一的,支票无效。按支付方式的不同,支票可分为现金支票、转账支票和保付支票。

(3) 大额可转让定期存单

大额可转让定期存单(Large Denomination Negotiable Certificate of Deposit,简称CDs)是银行发行的记载一定存款金额、期限、利率,并可以转让流通的定期存款凭证。

CDs 的主要特点有:①期限短而且灵活;②面额较大;③种类多样化;④利率高于一般存款利率,且分为固定利率和浮动利率存单;⑤不可以提前支取,但可在二级市场上转让流通。

(4) 回购协议

回购协议(Repurchase Agreement)是指卖方将一定数额的证券临时性售予买方,并承诺在日后将该证券如数买回;同时买方承诺在日后将买入的证券回售给卖方。

回购价格内可以包含利息,因而买回价高于出售价;也可与售价相等,但需另付利息。

从性质上说,回购协议相当于以证券为抵押品的抵押贷款。

(5) 信用证

信用证(Letters of Credit)是银行根据其存款客户的请求,对第三者发出的,授权第三者签发以银行或存款人为付款人的凭证。按用途不同,信用证包括商业信用证和旅行信用证。

(6) 信用卡

信用卡(Credit Card)的当事人有三方:发卡单位、持卡人和信用卡合同的参加单位(如商店、酒店、航空公司等)。

▶ 2. 资本市场信用工具

资本市场信用工具是指期限在一年以上的各类信用工具。资本市场工具主要是股票、公司债券、长期政府债券、银行商业抵押贷款，其中既有代表债权的工具，也有代表所有权的工具。以下讲授资本市场上最常见的信用工具代表，即债券和股票。

（1）债券

债券（Bond）是债务人向债权人发行的，承诺按约定利率和日期支付利息并偿还本金的有价证券。一般来说，一张债券主要由期限、本金、面值、价格、利息率、收益率和偿还方式等组成。债券按不同的标准可以进行不同的分类。

① 按发行主体的不同，债券可分为公司债券和政府债券。

公司债券（Corporate Bonds）又称企业债券，是公司为筹集资金而发行的债务凭证。

按有无物质担保，公司债券可分为无抵押公司债、抵押公司债和保证公司债。无抵押公司债是发行人对于债券的还本付息，以公司的资信为保证，无任何有形资产的抵押而发行的债券。抵押公司债是发行人以有形资产抵押作为偿债保证而发行的债券。保证公司债是由其他公司出面担保偿还而发行的债券。

政府债券（Government Bond）是各级政府为筹集资金而发行的债务凭证。它分为中央政府债券和地方政府债券。中央政府债券是中央政府为筹集预算资金而发行的债务凭证。地方政府债券又称市政债券，是地方政府为满足地方财政需要而发行的债务凭证。

② 按债券形态，分为实物债券、凭证式债券和记账式债券。

实物债券是一种具有标准格式实物券面的债券，债券的发行与流通通过债券的实物进行，是一种不记名、看得见、摸得着的债券。

凭证式债券主要通过银行承销，各金融机构向企事业单位和个人销售，并向买方开出收款凭证的债券，凭证式债券可记名、可挂失，但不能上市流通，持有人可到原购买网点办理提前兑付。

记账式债券主要通过证券交易所网络发行和交易，投资者买卖债券表现为其证券账户中债券数量的相应变动。

③ 按计息方式，分为贴现债券和附息债券。

贴现债券是指债券券面上不规定名义利率，以低于债券面值的价格发行，到期按面值偿还的债券。贴现债券的发行价格与其面值的差额即为债券的利息。由于贴现债券没有票面利率，又称为零息债券。

附息债券是指债券券面上附有息票的债券，是按照债券票面载明利率及利息支付方式的债券。息票上标有利息额、支付利息的期限和债券号码等内容。领取利息票时从债券上剪下息票。中长期债券几乎都是附息票券。利息支付方式一般是在偿还期内年付息一次。

④ 按募集方式，分为公募债券和私募债券。

公募债券是按法定手续，经证券主要机构批准，在市场上公开发行的债券。除政府机构、地方公共团体外，发行者一般要求是信誉等级高、信息公开、经过评级的公司，向证券主管部门提交有价证券申报书，以保护投资者的利益。

私募债券是指以特定的少数投资者为对象发行的债券，发行手续简单，一般不能公开上市交易，其利率相对较高。

(2) 股票

股票是股份有限责任公司发行的表示其股东按其持有的股份享受权利和承担义务的可转让凭证。当公司需要投资，而内部资金不足时，可经过股东大会同意并经有关部门批准发行股票筹集资金。股票没有到期日，股份公司筹措的股本金归公司长期支配使用。当公司盈利时，股东可以按持有的股票参与分红。股东不能要求公司退还股本，但股票可以在证券市场上出售变卖，因此股票具有较强的流动性。

1) 股票按照股东在利润分配方面的权利不同，可以分为普通股和优先股

普通股是公司发行的无特别权益的股票，反映了持股人在公司满足全部债权后，对公司收入和资产的所有权，并以出资额为限对公司债务负有限责任的股票。普通股的权益主要表现在：①以投票的方式参与公司经营管理的表决权；②对公司盈利的分配权；③对公司破产清算后剩余资产的分配权；④公司发行新股时的优先认购权等。

优先股是比普通股在利益方面具有一定优先权的股票，表现在：①优先分配股息的权利。优先股股息一般是固定的，且在发行时予以确定股息，固定股息支付排列于普通股前；②公司破产清算时，对公司剩余资产的优先分配权。但优先股股东没有投票权、没有选举董事会和参与公司经营管理的权利。

2) 股票的价值与价格

股票作为一种权利和义务的凭证，本身没有价值，是具有未来收益的财产权利和资产形式，它可以上市买卖并产生股票价格。股票从发行到上市流通，呈现出不同形式的价值和价格表现形态，主要有股票面值、股票发行价格、账面价值、清算价值、股票的内在价值和股票的市场价格。

① 股票面值

股票面值是公司在发行股票时设定的价格标准并具有法律意义，它以股为单位，代表着每一股份在公司资本总额中所占比重及享有的股东权利和承担义务的大小，它是表决权大小和公司计付红利或股息的依据。当前，各股份公司的股票面值几乎都是1元。

② 股票发行价格

股票发行价格是首次出售股票时的价格。发行价格的高低决定着发行者筹资数额的大小。通常，股票的发行价格都会高于面值，即股票一般采取的是溢价发行方式。发行价格一般根据公司的每股收益和当时同类公司的市盈率为依据确定。发行价格的计算公式为：

新股发行价格＝每股税后利润×发行市盈率

【例 3-1】 某新股发行时的财务报告中每股利润是 0.14 元，发行时市场的平均市盈率为 21.67 倍，则某新股发行价格为 0.14 元×21.67＝3.03 元。

③ 账面价值

账面价值是公司在资产负债表上按账面资产净值反映出来的股票价值，即公司资产总额减去流动负债和长期负债的净资产价值，含股本金、公积金、集体福利金和未分配利润，它表现为股东的净资产权益。每股的账面价值通常以普通股为计算依据，其计算公式是：

单位普通股账面价值＝(公司资产净值总额－优先股价值)/普通股发行总股数　(3-1)

单位股票的账面价值是公司向股东和监管当局提交的年报中必不可少的内容,也是公司合并时计算股票价值的主要依据。股票的账面价值对股市价格的高低有重要影响,是长期投资者主要的投资参考因素。

④ 清算价值

清算价值是指公司资产清算时每一股份所代表的实际价值。优先股享有优先清算的权益。普通股的清算价值是剩余资产变现后还清负债、支付清算费用以后的余额。从理论上讲,普通股每股的账面价值应与清算价值一致,但是实际上往往不一致。因为在财产清算时,多数财产只能降价处理,加上清算成本支出,从而导致每股的清算价值低于其账面价值。单位股票的清算价值的计算公式为:

$$P_{理论价}=E_{每股收益}/i_{市场无风险利润} \tag{3-3}$$

股票的收益来自于股份公司对股东的收益分配,其分配方式包括现金股利、股票红利、资本公积金转增等。

股票的内在价值是投资者认定的理论价值,是人们在分析公司的财务状况、盈利前景和其他影响公司生产经营销涨因素以后认定的股票价值。这种价值取决于个人的看法,所以对同一个股票的内在价值在同一时间可能有不同的结论。

⑥ 股票的市场价格

股票的市场价格是通过市场交易形成的价格,是股票投资者最重视的当前价格。股票的市场价格受许多因素影响经常波动。在瞬息万变的股票市价中,人们主要考察股票的开盘价、收盘价、最高价和最低价。

(3) 证券投资基金

证券投资基金(Securities Investment Fund)是一种收益共享、风险共担的集合投资方式,它通过发行基金的份额募集资金形成独立的基金财产。集中投资者的资金,由基金托管人托管,由基金管理人管理和运用资金,用来从事股票、债券、外汇等金融工具投资,以获得投资收益和资本升值,并且将投资收益按基金投资者的投资比例进行分配。证券投资基金实力雄厚、信息灵通、分析能力和操作能力强,他们的投资活动在金融市场上影响很大。

证券投资基金在美国被称作"共同基金",在英国和中国香港被称作"单位信托基金",在欧洲被称作"集合投资基金"或"集合投资计划",在日本和中国台湾被称作"证券投资信托基金"。

1) 证券投资基金的特征

证券投资基金作为一种现代化的投资工具,主要具有以下三个特征。

① 集合投资。基金是这样一种投资方式:它将零散的资金巧妙地汇集起来,交给专

（应为单位股票的清算价值=公司资产拍卖的净收入/普通股总额数 (3-2)）

⑤ 股票的内在价值

股票的内在价值是人们将资金的时间价值引入股票投资中的一个概念,即投资人在事先预期股票投资未来收入的基础上,运用贴现法计算的现值,反映了人们对股票定价的思想,股票的内在价值计算公式为:

业机构投资于各种金融工具，以谋取资产的增值。基金对投资的最低限额要求不高，投资者可以根据自己的经济能力决定购买数量，有些基金甚至不限制投资额大小，完全按份额计算收益的分配。因此，基金可以最广泛地吸收社会闲散资金，集腋成裘，汇成规模巨大的投资资金。在参与证券投资时，资本越雄厚，优势越明显，而且可能享有大额投资在降低成本上的相对优势，从而获得规模效益的好处。

② 分散风险。以科学的投资组合降低风险、提高收益是基金的另一大特点。在投资活动中，风险和收益总是并存的，因此，"不能将所有的鸡蛋都放在一个篮子里"，这是证券投资的箴言。但是，要实现投资资产的多样化，需要一定的资金实力，对小额投资者而言，由于资金有限，很难做到这一点，而基金则可以帮助中小投资者解决这个困难。基金可以凭借其雄厚的资金，在法律规定的投资范围内进行科学的组合，分散投资于多种证券，借助于资金庞大和投资者众多的公有制使每个投资者面临的投资风险变小。另一方面又利用不同的投资对象之间的互补性，达到分散投资风险的目的。

③ 专业理财。基金实行专家管理制度，这些专业管理人员都经过专门训练，具有丰富的证券投资和其他项目投资经验。他们善于利用基金与金融市场的密切联系，运用先进的技术手段分析各种信息资料，能对金融市场上不同品种的价格变动趋势做出比较正确的预测，最大限度地避免投资决策的失误，提高投资成功率。对于那些没有时间，或者对市场不太熟悉，没有能力专门研究投资决策的中小投资者来说，投资于基金，实际上就可以获得专家们在市场信息、投资经验、金融知识和操作技术等方面所拥有的优势，从而尽可能地避免盲目投资带来的风险。

2）基金的分类

证券投资基金工具品种广泛而齐全，但依基金投资的分类对具体的投资工具有所限制。

① 按基金的组织方式，可以将基金划分为契约型基金和公司型基金。

契约型基金又称为单位信托基金，是指把投资者、管理人、托管人三者作为基金的当事人，通过签订基金契约的形式，发行受益凭证而设立的一种基金。契约型基金起源于英国，后在新加坡、印度尼西亚等国家和中国香港特别行政区十分流行。契约型基金是基于契约原理而组织起来的代理投资行为，没有基金章程，也没有董事会，而是通过基金契约来规范三方当事人的行为。基金管理人负责基金的管理操作；基金托管人作为基金资产的名义持有人，负责基金资产的保管和处置，对基金管理人的运作实行监督。

公司型基金是按照公司法以公司形态组成的，该基金公司以发行股份的方式募集资金，一般投资者则因为认购基金而购买该公司的股份，由此成为该公司的股东，凭其持有的股份依法享有投资收益。这种基金要设立董事会，重大事项由董事会讨论决定。公司型基金的特点是：基金公司的设立程序类似于一般股份公司，基金公司本身依法注册为法人。但不同于一般股份公司的是，它是委托专业的财务顾问或管理公司来经营与管理；基金公司的组织结构也与一般股份公司类似，设有董事会和持有人大会，基金资产由公司所有，投资者则是这家公司的股东，承担风险并通过股东大会行使权利。

公司型基金运作简图如图 3-1 所示。

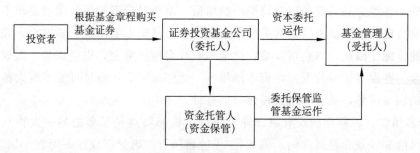

图 3-1　公司型基金运作简图

由此可见，契约型基金和公司型基金在法律依据、组织形态以及有关当事人扮演角色上是不同的。但对投资者来说，投资于公司型基金和契约型基金并无多大区别，它们的投资方式都是把投资者的资金集中起来，按照基金设立时所规定的投资目标和策略，将基金资产分散投资于众多的金融产品上，获取收益后再分配给投资者。

从世界基金业的发展趋势看，公司型基金除了比契约型基金多了一层基金公司组织外，其他各方面都与契约型基金有趋同化的倾向。

② 按基金运作方式，可以将基金划分为封闭式基金和开放式基金。

封闭式基金是指基金的发起人在设立基金时，限定了基金单位的发行总额，筹集到这个总额后，基金即宣告成立，并进行封闭，在一定时期内不再接受新的投资。封闭式基金又称为固定型投资基金。基金单位的流通采取在证券交易所上市的办法，投资者日后买卖基金单位都必须通过证券经纪商在二级市场上进行竞价交易。封闭式基金的期限是指基金的存续期，即基金从成立起到终止之间的时间。决定基金期限长短的因素主要有两个：一是基金本身投资期限的长短，如果基金目的是进行中长期投资（如创业基金）的，其存续期就可长一些；反之，如果基金目的是进行短期投资（如货币市场基金），其存续期可短一些。二是宏观经济形势，经济稳定增长，基金存续期可长一些，若经济形势波澜起伏，则应相对地短一些。当然，在现实中，存续期还应考虑基金发起人和众多投资者的要求来确定。基金期限届满即为基金终止，管理人应组织清算小组对基金资金进行清产核资，并将清产核资后的基金净资产按照投资者的出资比例进行公正合理的分配。

开放式基金是指基金管理公司在设立基金时，发行基金单位的总份额不固定，可视投资者的需求追加发行。投资者也可根据市场状况和各自的投资决策，或者要求发行机构按现期净资产值扣除手续费后赎回股份或受益凭证，或者再买入股份或受益凭证，增持基金单位份额。为了应付投资者中途抽回资金，实现变现的要求，开放式基金一般都从所筹资金中拨出一定比例，以现金形式保持这部分资产。这虽然会影响基金的盈利水平，但作为开放式基金来说，是必须的。

封闭式基金与开放式基金的区别：a. 期限不同。封闭式基金通常有固定的封闭期，通常在 5 年以上，一般为 10 年或 15 年，经受益人大会通过并经主管机关同意可以适当延长期限。而开放式基金没有固定期限，投资者可随时向基金管理人赎回基金单位。b. 发行规模限制不同。封闭式基金在招募说明书中列明其基金规模，在封闭期限内未经法定程序认可不能再增加发行。开放式基金没有发行规模限制，投资者可随时提出认购或赎回申请，基金规模就随之增加或减少。c. 基金单位交易方式不同。封闭式基金的基金单位在封闭期限内不能赎回，持有人只能寻求在证券交易场所出售给第三者。开放式基金的投资者则可以在首次发行结束一段时间（多为3个月）后，随时向基金管理人或中介机构提出购买或赎回申请，买卖方式灵活，除极少数开放式基金在交易所作名义上市外，通常不上市交易。d. 基金单位的交易价格计算标准不同。封闭式基金与开放式基金的基金单位除了首次发行价都是按面值加一定百分比的购买费计算外，以后的交易计价方式不同。封闭式基金的买卖价格受市场供求关系的影响，常出现溢价或折价现象，并不必然反映基金的净资产值。而开放式基金的交易价格则取决于基金每单位净资产值的大小，其申购价一般是基金单位资产值加一定的购买费，赎回价是基金单位净资产值减去一定的赎回费，不直接受市场供求的影响。e. 投资策略不同。封闭式基金的基金单位数不变，资本不会减少，因此基金可进行长期投资，基金资产的投资组合能在预定计划内进行。开放式基金因基金单位可随时赎回，为应付投资者随时赎回兑现，基金资产不能全部用来投资，更不能把全部资本用来进行长线投资，必须保持基金资产的流动性，在投资组合上需保留一部分现金和高流动性的金融商品。

从发达国家金融市场来看，开放式基金已成为世界投资基金的主流。世界基金发展史从某种意义上说就是从封闭式基金走向开放式基金的历史。

③ 按投资目标，可以将基金划分为成长型、收入型和平衡型。

成长型基金是基金中最常见的一种，它追求的是基金资产的长期增值。为了达到这一目标，基金管理人通常将基金资产投资于信誉度较高、有长期成长前景或长期盈余的所谓成长公司的股票。成长型基金又可分为稳健成长型基金和积极成长型基金。

收入型基金主要投资于可带来现金收入的有价证券，以获取当期最大收入为目的。收入型基金资产成长的潜力较小，损失本金的风险相对也较低，一般可分为固定收入型基金和股票收入型基金。固定收入型基金的主要投资对象是债券和优先股，因而尽管收益率较高，但长期成长的潜力很小，而且当市场利率波动时，基金净值容易受到影响。股票收入型基金的成长潜力比较大，但易受股市波动的影响。

平衡型基金将资产分别投资于两种不同特性的证券上，并在以取得收入为目的的债券及优先股和以资本增值为目的的普通股之间进行平衡。这种基金一般将25%～50%的资产投资于债券及优先股，其余的投资于普通股。平衡型基金的主要目的是从其投资组合的债券中得到适当的利息收益，与此同时又可以获得普通股的升值收益。投资者既可获得当期收入，又可得到资金的长期增值，通常是把资金分散投资于股票和债券。平衡型基金的特点是风险比较低，缺点是成长的潜力不大。

④ 按投资标的，可以将基金划分为债券基金、股票基金、货币市场基金和混合基金。

债券基金以债券为主要投资对象，债券比例须在80%以上。由于债券的年利率固定，因而这类基金的风险较低，适合于稳健型投资者。债券基金收益通常会受货币市场利率的影响，当市场利率下调时，其收益就会上升；反之，若市场利率上调，则基金收益率下降。除此以外，汇率也会影响基金的收益，管理人在购买非本国货币的债券时，往往还在外汇市场上做套期保值。

股票基金以股票为主要投资对象，股票比例须在60%以上。股票基金的投资目标侧重于追求资本利得和长期资本增值。基金管理人拟定投资组合，将资金投放到一个或几个国家，甚至是全球的股票市场，以达到分散投资、降低风险的目的。投资者之所以钟爱股票基金，是因为有不同的风险类型可供选择，而且可以克服股票市场普遍存在的区域性投资限制的弱点。此外，还具有变现性强、流动性强等优点。由于聚集了巨额资金，几支甚至一支基金就可以引发股市动荡，所以各国政府对股票基金的监管都十分严格，不同程度地规定了基金购买某一家上市公司的股票总额不得超过基金资产净值的一定比例，防止基金过度投机和操纵股市。

货币市场基金是以货币市场工具为投资对象的一种基金。货币市场基金通常被认为是无风险或低风险的投资。其投资对象一般期限在一年内，包括银行短期存款、国库券、公司债券、银行承兑票据及商业票据等。通常情况下，货币基金的收益会随着市场利率的下跌而降低，与债券基金正好相反。

混合基金主要从资产配置的角度来看，股票、债券和货币的投资比例没有固定的范围。

3) 证券投资基金与股票、债券的区别。

① 反映的经济关系不同。股票反映的是所有权关系，债券反映的是债权债务关系，而基金反映的则是信托关系，但公司型基金除外。

② 筹集资金的投向不同。股票和债券是直接投资工具，筹集的资金主要投向实业，而基金是间接投资工具，筹集的资金主要投向有价证券等金融工具。

③ 风险水平不同。股票的直接收益取决于发行公司的经营效益，不确定性强，投资股票有较大的风险。债券的直接收益取决于债券利率，而债券利率一般是事先确定的，投资风险较小。基金主要投资于有价证券，投资选择灵活多样，从而使基金的收益有可能高于债券，投资风险又可能小于股票。因此，基金能满足那些不能或不宜直接参与股票、债券投资的个人或机构的需要。

▶ 3. 金融衍生工具

金融衍生工具(Derivative Security)是在货币、债券、股票等传统金融工具的基础上衍化和派生，以杠杆和信用交易为特征的金融工具。各种类型的金融衍生工具是为了防范债权凭证和所有权凭证的价格风险和利率风险而派生出来的新型交易工具。

常见的金融衍生工具有以下四种类型。

(1) 期货合约。期货合约是指由期货交易所统一制定的，规定在将来某一特定时间和地点交割一定数量和质量实物商品或金融商品的标准化合约。

(2) 期权合约。期权合约是指合同的买方支付一定金额的款项后即可获得的一种选择权合同。如证券市场上推出的认股权证，属于看涨期权。

(3) 远期合同。远期合同是指合同双方约定在未来某一日期以约定价值，由买方向卖方购买某一数量的标的项目的合同。

（4）互换合同。互换合同是指合同双方在未来某一期间内交换一系列现金流量的合同。按合同标的项目不同，互换可以分为利率互换、货币互换、商品互换、权益互换等。其中，利率互换和货币互换比较常见。

(三)金融工具的性质

从性质上，金融工具又称为金融资产，是一种自身没有价值的虚拟资产。

▶ 1. 虚拟资产和真实资产及其相关性

虚拟资产和真实资产是资产的两种表现形态。例如，航空公司发行了 20 亿元公司股票用来购买飞机，飞机成为公司的实物资产，股票持有者/股东掌握着公司价值的金融资产。真实资产即有形资产，其价值依赖于某些具体的物理特性，如建筑物、土地或机器设备。虚拟资产是独立于厂房、设备等实际资产之外的一种资产存在形式。金融资产表现为各类金融凭证、账户所体现的权利，如银行存单、债权和股权凭证、保险单，以及其他代表货币资金索取权的法律文件。各类金融资产代表着持有者取得未来收益的权利，其收益保证是实际资产营运产生的现金流。

▶ 2. 真实资产和金融资产的区别

真实资产和金融资产都称为资产，都能给持有人带来收益。但无论是从质的方面还是量的方面，两者都有着很大的区别。

从质的方面看，以实物形态存在的真实资产本身具有价值，在实际生产和经营过程中能够发挥资本的功能。而金融资产作为独立的资产存在形式，不能直接在生产和经营过程中发挥作用，只能转化为生产经营资本参与生产经营过程。

从量的方面看，真实资产的现实投入数量的多少及其经营水平的高低决定着利润水平的高低。金融资产的现实价值总量是由预期收益的资本化来决定的，即有价证券预期收益的多少，通过与既定利率比较来决定现实虚拟资产价值总量的大小。

假定证券价格为 P，市场存在利率为 i，预期的税后股利为 E，则证券理论价格可表示为：

$$P = E/i \tag{3-4}$$

由此可见，金融资产的价值总量并不必然反映真实资产价值总量。一切金融资产的价格总和构成了金融资产价值总量，这一总量往往大于真实资本的价值总量。

金融资本的价值总量取决于有价证券的发行总量和市场价格。以股票为例，由于股份公司的股票往往是溢价发行，使股票表现出来的价格量大于真实资本的价值量；当股票上市后，其交易价格因受很多经济因素和非经济因素影响而不停地波动，甚至会大起大落，造成股票的总市值处在不断地变化之中，但这并不意味着企业的真实资产价值量发生了相应的变化。因为虚拟资产价值量的变化，并不必然反映真实资产的价格量变化，更不能简单地用股市的市值变动作为衡量一国实际经济状况的尺度。

第三节 利息与利息率

一、货币的时间价值与利息

(一) 货币时间价值的概念

货币时间价值(Time Value of Money)是指货币经历一定时间的投资和再投资所增加的价值,也称为资金时间价值。也就是说当前所持有的一定量的货币比未来获得的等量货币具有更高的价值。

货币的时间价值不产生于生产与制造领域,而产生于社会资金的流通领域。

▶ 1. 货币时间价值产生的原因

(1) 货币增值的原因。

货币能够增值,首要的原因在于它是资本的一种形式,可以作为资本投放到企业的生产经营当中,经过一段时间的资本循环后,会产生利润,这种利润就是货币的增值。

(2) 一般货币时间价值产生的原因。

并非所有的货币都需要直接投入企业的生产经营过程中才能实现增值。例如,存款人将一笔款项存入银行,经过一段时间后会自发地收到利息,因此他的货币实现了增值,我们又该如何解释呢?

在现代市场经济中,由于金融市场的高度发达,任何货币持有人在什么时候都能很方便地将自己的货币投放到金融市场中,参与社会资本运营,而无须直接将货币投入企业的生产经营。比如,货币持有者可将货币存入银行,或在证券市场上购买证券。这样,虽然货币持有者本身不参与企业的生产经营,但他的货币进入了金融市场,参与社会资本周转,从而间接或直接地参与了企业的资本循环周转,因而同样会发生增值。

名人快语

威廉·配第在《货币略论》中,自问自答道:"什么是利息或租金呢?"这指的是:"你由于在约定的时期内,不论自己怎样迫切需要货币,也不能使用你自己的货币而获得的报酬。"

▶ 2. 货币时间价值的体现

从经济学的角度而言,当前的一单位货币与未来的一单位货币的购买力之所以不同,是因为要节省现在的一单位货币不消费而改在未来消费,则在未来消费时必须有大于一单位的货币可供消费,由于现在的消费是确定的,未来收入是不确定的,对投资者推迟当前消费的耐心应给予报酬。体现在借贷关系中,借贷双方在签订借贷合约时应事先约定利率,借贷期满时资金借入方应支付给资金贷出方一定的利息(Interest)。利息额用公式表示:

$$R = P * i \tag{3-5}$$

其中，R 为利息额；P 为贷出本金总额；i 为利息率。

(二) 货币时间价值的形式

货币的时间价值可用绝对数形式，也可用相对数形式。在绝对数形式下，货币时间价值表示货币在经过一段时间后的增值额，它可能表现为存款的利息、债券的利息，或股票的股利等。在相对数形式下，货币时间价值表示不同时间段货币的增值幅度，它可能表现为存款利率、证券的投资报酬率和企业的某个项目投资回报率等。

【例 3-2】 企业在 2017 年年初投资 2 000 万元，用于某生产项目的建设，2018 年年底该项目投入运营，2019 年该项目的营业现金流入 3 000 万元。其中，购买材料，支付员工工资 1 500 万元，支付国家税金 300 万元，则该投资项目 3 年内货币时间价值是多少？

用绝对数表示货币时间价值：

$$(3\ 000 - 1\ 500 - 300) 万元 = 1\ 200 万元$$

用相对数表示货币时间价值：

$$1\ 200 / 3\ 000 \times 100\% = 40\%$$

【例 3-3】 在 2017 年年初，企业有两个投资方案可供选择：一是项目投资，如上例；二是证券投资，需投资 200 万元，预计 3 年后本利之和可达 450 万元，试比较两个项目的货币时间价值。

项目投资的货币时间价值已计算，现计算证券投资的货币时间价值。用绝对数表示：

$$(450 - 200) 万元 = 250 万元$$

用相对数表示：

$$250 / 200 \times 100\% = 125\%$$

如果比较绝对数，则项目投资较好，如果比较相对数，则证券投资更优。

(三) 货币时间价值的计算方式

在货币的时间价值计算中，有两种计算方式：单利和复利。

▶ 1. 单利

所谓单利，是指在计算利息时，每一次都按照原先融资双方确认的本金计算利息，每次计算的利息并不转入下一次本金中。在单利计算利息时，隐含着这样的假设：每次计算的利息并不自动转为本金，而是借款人代为保存或由贷款人取走，因而不产生利息。

单利计算公式为：

$$R = Pin$$
$$F = P(1 + in) \tag{3-6}$$

其中，P 为现值或本金，R 为利息，i 为利率，n 为时间，F 为终值或本利总和。

例如，张某借李某 1 000 元，双方商定年利率为 5%，3 年后归还，按单利计算，则张某 3 年后应收的利息为 $(3 \times 1\ 000 \times 5\%)$ 元 = 150 元。

▶ 2. 复利

所谓复利，是指每一次计算出利息后，将利息重新加入本金，从而使下一次的利息计算在上一次的本利和的基础上进行，即通常所说的利滚利。

复利计算公式为：

$$F=P(1+i)^n$$
$$R=P[(1+i)^n-1]$$

(3-7)

上例中，如张某与李某商定双方按复利计算利息，则张某3年后应得的本利和计算如下：

第1年年末的本利和为 $F=P(1+i)=1\ 000\times(1+5\%)$ 元 $=1\ 050$ 元

第2年年末的本利和为 $F=P(1+i)+P(1+i)i=P(1+i)^2=1\ 000\times(1+5\%)^2$ 元 $=1\ 102.5$ 元

第3年年末的本利和为 $F=P(1+i)^2+P(1+i)^2 i=P(1+i)^3=1\ 000$ 元 $\times(1+5\%)^3=1\ 157.625$ 元

在复利计算利息时，隐含着这样的假设：每次计算利息时，都要将计算的利息转入下次计算利息时的本金，重新计算利息。这是因为，贷款人每次收到利息，都不会让其闲置，而是重新贷出，因此更能体现资金的时间价值。

在实际工作中，使用复利计息方式能够更准确地计算出货币所有者的收益，有利于提高资金的使用效率，有利于发挥利息杠杆的调节作用。复利是中长期资本市场的主要计息方式。

比较单利和复利的计算思路和假设，我们可看出复利的依据更为充分，更为现实。因为如果贷款人是一个理性人，就应该追求自身货币价值的最大化，当然会在每次收到贷款利息时重新将这部分利息贷出去生息。

住房贷款中的单利和复利

贷款买房一般有两种还款方式，即等额本息与等额本金。等额本息和等额本金区别是什么？

(1) 等额本息贷款采用的是复合利率计算。

等额本息的还款方式在每期还款的结算时刻，剩余本金所产生的利息要和剩余的本金（贷款余额）一起被计息，也就是说未付的利息也要计息。从本质上来说是本金所占比例逐月递增，利息所占比例逐月递减，月还款数不变。在国外，它是公认的适合放贷人利益的贷款方式。

(2) 等额本金贷款采用的是简单利率方式计算利息。

等额本金的还款方式在每期还款的结算时刻，它只对剩余的本金（贷款余额）计息。每月的还款额减少，呈现逐月递减的状态；它是将贷款本金按还款的总月数均分，再加上上期剩余本金的利息，这样就形成了月还款额。

二者相比，在贷款期限、金额和利率相同的情况下，在还款初期，等额本金还款方式每月归还的金额要大于等额本息。但按照整个还款期计算，等额本金还款方式会节省贷款利息的支出。

二、利率与收益率的关系

(一) 利率

利息是与信用相伴随的一个经济概念。信用作为一种借贷行为，贷款者除了按照规定时间偿还所借货币的本金以外，还要付出一定的代价，即支付利息。利息则是其贷出货币所获得的报酬，同时也是借款者使用借入货币的代价。于是，人们将利息定义为借贷资金的价格，利息水平的高低是通过利率表示出来的。利率是指一定时期内利息额与借贷货币额或储蓄存款额之间的比率。公式表示为：

$$i = R/P \times 100\% \tag{3-8}$$

其中，i 为利率，R 为利息额，P 为本金。

(二) 收益率

收益率是收益额与投资额的比率，是反映收益水平高低的指标。能够准确地衡量投资者在一定时期内持有证券所能得到的收益的指标是收益率。收益率用公式表示：

$$Y = R + (Pt+1 - Pt)/Pt \times 100\% \tag{3-9}$$

其中，Y 为收益率，R 为利息，Pt 为初期本金，$Pt+1$ 为远期本金。

(三) 利率与收益率的关系

利率与收益率是既相互区别，又相互联系的。对于存款来说，由于到期偿还金额与最初投资资本金是一样的，因此，利率与收益率是一样的。对于大多数债权凭证来说，如可流通的债券凭证，由于二级市场价格是波动的，如果债券参与二级市场交易，实现的价值就不确定，从而收益率可能会高于或低于票面利率。因此，有些债券虽然有票面利率，但实际收益率与票面利率却不相等，这种反映投资者实际获利水平的收益率又被称为有效利率。

三、利率的种类

利率是按不同的划分法和角度来分类的，以此更清楚地表明不同种类利率的特征。

(一) 按计算利率的期限单位可划分为年利率、月利率与日利率

1. 年利率(以年为单位计算)以本金的百分之几表示(%)。
2. 月利率(以月为单位计算的利息)以本金的千分之几表示(‰)。
3. 日利率(以日为单位计算的利息)以本金的万分之几表示。

年、月、日利率可互相换为：

$$年利率 = 月利率 \times 12 \times 100\% = 日利率 \times 360 \times 100\% \tag{3-10}$$

我国传统的计息单位——厘

厘是我国古代用于借贷利率使用的计量单位，因为古代没有百分号(%)和千分号(‰)这些计数方法。如今，"厘"这个计量单位多用于民间借贷中口头常用的一种利息计算单

位。利息3厘是多少？这个具体划分为：日利息、月利息还是年利息，不同的情况下，最后代表的利率完全不一样。民间借贷中无论是说"分"还是说"厘"，正常而言都是指的月利。假如利息3厘，那么就是每个月的利率为3‰。如果是日利3厘，月利率就是9分（按一个月30天），也就是9%月利率，年利率则达到惊人的108%，确定是民间高利贷无疑。所以，在民间借贷的时候，需要了解"厘"的含义，避免造成利率理解错误，以为利率低，但实际上却借了高利贷。

（二）按利率的地位可划分为：基准利率与差别利率

▶ 1. 基准利率

基准利率（Base Interest）是指在多种利率并存的条件下起决定作用的利率。基准利率发生变动，其他利率也会相应变动。因此，了解这种关键性利率水平的变化趋势，也就可以了解全部利率体系的变化趋势。在金融市场发达的西方国家，市场的基准利率通常是指同业拆借利率，如美国的联邦资金利率和英国的伦敦同业拆借利率。在中国，目前则是指"法定利率"，即中国人民银行对商业银行和其他金融机构的存贷款利率，其中又以一年期的存贷款利率为核心。表3-1为中国人民银行最新调整的金融机构人民币存贷款基准利率。

表 3-1　中国人民银行最新调整的金融机构人民币存贷款基准利率

各项存款利率	利率（%）
活期存款	0.35
整存整取定期存款	利率（%）
三个月	1.10
半年	1.30
一年	1.50
二年	2.10
三年	2.75
各项贷款	利率（%）
一年以内（含一年）	4.35
一至五年（含五年）	4.75
五年以上	4.90
公积金贷款	利率（%）
五年以下（含五年）	2.75
五年以上	3.25

注：上表为2015年12月24日降息后，2019年7月最新存款、贷款、公积金最新基准利率。

▶ 2. 差别利率

银行等金融机构对不同部门、不同期限、不同种类、不同用途、不同借贷能力的客户的存贷款制定不同的利率。世界各国都实行差别利率，以加强对经济的调节和监督作用，引导投资的方向和数量。在我国，为促进企业加强经济核算、节约使用资金、加速资金周转，对流动资金贷款和企业技术改造贷款实行不同的利率；对逾期贷款和积压物资的贷款，分别加息或罚息；对农业贷款实行低于工商业贷款的利率；对中外合资企业的人民币贷款利率原则上高于国内企业的人民币贷款利率；对粮食贷款等实行优惠利率。

（三）根据与通货膨胀的关系，分为名义利率和实际利率

▶ 1. 名义利率

名义利率（Nominal Interest Rate）是指借贷契约和有价证券上载明的利率，即直接以货币表示、市场上通行的利率。在目前的情况下，市场的各种利率都是名义利率。

▶ 2. 实际利率

实际利率（Effective Interest Rate）是指物价水平不变，货币购买力也不变时的利率。在货币资本的借贷过程中，债权人不仅要承担债务人到期无法归还本息的信用风险，而且还要承担货币贬值的通货膨胀风险。由于货币资金的使用权在让渡期间，货币资金本身及其"价格"具有相对稳定性，而物价却经常处于波动之中，因此，就会出现实际利率与名义利率的差异问题。实际利率就是扣除了同期通货膨胀的利率。

$$I=[(1+i)/(1+P)-1]\times 100\% \tag{3-11}$$

其中，I 为实际利率；i 为名义利率；P 为借贷期物价上涨率。

【例3-4】 某存款人存入银行 10 000 元，名义利率为 10%；期限 1 年，到期的利息为 1 000 元，而同期物价上涨了 7%，实际利率应当是：

$$I=[(1+i)/(1+P)-1]\times 100\%=[(1+10\%)/(1+7\%)-1]\times 100\%=2.8\%$$

如果通货膨胀率较低，分母中 P 的影响可以忽略不计，则实际利率公式可以简写为：

$$I=i-P$$

由此可见，实际利率是名义利率与通货膨胀率之差。

实际利率、名义利率与通货膨胀率的这种关系称为费雪效应（Fisher Effect）。市场上名义利率的变动取决于物价上涨率，但名义利率变化并非同步于物价上涨率的变化。因为人们对价格变化的预期往往滞后于物价上涨率的变化，所以名义利率追随物价上涨率的变化也往往有滞后的特点。

（四）按借贷期内利率是否浮动，可划分为固定利率与浮动利率

▶ 1. 固定利率

固定利率（Fixed Interest Rate）是指在借贷期内不作调整的利率。实行固定利率可以使借贷双方准确地计算成本与收益，这是传统的计息方式。但是近几十年来，各国的通货膨胀现象十分普遍，实行固定利率会给债权人，尤其是会给长期放款和储蓄的债权人带来较大损失。因此，在资金的借贷中越来越多地采用浮动利率。

▶ 2. 浮动利率

浮动利率（Floating Interest Rate）是指在借贷期限内利率随物价或其他因素变化相应调整的利率。借贷双方可以在签订借款协议时就规定利率可以随物价或其他市场利率等因素进行调整。浮动利率可避免固定利率的某些弊端，但计算依据多样，手续繁杂，常常采

用基本利率加成计算。通常将市场上信誉最好的企业借款利率或商业票据利率定为基本利率，并在此基础上加 0.5 至 2 个百分点作为浮动利率。到期按面值还本，平时按规定的付息期的浮动利率付息。

一般来说，固定利率常见于 1 年及 1 年以下期限的贷款，浮动利率多见于房贷等期限较长的贷款。

（五）按利率的决定方式可划分为：官方利率、公定利率与市场利率

▶ **1. 市场利率**

市场利率（Market Interest Rate）是指随市场供求规律而自由变动的利率。市场利率是借贷资金供求变化的"指示器"，能够灵敏地反映借贷资金的供求变化，也是国家制定官方利率的重要依据。

▶ **2. 官方利率**

官方利率也称官定利率、法定利率（Official Rate Interest），是指由政府金融管理部门或者中央银行确定的利率。官定利率主要包括两种利率：第一类是中央银行对商业银行的再贷款和再贴现利率；第二类是中央银行对商业银行等金融机构的存贷款利率进行直接管制和对直接金融市场上债券利率直接管制所形成的利率。官定利率产生的原因，是因为利率本身是政府对经济进行调控的杠杆，金融管理当局或中央银行担负着使利率水平维持在一定水平上以实现政府对经济进行调控的职责。

▶ **3. 公定利率**

公定利率（Public Rate）是介于市场利率与官方利率之间，由非政府部门的金融行业自律性组织（如银行公会）所确定的利率。行业公会是非政府部门的民间金融组织。

官方利率和公定利率都不同程度地反映了非市场的强制力量对利率形成的干预。官方利率的变化代表了政府货币政策的意向，对市场利率有重要的影响。市场利率随官方利率的变化而变化，但不一定完全同步。

此外，利率按借贷主体不同还可以划分为：中央银行利率，包括再贴现利率、再贷款利率等；商业银行利率，包括存款利率、贷款利率、贴现率等；非银行利率，包括债券利率、企业利率、金融利率等；按信用行为的期限长短还可以划分为：长期利率和短期利率；按是否具备优惠性质还可以划分为：一般利率和优惠利率。

在对利率按照不同的标准进行划分时，需要注意利率的各种分类之间是相互交叉的。例如，3 年期的居民储蓄存款利率为 3%，这一利率既是年利率，又是固定利率、差别利率、长期利率与名义利率。各种利率之间以及内部都有相应的联系，彼此之间保持相对结构，共同构成一个有机整体，从而形成一国的利率体系。

四、利率的决定及其影响因素

（一）西方学者的利率决定理论

▶ **1. 古典学派的均衡利率理论**

均衡利率理论的倡导者马歇尔认为利率是由储蓄和投资等非货币的实际因素所决定

的。因此，均衡利率理论也被称为储蓄投资决定理论。

储蓄投资决定理论认为，利率决定于储蓄与投资的相互作用。储蓄(S)为利率(r)的递增函数[$S=S(r)$]，投资(I)为利率的递减函数[$I=I(r)$]。当$S>I$时，利率会下降；反之，当$S<I$时，利率会上升。当储蓄者所愿意提供的资金与投资者所愿意借入的资金相等时，利率便达到均衡水平，此时的利率即为均衡利率。储蓄投资决定理论的核心是储蓄等于投资，即$S(r)=I(r)$。

储蓄投资决定理论见图3-2所示。

2. 流动性偏好利率理论

流动性偏好利率理论的倡导者凯恩斯认为利率不是由储蓄与投资决定的，而是由货币的供给与需求决定的。

凯恩斯认为利率是纯粹的货币现象。因为货币最富有流动性，它在任何时候都能转化为任何资产。利息就是在一定时期内放弃流动性的报酬，利率因此由货币的供给和货币需求所决定。

利率决定于货币供求量，而货币需求量基本上取决于人们的流动性偏好。如果人们偏好强，愿意持有的货币数量就增加，导致货币的需求大于货币的供给时，利率上升；反之，偏好弱时，对货币的需求下降，利率下降。因此，利率是由流动性偏好曲线与货币供给曲线共同决定的，货币供给曲线Ms由货币当局决定，货币需求曲线Md是一条自上而下、由左到右的曲线，越向右越与横轴平行。当货币供给曲线与货币需求曲线的平行部分相交时，利率将不再变动，即无论怎样增加货币供给，货币均会被存储起来，不会对利率产生任何影响。流动性偏好理论如图3-3所示。

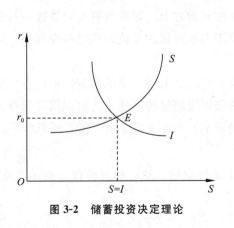

图3-2 储蓄投资决定理论

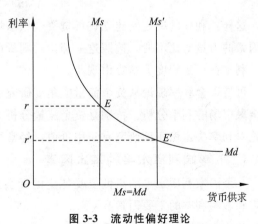

图3-3 流动性偏好理论

▶ 3. 可贷资金利率理论

可贷资金利率理论(Loanable-Funds Theory of Interest)产生于20世纪30年代，由罗伯森和俄林等提出。该理论试图在利率决定问题上把货币因素和实质因素结合起来考虑，完善古典学派的储蓄投资理论和凯恩斯流动性偏好利率理论。

可贷资金利率理论认为，利率不是由储蓄与投资所决定，而是由可贷资金的供求决定的。按照可贷资金利率理论，借贷资金的需求与供给均包括两个方面：借贷资金需求来自

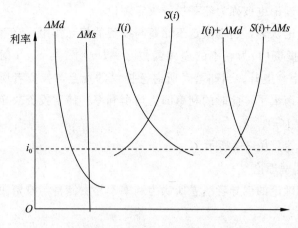

图 3-4 可贷资金利率理论

某期间的投资流量和该期间人们希望持有的货币余额;借贷资金供给则来自于同一期间的储蓄流量和该期间货币供给量的变动。

可贷资金的需求用公式表示:$DL=I+\Delta Md$

可贷资金的供给用公式表示:$SL=S+\Delta Ms$

公式中,DL 为借贷资金的需求;SL 为借贷资金的供给;ΔMd 为该时期内货币需求的改变量;ΔMs 为该时期内货币供应的改变量。显然,作为借贷资金供给一项内容的货币供给与利率呈正相关关系;而作为借贷资金需求一项内容的货币需求与利率则呈负相关关系。总体来说,均衡条件为:

$$I+\Delta Md=S+\Delta Ms$$

这样,利率的决定便建立在可贷资金供求均衡的基础之上。如果投资与储蓄这一对实际因素的力量对比不变,按照这一理论,则货币供需力量对比的变化即足以改变利率。因此,利率在一定程度上是货币现象。

可贷资金利率理论从资金流量的角度研究借贷资金的供求和利率的决定,可以直接用于金融市场的利率分析。特别是资金流量分析方法和资金流量统计建立之后,用可贷资金理论对利率决定做实证研究有实用价值,经常被经济学家和金融学家用于预测利率水平。

(二)影响利率水平的基本因素

一个国家利率水平的高低要受特定的社会经济条件制约。从我国现阶段的实际出发,决定和影响利率的主要因素有:

▶ 1. 利润率的平均水平

平均利润率是决定利率高低的最基本因素。利息是平均利润的一部分,利率仍取决于利润率,并受平均利润率的制约。一般情况下,利率以平均利润率为最高界限,且利率最低也不会等于零,否则就不会有借贷行为,即利率总是在零到平均利润率之间波动,并且利率水平的变化与平均利润率水平的变化成正比。平均利润率提高,利率一般也相应提高;平均利润率降低,利率也相应降低。

▶ 2. 资金的供求状况

在平均利润率一定的情况下，利息率的高低决定于金融市场上借贷资金的供求情况。这是因为，借贷资金同其他资金一样，是在激烈的竞争中运动，这种竞争归根到底是由资金的供求关系决定的。

一般情况下，当资金供不应求时，利率上升，当资金供过于求时，利率下降；同时，利率也反作用资金供求，利率上升对资金的需求起抑制作用，有利于资金来源的增加；利率下降，会使资金需求增加。所以，资金供求关系是确定利率水平的一个基本因素。

▶ 3. 物价变动的幅度

由于价格具有刚性，变动的趋势一般是上涨，因而怎样使自己持有的货币不贬值，或遭受贬值后如何取得补偿，是人们普遍关心的问题。这种关心使得从事经营货币资金的银行必须使吸收存款的名义利率适应物价上涨的幅度，否则难以吸收到存款；同时也必须使贷款的名义利率适应物价上涨的幅度，否则难以获得投资收益。所以，名义利率水平与物价水平具有同步发展的趋势，物价变动的幅度制约着名义利率水平的高低，为保证信用双方都不因物价变化而受到损失，必须合理调整利率水平。

▶ 4. 国际利率水平

国际利率水平对国内利率的变化具有一定的影响作用，因为国内利率水平的高低直接影响本国资金在国际间的移动，进而对本国的国际收支状况产生影响。

当国际利率水平较低而国内利率水平较高时，会使外国货币资本流入国内，从而有利于国际收支状况的改善；反之，当国际利率水平较高，而国内利率水平较低时，会使本国的资金外流，不利于本国的国际收支平衡。

▶ 5. 中央银行政策

国家经济政策利率对社会再生产具有调节作用，因此，国家把利率作为调节经济的一种重要工具。利率不能完全随借贷资金的供应状况自由波动，而必须受到国家的调节。世界各国政府都根据本国的经济状况和经济政策目标，通过中央银行制定的金融政策影响市场利率，进而达到调节经济、实现其经济发展目标的目的。

中央银行运用某些政策工具通过银行影响可贷资金量。当中央银行想要刺激经济时，将采取措施以鼓励银行增加可贷资金数量，利率下降。中央银行要限制经济活动时，将采取迫使银行收回贷款的措施，利率上升。

▶ 6. 国际收支

国际收支对利率的影响主要是通过外汇储备导致货币供给增加实现的。以我国为例，国际收支顺差时，中央银行用人民币买进大量外汇，外汇储备增加的同时需要投放大量的人民币，从而导致市场上货币供给增加，利率下降。

五、利率的作用及其发挥

(一) 利率的作用

利率作为经济杠杆，在市场经济中具有"牵一发而动全身"的效应，对经济的发展发挥着至关重要的作用。它对资源配置及资金周转、储蓄、消费、投资等有着至关重要的影响。利率是重要的基本经济因素之一。当前，世界各国频繁运用利率杠杆实施宏观调控，利率政策已成为各国中央银行调控货币供求，进而调控经济的主要手段，利率政策在中央银行货币政策中的地位越来越重要。

▶ 1. 利率在宏观经济活动中的作用

（1）利率与资源配置

在市场经济体制下，人们根据各种商品价格的变动趋势，不断改变生产和投资的决策，将用于价格趋于下跌的产品的资源，转用于生产价格趋于上升的产品，对资源分配作结构性调整，以达到提高效益的目的。利率作为货币资金的价格，不只是对资源分配作结构性调整，也是在调整对资源的总需求，把有限的资源分配给利润较高的行业、部门和企业，以保证社会资源使用总的效率。

利率过高，意味着使用资金的成本过高，某些利润较低的资源，就会造成资源的闲置，这是一种浪费。利率过低，意味着资金使用成本过低，某些利润很低的生产仍可进行，投资也会增加，有限的资源可能被低效益部门占用，这同样是一种浪费。只有利率合理，才能使资源得到合理配置，提高资金使用效益，从而促进经济的发展。

（2）利率能够调节融资的供求

利率的高低对货币的供求、银根的松紧有着直接的影响作用。利率越低，融资方的成本越小，在其他条件不变时，所获的利润增多，表现为对货币的需求扩大。相反，利率越高，融资成本越高，在其他条件不变时，所获的利润减少，表现为对货币的需求缩小。从融出方来说，利率越高，所获取的利息越多，表现为对货币供给的增加；反之，利率越低，资金供给就会相应收缩。可见，借贷双方要求利率波动的趋向是相反的。但是，现实生活中，利率波动的最终结果总会使借贷双方的要求协调起来，使货币需求大致等于货币的供给。

（3）利息率可以调节投资

利率通过影响投资成本的多少来影响投资总量。在投资的边际收益不变时，贷款利率提高，投资成本（支付的利息）增加，投资的净收益降低，投资总量减少；反之，贷款利率降低，投资成本减少，投资者的净收益增加，投资总量也相应提高。因此，低利率对实质性投资有刺激作用；高利率则不利于投资规模的扩大。

（4）利息率可以调节社会总供求

利息率对供求总量的平衡具有一定的调节作用。总需求与市场价格水平、利率之间有着相互联系、相互作用的机制。由于生产者和消费者进入市场从事经济活动，市场机制通过价格水平和利率水平的变动在一定程度上能够调节各个企业和消费者的投资与储蓄活动，有利于实现总供给和总需求的平衡。

（5）利率与消费、储蓄

储蓄与消费都是收入的函数。在一般情况下，储蓄是收入的增函数，消费是收入的减函数。这就是说，如果生活水平既定，随着收入的增加，用于消费的资金比例将会减少，而用于储蓄的资金比例将会增加。

利率、储蓄与消费之间的关系，从总量上看，在收入既定的条件下，利率的高低对广义储蓄和消费的影响不大，广义储蓄的增减和消费水平主要随收入的增减作相应的变化。但如果从利率的高低能够影响人们的收入水平去考察，则会出现利率水平越高，同期人们的货币收入将会由于利息收入的增加而增加，从而会增加消费和储蓄。从微观上看，利率高低对狭义储蓄量的可调控性是十分明显的。在收入既定条件下，利率提高，有利于银行储蓄存款的增加，本期消费的减少；利率降低，有利于银行储蓄存款的减少，本期消费的增加。

总的来说，利息率的变动不仅能调节消费与储蓄的结构，而且还能调节消费的总量。在消费总量为一定的条件下，人们用多少货币收入来消费，用多少货币收入来储蓄，利率的高低能起调节作用，即利率高，储蓄就多，消费就少；利率低，储蓄就少，消费就多。通过降息来刺激消费，刺激经济的增长，其原理亦在于此。

(6) 利率对股市的影响

利率的上升，不仅会增加公司的借款成本，而且还会使公司难以获得必需的资金，这样，公司就不得不削减生产规模，而生产规模的缩小又势必会减少公司的未来利润。因此，股票价格就会下降。反之，股票价格就会上涨。

利率上升时，投资者据以评估股票价值所在的折现率也会上升，股票价值因此会下降，从而也会使股票价格相应下降；反之，利率下降时，股票价格就会上升。

利率上升时，一部分资金从投向股市转向银行储蓄和购买债券，从而会减少市场上的股票需求，使股票价格出现下跌。反之，利率下降时，储蓄的获利能力降低，一部分资金就可能回到股市中，从而扩大对股票的需求，使股票价格上涨。除了以上几方面，社会资本状况也会影响到利率作用的发挥，如果存在着大量过剩资本，利率降低就会引起投资增加；但如果资本不足，尽管利率降低了，投资也难以立即增加。

(7) 利率变动对汇率的影响

利率政策通过影响经常项目对汇率产生影响。当利率上升时，信用紧缩，贷款减少，投资和消费减少，物价下降，在一定程度上抑制进口，促进出口，减少外汇需求，增加外汇供给，促使外汇汇率下降，本币汇率上升。当利率下降时，信用扩张，货币供应量（M2）增加，刺激投资和消费，促使物价上涨，不利于出口，有利于进口。在这种情况下，会加大外汇需求，促使外汇汇率上升，本币汇率下降。

(二) 利率在微观经济活动中的作用

如果说分配资源、提高效率是利率的宏观经济功能，那么，利率的微观经济功能就是促进企业加速资金周转，节约资金使用。利率是对企业利润的一种扣除，占用的资金和所付的利息越少，企业所得的利润就越多。由于利润的高低同企业和职工的经济利益有着紧密的联系，于是，利率自然就成为促进企业加速资金周转、减少资金占用的有力工具。对个人而言，利率影响其经济行为。利率能够诱发和引导人们储蓄，利率可以引导人们选择金融资产。

六、利率发挥作用的环境与条件

在现实生活中,利率发挥作用受到各种经济或非经济因素的影响。

▶ 1. 影响利率发挥作用的限制性因素

(1) 利率管制

利率管制作为国家宏观经济管理的一种手段,具有可控性强、作用力大等特点,但如果利率水平不恰当或调整不及时,也会限制利率作用的发挥。

(2) 授信限量

授信限量包括信贷配置和实施其他授信条件,如首期付款量、质押品、分期还款量限制等。授信限量使许多消费需求和投资需求得不到满足,容易加剧信贷资金的供求矛盾,黑市猖獗,使银行利率与市场利率之间的距离不合理地扩大,阻碍了利率机制正常发挥作用,还会引起整个利率体系结构和层次的扭曲。

(3) 市场开放程度

如果国内资金流动受到各种限制,金融市场不能成为有机的统一市场,利率体系各组成部分之间就失去了有机联系,整个利率体系就会失去弹性,作用的发挥就有了很大的局限性。在对外关系中,如果政府实行严格的外汇管制,限制资本的流出流入,就会使一国的利率体系孤立起来,失去了与世界利率体系的有机联系。在这种情况下,利率体系就失去了对本国货币与外国货币的汇率发生影响从而对国际收支产生影响的汇率效应。

(4) 利率弹性

利率弹性表示利率变化后其他经济变量对利率变化的反应程度。某一变量的利率弹性高,表示该变量受利率的影响大,对利率变动的反应十分灵敏,利率的作用就能充分发挥出来;反之,利率对经济变量乃至真实经济的影响自然就很微弱了。

▶ 2. 利率发挥作用的条件

如果利率机制本身存在缺陷,那么利率的杠杆性作用就很难发挥出来,因此,在我国社会主义市场经济条件下,要充分发挥利率的杠杆作用,就要强调市场在利率决定中的作用,使政府对利率的调控间接化,要具备完善的利率机制。其中,包括市场化的利率决定机制、灵活的利率联动机制、适当的利率水平、合理的利率结构等。

(1) 市场化的利率决定机制

市场化的利率决定机制,即利率市场化(Interest Rate Liberalization)。也就是将利率的决策权交给金融机构,由金融机构根据资金状况和对金融市场动向的判断来自主调节利率水平,最终形成以中央银行基准利率为基础,以货币市场利率为中介,由市场供求决定金融机构存贷款利率的市场利率体系和利率形成机制。近年来,我国在维护金融市场整体稳定的前提下,逐步推动利率市场化,使资源进行更有效的配置,并充分激发金融机构的自由竞争和创新能力。总体而言,我国的利率市场化路径大致为从放开同业拆借及银行间回购利率,到放开贷款利率管制,再到近年来加速推进的存款利率市场化。可以说,我国已经处在利率市场化的最后阶段。

(2) 灵活的利率联动机制

在市场经济条件下,利率和汇率高度相关,二者的变动互相制约,尤其是利率对汇率的影响十分明显,并共同对一国货币供应量和内外均衡形成影响。利率市场化后,如果出现经济增长减速,而国际利率又上升,将面临两难选择:降低利率刺激国内经济,会引起国际收支失衡;而让国内利率随行就市,会加剧国内失衡。因此,要实现国内外经济政策的协调,在利率市场化的同时,必须及时推进汇率形成机制的市场化,以形成利率、汇率联动机制。

(3) 适当的利率水平

利率水平是指一定时期全社会利率的平均总水平,反映一定时期全社会资金的供求状况。利率水平的变动对资金盈余者的让渡行为有重要影响,它对资金盈余者持有资金的机会成本大小起决定性作用。当利率提高时,意味着人们借款的成本增大,资金短缺者的负担也越重,他们的借款需要就会受到制约。因此,合理的利率水平才能促进经济有序健康发展。

(4) 合理的利率结构

利率结构是某一时点上多种多样市场利率的排列和构成。利率结构表示各种市场利率的差异性,通过存款利率的作用,可以调节定期与活期、长期与短期存款的结构;通过贷款利率的作用,可以影响贷款的投向,促进贷款结构的调整。但是如果利率期限结构错配,就会导致银行资金流动性不足,国家不得不缩紧银根,企业投资需求被抑制。

我国要充分发挥利率的杠杆作用,中央银行应建立以经济手段和法律手段为主的间接调控体系,从而使三大货币政策工具都能影响利率,并使反映市场供求的利率水平和利率结构符合国民经济和整个社会发展的需要;商业银行体系对利率的升降变化应有相当的灵敏度;微观经济主体的融资行为要建立在健全的利益机制基础上,且对利率有较高的弹性。只有从几个方面逐步进行改革,才能改善现有利率机制,充分发挥利率对我国经济的影响作用。

本章小结

1. 信用的经济学意义是指未来有回报的资金借贷或投融资行为。它体现了借贷双方特定的经济关系。按照授受信用的主体划分,现代信用主要有商业信用、银行信用、国家(政府)信用、消费信用、国际信用和民间信用等。

2. 利息是资金所有者贷出货币所获得的报酬,也是借款者使用借入货币的代价,即借贷资金的价格。利率是借贷期内所形成的利息与借贷本金的比例。利率有年率、月率和日率。

3. 基准利率是在多种利率并存的条件下起决定作用的利率。基准利率发生变动,其他利率也会相应变动。

4. 影响利率水平的基本因素有资金的供求关系、社会的平均利润率和同期的通货膨胀率、国家的货币政策等。

5. 利率作为经济杠杆，既影响货币的流量，又影响货币的存量；既影响储蓄与投资，又影响着物价和经济发展。它对资源配置及资金周期、储蓄、消费、投资等有着至关重要的影响。

6. 利率市场化是金融机构在货币市场经营融资的利率水平。它是由市场供求来决定的，包括利率决定、利率传导、利率结构和利率管理的市场化。

7. 信用工具是证明交易双方债权或所有权的合法凭证，是一切信用和金融活动的载体。金融工具通常被划分为货币市场工具、资本市场工具和金融衍生工具。

8. 债权凭证代表了持有人或债权人对发行人或债务人的债权。所有权凭证主要是公司发行的普通股股票，它代表了持有人对公司的股东权，股东既分享企业盈利，又要承担亏损风险。

9. 各种类型的金融衍生工具是为了防范债权凭证和所有权凭证的价格风险和利率风险而派生出来的新型交易工具，如期货交易、期权交易和货币利率互换等。

综合练习题

一、单项选择题

1. 信用是（　　）。
   A. 买卖行为　　　　　　　　B. 赠予行为
   C. 救济行为　　　　　　　　D. 各种信贷关系的总和

2. 信用的最基本特征是（　　）。
   A. 平等的价值交换　　　　　B. 无条件的价值单方面让渡
   C. 以偿还为条件的价值单方面转移　　D. 无偿的赠予或援助

3. 国家信用的主要形式是（　　）。
   A. 发行政府债券　　　　　　B. 向商业银行短期借款
   C. 向商业银行长期借款　　　D. 自愿捐助

4. 工商企业之间以赊销方式提供的信用是（　　）。
   A. 商业信用　　B. 银行信用　　C. 消费信用　　D. 国家信用

5. 个人获得住房贷款属于（　　）。
   A. 商业信用　　B. 消费信用　　C. 国家信用　　D. 银行信用

6. 国家信用的主要工具是（　　）。
   A. 政府债券　　B. 银行贷款　　C. 银行透支　　D. 发行银行券

7. 通常将一定数量的货币在两个时点之间的价值差异称为（　　）。
   A. 货币时间差异　　　　　　B. 货币时间价值
   C. 货币投资价值　　　　　　D. 货币投资差异

8. 李先生拟在5年后用200 000元购买一辆车，银行年复利率为12%，李先生现在应存入银行（　　）元。
   A. 120 000　　　B. 134 320　　　C. 113 485　　　D. 150 000

9. 企业打算在未来三年每年年末存入银行2 000元,年利率2%,单利计息,则在第三年年末取出的利息是(　　)元。
   A.120.8　　　　B.240　　　　C.120　　　　D.60

10. 某人分期购买一套住房,每年年末支付50 000元,分10次付清,假设年利率为3%,复利计息,则该项分期付款相当于现在一次性支付(　　)元。
    A.469 161　　　B.387 736　　　C.426 510　　　D.504 057

11. 某投资者购买债券,在名义利率相同的情况下,对其最有利的计息期是(　　)。
    A.1年　　　　B.半年　　　　C.1季度　　　　D.1个月

12. 一项1 000万元的借款,借款期限为3年,年利率为5%,若半年复利一次,有效年利率会高出名义(　　)。
    A.0.16%　　　B.0.25%　　　C.0.06%　　　D.0.05%

二、多项选择题

1. 现代信用形式中两种最基本的形式是(　　)。
   A. 商业信用　　B. 国家信用　　C. 消费信用　　D. 银行信用
   E. 民间信用

2. 下列属于消费信用范畴的有(　　)。
   A. 企业将商品赊销给个人　　　　B. 个人获得住房贷款
   C. 个人持信用卡到指定商店购物　　D. 个人借款从事经营活动
   E. 企业将商品赊销给另一家企业

3. 商业信用是现代信用的基本形式,它是指(　　)。
   A. 工商企业之间存在的信用　　　　B. 银行与企业之间提供的信用
   C. 以商品形式提供的信用　　　　　D. 是买卖行为与借贷行为同时发生的信用
   E. 企业之间在买卖商品时,此货币形态提供信用

4. 消费信用的形式有(　　)。
   A. 企业以赊销方式对顾客提供信用
   B. 银行和其他金融机构贷款给个人购买消费品
   C. 银行和其他金融机构贷款给生产消费品的企业
   D. 银行和其他金融机构对个人提供信用卡
   E. 银行对个人办理支票业务

5. 下列信用工具中,属于短期信用工具的有(　　)。
   A. 优先股　　　B. 商业汇票　　　C. 公债券　　　D. 支票
   E. 信用证

6. 商业信用的特点是(　　)。
   A. 债权人和债务人都是企业　　　B. 借贷的对象是商品资本
   C. 信用的规模依存于生产和流通的规模　　D. 规模巨大,方向不受限制
   E. 期限一般较长

7. 在现实生活中由于各种因素,利率发挥受到限制,要使其充分发挥作用,必须具

备的条件有( )。

A. 灵活的利率联运机制　　　　　B. 市场化的利率决定机制

C. 合理的利率结构　　　　　　　D. 适当的利率水平

E. 调节原有收入和财富占有的比例

8. 银行信用的特点是( )。

A. 银行信用可以达到巨大规模　　B. 银行信用是以货币形态提供的信用

C. 银行信用有一定的方向性　　　D. 银行是作为债务人的身份出现的

E. 银行信用具有相对灵活性，可以满足不同贷款人的需求

9. 根据名义利率与实际利率的比较，实际利率出现的三种情况：( )。

A. 名义利率高于通货膨胀率时，实际利率为正利率

B. 名义利率高于通货膨胀率时，实际利率为负利率

C. 名义利率等于通货膨胀率时，实际利率为零

D. 名义利率低于通货膨胀率时，实际利率为正利率

E. 名义利率低于通货膨胀率时，实际利率为负利率

10. 按照利率的决定方式，可将利率划分为( )。

A. 官定利率　　　B. 基准利率　　　C. 公定利率　　　D. 市场利率

E. 固定利率

11. 关于名义利率和实际利率的说法正确的是( )。

A. 名义利率是包含了通货膨胀因素的利率

B. 名义利率扣除通货膨胀率，即可视为实际利率

C. 通常在经济管理中能够操作的是实际利率

D. 实际利率是调节借贷双方的经济行为

E. 名义利率对经济起实质性影响

12. 银行提高贷款利率有利于( )。

A. 抑制企业对信贷资金的需求　　B. 刺激物价上涨

C. 刺激经济增长　　　　　　　　D. 抑制物价上涨

E. 减少居民个人的消费信贷

13. 下列观点属于凯恩斯流动性偏好利率理论的有( )。

A. 货币的供给与需求是决定利率的因素

B. 货币供给是一个外生变量，由中央银行控制

C. 货币需求取决于人们对流动性的偏好

D. 市场利率是由可贷资金市场中的供求关系决定的

E. 在充分就业的收入水平下，储蓄与投资的数量仅为利率的函数

14. 按照可贷资金理论，可贷资金的需求来源于：( )。

A. 名义货币需求　　　　　　　　B. 实际货币需求

C. 实际投资支出的需要　　　　　D. 实际消费支出的需要

E. 居民、企业增加货币持有的需求

三、判断题

1. 银行信用是当代各国采用的最主要的信用形式。（　　）
2. 高利贷以极高的利率为特征，是一种信用剥削，在资本主义社会中它是占主导地位的信用形式。（　　）
3. 随着生产力水平的提高，货币借贷逐渐取代实物借贷成为主要的借贷形式。因此，在现代社会经济中，只存在货币借贷这一种借贷形式。（　　）
4. 一般来说，长期利率比短期利率高。（　　）
5. 利率对投资有重要的影响，利率越低越能够激发投资者的热情。（　　）
6. 以复利计息，考虑了资金的时间价值因素，对贷出者有利。（　　）
7. 凯恩斯的流动偏好理论认为，利率是由借贷资金的供求关系决定的。（　　）
8. 利率管制严重制约了利率作为经济杠杆的作用，对经济发展毫无益处。（　　）
9. 当一国处于经济周期中的危机阶段时，利率会不断下跌，处于较低水平。（　　）

四、简答题

1. 股票和债券的主要区别是什么？
2. 金融工具的特征及其相互关系分别是什么？
3. 如何区分股票的账面价值、清算价值、内在价值和市场价格？

五、计算题

1. 银行向企业发放一笔贷款，额度为2 000万元，期限为5年，年利率为7%，试用单利和复利两种方式计算银行应得的本利和。（保留两位小数）
2. 假如你计划3年后通过抵押贷款购买一套总价为100万元的住房，首付款为30%。
(1) 如果3年期存款的年利率为5%，为满足首付需要现在要存入账户多少钱？
(2) 如果1年期存款利率为4%，并假定利率保持不变，为支付首付款，计划分3年均匀地存款（每年年初存入），那么每年又应存入多少？
(3) 如果房价每年增长3%，则按(1)和(2)的方式准备首付款需要做出怎样的调整？
(4) 3年后，需要从银行贷70万购买住房，贷款期限为20年，贷款利率为8%，月供为多少？
3. 某债券面额100元，利息率6%，购进日2001年8月10日，到期2005年1月1日，发行期限7年，买入价112.4元，到期还本付息，计算直接收益率和到期收益率。

实训项目

参与调查——消费信用

【实训目标】

1. 加深对消费信用的理解，提高学生的专业素养和实践动手能力。
2. 培养学生的沟通、团队合作能力，提高学生观察、思考、分析和解决问题的能力。

【实训内容与要求】

学生自愿组成小组，每组6～8人，每组确定一个组长，负责整个调研的组织与控制。

利用课余时间自行调查家人、朋友和身边的同学，了解他们的消费习惯及选择消费信用的原因和形式，分析消费信用对我们的生活和经济带来的影响。

【成果与检测】

1. 根据调查内容，设计本次调查总体方案。

2. 设计出合理的调查问卷：问卷设计要完整；问卷问题不少于 15 个；提问的形式要力求多样化；封闭式问题与开放式问题要相结合。

3. 对调查结果进行分析，写出调查报告。

4. 将调查问卷付诸实施，在实施过程中，样本数目即被调查者人数不少于 50 个。

5. 对此次调查结果进行分析，每组提交一份调研报告。

6. 将调查总体方案、调查中所使用的问卷以及调研报告作为附件一并上交。

第四章
汇率与汇率制度

>>> **知识目标**

1. 掌握外汇、汇率的概念及其分类。
2. 理解汇率的决定理论，理解不同制度下汇率的形成基础。
3. 了解汇率制度的典型分类，掌握固定汇率制和浮动汇率制的含义、特点。
4. 掌握2005年人民币汇率制度改革的主要内容。

>>> **能力目标**

1. 理解不同时期人民币汇率的形成基础和调整依据，掌握人民币汇率制度形成机制。
2. 能够准确判断汇率的种类及标价方法。
3. 能够通过对影响汇率变动的因素对现行汇率变动进行分析。
4. 理解汇率变动对一国经济的影响。

>>> **本章关键概念**

外汇　汇率　直接标价法　间接标价法　利率平价　购买力平价　汇率制度　固定汇率制　浮动汇率制　汇率形成机制

>>> **导入案例**

免费喝啤酒

一位游客在美国和墨西哥边境的小镇上，以0.1比索的价格买了一杯啤酒，他支付了1比索，找回0.9比索。他到美国的一个小镇上，发现美元和比索的汇率是1美元：0.9比索。他把剩下的0.9比索换成了1美元，以0.1美元的价格买了一杯啤酒，找回0.9美元。然后他又回到墨西哥的小镇上，他发现比索和美元的汇率是1比索：0.9美元。于是，他把0.9美元换成1比索，又买啤酒喝。这样，他在两个小镇之间喝来喝去，总还是1美元或 1 比索。

你能弄清楚其中的道理吗？

第一节 外汇与汇率

国际的各种交易和投资活动如同国内一样，绝大多数都是以货币为媒介的交易。但是国内的交易活动仅使用本国货币单位，而国际之间的交易和投资涉及多种货币单位。目前，世界上有近 200 种货币，但只有少数几种货币能够作为国际货币支付，因此国际交易和投资要顺利进行，必须克服国际间通货单位的不同。这样，外汇货币和外汇汇率也就构成了国际经济活动的基本问题。

一、外汇概述

▶ 1. 外汇的定义

外汇的英文表述是"Foreign Exchange"，如果作为动词来解释，通常翻译为"国际汇兑"，即动态的外汇。如果作为名词来解释，被称为外汇，其表现的是具体的静态事务。

（1）动态含义的外汇是指以银行为中介，清偿国际债权债务关系的一种经营活动，它常常和国际结算相联系。在此，"汇"含有空间概念，是指货币资金在不同国家之间的移动；"兑"是指货币的兑换，即把一种货币兑换成另一种货币的行为。《英国大百科全书》把"Foreign Exchange"定义为"商业国家之间清算债权债务的制度"。

（2）静态的外汇有广义和狭义之分。广义的外汇定义是指以外国货币表示的、在国际上可以自由兑换且能被各国普遍接受与使用的一系列金融资产。这些金融资产可用于充当国际支付手段、外汇市场干预手段和国际储备手段等，充分发挥外汇的多功能作用。各国外汇管制法令所称的外汇就是广义的外汇。狭义外汇即通常所说的外汇，指以外币表示的用于国际结算的支付手段，如各种外汇票据、银行存款凭证、银行卡等。

我国外汇管理条例中规定的外汇有：①外币现钞，包括纸币、铸币；②外币支付凭证，包括票据、银行存款凭证、银行卡等；③外币有价证券，包括债券、股票等；④特别提款权（Special Drawing Rights，SDR）；⑤其他外汇资产。

▶ 2. 与外汇相关的概念

（1）外国货币。就一个国家而言，除了本国法定货币外，其他国家的货币，均称为外国货币。应该注意的是，本国货币不管可否自由兑换，对本国境内来说，不能算作外国货币或外钞、外汇。

（2）自由兑换货币。主要是指该货币的发行国对该国的经济项下的支付和资本项下的收支不进行管制或限制。

（3）通用货币。一种外国货币是可自由兑换的货币，且被世界各国在经济往来中广泛接受并运用，这种外国货币就称为通用货币。

(4) 世界货币。在世界范围内流通的自由兑换货币。一种货币要成为世界货币必须具备两个基本条件：一是排他性，即在统一的国际货币体系中，它是唯一的可充当各种手段的货币；二是它可以作为最后的国际支付手段。世界货币必须可充当国际支付手段、储备手段和干预手段，是典型的外汇资产。

(5) 黄金。黄金已不是外汇，但迄今为止黄金仍保持着充当最终支付手段的特点。

▶ 3. 外汇的实质和特点

(1) 外汇的实质。由于外汇是用于国际债权债务清偿的支付手段和资产，因此，外汇实质上代表着持有者对外国的商品、劳务和技术的要求权。由于世界各国在地理位置、自然资源、技术水平、经济发展周期等方面存在着巨大的差异，客观上存在着相互依赖、共同发展的互补关系。一国可以发展自己相对有利的商品、劳务和技术并输出到国外，换得外汇，再进口本国供应相对不足，却是本国经济发展所急需的商品、劳务和技术，从而促进国内的生产和消费达到更高水平的平衡。从这个意义上说，外汇是用本国的商品、劳务和技术，去换取他国的商品、劳务和技术，它是满足一国经济和社会发展的战略资源之一。

(2) 外汇的特点

① 以外币表示的各种资产。任何本国货币或以本国货币表示的支付手段，对于本国来说都不是外汇。例如，美元作为自由兑换货币，美国商人可以用美元直接支付进口货款，但对美国来说，美元并不能算作外汇。美国商人只有用美元以外的其他自由兑换货币进行收付，才算发生了外汇收付。而对其他国家的商人而言，用美元收付则是动用了外汇。

② 具有自由兑换的性质。即使以外币表示的资产，如果该外币不能自由兑换成其他国货币进行实际收付时，那么它也不能称作典型的外汇。

③ 必须是在国外能够得到偿付的真实债权或产权。外汇作为国际结算的支付手段或者国际资产，它的清偿能力必须是真实的，必须是在国外能够得到偿付的，空头支票、拒付汇票等都不能视为外汇。

可见，外汇是一种对外的金融资产。

世界主要货币简写及符号见表 4-1 所示。

表 4-1 世界主要货币简写及符号

外币名称	货币符号	ISO 代码	单位
英镑	£	GBP	镑
美元	US$	USD	元
日元	J¥	JPY	日元
港元	HK$	HKD	元
欧元	€	EUR	欧元
瑞士法郎	SF	CHF	法郎

续表

外币名称	货币符号	ISO 代码	单位
加拿大元	CAN$	CAD	元
澳大利亚元	A$	AUD	元
新西兰元	NZ$	NZD	元
新加坡元	S$	SGD	元

每种外汇交易都是在一对货币之间交易。外汇买卖每种货币都用一个唯一的 3 个字母组成的国际标准组织(ISO)代码标志，例如，GBP 代表英镑，USD 代表美元。货币对由两个 ISO 代码加一分隔符表示，例如，GBP/USD，其中第一个代码代表"基本货币"，另一个则是"二级货币"。

▶ 4. 外汇的种类

外汇可以按不同标准进行分类。最主要的分类依据是外汇是否可以自由兑换、外汇的来源和外汇买卖的不同交割期限。

(1) 根据货币能否自由兑换，外汇分为自由外汇、有限自由兑换外汇和记账外汇。

① 自由外汇

自由外汇是指不需要经过外汇管理当局批准，就可以自由兑换成其他货币，或者直接向第三国办理支付的外币支付手段。自由外汇是广泛使用和流通的典型形式的外汇，目前世界上有 50 多种货币是可自由兑换的。其中主要有美元、英镑、欧元、日元、港币、瑞士法郎、新加坡元、加拿大元、澳大利亚元、丹麦克朗、挪威克朗、瑞典克朗、新西兰元等货币，以及用这些货币表示的汇票、支票、股票。债券等支付凭证和信用凭证，均为自由外汇。它们既可以自由兑换，又可以向第三国直接支付。

根据《国际货币基金组织协定》的规定，可自由兑换的货币，必须具备以下三个条件：

第一，对国际经常往来的付款和资金转移不得施加限制。也就是说，这种货币在国际经常往来中，随时可以无条件地作为支付手段使用，对方也应无条件接受并承认其法定价值。

第二，不施行歧视性货币措施或复汇率。

第三，在另一成员国要求下，随时有义务换回对方在经常往来中所结存的本国货币，即参加该协定的成员国具有无条件承兑本币的义务。

可自由兑换的货币在国际汇兑结算中被广泛使用，在国际金融市场上可自由买卖，并可不受限制地兑换成其他国家的货币。在国际贸易中，用这些可自由兑换的货币结算的进出口贸易叫现汇贸易。

② 有限自由兑换外汇

有限自由兑换外汇是指未经货币发行国批准，不能自由兑换成其他货币或对第三国进行支付的外汇。国际货币基金组织规定，凡对国际性经常往来的付款和资金转移有一定限制的货币均属于有限自由兑换货币。世界上大部分国家的货币属于有限自由兑换货币，包括人民币。

有限自由兑换外汇大体分为两种形式：一是在一定条件下的可自由兑换外汇；另一种

形式是区域性的可自由兑换外汇。在一些货币区域(如美元区、欧元区等)内,各成员国的货币盯住区域内关键货币,同其保持固定比价,并可自由兑换为关键货币,区域内资金移动不受限制。但如果将各货币区域内的货币兑换成关键货币以外的货币,或将资金转移到区域外的国家或地区,则要受到不同程度的限制。

③ 记账外汇

记账外汇亦称"协定外汇"或"双边外汇",它是指不经过货币发行国货币管理当局的批准,不能自由兑换成其他货币或对第三国进行支付的外汇。这种外汇一般都是记在对方银行专设的账户上,只能用于支付协定规定的两个国家之间的贸易货款及从属费用和其他双方政府同意的付款,不能转给第三国使用,也不能兑换成自由外汇。在这种结算方式下,所有进出口货款,只需在双方银行开立的专门账户记账,计价货币由双方协定,可使用本国货币,也可使用对方国货币或第三国货币。记账外汇是双边贸易时双方为节约现汇的使用,各自为对方开立清算账户,采用记账清算方式时使用的。记账外汇年终差额结转到下一年度,由双方政府在下一年度贸易活动中,予以考虑并进行平衡。记账外汇是外汇的辅助形式。

(2) 根据外汇的来源和用途,分为贸易外汇(Trade Exchange)、非贸易外汇(Invisible Trade Exchange)和金融外汇(Financial Foreign Exchange)。

① 贸易外汇

贸易外汇也称实物贸易外汇,是通过进出口贸易所收付的外汇,包括货款及各种从属费用。贸易外汇反映一个国家对外交往中实质经济产生的外汇来源与用途。

② 非贸易外汇

非贸易外汇是指除进出口贸易以外在其他方面所收付的外汇,包括侨汇、旅游、旅游商品、港口、民航、海关、银行、保险、邮电、承包工程等所形成的外汇收入和支出。在产业结构的不断变化中,非贸易外汇的比重逐渐加大,个别国家如瑞士,非贸易外汇是其外汇的主要来源。

③ 金融外汇

金融外汇与贸易外汇、非贸易外汇不同,是属于一种金融资产外汇。例如,银行同业间买卖的外汇,既不来源于有形贸易或无形贸易,也不用于有形贸易,而是为了各种货币头寸的管理。资本在国家之间的转移,也要以货币形态出现,或是间接投资,或是直接投资,都形成在国家之间流动的金融资产。特别是国际游资数量之大,交易之频繁,影响之深刻,不能不引起有关方面的特别关注。

(3) 根据外汇市场交易的交割日期,分为即期外汇(Spot Exchange)与远期外汇(Forward Exchange)。

① 即期外汇又称为现汇,它是在外汇买卖成交后的当日或两个营业日以内完成交易的外汇。即期外汇是最大量和最普遍使用的外汇。

② 远期外汇又称期汇,它是在外汇市场成交一定时期后付款交割的外汇。远期外汇通常是由国际贸易结算中的远期付款条件引起的,买卖远期外汇可以减少汇率变动所造成的风险损失。因此,买卖远期外汇成为银行和进出口商进行套头交易、掉期保值的重要手

段。远期外汇的交易期限从1个月到1年不等，通常不超过3~6个月。最常见的远期外汇交易交割期限一般有30天、60天、90天、180天和360天，若期限再长则被称为超远期交易。

二、汇率及汇率标价法

(一) 汇率的概念

外汇汇率(Foreign Exchange Rate)是指两种货币相互交换的比率。汇率也称为汇价。具体是指一国货币与另一国货币的比率或比价，或者说是用一国货币表示的另一国货币的价格。由于国际间商品和劳务的交易或资本流动，必然会引起一定时期内国与国之间的货币收付或债权债务关系，期间必须通过商业银行办理国际支付或结算，这种支付或结算是通过外汇买卖来实现的。进行外汇买卖的兑换比率就是汇率。可见，汇率是商品劳务交易或资本流动引起的外汇收付而产生的经济概念。

(二) 汇率的标价方法

汇率是两种货币相交换的比例，在计算和使用汇率时，先需要确定汇率标价方法(Exchange Quotation)，即以本国货币还是以外国货币为标准。由于确定的标准不同，便产生了几种不同的外汇汇率标价方法。常用的标价方法包括直接标价法(Direct Quotation)、间接标价法(Indirect Quotation)和美元标价法。

▶ 1. 直接标价法

直接标价法又称应付标价法(Giving Quotation)，它是以一定的单位，如1单位或100单位的外国货币为标准，来计算应付出多少单位本国货币。就相当于计算购买一定单位外币所应付多少本币，所以叫应付标价法。

汇率通常用5位有效数字表示，除日元保留2位小数以外，其余的货币均保留4位小数。其中最末一位小数表示汇率变动个位点，依次左推为十位点、百位点和千位点，例如，USD1＝CNY 6.878 8。

在直接标价法下，外国货币是标价的基准，其数额固定不变，外汇汇率的变化通过本币数额的变化来表示。若在一定时期内，固定单位外币折算的本币增多，则说明外汇汇率上涨，本币汇率下跌，或外币对本币升值，本币对外币贬值；反之，若一定单位的外币折算的本币数量减少，则说明外汇汇率下降，本币汇率上升。在这里，要注意本币与外汇的区分是相对的，一般把外汇市场所在地国家的货币视为本币。

目前，除美元、欧元、英镑和澳元外，世界上绝大多数国家都采用直接标价法。

▶ 2. 间接标价法

间接标价法又称应收标价法(Receiving Quotation)，它是以一定单位的本国货币为标准来计算应收若干单位的外国货币。在国际外汇市场上，美元、欧元、英镑、澳元等均采用间接标价法。

在间接标价法下，以本国货币为基准，其数额固定不变，外汇汇率的变化通过外币数额自身的变化来表示。若一定单位的本币折算的外币数额增多，则说明外汇汇率下跌，或外币对本币贬值；反之，若一定单位的本币折算的外币数额减少，则说明，外汇汇率上升，或外币对本币升值。

两种货币在直接标价法和间接标价法下，其货币汇率互为倒数，相互的乘积为1。例如，USD1=CAD1.305 3，则CAD1=USD 1/1.305 3=USD0.766 1。

练一练

【多选题】在直接标价法下，英镑对美元汇率由1£=1.636 6$变成1£=1.635 5$，则表示（　　）。

A. 本币币值不变　　　　　　　　B. 本币贬值
C. 外汇汇率上涨　　　　　　　　D. 本币汇率上涨
E. 外汇汇率下降

▶ 3. 美元标价法

美元标价法（U.S. Dollar Quotation）又称纽约标价法，是指在纽约国际金融市场上，除对英镑用直接标价法外，对其他外国货币用间接标价法的标价方法。美元标价法由美国在1978年9月1日制定并执行，目前是国际金融市场上通行的标价法。

采用美元标价法的目的是为了简化报价并广泛地比较各种货币的汇价。例如，瑞士苏黎世某银行面对其他银行的询价，报出的货币汇价为：USD1=CAD1.186 0；中国香港某银行面对询价，报出的货币汇价为：USD1=HKD7.8。人们将各种标价法下数量固定不变的货币叫作基准货币（Base Currency），把数量变化的货币叫作标价货币（Quoted Currency）。

显然，在直接标价法下，基准货币为外币，标价货币为本币；在间接标价法下，基准货币为本币，标价货币为外币；在美元标价法下，基准货币是美元，标价货币是其他各国货币。

三、汇率的分类

汇率的种类很多，有各种不同的划分方法。尤其在外汇实务中，从不同的角度划分，就有不同的汇率。

（一）按国际货币制度的演变划分

▶ 1. 固定汇率

固定汇率（Fixed Exchange Rate）指的是一国货币对另一国货币汇率相对固定，只允许在一定范围内浮动。第二次世界大战后，布雷顿森林会议制定的"布雷顿森林体系"规定，各国对美元的汇率由货币的含金量决定，各国货币对美元的汇率在一定范围内固定不变，如果超过这个范围，该国货币当局则有义务干预市场，稳定汇率。固定汇率有利于国际贸易的发展，降低了汇率风险，但是限制了各国货币当局实行货币制度的自主性。

▶ 2. 浮动汇率

1973年，建立在布雷顿森林体系上的国际货币体系的瓦解是各国实行浮动汇率制的标志。浮动汇率（Floating Exchange Rate）指的是各国货币之间汇率的浮动不受限制，而随市场供求关系的变化而变动。浮动汇率制度加大汇率风险，但是减少了各国货币当局的压力。浮动方式还可以分为以下几种。

（1）单独浮动，即一国货币不与其他国家货币发生固定联系，而随着市场供求关系单独浮动，美国就是实行这种汇率制度的国家。

（2）盯住浮动，指一种货币盯住另外一种货币或一篮子货币或特别提款权，并随其汇率的变动而变动。

（3）联合浮动，指由若干国家组成货币集团，在集团内各国之间的货币汇率固定不变，而对集团外的货币汇率实行联合浮动。欧洲货币联盟便是实行这种汇率制度。在联盟内，各国之间的汇率固定不变，对联盟外的汇率实行联合浮动。

（二）按银行买卖的角度划分

▶ 1. 买入汇率

买入汇率（Buying Rate）也称买入价，是银行向客户或同业买入外汇时所使用的汇率。采用直接标价法时，是外币折合本币较小的汇率；采用间接标价法则反之。

▶ 2. 卖出汇率

卖出汇率（Selling Rate）也称卖出价，是银行向客户或同业卖出外汇时所使用的汇率。在直接标价法下，是指外币折合本币数额较多的汇率。

在直接标价法下，汇价的前一数字为银行的外汇买入价，后一数字为银行的外汇卖出价。例如，在德国法兰克福外汇市场上，USD1＝EUR0.983 0—0.984 0，则 USD1＝EUR0.983 0 是用欧元表示的银行买入美元外汇时的价格，USD1＝EUR0.984 0 是用欧元表示的银行卖出美元时的外汇价格。在直接标价法下，数值越小，表示外汇越便宜；数值越大，则表示外汇越贵。

在间接标价法下，汇价的前一价格为银行的外汇卖出价，后一价格为银行的外汇买入价。例如，在美国纽约市场上，USD1＝JPY108.05—108.15，108.05 是日元外汇的卖出价，即美国某银行卖出 108.05 日元外汇，收入 1 美元本币；108.15 是日元外汇的买入价，即美国某银行买入 108.15 日元外汇，支付 1 美元本币。在间接标价法下，数值越小，表示外汇越贵；数值越大，则外汇越便宜。

银行买入、卖出外汇的差价一般为 0.1%～0.5%。通常，银行之间买卖外汇的差价相对小于银行对客户的外汇买卖差价，不同货币交易量的大小和供求状况不同，其价差也不同。

银行同业之间买卖外汇时使用的汇率称为同业买卖汇率（Inter-Bank Rate），报端公布的汇率通常是同业买卖汇率。表 4-2 为 2019 年 7 月 31 日中国银行以 100 外币为标准报出的外汇牌价。

表 4-2　外汇牌价（2019 年 7 月 31 日）

币种	代码	现汇买入价	现钞买入价	现汇卖出价	现钞卖出价	中行折算价
美元	USD/CNY	686.160 0	680.580 0	689.070 0	689.070 0	687.610 0
欧元	EUR/CNY	770.160 0	746.230 0	775.830 0	777.560 0	771.860 0
港币	HKD/CNY	87.790 0	87.090 0	88.140 0	88.140 0	88.020 0

续表

币种	代码	现汇买入价	现钞买入价	现汇卖出价	现钞卖出价	中行折算价
日元	JPY/CNY	6.359 1	6.161 5	6.405 8	6.409 3	6.369 5
英镑	GBP/CNY	855.200 0	828.620 0	861.490 0	863.590 0	854.630 0
澳大利亚元	AUD/CNY	481.820 0	466.850 0	485.370 0	486.550 0	481.990 0
加拿大元	CAD/CNY	524.770 0	508.200 0	528.640 0	529.920 0	526.650 0
新加坡元	SGD/CNY	504.010 0	488.460 0	507.550 0	509.070 0	505.270 0
新西兰元	NZD/CNY	461.860 0	447.610 0	465.100 0	470.800 0	462.910 0
瑞士法郎	CHF/CNY	695.200 0	673.750 0	700.080 0	702.380 0	696.630 0
卢布	RUB/CNY	10.890 0	10.220 0	10.970 0	11.390 0	10.920 0
澳门元	MOP/CNY	85.320 0	82.460 0	85.660 0	88.410 0	88.410 0
韩国元	KRW/CNY	0.581 6	0.561 1	0.586 2	0.607 5	0.607 5

(资料来源：中国银行网站)

外汇市场上的报价一般为双向报价，即由报价方同时报出自己的买入价和卖出价，由客户自行决定买卖方向。买入价和卖出价的差价越小，对于投资者来说意味着成本越小。银行间交易的报价点差正常为2～3点，银行（或交易商）向客户的报价点差根据各家情况差别较大。目前，国外保证金交易的报价点差基本在3～5点，中国香港在6～8点，内地银行实盘交易在10～50点不等。

▶ 3. 中间汇率

中间汇率(Middle Rate)也称中间价，它是买入价和卖出价的平均数，即中间价＝(买入价＋卖出价)/2。此汇率不适用于一般客户，各国报导外汇信息和进行汇率分析时常使用中间汇率。在计划经济时代，中国银行在外汇业务中，中间汇率常用作外贸公司贸易外汇和贸易从属费用的结算，同时银行另收取3‰的手续费。

▶ 4. 现钞汇率

现钞汇率(Foreign Currency or Banknote Rate)是指银行买卖现钞时使用的汇率，也称现钞价，它不等于外汇汇率。因为外汇现钞存放于银行没有任何意义，只有运送到货币发行国，才能充当流通和支付手段，但运送现钞需要花费运费、保险费，而且还要承担一定的风险。因此，银行在买入现钞时，买入价要低于外汇买入价，卖出时等于或高于外汇卖出价。

(三) 按汇率计算方法划分

▶ 1. 基本汇率

基本汇率(Basic Rate)是一国货币与关键货币的比率，它是确定本国货币与他国货币汇率的基础，其他货币汇率可通过这个基础汇率计算出来。关键货币是指在国际收支中使用最多、外汇储备中占比重最大，同时又可以自由兑换并被国际社会普遍接受的货币。因为美元是国际收支中使用较多的货币，而且被各国广泛接受，所以大多数国家都把美元作为制定汇率的关键货币,从而把本币兑美元的汇率作为基本汇率。

▶ 2. 套算汇率

套算汇率(Cross Rate)又称交叉汇率,是两国货币通过各自对第三国货币的汇率间接计算出来的,它可以通过基本汇率套算。因为世界外汇市场只公布按美元标价计算的外汇汇率,不能直接反映其他外币之间的汇率,要换算出其他各种货币的汇率,就要用各种货币对美元汇率进行套算。一个国家制定出基本汇率后,对其他国家货币的汇率,可以按基本汇率套算出来。这样有利于国际资金的流通,减少信息复杂度,提高交易效率。市场上有多种交易货币,如果每种货币直接与其他货币交易,必将产生众多交易价格,如果有20种货币交换,将有190种汇率,即 $n(n-1)/2=20(20-1)/2=190$,价格信息太复杂,容易引起交易混乱。

(四) 按外汇买卖交割日期划分

▶ 1. 即期汇率

即期汇率(Spot Exchange Rate)是外汇买卖当日或者两个营业日内交割时使用的汇率,它是现汇汇率。外汇市场汇率和官方外汇牌价中凡未注明"远期"字样者,都是即期汇率。即期汇率表面上没有风险,同时支付,但由于各国清算制度的技术原因,只能在一天后,才能知道是否已经支付,因而也有一定的信用风险。

▶ 2. 远期汇率

远期汇率(Forward Rate)是交易双方签订远期交易合约,达成协议,事先确定将来某一确定日期进行外汇交割时使用的汇率。采用远期汇率进行远期外汇买卖的主要目的是避免或减轻外汇汇率波动所带来的风险。

某种货币的远期汇率与即期汇率存在的差异被称为远期差价(Forward Spread)。远期差价=远期汇率-即期汇率。远期差价的表现形式有三种:在直接标价法下,①升水(Premium)表示远期汇率高于即期汇率;②贴水(Discount)是指远期汇率低于即期汇率;③平价(At Par)是指远期汇率与即期汇率相等。

如果两种不同货币均以对方货币报价,那么一种货币呈升水时,另一种货币必然呈贴水。

(五) 按外汇汇付方式划分

▶ 1. 电汇汇率

电汇汇率(Telegraphic Transfer Rate,T/T Rate)是指银行卖出外汇后,以电传方式通过其国外支行或代理行付款时使用的汇率。电汇付款速度快,银行利用客户的在途资金时间短,而且国际电汇费用高,电汇汇率比一般汇率要高,在国际贸易中,交易商为了避免汇率波动风险,往往在合同中规定使用交款时间最快的电汇方式。新闻媒体上报道的外汇行情中的现汇汇率都是电汇汇率。

▶ 2. 信汇汇率

信汇汇率是指银行卖出外汇后,开具付款委托书,以信函方式通过邮寄通知付款地银行转付款给收款人所使用的汇率。

邮寄花费时间比电汇长，银行占用的在途资金时间较长，且成本比电汇低，因此信汇汇率比电汇汇率低。目前，银行对外支付外汇时很少使用信汇汇率。

▶ 3. 票汇汇率

票汇汇率是银行买卖外汇汇票时使用的汇率。银行卖出外汇时，开出一张由其国外分支机构或代理银行付款的汇票交给汇款人，由汇款人自己持有汇票在国外银行取款。票汇和信汇都花费时间较长，且成本低，因而票汇汇率比电汇汇率低。票汇汇率又分为即期票汇汇率和远期票汇汇率。即期票汇汇率指的是银行卖出票汇时使用的汇率，即期票汇汇率的确定与信汇汇率相同。远期票汇汇率指的是银行卖出在将来一定时间内付款的票汇时使用的汇率，因为其付款时间比信汇要长，它的汇率比信汇汇率低。

（六）按国家外汇管理方式划分

▶ 1. 官方汇率

官方汇率（Official Rate）是国家机构，如财政部、中央银行或外汇管理当局确定并调整和公布的汇率。所有外汇交易都以这个汇率为基础。官方汇率又可分为单一汇率和多重汇率。单一汇率是指一个国家货币只存在官方汇率这一种汇率。多重汇率是一国政府除了规定官方汇率以外，又规定了用于各种场合的汇率，它是外汇管制的特殊形式。如用于国际贸易及从属费用结算时使用的汇率称贸易汇率；用于资本流动及其他非贸易支付的汇率为金融汇率。

▶ 2. 市场汇率

顾名思义，市场汇率（market exchange rate）是自由外汇市场买卖外汇的实际汇率，它是由外汇市场上外汇的供求关系决定的，随外汇供求关系变化而自由波动。但政府出于需要，常运用一些经济手段进行市场干预，以稳定市场汇率，使之不要过分偏离官方汇率，否则，政府不得不宣布本币升值或贬值。

第二节 汇率的决定理论

汇率决定理论（Exchange Rate Determination Theory）是国际金融理论的核心内容之一，主要分析汇率受什么因素决定和影响。汇率决定理论随经济形势和西方经济学理论的发展而发展，为一国货币当局制定汇率政策提供理论依据。早在18世纪，就有学者开始对汇率问题进行探讨。

一、国际借贷学说

国际借贷学说（Theory of International Indebtedness）出现和盛行于金本位制时期，理论渊源可追溯到14世纪。1861年，英国学者戈逊（G. J. Goschen）出版了《外汇理论》一书，较为完整地阐述了汇率与国际收支的关系。

▶ 1. 国际借贷说的主要观点

(1) 国际借贷是指一国的国际收支状况，经常项目和资本项目的差额构成国际借贷差额。在一定时期内（如1年），国际收支顺差称为国际借贷出超，出超数额为该国对其他国家的净债权；国际收支逆差称为国际借贷入超，入超数额为该国对其他国家的净债务。国际借贷反映一国国际收支的动态差量关系。引发国际借贷的因素主要有商品的输入和输出、股票和债权的买卖、利润和捐赠的收付、资本交易等。

(2) 汇率直接取决于外汇供求关系，国际借贷关系是影响汇率波动的关键。一国国际借贷出超，国际市场上该国货币供不应求，则该国货币升值；反之，一国国际借贷入超，国际市场上该国货币供大于求，则该国货币贬值。

(3) 将国际借贷分为固定借贷和流动借贷。前者指借贷关系已经形成，但是尚未进入实际收付阶段的借贷，相当于长期债权债务关系；后者是指已经进入实际收付阶段的借贷，相当于经常项目收支。固定借贷对当期资本流动、外汇供求的影响具有较大的不确定性，只有流动借贷的改变才会对外汇供求产生影响。

(4) 其他因素如物价、黄金存量、利率水平、信用状况等也会对汇率产生一定的影响，但是决定汇率涨落的最重要因素仍是国际借贷关系。

▶ 2. 对国际借贷理论的评价

国际借贷理论第一次较为系统地从国际收支的角度解释外汇供求的变化，分析了汇率波动的原因。从目前的角度看，国际收支仍然是影响汇率变化最直接、最重要的基本因素之一。但从另一方面看，"国际借贷说"存在其历史的局限性，它并没有说明汇率决定的基础和其他一些重要的影响因素。

该学说在金本位制度下是成立的，对汇率变动原因的解释（由外汇供求关系即流动借贷引发）做出了很大的贡献。事实证明，国际收支失衡是导致汇率变动的主要原因之一。但它并没有回答汇率由何决定这个问题，也无法解释在纸币流通制度下由通货数量增减而引起的汇率变动等问题。

后来，凯恩斯学派对该理论进行了发展，提出了调整国际收支的弹性论和国际收支调节的吸收论，肯定了国家干预对汇率变动的作用。

二、利率平价理论

利率平价理论（Interest Rate Parity Theory）是由英国经济学家凯恩斯（J. M. Keynes）于1923年首先提出的，后来经英国经济学家保罗·艾因齐格（Paul Einzig）等人的不断补充和完善，成为最有影响的汇率决定理论之一。该理论系统地揭示了利率和汇率之间的相互作用的内在联系，较全面地奠定了远期汇率决定和变动的理论基础，成为解释国际间短期金融资本流动和短期汇率过度波动的基本理论。

(一) 利率平价理论核心观点

该学说通过利率同即期汇率与远期汇率之间的关系来说明汇率的决定与变动的原因，认为远期差价是由两国利差决定的（远期汇率的升水、贴水率约等于两国间的利率差异），并且高利率货币在远期市场上必定贴水,低利率货币在远期市场上必为升水,在没有交易成本(Transaction Cost)的情况下,远期差价等于两国利差,即利率平价(Interest Parity)成立。

利率平价理论认为,两个国家利率的差额等于远期兑换率及现货兑换率之间的差额。凯恩斯和艾因齐格提出了远期汇率决定理论,他们认为均衡汇率是通过国际抛补套利所引起的外汇交易形成的。在两国利率存在差异的情况下,资金将从低利率国流向高利率国,以谋取利润。但套利者在比较金融资产的收益率时,不仅要考虑两种资产利率所提供的收益率,还要考虑两种资产由于汇率变动所产生的收益变动,即外汇风险。套利者往往将套利与掉期业务相结合,以避免汇率风险,保证无亏损。大量掉期外汇交易的结果是,低利率国货币的现汇汇率下浮,期汇汇率上浮;高利率国货币的现汇汇率上浮,期汇汇率下浮。远期差价为期汇汇率与现汇汇率的差额,由此低利率国货币就会出现远期升水,高利率国货币则会出现远期贴水。随着抛补套利的不断进行,远期差价就会不断加大,直到两种资产所提供的收益率完全相等,这时抛补套利活动就会停止,远期差价正好等于两国利差,即利率平价成立。因此可以归纳一下利率评价说的基本观点:远期差价是由两国利率差异决定的,并且高利率国货币在期汇市场上必定贴水,低利率国货币在期汇市场上必定升水。

(二)利率平价理论的基本内容

利率平价理论可分为无抛补利率平价(Uncovered Interest Rate Parity,UIRP)和抛补的利率平价(Covered Interest Rate Parity,CIRP)两种。此两者的不同之处在于对投资者的风险偏好所做的假定上。

对于投资者按风险分类:风险厌恶者需要获得一定的风险报酬才愿意持有风险资产;与此相反,风险爱好者愿意获得承担风险的权利,但会付出一定的代价;而风险中立者则愿意在没有风险收益的情况下承担风险。

▶ 1. 无抛补利率平价

(1)定义

在资本具有充分国际流动性的条件下,投资者的套利行为使得国际金融市场上以不同货币计价的相似资产的收益率趋于一致,也就是说,套利资本的跨国流动保证了"一价定律"适用于国际金融市场。

(2)决定机制

利率的变化取决于无风险条件下投资者的投机决策,即:

在年终若持有单位本币的存款与收益额大于持有外币存款与收益额按预期汇率折算成的本币款,则在本国存款。

在年终若持有单位本币的存款与收益额小于持有外币存款与收益额按预期汇率折算成的本币款,则在外国存款。

在年终若持有单位本币的存款与收益额等于持有外币存款与收益额按预期汇率折算成的本币款,则在任何一国存款均可。

在风险中性的前提下,投资者只需比较一下两种资产的收益:如果收益不等,投资者

就会涌向一种资产,资本涌入国会因投资的增加而收益率递减,而流出国的收益率则可能会抬高,最终两者的收益趋于相等。公式为:

$$(1+r)=(1+r^*)\frac{S^e}{S} \quad (4-1)$$

如果预期汇率的变动率为 ΔS^e,则:

$$\frac{S^e}{S}=1+\frac{S^e-S}{S}=1+\Delta S^e \quad (4-2)$$

其中,r 表示以本币计价的资产收益率(年率);r^* 表示外币计价的相似资产的平均收益率;S 表示即期汇率(直接标价);S^e 表示预期将来某个时点(比如年末)的预期汇率。

这里假设投资者是风险中性(Risk Neutral),那么公式(4-1)可表述为:

$$(1+r)=(1+r^*)(1+\Delta S^e)=1+r^*+\Delta S^e+r^*\Delta S^e \quad (4-3)$$

其中,$r^*\Delta S^e$ 是两个比率的积,是一个"二阶小量",忽略不计,于是上式变为:

$$\Delta S^e=r-r^* \quad (4-4)$$

结论:本国利率高于(低于)外国利率的差额等于本国货币的预期贬值(升值)幅度。

▶ 2. 抛补利率平价

(1) 定义

抛补利率平价,与无抛补利率平价相比,抛补的利率平价并未对投资者的风险偏好做出假定,即套利者在套利的时候,可以在期汇市场上签订与套利方向相反的远期外汇合同(掉期交易),确定在到期日交割时所使用的汇率水平。

通过签订远期外汇合同,按照合同中预先规定的远期汇率进行交易,以达到套期保值的目的。由于套利者利用远期外汇市场固定了未来交易时的汇率,避免了汇率风险的影响,整个套利过程可以顺利实现。套利者如果在即期达成一笔一年期外汇交易,用数学表达是:

$$(1+r)=(1+r^*)\frac{F}{S} \quad (4-5)$$

其中,F(Forward rate)表示在即期(比如1月1日)公布的在1年后(比如12月31日)交割的远期汇率。它实际上是替代了公式(4-1)中的 S^e(Expected Future Spot rate)。若令 f(Forward Premium)表示远期的升水(或贴水),即一国的远期汇率超过(低于)即期汇率的比率,则有:

$$\frac{F}{S}=\frac{F-S}{S}+1=f+1 \quad (4-6)$$

那么,抛补的利率平价可更为清楚地表达为:

$$f=r-r^* \quad (4-7)$$

在推算中,$r*f$ 同样作为"二阶小量"被省去。

(2) 抛补利率平价可以得出的结论

① 本国利率高于(低于)外国利率的差额等于本国货币的远期贴水(升水)。

② 高利率国的货币在远期外汇市场上必定贴水,低利率国的货币在该市场上必定升水。如果国内利率高于国际利率水平,资金将流入国内牟取利润。

③ 抛补利率平价中，套利者不仅要考虑利率的收益，还要考虑由于汇率变动所产生的收益变动。

因此，在资本具有充分国际流动性的前提下，抛补与无抛补的利率平价均告诉我们：如果本国利率上升，超过利率平价所要求的水平，本币将会预期贬值；反之，则升值。

(三) 利率平价理论的发展

利率平价理论的思想起源可以追溯到19世纪60年代。19世纪90年代，研究远期外汇理论的德国经济学家沃尔塞·洛茨提出了利差与远期汇率的关系问题。

20世纪初期，凯恩斯第一个建立了古典利率平价模型，得出以下结论：

(1) 决定远期汇率的基本因素是货币短期存款利率之间的差额。

(2) 远期汇率围绕利率平价上下波动。

(3) 不论远期汇率与其利率平价偏离多大程度，获得足够利润的机会使套利者把资金转移到更有利的金融中心。

(4) 如果外汇交易被少数集团控制，或在主要交易人之间达成交易协议，那么，挂牌汇率可能偏离其利率平价。

(5) 套利资金有限，常常不能大到足以使远期汇率调整到其利率平价水平上。

(6) 在不兑换纸币的条件下，银行利率的变化直接促使远期汇率重新调整。

20世纪三四十年代，保罗·艾因齐格运用动态均衡思想，发展了利率平价的动态理论。经过罗伯特·Z.阿利布尔等人的进一步完善，现代利率平价理论框架趋于成熟。

现代利率平价理论的代表人物主要有特森·格鲁贝尔、沃费克尔和威利特等人。与传统的利率平价理论不同的是，现代利率平价理论认为，套利者对远期外汇的超额需求不具有完全弹性(传统理论认为是呈完全弹性)。这就是说，远期汇率不仅受套利者行为的影响，而且也受到贸易商、投资者和中央银行等诸多外汇市场的参与者的影响。因此，远期汇率不仅由套利决定，而且与套利者对即期汇率的预期有关。

(四) 对利率平价理论的评价

自20世纪20年代利率平价被首次提出后，利率平价受到西方经济学家的重视。它与购买力平价所不同的是考察资本流动(而不是商品流动)与汇率决定之间的关系，它从一个侧面阐述了汇率变动的原因——资本在国际间的流动。利率平价理论同样并非是一个完善的汇率决定理论。

利率平价的实现依据是国际金融市场上的"一价定律"，但在现实中，不仅完善的外汇市场没有普遍存在，而且许多国家实际对外汇实行管制并对资本流动进行限制。利率平价理论的缺陷存在以下几个方面。

(1) 利率平价说没有考虑交易成本。然而，交易成本却是很重要的因素。如果各种交易成本过高，就会影响套利收益，从而影响汇率与利率的关系。如果考虑交易成本，国际间的抛补套利活动在达到利率平价之前就会停止。

(2) 利率平价说假定不存在资本流动障碍，假定资金能顺利、不受限制地在国际上流动。但实际上，资金在国际上流动会受到外汇管制和外汇市场不发达等因素的阻碍。目前，只有在少数国际金融中心才存在完善的期汇市场，资金流动所受限制也少。

（3）利率平价说还假定套利资金规模是无限的，故套利者能不断进行抛补套利，直到利率平价成立。但事实上，从事抛补套利的资金并不是无限的。这是因为：与持有国内资产相比较，持有国外资产具有额外的风险。随着套利资金的递增，其风险也是递增的。套利还存在机会成本，套利的资金数额越大，为预防和安全之需而持有的现金就越少。这一机会成本也是随套利资金的增加而递增的。

基于以上因素，在现实世界中，利率平价往往难以成立。

三、购买力平价理论

购买力平价理论（Theory of Purchasing Power Parity），简称 PPP 或 3P 理论，是关于汇率决定的一种理论，最初由英国经济学家桑顿在 1802 年提出，其后成为李嘉图的古典经济理论的一个组成部分，最后由瑞典经济学家古斯塔夫·卡塞尔（G. Cassel，1866—1945）加以发展和充实，并在其 1922 年出版的《1914 年以后的货币与外汇》一书中做了详细论述。它已成为当今汇率理论中最具影响力的理论之一。

（一）购买力平价理论的核心观点

购买力平价理论的要点是：人们之所以愿意买进外币，是因为这种货币在该国对商品和劳务拥有购买力。而本国货币则对本国的商品和劳务具有购买力。因此，两国货币的汇率取决于两种货币在这两国的购买力之比。当两种货币都发生通货膨胀时，名义汇率将等于原先的汇率乘以两国通货膨胀率的比值。虽然可能出现背离这个新的名义汇率的情况，但汇率的变动趋势始终是两国货币购买力之比。因此，必须把用上述方法计算出来的汇率，看作是两种货币之间新的平价。这一平价即购买力平价。这一理论看到了纸币的购买力同纸币所代表的价值之间存在着一定的联系，并进而认为通货膨胀的变化影响了汇率的变化。但其理论基础是货币数量论，忽视了物价和汇率之间可相互影响、互为因果的关系。

本国人之所以需要外国货币或外国人之所以需要本国货币，是因为这两种货币在各发行国均具有对商品的购买力；两国货币购买力之比就是决定汇率的"首先的最基本的依据"；汇率的变化也是由两国货币购买力之比的变化而决定的，即汇率的涨落是货币购买力变化的结果。这个理论又分两部分。

▶ **1. 绝对购买力平价**

当贸易是开放的并且交易费用为零时，同样的货物无论在何地销售，其价格都必然相同，这就是"一价定律"。

假设 A 国的一般物价水平为 P_a，B 国的一般物价水平为 P_b，$E_{a/b}$ 是两国货币的汇率（表示 1 单位 B 国货币可以折算为多少单位的 A 国货币）。那么，可以得到如下公式：

$$P_a = E_{a/b} \cdot P_b \tag{4-8}$$

上式的左边是 A 国商品的价格，右边是同样商品在 B 国购买时折算成 A 国货币的价格，这两个价格是相等的。

绝对购买力平价理论认为，在一定的时间点上，两国货币之间的兑换比率取决于两国货币的购买力的对比，而货币购买力可以用一般物价指数的倒数来表示。因此，两国货币之间的汇率取决于两国一般物价水平之比。

假设 A 国的一般物价水平为 P_a，B 国的一般物价水平为 P_b，那么，两国货币之间的汇率可以表示为：

$$E_{a/b} = P_a/P_b \tag{4-9}$$

公式中，$E_{a/b}$ 是两国货币的汇率，表示 1 单位 B 国货币可以折算为多少单位的 A 国货币。

可见，绝对购买力平价理论建立在自由贸易原则下的"一价定律"(Law of One Price)的基础上，它实际上是一价定律的扩展。

▶ 2. 相对购买力平价

相对购买力平价是指不同国家的货币购买力之间的相对变化，是汇率变动的决定因素。认为汇率变动的主要因素是不同国家之间货币购买力或物价的相对变化；同汇率处于均衡的时期相比，当两国购买力比率发生变化时，两国货币之间的汇率就必须调整。用公式表示为：

$$本国货币新汇率 = 本国货币旧汇率 \times \frac{本国货币购买力变化率}{外国货币购买力变化率}$$

$$= 本国货币旧汇率 \times \frac{本国物价指数}{外国物价指数}$$

(二) 购买力平价理论的假设前提

▶ 1. 不考虑国际贸易中的交易费用

购买力平价理论忽略套利行为过程中产生的交易费用和信息不完全等问题。如果现实中套利者在通过不同市场定价差异进行套利活动并获取价差收益的同时需要支付交易费用，那么交易费用就增加了市场的摩擦。如果套利者从套利活动中获得的收益无法弥补交易费用，就不存在套利动机，套利行为会终止。因此，该理论隐含了没有交易费用的假设。另外，如果套利者要支付一定的成本来获取关于市场价差的信息的话，信息搜索成本也会增加市场的摩擦，进一步减小套利收益的可能性而限制套利行为。因此，该理论也隐含信息完全的假设。

▶ 2. 两国间的贸易条件相同

在国际贸易中，一个国家常常使用关税和配额等形式限制进口，保护本国产业；出口国也常常使用出口退税等形式补贴出口商，目的是增强其商品的国际竞争力。这些贸易条件的差异，扭曲了进出口商品和劳务的价格，同时也限制了套利行为。贸易条件相同的假设，排除了因这些贸易条件的差异而破坏该理论成立的可能性。

▶ 3. 没有外汇管制

购买力平价理论的前提之一是浮动汇率制，国家外汇管制也直接扭曲了购买力平价理论的逻辑基础。如实施有管理的浮动汇率制度，则套利者面临受政策管制的汇率风险。所以，"没有外汇管制"也是该理论中必不可少的前提条件。

▶ 4. 参比国要有统一的价格形式

如果说两国的价格形式并不统一，一国实行价格补贴，这样就必然导致价格扭曲，从而导致比较的结果失去意义。

▶ 5. 所有商品都是可贸易的

购买力平价理论中，所有市场的商品和劳务价格单一，是通过套利行为实现的。套利者在价格偏低的市场上购入商品并在价格偏高的市场上售出，而这一套利过程其实质也是商品交易过程。购买力平价理论包括了所有商品和劳务（通常选择有代表性的商品和劳务），因此，该理论要求所有商品都是可贸易的。

▶ 6. 不同国家的同一种商品和劳务是可以完全替代的

消费者对同一种商品和劳务往往有不同的偏好，如果消费者偏爱的是德国啤酒而不是其他国家生产的啤酒，那么对德国啤酒就会有更高的支付意愿。为了简化具体情况，该理论隐含了"可以完全替代"假设。

▶ 7. 生产与消费结构大体相同

在编制购买力平价指数的过程中，需要从基本分类中确定代表性商品和劳务，用这些商品和劳务作为桥梁来联系两国的货币内在价值。购买力平价理论要求这一组的商品和劳务对每个国家都有代表性，这显然要求进行比较的每一个国家都有大致的生产与消费结构。

▶ 8. 相同劳动生产率

就算两个国家有相同的生产和消费结构，如果劳动生产率存在差异，根据劳动价值论，商品和劳务的内在价值就会不相同，劳动生产率较高的国家，商品和劳务的内在价值就相对较低。尽管两个国家有相同的商品及其结构，但实际的国内生产总值仍然不相同。因此，要想让购买力平价基本理论从经济意义中获得解释，就必须假设两个国家有相同的劳动生产率。

在满足以上条件时，如果外汇交易的汇率明显偏离购买力平价，就为商品套购（Commodity Arbitrage）提供了机会，进而推动汇率回到购买力平价水平。

（三）购买力平价理论的缺陷

▶ 1. 购买力平价理论是在大量假设的前提下成立的

事实上，上述假设条件并不存在。其假设商品能被自由交易，并且不计关税、配额和赋税等交易成本。"假定所有国家的商品价格相等"本身就是错误的，因为不同国家的人对同一种商品的估价是不同的。例如，一种在甲国是奢侈品的商品，在另一个国家可能只是一般日用品。该理论只适用于商品贸易，却忽视了服务贸易，而服务贸易恰恰可以有非常显著的价值差距的空间。由于劳动力在国际上不能自由转移，再加上高昂的交易成本，使得许多物品的商品套购无法进行，把汇率的变动完全归之于购买力的变化，却忽视了其他因素。例如，忽视了国民收入、生产成本、贸易条件、政治经济局势等对汇率变动的影响，也忽视了汇率变动对购买力的反作用。这就导致汇率经常会偏离购买力平价。

▶ 2. 购买力平价忽略了国际资本流动对汇率的影响

尽管购买力平价理论在揭示汇率长期变动的根本原因和趋势上有其不可替代的优势，但在中短期内，国际资本流动对汇率的影响越来越大。

▶ 3. 购买力评价理论在计算具体汇率时存在许多困难

计算购买力平价需要挑选大量的商品作为计算的依据,而挑选的过程中难免会出现以偏概全的状况。在物价指数的选择上,是以参加国际交换的贸易商品物价为指标,还是以国内全部商品的价格即一般物价为指标,是很难确定的。各国在统计制度及消费结构上的差异也影响了购买力平价理论的准确性。国际货币基金组织对各国 GDP 进行 PPP 计算时,依据的是"国际比较项目(ICP)",这一项目号称涵盖 155 项基本消费类别,是世界上规模最大的一项统计活动。

所以,经济学家们认为,PPP 在统计学上具有欺骗性,可以通过精心的选择所用的商品获得对某国有利或者不利的结果。

第三节 汇率决定的基础和影响汇率变化的因素

各种货币所具有的或所代表的价值量是决定相互间汇率的基础,价值量发生变动,外汇汇率也会相应变动;但在不同的货币制度下,货币所具有的或所代表的价值有不同的含义,致使汇率的形成基础也有所不同。

一、国际金本位货币制度下的汇率形成和变动

▶ 1. 金本位货币制度下的汇率形成基础是铸币平价

国际金本位制时代,各国货币用黄金铸造,银行券按规定价值自由兑换金币。单位金铸币包含的一定重量和成色的基金被称为金铸币的含金量。两种金铸币的含金量之比称为铸币平价。铸币平价是国际金本位制时代汇率决定的基础。例如,在第一次世界大战前,1 英镑铸币的重量为 123.274 47 格令,成色为 22K,即含金是为 123.27 447×22/24=113.001 6 格令纯金;1 美元铸币的重量为 25.8 格令,成色为 90%,即含金量为 25.8×0.9=23.22 格令纯金。因此,单位英镑与美元的铸币平价应当为 113.001 6/23.11=4.866 5,即 GBP1=USD4.866 5,这就是当时英镑和美元汇率决定的基础。

▶ 2. 金本位货币制度下汇率波动的界限是黄金输送点

铸币平价只是两种货币汇率形成的基础,市场的实际汇率受外汇的供求因素影响,围绕着铸币平价上下波动。但是,当时汇率的波动并不是漫无边际的,而是受黄金输送点制约的。黄金输送点是金本位制下,外汇汇率波动引起的黄金输出、输入国境的界限,或者说因为黄金在国际上自由流动引起的外汇汇率波动的界限。黄金输送点包括输出点和输入点,它们分别是由铸币平价加减黄金输送费用形成的。

因为在金本位制下,国际的债务清算可以采用两种形式:一种是非现金结算或汇兑结算,也就是用外汇汇票进行国际债务清算;另一种是现金结算,即通过黄金的直接输出、输入来清算。如果汇率波动不大,使用非现金结算更为快捷和便利。若汇率波动过大,使

用外汇支付超过等值黄金运往国外的总成本时,则商人们便直接输送黄金予以清算。

例如,在第一次世界大战之前,英国和美国之间运送黄金的各项费用约为 1 英镑黄金价值的 0.5‰~0.7‰,即 0.03 美元。若美国对英国发生大量的国际收支逆差,则美国对英镑外汇需求量增加,英镑汇率上涨。当英镑汇率上涨到 GBP1＝USD(4.866 5＋0.03)＝USD4.896 5 以上时,负有英镑债务的美国企业就不会购买英镑外汇,而宁愿在美国国内购买黄金运往英国去清偿债务,直接输送黄金偿还 1 英镑债务只需 4.896 5 美元。这样,通过黄金的流出使美国对英镑外汇的需求量减少,致使英镑汇率回落,于是黄金输出使英镑汇率的上涨不可能超过黄金输出点。反之,若美国对英国呈现大量的国际收支为顺差,美国的英镑供给量增加,导致英镑汇率下跌。当英镑汇率下跌到 GBP1＝USD(4.866 5－0.03)＝USD4.836 5 以下时,持有英镑债权的美国企业就不会出售英镑外汇,而是宁愿用英镑在英国购买黄金运回美国,运送黄金收回 1 英镑债权可得到 4.836 5 美元。由于黄金的流入使英镑外汇的供给量减少,从而使英镑汇率回升。因此,在美国的英镑汇率的下跌不可能低于黄金输入点。

从美国角度讲,在直接标价法下,汇率波动的上限是黄金输出点(铸币平价＋黄金输送费)GBP1＝USD(4.866 5＋0.03)＝USD4.896 5;汇率波动的下限是黄金输入点(铸币平价－黄金输送费)GBP1＝USD(4.866 5－0.03)＝USD4.836 5。在此,美国的黄金输入点则是英国的黄金输出点,美国的黄金输出点则是英国的黄金输入点。因为黄金的流动,使两国货币间的汇率波动范围被限制在这个界限内。由于国际上运送黄金的费用占黄金价值的比重极小,因为金本位制下汇率是相当稳定的。图 4-1 为金本位制下汇率波动的界限。

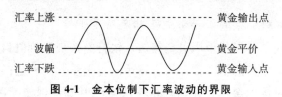

图 4-1　金本位制下汇率波动的界限

二、布雷顿森林体系下汇率形成和变动

▶ 1. 布雷顿森林体系下汇率形成基础是官方规定的黄金平价

1929—1933 年,美国经济危机彻底冲垮了金本位制,各国相继实行了信用货币制度。在以美元为中心的布雷顿森林体系下,各国政府都参照金属货币的含金量,用立法形式规定了本国单位货币的黄金含量。两种货币的法定黄金含量之比,即黄金平价,成为布雷顿森林体系下汇率的决定基础。例如,1 英镑的法定含金量为 3.581 34g,1 美元的法定含金量为 0.888 671g。英镑与美元的黄金平价为 3.581 34/0.888 671＝4.03,即 GBP1＝USD4.03,这就是英镑与美元汇率决定的基础。

▶ 2. 布雷顿森林体系通过官方干预来实现汇率稳定

在布雷顿森林体系下,两国货币的实际汇率同样是随外汇供求状况围绕着黄金平价上下波动,但其波动幅度被人为限制。例如,在 1971 年年底之前,IMF 规定了各种货币的波动界限只能在黄金平价的±1％以内。该波动界限主要是通过各国中央银行在外汇市场的干预来实现的。

如果一国的国际收支长期处于逆差，表明该国对外汇的过度需求，使外汇汇率长期维持在较高水平，甚至超过汇率波动的上限。在官方干预过程中，可能出现外汇储备耗尽、外汇汇率涨势仍难平抑的局面。这时，该国只得重新调整黄金平价，实行本币法定贬值，使官方外汇汇率上升；反之，则不得不采取法定升值的办法。

在布雷顿森林体系下，名义上汇率的决定基础是信用货币的法定基金含量之比，但实际上反映的是两国货币所代表的价值量之比。并且官方汇价的波动幅度是被人为控制的，当信用货币所代表的价值量发生较大变动时，原有的汇价难以维持，两国货币比价又会在新的黄金平价基础上波动。因为在布雷顿森林体系下，汇率决定的基础不像金本位那样稳定，波动的幅度也相应扩大。

▶ 3. 国际货币的信心和国际货币支付手段量不足的矛盾

布雷顿森林体系的安危以美元价值稳定为基础，即美国应当维护全世界人对美元的信心。同时，美元作为唯一的国际货币，要求美国提供足够的美元作为国际清偿手段，以满足国际交易的需要。

要保证美元信心充足，就需要有充足的黄金储备，必须以美国收支顺差为基础，由此产生了国际支付手段量不足的问题，从而制约国际经济与贸易的发展。反之，要保证国际贸易和投资的美元支付需求，必然引起美国收支顺差，冲击美元国际信心。

在布雷顿森林体系中，国际货币的信心和国际支付手段量不足的矛盾被称为该体系的内在矛盾，即特里芬矛盾（Triffin Paradox），这一矛盾是布雷顿森林体系难以克服的矛盾。随着各国经济发展不平衡的加剧，美国的国际收支顺差逐渐加大，人们对美元的信心逐渐丧失，美元危机频繁爆发。1973年，这一制度走向了崩溃。

三、纸币制度下汇率的决定及影响因素

(一) 纸币制度下汇率决定的基础

▶ 1. 纸币制度下汇率形成基础是货币购买力平价

在纸币制度（Paper Money System）下，理论上说，汇率的形成应当由这两种货币在各自所在国内所代表的实际价值决定。也就是说，货币的对内价值决定货币的对外价值。

一般来说，货币的对内价值是用其购买力来衡量的。因此，货币购买力的对比，就成为纸币制度下汇率决定的基础。

▶ 2. 纸币制度下外汇供求影响汇率波动

在市场经济条件下，一国货币的对外价值，主要是由它的供给和需求共同决定的，但是由于在长期、中期和短期，影响外汇供求的关键因素不同，因而汇率的形成机制也是不同的。

此外，由于各国实行的汇率制度不同以及各国政府对外汇市场干预程度的不同，因而在不同的条件下各国的汇率形成机制也是不同的。

在固定汇率制下，汇率主要由官方人为地进行规定，而在浮动汇率制下，汇率则主要

由外汇市场上的外汇供求状况决定。

(1) 长期汇率决定

从长期看,决定一国货币与另一国货币之间汇率的关键因素,仍然是购买力平价。或者说,在长期,两国货币的购买力,决定了两国货币之间的汇率。

(2) 中期汇率决定

在中期(通常在5~7年以内),一国货币与另一国货币之间的汇率,主要是由经济周期(或商业周期)决定的。在经济周期的上升阶段,相对于国外的本国经济的快速增长会引起收入和消费的增加,而收入和消费的增加又会引起进口和本国居民出国旅游的增长,这样将会增加对外汇的需求,从而导致本国货币贬值。相反,在经济周期的下降阶段,相对于国外的本国经济的缓慢增长,将会导致本国对外汇需求的减少和本国货币的升值。

(3) 短期汇率决定

在短期,一国货币与另一国货币之间的汇率,主要是由国际资本流动决定的。大量的国际资本内流,会引起外币贬值、本币升值;大量的国际资本外流,则会引起外币升值、本币贬值。造成国际资本流动的两个关键因素主要是利率和未来汇率预期:一国利率升高,会吸引大量的国际资本流入;而利率降低,则会导致大量的国际资本流出。如果人们预期未来本币将贬值,就会引起国际资本外流;相反,如果人们预期未来本币将升值,就会引起国际资本流入。

(二) 纸币制度下汇率变动的影响因素

汇率总是不断波动的,影响汇率变动的因素多种多样,既有长期因素,又有短期因素;既包括经济因素,也包括各种非经济因素,而且它们既相互联系,又相互制约。随着政治经济形势变化,其中占主导地位的因素也经常变动。

▶ 1. 经济因素

(1) 国际收支状况

当一国的国际收支出现顺差时,就会增加该国的外汇供给和国外对该国货币汇率的需求,进而引起外汇的汇率下降或顺差国货币汇率的上升;反之,当一国国际收支出现逆差时,就会增加该国的外汇需求和本国货币的供给,进而导致外汇汇率的上升或逆差国货币汇率的下跌。在国际收支这一影响因素中,经常性收支尤其是贸易收支,对外汇汇率起着决定性的作用。

(2) 通货膨胀程度

通货膨胀是影响汇率变动的一个长期、主要而又有规律性的因素。通货膨胀可以通过以下三个方面对汇率产生影响:

① 商品、劳务贸易

一国发生通货膨胀,该国出口商品、劳务的国内成本就会提高,进而必然会影响其国际价格,削弱了该国商品和劳务在国际市场的竞争力,影响出口外汇收入。同时,在汇率不变的情况下,该国的进口成本会相对下降,且能够按已上涨的国内物价出售,由此便使进口利润增加,进而会刺激进口,外汇支出增加。这样,该国的商品、劳务收支会恶化,由此也扩大了外汇市场供求的缺口,推动外币汇率上升和本币汇率下降。

② 国际资本流动

一国发生通货膨胀，必然使该国的实际利率降低，投资者为了追求较高的利率，就会把资本移向海外，这样，又会导致资本项目收支恶化。资本的过多外流，导致外汇市场外汇供不应求，外汇汇率上升，本币汇率下跌。

③ 人们的心理预期

一国通货膨胀不断加重，会影响人们对该国货币汇率走势的心理预期，继而产生有汇惜售、待价而沽和无汇抢购的现象，其结果会刺激外汇汇率上升、本币汇率下跌。

（3）利率水平

一国利率水平的高低，是反映借贷资本供求状况的主要标志。一国利率水平相对提高，会吸引外国资本流入该国，从而增加对该国货币的需求，该国货币汇率就会趋于上浮。反之，一国的利率水平相对降低，会直接引起国内短期资本流出，从而减少对该国货币的需求，该国货币汇率就会下浮。但是，利率的变化对国际资本流动影响的程度多大，还要看是否满足利率平价理论。利率政策是否会影响汇率，还必须看一国通货膨胀的程度。

通货膨胀一般可分为三种形式：①在温和的通货膨胀下，实际利率的上升或下降都会起到吸收或排斥短期资本的作用，从而导致该国货币汇率的上浮与下跌。利率和汇率呈正相关关系，利率提高，其货币汇率就上浮；反之，利率降低，汇率就下浮。人们往往通过国际短期资本的转移来谋取高额利润。②在严重的通货膨胀下，国际短期资本流动的主要动机在于保值。高利率不再表示较高的利息收入，相反，倒是表示较高的通货膨胀率。利率与汇率是负相关关系。利率一旦提高，其货币汇率就下浮；反之，利率一旦降低，汇率就上浮。③在恶性通货膨胀下，利率再高也失去了吸引外资的魅力，此时利率与汇率明显呈负相关关系。

（4）经济增长率差异

在其他条件不变的情况下，一国经济增长率相对较高，其国民收入增加相对也会较快，这样会使该国增加对外国商品劳务的需求，结果会使该国对外汇的需求相对于其可得到的外汇供给来说趋于增加，该国货币汇率下跌。但要注意两种特殊情况：一是对于出口导向型国家，经济增长主要是出于出口增加推动的，经济较快增长伴随着出口的高速增长，此时出口增加往往超过进口增加，这样会出现汇率不跌反而上升的现象。二是如果国内外投资者把该国较高的经济增长率视作经济前景看好、资本收益率提高的反映，则会导致外国对本国投资的增加，如果流入的资本能够抵消经常项目的赤字，则该国的货币汇率亦可能不跌反升。

（5）财政收支状况

一国政府弥补财政赤字的方式有四种：一是提高税率，增加财政收入；二是减少政府开支；三是发行国债；四是增发货币。当一国出现财政赤字后，如果弥补方式不当，汇率就会出现波动。

（6）外汇储备的多寡

一般情况下，一国外汇储备充足，该国货币汇率就会趋于上升；外汇储备不足或太少，则该国货币汇率往往会下跌。

2. 非经济因素

（1）政治局势

如果一国经常出现政府更迭，国内爆发叛乱、战争，与他国的外交关系恶化以及遇到严重的自然灾害，而这些事件和灾害又未能得到有效控制的话，就会导致国内经济萎缩或瘫痪，导致投资者信心下降而引发资本外逃，其结果会导致汇率下跌。

（2）新闻及其他信息

在外汇市场上，一个谣传或一则小道消息也会掀起轩然大波。尤其是某些市场不太成熟的国家，外汇市场就是"消息市"。外汇市场汇率就在这些真假难辨的信息中动荡变化。

（3）心理预期因素

按照阿夫达里昂的汇兑心理学，一国货币之所以有人需要，是因为它有价值，而其价值大小就是人们对其边际效用所做的主观评价。主观评价与心理预期实际上是同一个问题。心理预期对货币汇率的影响极大，甚至已成为外汇市场汇率变动的一个关键因素。当今国际金融市场上，短期游资规模巨大，投机性极强，对世界各国的政治、经济、军事等领域的变动极为敏感。国际资本流动给外汇市场带来巨大冲击，而造成短期游资移动的一个重要因素就是人们的心理预期，这使汇率预测的难度更进一步增加。

影响外汇市场交易者心理预期变化的因素很多，主要有一国的经济增长率、国际收支、利率、财政政策及政治局势。

（4）市场投机

投机者以逐利为主的投机行为，必然影响到汇率的稳定。通常，外汇市场投机行为包括两部分：一是稳定性投机（Stabilising Speculation），投机者只能在汇率低于均衡水平时买入或在汇率高于均衡水平时卖出，才能持续获利。此投机策略对市场的影响是稳定的，倾向于降低市场价格的波幅。二是非稳定性投机（Destabilizing Speculation），在"羊群效应"驱动下，投机者往往采取追涨杀跌的投机策略，实力较强的投机者甚至蓄意制造汇率大幅波动以从中获利。某些投资机构就利用了国际资金流动的这一特点，有意识通过散布某些信息而诱发市场恐慌情绪，通过从众心理来实现其意图。稳定与非稳定性投机对汇率的影响程度，如图4-2所示。

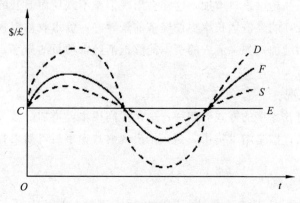

图4-2 稳定与非稳定性投机对汇率的影响

其中，S 为稳定性投机，D 为非稳定性投机，F 为市场汇率。

(5) 中央银行干预

在开放的市场经济下，中央银行介入外汇市场直接进行货币买卖，对汇率的影响是最直接的，其效果也是极明显的。

外汇市场就像是一群小公牛，而中央银行就像是牧牛犬。牧牛犬冲着这群小公牛又叫又咬，目的就是使牛群朝着预定的方向前进。

——多明戈兹和弗兰克尔（Dominguez and Frankel，1993）

中央银行干预外汇市场的措施通常有四种：直接在市场上买卖外汇；调整国内财政、货币等政策；在国际范围公开发表导向性言论以影响市场心理；与国际金融组织和有关国家配合和联合，进行直接干预和间接干预。央行对外汇市场的干预，在短期内确实可以影响汇率，但不能改变汇率变动的根本趋势。

总之，影响汇率的因素是多种多样的，这些因素的关系错综复杂，有时这些因素同时起作用，有时个别因素起作用，有时甚至各因素的作用互相抵消。但是从长期来看，汇率变化的规律是受国际收支状况和通货膨胀所制约的，因而它是决定汇率变化的基本因素，利率因素和汇率政策只能起从属作用，即助长或削弱基本因素所起的作用。

(三) 汇率变动对经济的影响

▶ 1. 货币汇率变动对贸易收支的影响

(1) 本币升值对贸易收支的影响

一国货币升值，本国出口商品在海外标价上升，如果海外市场对该国商品需求弹性较大，本国出口下跌，外汇收入减少。该国进口同样的外国商品支付的本币数量减少，进口商品的本币价格下降，国内对进口商品需求增加，外汇支出增加。外汇收入减少，外汇支出增加，该国贸易收支顺差得以改善。

(2) 本国货币贬值对贸易收支的影响

当一国货币对外贬值时，本国出口商品在海外市价下降，海外市场对该国商品需求弹性较大时，通过国外需求拉动出口增加，该国外汇收入增多；同时进口同样的外国商品支付的本币数量增多，进口商品的本币价格上升，国内对进口商品需求下降，外汇收入减少。这样，一方面外汇收入增加，另一方面外汇支出减少，该国贸易收支顺差情况改善。

汇率与进出口贸易的这种关系使汇率成为各国政府调节国际收支的一种手段。但是其收效大小满足于下列条件。

① 马歇尔—勒纳条件（Marshall-Lerner Condition），进出口商品的需求弹性较大。

$$|Ex|+|Em|>1$$

其中，Ex 为各国出口需求弹性；Em 为各国进口需求弹性。如果 $|Ex|+|Em|>1$，则新增外汇收入增加；如果 $|Ex|+|Em|<1$，则新增外汇收入减少。

② 国内闲置资源多，总供给数量充裕，结构调整速度快。

▶ 2. 货币汇率变动对非贸易收支的影响（以旅游为例）

(1) 本币升值使外国旅游者花更多的本币才能完成一次在升值国的旅游，增加外国旅游者的成本开支，升值国的旅游外汇收入减少。

(2) 本币贬值使同样的外汇报价折合本币的数量增加，国外旅游者在国内的旅游内容更为丰富，或者各旅行社采取低价策略以吸引更多旅游者，增加非贸易收入。同时，本币贬值使本国旅游者花更多的本币才能换得外汇，自然增加国内旅游者外出旅游的成本支出，减少本国居民的旅游外汇支出和其他各种非贸易外汇支出。

▶ 3. 货币汇率变动对资本流动的影响

(1) 如果某货币升值预期长期存在，短期资本流入量增加，那就会对国内货币供应、货币对策、金融市场形成冲击。短期资本流入量增加，中央银行投放的基础货币增加，资金频繁流动可能扰乱国内货币供应机制，妨碍国内经济目标的实现，导致国内经济秩序不稳定。同时货币替换使中央银行对利率的决定变得更为复杂，从而使货币政策的设计和操作更加困难。如果货币升值到位，长期资本流入量将减少。

(2) 货币贬值会引起货币替换和资本逃避。货币替换是经济发展过程中，本国货币币值不稳或本币资产收益率相对较低时发生的货币兑换现象，大规模的货币兑换容易引起资本外流。货币替换的一个重要前提是货币自由兑换。当国内通货膨胀率提高，而本国货币资产的相对利息效益不足以抵补通货膨胀的损失时，货币替换就会产生。

▶ 4. 货币汇率变动对国内物价的影响

(1) 本币贬值会造成国内物价上升。从产品成本价格方面看，一方面，本币贬值，以外币表示的本国出口商品价格下跌，在国外需求拉动下，本国出口兴旺，当国内资源不足或以进口品为出口商品的原料来源时，相关产品价格上升。另一方面，本币贬值，以本币表示的进口商品价格上升，如果进口弹性小，进口数量不变，进口商品价格上升，则会带动同类商品价格上涨。从工资方面看，国内价格上升，推动国内工资上涨，带动生活费上涨，结果工资收入者要求更高的名义工资，再一次推动工资和生活费用上涨，如此循环不已。从货币供应机制看，本币贬值以货币汇率下浮，在生产成本和工资机制作用下，该国货币供应量增加，同时货币汇率下浮，使银行结汇同样数量的外汇付出更多的本币，使货币供应量增加，物价一定程度上升。

通常，任何较大幅度的货币汇率下浮，都将对国内物价的变动起到不同程度的推动作用。

(2) 本币升值使国内物价下跌。一方面，本币升值，本国货币购买力上涨，带动进口商品的价格下降，成为促使国内物价下跌的动力之一；另一方面，本币升值使该国出口困难，部分出口商品转内销增加国内供给，促使国内物价水平下降。这样在双重因素推动下，国内物价下跌。

▶ 5. 货币汇率变动对产业结构和经济增长的影响

(1) 货币升值会强化产业竞争，加大产业转型升级。货币升值国的出口价格竞争力弱，出口减少，贸易顺差减少，引导国内出口产业重新"洗牌"，或转型，或外迁，或倒闭，完成相应的结构调整。但这种结构调整，需要完善的社会保障体系做保障，否则会带来较大的社会阵痛。因为货币升值，本国出口困难，国外市场萎缩，同时国内需求不足，在国内外两个市场都缩小的情况下，可能引起国内生产收缩，经济增长放缓。

（2）一国货币贬值，出口增加，贸易收支的改善会产生一种导向作用，引导国内进行相应的结构调整，充分利用闲置资源，扩大国内生产，带动国内经济增长，增加就业，但这种结构调整对国外市场依赖性较大。

第四节 汇率制度及人民币汇率管理

一、汇率制度概述

▶ 1. 汇率制度的概念

汇率制度又称汇率安排（Exchange Rate Arrangement），是指各国或国际社会对于确定、维持、调整与管理汇率的原则、方法、方式和机构等所做出的系统规定。它是外汇运动的规范，也是国际货币制度的核心内容。

▶ 2. 汇率制度的内容

（1）确定汇率的原则和依据。例如，以货币本身的价值为依据，还是以法定代表的价值为依据等。

（2）维持与调整汇率的办法。例如，是采用公开法定升值或贬值的办法，还是采取任其浮动或官方有限度干预的办法。

（3）管理汇率的法令、体制和政策等。例如，各国外汇管制中有关汇率及其适用范围的规定。

（4）制定、维持与管理汇率的机构。例如，外汇管理局、外汇平准基金委员会等。

（一）汇率制度的分类

汇率制度分类是研究汇率制度优劣性和汇率制度选择的基础，而对汇率制度与宏观经济关系的考察，首先在于如何对汇率制度进行分类。由于不同的分类原则可能会有不同的结论，从而导致汇率制度的选择成为宏观经济领域最具争议性的问题。传统上，按照汇率变动的幅度，汇率制度被分为两大类型：固定汇率制和浮动汇率制。西方各国在20世纪70年代之前实行固定汇率制，后来由于出现美元危机，布雷顿森林体系崩溃，各国开始采用浮动汇率制。

▶ 1. 固定汇率制

从历史发展角度来看，固定汇率制包括：金本位制下的固定汇率制和布雷顿森林体系下的固定汇率制。金本位制下的固定汇率制是自发形成的、并以黄金的自由流动作为维持汇率稳定的条件。布雷顿森林体系下的固定汇率制是通过国际协商形成的，以政府对汇市的干预或政策调整来维持汇率稳定。

现行固定汇率制由布雷顿森林体系演变而来，是货币当局确定本币对外的中心汇率并规定有限变动幅度。当汇率波动超过上下限时，中央银行有义务采用一系列政策手段进行干预，以维持既有汇率的制度。如果中央银行无法继续维持既有汇率，金融监管当局可以宣布本币新的对外汇率。这种变动被称为货币的法定贬值或法定升值。20世纪70年代以来，很多国家(地区)实行盯住汇率制度，中国香港的货币局制从本质上讲接近这种制度。

▶ 2. 浮动汇率制及其分类

浮动汇率制是指汇率由外汇市场供求决定，货币当局采取不干预或少干预的汇率政策，一国的财政、货币政策的制定和执行都不受汇率变动约束的汇率制度。自1973年2月以来，发达国家都实行了浮动汇率制。

鉴于各国对浮动汇率的管理方式和宽松程度不一样，该制度又有诸多分类。

(1) 按政府是否干预来划分

浮动汇率制分为自由浮动制(Free or Clean Floating)和管理浮动制(Managed or Dirty Floating)。

① 自由浮动制也称清洁浮动，是指中央银行对市场完全不进行干预，任由汇率自由涨落的制度。

② 管理浮动制也称"肮脏浮动"，是指中央银行虽在原则上采取不干预态度，但是如果汇率波动过强，与基本经济情况脱节时，中央银行仍会以直接或间接方式插手外汇市场进行干预，使汇率波动幅度降至最小，此为管理汇率制。

目前各国实行的浮动汇管制主要是管理浮动制。在这种制度下，政府对汇率干预的方式主要有三种：

第一，对外汇市场进行直接干预，即通过在公开市场上直接买卖外汇来影响汇率。

第二，控制资本流动，主要是通过各种外汇管制措施来影响国际资本流动的规模和方向，以达到市场干预的目的。

第三，运用货币政策来影响汇率。例如，通过调整银行利率或贴现率，对内可以起到紧缩银根、抑制通货膨胀和稳定本国货币币值的作用，对外则可以达到阻止资金外流和鼓励外资内流的作用。

(2) 按浮动程度或浮动方式划分

浮动汇率制可分为单独浮动(Single Float)、盯住浮动(Pegged Float)、弹性浮动(Elastic Float)和联合浮动(Joint Float)。

① 单独浮动是指一国货币不与外国任何货币发生固定联系，其汇率根据外汇市场供求关系决定。目前，包括美国、英国、德国、法国、日本等在内的30多个国家均实行单独浮动方式。

② 盯住浮动是指一国货币与另一国货币保持固定汇率，随后者的浮动而浮动。一般情况下，通货不稳定的国家可以通过盯住一种稳定的货币来约束本国的通货膨胀，提高货币信誉。当然，采用盯住汇率的方式，也会使本国的经济发展受制于被盯住国的经济状况，从而蒙受损失。由于历史、地理等诸方面原因，有些国家的对外贸易、金融往来主要集中于某一工业发达国家，或主要使用某一外国货币。为使这种贸易、金融关系得以稳定发展，免受相互间汇率频繁变动的不利影响，这些国家通常使本币盯住该工业发达国家的

货币。如一些美洲国家的货币盯住美元浮动;一些前法国殖民地国家的货币盯住欧元浮动等。目前,全世界有 100 多个国家或地区采用盯住浮动方式。

③ 弹性浮动是指一国根据自身发展需要,对盯住汇率在一定弹性范围内可自由浮动,或按一整套程序对汇率进行调整,从而避免盯住固定汇率的缺陷,获得外汇管理、货币政策等方面更多的自主权。目前,中国、新加坡、韩国、巴西、智利等国家采用弹性浮动汇率方式。

④ 联合浮动是指当一些经济关系密切的国家组成集团,在成员国货币之间进行固定汇率制的同时,对非成员国货币实行共升共降的浮动汇率。这种浮动形式是 1973 年 3 月由欧洲共同体的六个国家(法国、联邦德国、荷兰、卢森堡、比利时、丹麦)以及非欧洲共同体的瑞典和挪威共同建立联合浮动集团开始实行的,它规定成员国货币之间仍保持固定汇率,其波动幅度限制在 2.25% 以内。当两个成员国之间的货币汇率超出这个限度时,两国中央银行就有义务进行干预。对于成员国货币与其他国家货币之间的汇率,则任其受市场供求关系而自行上下浮动,不加干预,但其浮动幅度保持大致相同。

二、固定汇率制与浮动汇率制的比较

(一)固定汇率制的调节机制及优缺点

▶ 1. 固定汇率制的调节机制

固定汇率制的理论基础是金本位汇率管理理论。这种理论认为,贸易流量和资本流动具有反向对流关系,当贸易有盈余时,国内货币存量增加,利率下降,等量的资本外流,反之贸易逆差,等量资本内流,于是国际收支总能处于平衡状态。因为金本位制度下,货币是黄金,影响一国货币存量的因素主要是外汇收支状况,外部冲击直接作用于货币存量,并调节价格和利率,实现新的价格和利率水平上的均衡。这样,固定汇率通过外汇储备的变动,将各国经济联系在一起,共同分担逆差国的经济困难,实现经济稳定增长和充分就业。

当纸币替代黄金成为主导货币以后,固定汇率制的理论基础已经不存在。一国货币存量的内容广泛化,尤其是一国的货币和财政政策可以直接作用于一国货币存量,外汇储备只是基础货币的一部分,对货币存量的影响有限。固定汇收制希望通过变动货币存量来调节国内价格和利率,因而调节投资和消费的能力有限,功能减弱。

▶ 2. 固定汇率制的优缺点

(1) 固定汇率制的优点

固定汇率制的优点主要体现在两个方面:一是有利于经济稳定发展。在固定汇率制度下,汇率具有相对稳定性,汇率的波动范围或自发地维持,或人为地维持,这使进出口商品的价格确定、国际贸易成本计算和控制、国际债权债务的清偿都能比较稳定地进行,减少了汇率波动带来的风险。二是有利于国际贸易、国际信贷和国际投资的经济主体进行成本利润的核算,避免了汇率波动的风险,对世界经济发展起到一定的促进作用。

在固定汇率制下,一国可以以国际储备为中介,将国内的经济冲击传递到其他国家,维持国内的均衡状态。当一国出现供给过剩、物价下降时，可以通过增加出口来调节；当出现供给不足，物价上升时，可以通过进口来调节。由于一定时期，全球顺差国的顺差和逆差国的逆差是对应的，通过相互调节，国际经济可以大致保持平衡发展。

(2) 固定汇率制的缺点

在固定汇率条件下，要维持汇率不变，必须处理好内外平衡问题，即保持国际收支平衡，以便能够使汇率维持不变和控制总需求，以接近没有通货膨胀的充分就业的状态。实行真正的固定汇率制度需要各国付出很大的调节代价。

① 汇率的经济杠杆作用消失。官方的中心汇率一旦确定，通常要维持较长时间，加上变动幅度很小，约束了汇率的经济杠杆作用。官方汇率的刚性不适应经济发展周期性对汇率水平的要求，难以灵活反映外汇供求关系，从而使汇率的市场性削弱；汇率市场性削弱又使其不能反过来调节外汇的供求关系，自动调节功能大大降低，因而只能由政府调节。

② 容易招致国际游资的冲击，导致本国储备的流失。当一国出现持续性巨额逆差时，汇率本应下降，但固定汇率制要求政府维持汇率稳定，于是货币当局必须动用国际储备维持汇率稳定，结果导致黄金与外汇储备外流。若黄金与外汇储备外流后仍不能阻止本币币值下降，就不得不公开宣布本币贬值，使本币购买力下降，将外汇危机向外转嫁。其结果又会促进贸易伙伴国同时采取贬值措施，从而引起整个外汇秩序的混乱。

③ 为维护固定汇率制将破坏内部经济平衡。在开放经济下，一国经济必须考虑内部和外部的双重平衡。要实现外部和内部平衡，就需要多种经济政策的配合。其中汇率政策在调节对外平衡方面作用明显，但在固定汇率制下，当国际收支逆差时，汇率不能变动，政府只能采取紧缩性的货币或财政政策，结果为消除对外国际收支不平衡，可能带来对内投资下降。国民收入减少，将引起新的国内不平衡，其内外政策矛盾冲突，这种冲突被称为"二元冲突"。

④ 实行固定汇率制度会在国际间传导通货膨胀。因为"一价定律"是商品交换的普遍规律，当一国发生通货膨胀时，该国货币对内贬值而由于实行固定汇率制度不能及时调整汇率，必然因国内物价上涨引起其他国家向该国大量出口，导致出口国出现贸易顺差，这样，出口国货币供给量因外汇收入增加而增加。出口国一方面商品供应减少，另一方面货币供给增加，极容易引发通货膨胀，这种通货膨胀与固定汇率制度密切相关。实行固定汇率制度，法定平价及汇率波动的上下限都是确定的，因此汇率并不能总是正确地反映出两国货币的实际购买力。通过政府干预来维持固定汇率制度，必然使货币对内价值和对外价值脱节，影响到币值对内和对外的同时均衡。

20世纪70年代以后，很多国家放弃资本管制，实行资本自由流动。20世纪80年代中期以后，发展中国家也加入这一领域，从而使贸易和资本自由化具有了全球性。短期资本的流动以大大高于贸易和长时资本流动的速度发展，国际投机资本流动日益庞大。在新的环境下，"二元冲突"发展为货币政策独立性、固定汇率制和资本自由流动之间的"三元冲突"。大量国际投机资本的存在，随时可以冲击固定汇率制，加剧固定汇率制的不稳定。20世纪90年代的各种金融危机都是国际投机资本冲击固定汇率制的结果。

(二)浮动汇率制的调节机制及优缺点

▶ 1. 浮动汇率制的调节机制

浮动汇率制的理论基础是货币主义的购买力平价说。购买力平价学说认为，货币的价值是由货币的购买力决定的，而购买力又体现在一国的物价水平上，所以，两国的相对物价水平决定货币汇率。浮动汇率对国际收支的调整也是通过相对价格的变动来实现的。因为任何冲击都会因汇率的变动而产生一定程度的抵消，汇率变动成为一个经济体阻隔外部冲击的屏障。于是，浮动汇率可以解决外部平衡，促进政府使用宏观经济政策集中解决内部平衡问题。

但是作为浮动汇率制理论基础的购买力平价理论本身存在着很多问题。首先，购买力平价理论是一个货币数量理论；其次，它只关注贸易商品的购买力，而忽视了资本流动以及相关的利率、国民收入和预期因素等经济因素对汇率的影响，价格的刚性难以反映出汇率的剧烈波动，使汇率的变动不能准确反映外部冲击。实践表明，浮动汇率带来外汇市场的极度不稳定，增加了交易成本，使实体经济受到严重影响。

▶ 2. 浮动汇率制的优缺点

(1) 浮动汇率制的优点

① 能自动调节国际收支不平衡。首先，浮动汇率变动迅速、自动和持久，能连续地对任何时候出现的不平衡及时调节，不会产生累积性的国际收支困难；其次，浮动汇率可以改变货币的相对价格，对国际收支进行长期的结构调整；最后，能引导私人投资者对有国际收支困难的国家给予短期资助。

② 可以保持国内宏观经济政策的独立性。浮动汇率使本国经济活动免受外国经济扩张和收缩的影响。当外国经济扩张或收缩时，本国的物价水平会随之上升或下降，从而使本国贸易项目出现顺差或逆差。本国货币也会随之升值或贬值，以此抵补外国经济扩张或收缩对相对价格水平的影响，恢复贸易项目的平衡。

③ 防止外汇储备大量流失。在浮动汇率制下，各国货币当局没有义务维持货币的固定比价。当本币汇率下降时，不必动用外汇储备去购进被抛售的本币，避免了该国外汇储备的大量流失，相应地减少该国的外汇储备量，使更多的外汇能用于本国的经济建设。

④ 缓解国际游资对本币的冲击。当国际游资冲击本币时，因为市场供求关系导致本币汇率的上浮，增加国际投机资本的成本，由此减少国际游资的流动，减缓国际游资对本币的冲击。

(2) 浮动汇率制的缺点

浮动汇率制的弊端主要表现为以下几个方面。

① 为改善本国国际收支、维护本国利益，有的国家采取贬值倾销，有的国家实行高汇率，造成汇率大幅度不合理的上浮或下跌。浮动汇率人为地扭曲了货币的币值，难以正确估价或反映国际贸易的商品成本或盈亏，严重妨碍国际经济贸易的顺利进行，也不利于国际贸易和国际投资的成本和利润核算。

② 助长各国在外汇政策上的利己主义或各自为政，削弱货币金融的国际合作，加大

国际经济关系的矛盾。

③ 助长外汇投机活动。扩大国际游资在上浮或下浮货币之间为牟取投机利益而进行巨额的、频繁的投机性流动,从而加剧国际金融市场的动荡不定。

④ 在浮动汇率制下,一些主要货币(如美元)汇率任意持续地上浮或下浮,使广大发展中国家进口工业制成品价格上涨,出口初级产品价格下跌,再加上保护主义的种种限制,从而使发展中国家的贸易条件、国际收支和国民经济不断恶化。

固定汇率制与浮动汇率制各有优缺点,它们只是两种不同的汇率制度,无所谓对错或优劣之分。在某个阶段、相对某个经济结构,固定汇率制可能比浮动汇率制更适合。但在另一个阶段、另一种经济结构下,浮动汇率制可能更合适。需要注意的是,实行固定汇率制使各国宏观经济政策自主丧失,而浮动汇率制又给外汇市场和世界经济带来不稳定,这是当前国际货币体系中主要的问题所在。

三、人民币汇率制度

(一)人民币汇率的演变阶段及汇率调整依据

人民币汇率机制经历了曲折的发展演变过程。我国的外汇体制改革也经历了一个由高度集中的计划管理模式,转变为在外汇留成和外汇上缴体制基础上的计划与市场结合的管理模式,然后再转变为建立在结售汇制上的以供求关系为基础,市场调节为主的管理模式。人民币汇率制度的演变以各阶段经济发展为基础,以各阶段经济体制改革为线索,以改革开放为分界点。我国汇率制度的演变划分为以下几个阶段。

▶ 1. 改革开放前的人民币汇率制度

(1) 管理浮动制阶段(1949—1952 年)

1948 年 12 月 1 日,中国人民银行成立,发行了统一的货币——人民币。人民币对西方国家货币的汇率于 1949 年 1 月 18 日率先在天津产生。全国各地以天津口岸的汇率为标准,根据当地具体情况,公布各自的人民币汇率。人民币诞生初期,计划经济体制尚未建立,人民政府宣布人民币不以黄金为基础,在实际操作中实行的是管理浮动制。人民币对美元汇率根据人民币对美元的出口商品比价,进口商品比价和华侨日用生活费比价三者加权平均来确定。这一时期,人民币汇率确定的依据是物价,其作用实际上是调节对外贸易,照顾侨汇收入。1950 年,全国财经工作会议以后,于同年 7 月 8 日开始实行全国统一的人民币汇率,由中国人民银行公布。

(2) 固定汇率制度(1953—1972 年)

自 1953 年起,我国进入全面社会主义建设时期,国民经济实行计划化,物价由国家规定且基本稳定。这一时期的人民币汇率主要是用于非贸易外汇兑换的结算,按国内外消费物价对比而制定的汇率已适当照顾了侨汇和其他非贸易外汇收入,亦无调整的必要。由于在此阶段资本主义国家的货币实行固定汇率制度,汇率不常变动,因此人民币汇率亦保持稳定,实质上是实行固定汇率制度。

(3) 人民币实行"一篮子货币"盯住汇率制度(1973—1980 年)

1973 年 3 月,西方国家货币纷纷实行浮动汇率制度,汇率波动频繁。人民币对外比价要保持相对合理，就必须根据国际市场汇率的波动，相应地上调或下调。人民币汇率在固定汇率时期已确定的汇价水平的基础上，按"一篮子货币"原则，确定对西方国家货币的汇价。1979年3月13日，国务院批准设立国家外汇管理总局，统一管理国家外汇，公布人民币汇率。

▶ 2. 改革开放后的人民币汇率制度

(1) 实行贸易内部结算价(1981—1984年)

为了鼓励出口、限制进口，加强外贸的经济核算和适应我国对外贸易体制的改革，从1981年起，我国实行两种汇价。一种是适用于非贸易外汇收支的对外公布的汇价；另一种是适用于贸易外汇收支的贸易外汇内部结算价。在此期间，我国实际上存在着三种汇率：一是对外的，并适用于非贸易收支的官方牌价；二是适用于贸易收支的贸易内部结算价；三是外汇调剂市场的外汇调剂价。

(2) 实行以美元为基准的有限弹性汇率制(1985—1993年)

1985年1月1日，我国停止贸易内部结算价的使用，贸易收支与非贸易收支均按官方牌价结算。贸易内部结算价虽然与官方牌价并轨，但调剂外汇市场仍然存在，实际上除官方牌价外，仍存在一个调剂外汇价。

(3) 实行以供求为基础、单一的、有管理的浮动汇率制度(1994—2005年)

1994年1月1日，我国对人民币汇率制度进行重大改革，实施以市场供求为基础的、单一的、有管理的浮动汇率制度。改由中国人民银行根据银行间外汇市场形成的价格，公布人民币汇率。人民币汇率一步并轨到1美元兑换8.70元人民币，国家外汇储备大幅度上升，我国实行新的外汇管理体制。在这种新的体制下，人民币汇率有以下几个特点。

① 人民币汇率不再由官方行政当局直接制定。

② 由外汇指定银行制定出的汇率是以市场供求为基础的。

③ 以市场供求为基础所形成的汇率是统一的。

(4) 实行参考"一篮子货币"进行调节的、有管理的浮动汇率制度(2005年至今)

自2005年7月21日起，我国开始实行以市场供求为基础、参考"一篮子货币"进行调节的、有管理的浮动汇率制度。人民币汇率不再盯住单一货币美元。

① 汇率调控的方式。实行以市场供求为基础、参考"一篮子货币"进行调节、有管理的浮动汇率制度。

② 中间价的确定和日浮动区间。中国人民银行于每个工作日闭市后公布当日银行间外汇市场美元等交易货币对人民币汇率的收盘价，作为下一个工作日该货币对人民币交易的中间价格。

③ 起始汇率的调整。2005年7月21日19时，美元对人民币交易价格调整为1美元兑8.11元人民币，作为次日银行间外汇市场上外汇指定银行之间交易的中间价，外汇指定银行可自此时起调整对客户的挂牌汇价。这一调整幅度主要是根据我国贸易顺差程度和结构调整的需要来确定的，同时也考虑了国内企业进行结构调整的适应能力。

总之，人民币诞生以后，由于对外交往的需要，20世纪50年代初形成统一的人民币对外汇率，形成依据为出口比价、进口比价、侨汇购买力比价的加权平均值。改革开放前,与计划管理体制和外汇统收统支相适应,人民币汇率是由政府机构——国家外汇管理局调整的,调整的依据是我国出口商品的平均换汇成本,其计算公式为:

$$换汇成本 = \frac{出口商品国内成本 + 适当利润}{单位外汇成本}$$

由于成本是构成价格的主要组成部分,因此,人民币汇率形成和调整的基础是人民币代表的购买力。

(二) 1994年以前的外汇管理制度

▶ 1. 改革开放前的管理体制

（1）外汇垄断管理制

自中华人民共和国成立到1978年改革开放以前,我国实行外汇垄断管理,国家对外汇资金的收付买卖、调拨转移、进出国境实行严格管制。在此时期,我国外汇管制的重点对象是国家单位和集体组织。对这些单位的外汇收支实行计划管理,外汇资金由国家集中国制,统一支配,各单位的外汇收支均通过银行账户接受银行监督。

（2）外汇垄断管理制的特点

外汇垄断管理制的特点包括以下几点。

① 外汇由国家统收统支,创汇单位按国家规定的汇率上交国家,用汇单位根据用汇计划按国家规定的汇率由国家分配;这一期间没有自由进行交易的公开外汇市场,只有按官方汇率进行外汇资金分配与计售的官方市场。

② 官方规定的汇率基本盯住美元,定值偏高。这些汇率制度与我国高度集中的计划经济体制和经济发展水平低下,以及国内市场消费品严重短缺相适应,这种固定汇率制下的人民币对外价值高估长期不变,以利于奠定国内工业基础。

③ 官方外汇市场的资金流向,只有纵向的往来,没有横向的资金联系。因为企事业单位根本没有使用外汇的自主权。

④ 长期实行封闭式经济,人民币对外价值增长并长期不变,人民币汇价不具有调节经济的杠杆作用,仅仅具有作为记账核算工具的作用。

▶ 2. 改革开放初期的汇率管理制度

（1）外汇留成制度和外汇调剂市场的建立

1979—1993年,为了配合外贸体制改革,对出口企业实行外汇留成制度,并允许留成交汇进行调剂,由此逐渐形成外汇调剂市场,产生官方汇率之外的调剂汇率,形成双重汇率制度。

外贸体制改革的首要内容就是打破进出口贸易的垄断制,允许一些地方和企业经营进出口贸易。为了调动各地区和企业单位的创汇积极性,从1979年开始,我国实行外汇留成制度,企业出口收汇并向国家银行结汇后,国家给予创汇单位一定比率的外汇使用权利,即外汇额度留成。外汇留成额度可按规定的使用方向用于对国外的进口。随着外汇留成制度的实施,有些单位保有外汇留成,但本身暂不需要使用,从而形成了外汇资源的闲置;而有些单位本身不创汇或创汇能力有限,又急需用外汇来进口设备器材等物资。由此形成了外汇供求之间的矛盾。中国银行于1990年10月开办了外汇调剂和额度借贷业务,允许留成单位将闲置的外汇使用额度按国家规定的价格卖给或借给需要外汇的单位,实现余缺调剂,外汇调剂市场由此形成。外汇调剂市场就是在官方市场外,企事业单位相互间进行额度买卖和借贷的外汇市场。随着改革开放的逐步深化,参加调剂外汇市场的对象与业务范围不断地扩大,外商投资企业及个人在1991年前后均可参加调剂外汇市场。

从1990年10月至1993年12月30日,外汇调剂市场与我国官方外汇市场并存,从而形成两个市场、两个汇价并存的局面。受供求关系决定的调剂汇价与调剂市场所起的作用日益凸显。1993年年底,调剂外汇市场的成交额占我国进出口外汇成交额的80%。

(2) 外汇留成制度与外汇调剂市场带来的外汇管理上的矛盾

① 多重汇率导致汇率扭曲和不公平竞争。各地企业、各类商品留成比率不同,导致不平等竞争。在调剂价与官方汇价并存的情况下,由于调剂价与官方价的差异及外汇留成比例的多样化,因此形成了事实上的多种复汇率,复汇率导致了企业之间和地区之间严重的不平等竞争,如表4-3所示。

表4-3 留成比例不同导致的多重复汇率

企业	创汇数量/美元	留成比例(%)	市场价/元	官价/元	实际汇率
A	100	80	8.5	5.5	$80\% \times 8.5 + 20\% \times 5.5 \times 100\% = 790\%$
B	100	20	8.5	5.5	$20\% \times 8.5 + 80\% \times 5.5 \times 100\% = 610\%$

② 外汇使用权和所有权分离,进入调剂市场的外汇供给有限,而需求量却很大,调剂价的波动幅度大。外汇留成是现汇出售给国家银行以后的计划使用权指标留成,对外汇的双重使用,人为地加大了对外汇的双重需求。由于进入调剂市场供给的只有调剂额度,而参与调剂企业对调剂额度的需求却是全社会所有的企业与个人,这种需求变化很大,外汇供求的不平衡使调剂市场价格波动较大。

③ 调剂市场分散,无法形成全国统一的外汇调剂市场。1994年以前,全国约100个外汇调剂中心,长期处于分离状态,各地的调剂价呈现差异。没有统一的外汇调剂市场,既不利于外汇资金的横向流动,也不利于外汇市场的发展。

(三) 1994年外汇管理体制改革和汇率形成基础的变化

▶ 1. 外汇管理体制改革的主要内容

(1) 实行银行结汇和售汇制,取消企业的外汇留成和上缴,允许人民币在经常项目下有条件兑换。

取消外汇留成、上缴和额度管理制度与经营项目支付用汇的计划审批制度,实行银行结售汇制。银行结汇和售汇制是指境内所有企事业单位、机关和社会团体的各类外汇收入必须及时调回境内,均按银行挂牌汇率全部结售给外汇指定的银行,同时境内单位在经常项目下的对外支付用汇,持有效凭证,到指定银行办理兑付。

企业和个人到银行购汇时,必须提交能证明其真实需要的凭证,经银行审核后,才能售汇或从事行业的外汇账户中对外支付。其有效凭证包括以下几种。

① 进口货物的相关单据。根据不同的贸易结算方式，提交进口合同、进口付汇核销单、进口付汇通知书、进口货物报关单、运输单据等，有些货物进口还需提交进口许可证、进口证明。

② 投资收益分配证明。外商投资企业的外方投资者依法提交董事会利润分配决议书。

③ 个人购汇证明。个人因私出境探亲、旅游、留学购汇，提交单位证明、办妥签证的护照、录取通知书等；自费出境参加国际学术必须提交邀请函；外出定居和赡养老人的提供境外定居证明和有效的生存证明等。

汇制改革后，对企业来讲，用汇的条件宽松，手续简化，为各行各业创造了一个平等竞争的机会，降低了换汇成本，大大提高了企业出口创汇的积极性。对国家来讲，外汇来源的渠道集中了，有利于国家宏观调控。外汇指定银行结汇制取代了中央银行结汇制，有利于专业银行向商业银行转化；有利于中央银行根据本币和外汇的流动情况，主动、及时地进行间接调控。

（2）建立银行间外汇交易市场，改进汇率形成机制，保持合理的、相对稳定的人民币汇率。

建立全国统一、规范的外汇市场是这次改革的重要任务之一。在银行结售汇过程中，银行对各经济主体买卖外汇时，必然产生超买或超卖，由此引起银行外汇头寸(持有量)的变化。当银行的外汇头寸超过或低于中央银行规定的数额时，均需在银行之间调剂和平衡，于是产生了全国统一的银行间外汇交易市场。各银行也可能通过同业市场和中央银行进行外汇资金调剂。

同业外汇市场于 1994 年 4 月 4 日在上海正式运行，交易的货币由美元、港元逐渐增加到日元和欧元。同业外汇市场的特点是：第一，它是银行间的外汇交易市场，外汇指定银行是外汇交易市场的主体。第二，建立统一的交易体系，运用计算机联网，将外汇指定银行之间的交易沟通起来，加快外汇交易和资金清算速度。第三，制定管理法规，使外汇的交易规范化、法制化，由中央央行依法管理和监督。

全国同业外汇市场的主要功能是产生人民币市场汇率。同业市场建立以后，中国人民银行以前一天外汇市场人民币对美元交易加权平均价格为基础，作为当天对外报价的基准，并参加国际外汇市场的变动情况，同时公布人民币对其他主要货币的交叉汇率。各外汇指定银行以此为依据，在中国人民银行规定的浮动幅度内自行挂牌，对客户买卖外汇。在稳定国内通货的前提下，通过银行间外汇买卖和中国人民银行向外汇交易市场吞吐外汇，保持各外汇银行挂牌汇率的基本一致和相对稳定。

（3）人民币汇率并轨，实行以市场供求为基础的、单一的、有管理的浮动汇率制度。

1994 年 1 月 1 日以前，我国实行的是人民币官方汇率和外汇调和市场汇率并存的汇率制度。官方汇率为 1 美元兑人民币 5.8 元左右；调剂市场汇率为 1 美元兑人民币 8.7 元左右。汇率制度的改革实现了两者合一的汇率并轨，开始了以市场供求为基础的、单一的、有管理的浮动汇率制度。人民币汇率由此成为有管理的、单一的浮动汇率。

这一改革为中国人民币最终走向自由兑换创造了条件。此前，人民币汇率是以换汇成本为基础制定的。汇率只能反映和调节商品进出口贸易，而且换汇成本的资料只能来源于国有企业,不能全面反映已占相当比重的非国有外贸企业经营成本的变动情况,不能调节其他形式的国际收支活动。同业外汇市场改变了人民币汇率形成机制。

▶ 2. 外汇管理体制的改革目标

1994年,外汇管理体制改革的近期目标是人民币经常项目下有条件可兑换;远期目标是实现国内居民手持人民币的自由兑换。

(1) 经常项目可兑换

经常项目是指在国际收支中经常发生的交易项目,主要包括贸易收支、劳务收支和单方面转移等,即经常项目下的各种交易、购汇或利用外汇账户支付不受限制。银行实行结售汇制之前,国内企业用汇都实施计划管理和用汇审批制。企业用汇首先要根据计划指标,然后要经过层层审批。银行结售汇制取消了经常项目下大部分交易种类的购汇和支付限制,只有少量的非贸易经常性购汇,如出国举办展览会、培训等购汇需要审批,外商投资企业进口购汇需要出示年检证书等。1996年进一步实行变革,将外商投资企业买卖外汇纳入银行结售汇体系。同年11月27日,当时的中国人民银行行长戴相龙致函IMF总裁康德苏,表示我国从1996年1月1日起放弃承担IMF第十四条款的义务,即保留已经实施的对国际间经常性支付和转移的汇兑限制;接受IMF第八条款的规定,实现人民币经常项目可兑换。

按照IMF第八条款的规定,某种货币在经常项目下可兑换的标准有:①取消对国际间经常支付和转移的所有限制;②取消差别性复汇率;③官方承诺在另一个会员国的要求下,随时换回对方因经常项目收支往来所积累的本国货币。

1997年1月14日,国务院修改了《中华人民共和国外汇管理条例》,通过立法的形式,明确了我国实行人民币经常项目可兑换,国家对经常性国际支付和转移不予限制。

(2) 资本项目可兑换

资本项目可兑换是以投资者能自由地以金融资产进行跨境投资,并以货币形式收回资本和投资收益,具体包含以下几点。

① 政府放开大部分资本项目,对基本合理的跨境资本活动不受或少受限制,所保留少数管制主要是针对跨境资本流动的风险管理。

② 基本取消汇兑环节的限制和行政性管制手段,取而代之的是以市场化手段为主的外汇管理体制。如果某国货币可以合理兑换,必然会产生外汇交易,但外币资金所有权被禁止转移给非居民或外国机构,汇兑环节行政性管制手段仍然存在,说明该货币资本流动项目受限。

资本流动有两种基本方式:一种是长期的直接投资;另一种是短期的证券投资和其他投机资本流动,具体包括外国人购买本国债券、股票。二者比较,长期的直接投资稳定性强,偶尔的政治经济原因不会导致大规模资金外逃;而短期的证券投资和其他投机资本流动具有更大的流动性。资本流动可以使本国更容易借入外国资金,但在恐慌时,也可能出现外资大规模外逃的现象。在大量的短期资本流动下,无论是作为其基础的实体经济变化,还是金融市场本身的原因,都可能通过市场的剧烈波动表现出来,从而使整体金融系统的风险增加。

③ 资本流动的渐进性制度安排。合格的境外机构投资者（Qualified Foreign Institutional Investors，OFII）和合格的境内机构投资者（Qualified Domestic Institutional Investor，QDII）就是资本渐进流动的制度性安排。

合格的境外机构投资者是指合格的外国投资者在国内金融市场上的投资制度，它是在资本项目尚未开放的情况下，有限度地允许境内投资者投资境外证券市场的一项过渡性的制度安排。

合格的境内机构投资者是在一国境内设立经该国有关部门批准从事境外证券市场的股票、债券等有关证券业务的证券投资基金。和合格的境外机构投资者一样，合格的境内机构投资者也是在货币没有实现完全可自由兑换、资本项目尚未开放的情况下，有限度地允许境内投资者投资境外证券市场的一项过渡性的制度安排。合格的境内机构投资者通过设立若干以外币为单位的封闭式基金，来投资境外证券市场。

(四) 1994年人民币汇率形成机制改革

▶ 1. 2005年人民币汇率机制改革的原因

1994年的汇率形成机制对2005年汇率制度的改革有两方面的影响：一是强制结售汇制度。除了少数外商投资企业外汇收入和少数经批准可保留的外汇收入外，其他多数中资企业仍需无条件地把外汇收入全部卖给外汇指定银行。二是中央银行对各外汇指定银行的结汇周转头寸实行限额管理。外汇指定银行在办理结售汇过程中，对于超过其规定的结售汇周转头寸，必须在银行间外汇市场抛出；反之，对于不足其规定的结售汇周转头寸，该外汇指定银行必须在银行间外汇市场补足。这样频繁进行的"抛"或"补"便形成了外汇市场的供求关系，并以此为基础形成次日交易货币对人民币交易的基础汇率。

1994年，外汇形成机制最大的不足在于外汇供求关系不真实。由于我国资本项目仍实行较为严格的管理，外汇市场上形成的外汇交易受到体制约束，不能充分、完全地反映市场真实的外汇供求关系。加之中国加入WTO以后，出口贸易增长快，外贸顺差加大，在银行间外汇市场上表现为外汇持续供大于求。中央银行被动入市进行干预，充当外汇交易最后差额的承担者，而失去了外汇调控的主动权。

▶ 2. 2005年人民币汇率形成机制改革

(1) 参考"一篮子货币"汇率的形成机制

2005年7月21日，中国人民银行宣布开始实行以市场供求为基础、参考"一篮子货币"进行调节、有管理的浮动汇率制度，人民币汇率不再盯住单一货币美元，而是形成更富弹性的人民币汇率机制。当天，人民币对美元升值2.1%，为USD1＝CNY8.11。

(2) 篮子货币的选择

参考"一篮子货币"在考虑本国进出口、资本流动、外汇市场供求等因素，允许人民币对"一篮子货币"在更宽的区间波动，增加汇率机制的灵活性。由于美国、欧盟、日本、韩国等是我国主要的贸易伙伴，美元、欧元、日元、韩元构成"一篮子货币"的主要品种。

(3) 强制结售汇向意愿结售汇转变

为配合汇率形成机制改革，官方将强制结售汇积极转向意愿结售汇，逐步放宽企业和居民的用汇限制。同时有序拓宽外汇资金流出渠道，积极推动合格的境内机构投资者开展银行外汇理财业务，在风险可控的前提下开展境内个人直接对外证券投资业务试点。

(五) 2005—2019年人民币汇率制度改革

2005年7月，人民币汇率开始逐步采取更加灵活的货币政策，维持着汇率的稳定并继续发挥着重要作用。随着时间的推移，汇率变得更加有弹性，但仍然处于审慎管理之下。到目前为止，人民币有管理的浮动汇率制度发展大致可分为四个阶段。

▶ **1. 保持人民币兑美元的相对稳定(2005年7月—2015年6月)**

(1) 进行改革以提高汇率制度的灵活性

2005年7月21日，我国宣布对汇率制度进行重大改革，从人民币兑美元的固定汇率到更加灵活的安排。中国人民银行宣布，中国正在"参照一篮子货币，进行基于市场供求关系的、有管理的浮动汇率制度"。然而，央行对于一篮子参照货币并没有具体说明，宣布的制度依然是与美元汇率紧密挂钩的。具体而言，在交易日开始前宣布的每日汇率(中间价汇率)将作为当日人民币兑美元汇率区间的中间值。

2005年7月的汇改伴随着人民币兑美元2.1%的升值，即1美元可以兑换8.11元人民币。汇率改革后的10年间，短期弹性受到限制，除了在全球金融危机期间汇率保持相对稳定外，人民币兑美元汇率保持稳定升值。

(2) 在全球金融危机期间，汇率的弹性被限制

全球金融危机期间，外汇管理局将有管理的浮动汇率制度目标暂时搁置，转而追求人民币兑美元的稳定汇率。市场实际的汇率并没有展示出浮动制度的特征。虽然中国人民银行宣布自2005年7月起开始施行有管理的浮动制度，但人民币汇率的波动性远低于其他浮动汇率。人民币兑美元汇率每日价相当稳定，汇率交易区间机制从来不会被使用，因为人民币兑美元汇率的每日变化一般不会接近区间的边缘。此外，尽管即期汇率的收盘价与当日中间价有一定的价差，但是中间价格的汇率几乎不会每日都变化。中国对外汇市场进行了大量的干预，以缓和货币的升值。在此期间，中国外汇储备从2005年7月的7 330亿美元增加到2014年6月的3.99万亿美元。与中国其他主要贸易伙伴(欧盟和日本)货币汇率波动性远远高于人民币兑美元汇率的波动性。

(3) 人民币汇率持续升值

对于美元汇率采取有管理的逐步升值导致人民币在2005年7月到2015年7月的大幅有效升值。在强大的外汇干预下，人民币兑美元以及其他货币的汇率在2015年7月以前仍然有大幅的逐步升值。除了全球金融危机爆发的两年期间，人民币兑美元汇率保持相对稳定外，其余时间都有升值。相对于美元，人民币从2005年7月至2015年7月升值26%，从有效升值的角度看，升值幅度更大(名义升值为44%，实际升值为58%)。

(4) 2014年市场情绪转向，认为人民币正被高估

由于中国人民银行保持人民币兑美元汇率的相对稳定(从购进外汇转向大量抛售外汇来进行外汇干预)，而美元的走强，使人民币的有效升值在2014年年底加速。在此期间，我国的国际收支发生剧烈变化。由于短期投资流量的变动，资本和金融账户从2013年的近3 000亿美元流入，到2014年年中，再到2015年年中的4 000亿美元流出。经常账户盈

余从 2013 年的 1.5% 扩大到 2015 年的 2.7%，原因是随着经济增长放缓，进口需求下降；同时伴随着贸易账户盈余上升。我国经济增长放缓，实际 GDP 增长从 2013 年的 7.8%，下降到 2014 年的 7.3%，再到 2015 年的 6.9%，伴随美元飙升和美国利率上升的预期，造成人民币压力的逆转。在 2014 年夏季，外汇干预由抛售外汇转为限制人民币兑美元的贬值。中国人民银行保持人民币兑美元汇率的稳定，但鉴于美元的升值，人民币在 2013 年底至 2015 年 7 月实际有效汇率升值 14%。

▶ 2. 增加弹性和市场波动，有管理的贬值（2015 年 8 月—2016 年 12 月）

2015 年 8 月、11 月，中国人民银行改变了人民币兑美元的中间价报价机制，旨在提高市场力量在人民币汇率变动中的决定性作用。在新机制下，银行被要求提交报价，报价需要将前日收盘价汇率，外汇市场供需关系和主要货币的汇率变动纳入考虑。该制度的意外变化导致全球金融市场波动激增，人民币兑美元汇率在同年 8 月 12 日再次贬值 1%，在 8 月中旬到 9 月底间，人民币都在非常窄的区间内交易。

资本外流由于套利交易的平仓和资本外逃而得以加速。资本外流量从 2014 年第 3 季度和第 4 季度的平均约 1 000 亿美元翻了一番，到 2015 年下半年的季度平均值约为 2 000 亿美元。资本账户情况恶化，在 2013 年至 2015 年间，年度资本账户发生 9 000 亿美元的逆转。主要由三个因素引起：①套利交易的平仓；②居民（通过官方渠道）购买外国资产；③一些"资本外逃"（未被记录的流出）。

中国人民银行采取外汇干预措施，与资本流动管理措施（Capital Flow Management Measure，CFMs）一起稳定汇率，以阻止资金外流。2015 年下半年，国际外汇储备减少了 3 210 亿美元。2015 年 12 月和 2016 年年初，人民币兑美元汇率再次经历贬值，导致中国和全球市场出现新一轮波动。随后，央行在 2016 年 1 月和 2 月进行了大量的外汇干预，以稳定货币。实际有效汇率从 2015 年 8 月至 2016 年 12 月贬值 6.8%。2015 年 12 月，中国外汇交易中心（China Foreign Exchange Trade System，CFETS）公布了可追溯至 2014 年 12 月 31 日的"CFETS 汇率指数"，指导市场按照一篮子货币参照运行是政策的焦点。特别提款权（Special Drawing Right，SDR）和国际清算银行（Bank for International Settlements，BIS）货币篮子的人民币汇率指数也被发布。

▶ 3. 对 CFETS 一篮子货币保持稳定性（2016 年年中—2017 年年底）

在外汇干预和 CFMs 的帮助，以及中国人民银行对中间价机制的指导更加清晰的背景下，人民币在 2016 年年中到 2017 年年底与 CFETS 一篮子货币汇率大体保持稳定。从 2015 年年中到 2016 年年中，人民币相对于 CFETS 一篮子货币贬值 10% 后，人民币兑美元汇率在 2017 年年底基本保持稳定。

为了进一步引导市场走向稳定，2017 年 5 月，中间价机制增加了"逆周期因子"（Counter-Cyclical Adjustment Factor，CCAF）。2017 年 5 月 26 日，中国外汇交易中心调整了对做市商银行中间价报价的指导。银行被要求在其报价中加入"逆周期因子"，目的是减少"非理性"贬值预期和"顺周期"的"羊群效应"。央行对于"逆周期因子"没有给出任何定义，每个银行都使用自己的参数进行计算，反映其对经济基本面的评估。随着资本流动和汇率压力的减小，CCAF 在 2018 年 1 月被设定为中性。

4. 现行制度：更加追求汇率的弹性(2018年1月至今)

在美元走强的背景下，人民币和其他新兴市场货币的压力在2018年4月陡增。由于贸易紧张局势的加剧，经济增长放缓的迹象显露，人民币贬值压力在2018年6月中旬加剧。人民币兑美元汇率从4月中旬到6月中旬贬值2.5%，到8月中旬再贬值7.5%；而人民币对CFETS—篮子货币汇率在6月中旬之前贬值1%，到8月中旬再贬值5.5%。7月初，中国人民银行提供窗口指导，表明人民币将基本稳定，但是没有使用外汇储备进行重大干预的迹象。人民币汇率变化通过参照美元汇率和CFETS—篮子货币汇率的速度比以往任何时期都要快。与之前的大幅贬值不同，2018年第2季度并没有出现大量资本外流。在介入并应对人民币贬值压力以前，稳定人民币的措施似乎在8月初就已经启动。当时，中国人民银行重新规定银行外汇远期交易的准备金率为20%，鼓励银行避免"羊群效应"，并在中间价机制中重启"逆周期因子"。在8月中旬之后，人民币兑美元和CFETS—篮子货币有所升值并趋于稳定。

自2005年汇率制度改革以来，我国除了稳步提高汇率弹性外，还采取了增加外汇市场参与和提高外汇市场效率的措施。因此，随着时间的推移，汇率变得更加有弹性。与2005年中国开始汇率制度改革时相比，人民币现在与CFETS—篮子货币挂钩，相对于美元汇率更加灵活了。这种近期的CFETS—篮子货币挂钩制度，使我国能够对更多的贸易伙伴实施货币竞争力管理，而不仅仅只是盯着美国。

我国经济将需要一个由市场决定的弹性汇率。一是作为抵御外部冲击的"减震器"；二是保持中国人民银行通过货币政策影响国内经济状况的能力；三是使外部需求再平衡继续发展。正如中国人民银行行长易纲所说："汇率能够发挥宏观经济'自动稳定器'的作用，人民币汇率形成机制市场化改革的有序推进和汇率弹性的增强，能够有效地提升我国经济金融体系应对外部冲击的韧性。中国人民银行将继续深化人民币汇率形成机制改革，完善以市场供求为基础、参考一篮子货币进行调节、有管理的浮动汇率制度，加大市场决定汇率的力度，增强人民币汇率弹性，保持人民币汇率在全球货币体系中的稳定地位。"

本章小结

1. 外汇实质上代表着持有者对外国的商品、劳务和技术的要求权。外汇可以按不同标准进行分类。根据货币能否自由兑换，分为自由外汇、有限自由兑换外汇和记账外汇；根据外汇的来源和用途，分为贸易外汇、非贸易外汇和金融外汇；根据外汇市场交易的交割日期，分为即期外汇与远期外汇等。

2. 汇率是两种货币相交换的比价，汇率的标价方法有直接标价法、间接标价法和美元标价法。

3. 汇率按照不同的标准可以进行不同的分类，根据银行在外汇买卖中的使用，汇率分为买入汇率、卖出汇率、中间汇率和现钞汇率；根据汇率的计算方法，汇率划分为基本汇率和套算汇率；根据外汇买卖交割日期，汇率分为即期汇率和远期汇率等。

4. 不同制度下的汇率形成依据不同，金本位货币制度下的汇率形成基础是铸币平价；

布雷顿森林体系下汇率形成基础是官方规定的黄金平价；纸币制度下长期汇率形成的理论基础是购买力平价。

5. 汇率变动会对一国的贸易收支、非贸易收支、资本流动、国内物价、产业结构和经济增长造成影响。

6. 汇率制度是一国货币与他国货币汇率的确定基础、调整方式的管理原则或系统的制度性安排。它是外汇运动的规范，也是国际货币制度的核心内容。

7. 汇率制度的典型分类有固定汇率制和浮动汇率制。按照官方是否参与管理浮动汇率制分为自由浮动制和管理浮动制。

8. 固定汇率制便于经济主体准确地核算国际贸易或国际投资的成本和利润，促进国际贸易和世界经济的发展，但会导致汇率的经济杠杆作用消失，且容易遭受国际游资的冲击，从而导致本国储备的流失，以及容易导致一国对内和对外政策的矛盾冲突。

9. 浮动汇率制具有自动调节国际收支不平衡、保持国内宏观经济政策的独立性、防止外汇储备的大量流失及缓解国际游资对本币的冲击等优点，但会导致汇率频繁波动、助长投机、加剧动荡，不利于国际贸易和国际投资的成本和利润核算，不利于经济稳定，且国际协调困难。

10. 2005年，我国进行人民币汇率形成机制改革，实行以市场供求为基础，参考"一篮子货币"进行调节的、有管理的浮动汇率制度。

综合练习题

一、单项选择题

1. 一国货币对国际上某一关键货币所确定的比价即（　　）。
   A. 中间汇率　　　B. 间接汇率　　　C. 基础汇率　　　D. 交叉汇率

2. 在采用直接标价的前提下，如果需要比原来更少的本币就能兑换一定数量的外国货币，这表明（　　）。
   A. 本币币值上升，外币币值下降，通常称为外汇汇率上升
   B. 本币币值下降，外币币值上升，通常称为外汇汇率上升
   C. 本币币值上升，外币币值下降，通常称为外汇汇率下降
   D. 本币币值下降，外币币值上升，通常称为外汇汇率下降

3. 黄金输送点是（　　）下汇率波动的上下界限。
   A. 金本位制度　　　　　　　　　B. 金块本位制度
   C. 金汇兑本位制度　　　　　　　D. 纸币制度

4. 在一定时期内，（　　）是决定汇率基本走势的主导因素。
   A. 财政经济状况　　　　　　　　B. 国际收支状况
   C. 利率水平　　　　　　　　　　D. 汇率、货币政策

5. 金本位制度下，汇率决定的基础是（　　）。
   A. 法定平价　　　　　　　　　　B. 铸币平价

C. 通货膨胀率 D. 纸币的水平价

6. 1994年以后，我国的汇率制度为（　　）。
A. 固定汇率制 B. 清洁浮动汇率制
C. 银行浮动汇率制 D. 单独的管理浮动汇率制

7. 以本币为基准货币，以外币为标价货币的标价方法称为（　　）。
A. 间接标价法　　 B. 直接标价法　　 C. 套算标价法　　 D. 美元标价法

8. 下列选项中，能抑制出口的措施是（　　）。
A. 法定贬值　　 B. 外汇倾销　　 C. 法定升值　　 D. 本币低估

9. 在（　　）情况下，日本对美国投资处于有利地位。
A. 美元不断下浮，日元不断上浮 B. 美元不断上浮，日元不断下浮
C. 美元不断下浮，日元不断下浮 D. 美元不断上浮，日元不断上浮

10. 一国货币升值对其进出口收支产生的影响是（　　）。
A. 出口增加，进口减少 B. 出口减少，进口增加
C. 出口增加，进口增加 D. 出口减少，进口减少

11. 一国国际收支顺差会使（　　）。
A. 外国对该国货币需求增加，该国货币汇率上升
B. 外国对该国货币需求减少，该国货币汇率下跌
C. 外国对该国货币需求增加，该国货币汇率下跌
D. 外国对该国货币需求减少，该国货币汇率上升

12. 目前，我国人民币实施的汇率制度是（　　）。
A. 固定汇率制 B. 弹性汇率制
C. 有管理浮动汇率制 D. 钉住汇率制

13. 从长期讲，影响一国货币币值的因素是（　　）。
A. 国际收支状况 B. 经济实力
C. 通货膨胀 D. 利率高低

14. 所谓外汇管制就是对外汇交易实行一定的限制，目的是（　　）。
A. 防止资金外逃 B. 限制非法贸易
C. 奖出限入 D. 平衡国际收支、限制汇价

15. 以下（　　）是错误的。
A. 外汇是一种金融资产
B. 外汇必须以外币表示
C. 用作外汇的货币不一定具有充分的可兑性
D. 用作外汇的货币必须具有充分的可兑性

16. 浮动汇率制度下，汇率是由（　　）决定。
A. 货币含金量 B. 波动不能超过规定幅度
C. 中央银行 D. 市场供求

17. 购买力平价理论表明，决定两国货币汇率的因素是（　　）。

A. 含金量　　　　　B. 价值量　　　　　C. 购买力　　　　　D. 物价水平

18. 远期汇率高于即期汇率称为（　　）。

A. 贴水　　　　　　B. 升水　　　　　　C. 平价　　　　　　D. 议价

19. 通常情况下，一国的利率水平较高，则会导致（　　）。

A. 本币汇率上升，外币汇率上升　　　B. 本币汇率上升，外币汇率下降
C. 本币汇率下降，外币汇率上升　　　D. 本币汇率下降，外币汇率下降

20. 通常情况下，一国国际收支发生逆差时，本币汇率就会（　　）。

A. 上升　　　　　　B. 下降　　　　　　C. 不变　　　　　　D. 不确定

21. 外汇投机活动会（　　）。

A. 使汇率下降　　　　　　　　　　　B. 使汇率上升
C. 使汇率稳定　　　　　　　　　　　D. 加剧汇率的波动

22. 在直接标价法下，一定单位的外币折算的本国货币增多，说明本币汇率（　　）。

A. 上升　　　　　　B. 下降　　　　　　C. 不变　　　　　　D. 不确定

二、多项选择题

1. 外国货币作为外汇的前提是（　　）。

A. 可偿性　　　　　B. 可接受性　　　　C. 可转让性　　　　D. 可兑换性
E. 一致性

2. 我国规定外汇包括（　　）。

A. 外国钞票　　　　B. 外国铸币　　　　C. 外币有价证券　　D. 外币支付凭证
E. 特别提款权

3. 在直接标价法下，本币数额增加表示（　　）。

A. 外币币值不变　　B. 本币升值　　　　C. 外汇汇率下降　　D. 本币汇率下降
E. 外汇汇率上涨

4. 在间接标价法下，外币数额减少，表示（　　）。

A. 本币币值不变　　B. 本币贬值　　　　C. 外汇汇率上涨　　D. 本币汇率上涨
E. 外汇汇率下降

5. 在外汇市场上，汇率是经常变动的，影响汇率变动的主要因素有（　　）。

A. 利率差异和经济增长差异　　　　　B. 国际收支和市场预期
C. 各国国内物价上涨率的差异　　　　D. 各国的宏观经济政策
E. 经营主体不同

6. 一国经济价格水平上涨，将会导致国际收支（　　），该国的货币汇率则（　　）。

A. 顺差　　　　　　B. 逆差　　　　　　C. 上升　　　　　　D. 下降
E. 不变

三、判断题

1. 汇率直接标价法是以本国货币为单位货币，以外国货币为计价单位。　　（　　）

2. 直接标价法下，升水表示远期外汇比即期外汇贵；间接标价法下，贴水表示远期外汇比即期外汇贵。　　（　　）

3. 汇率采用间接标价法，若外币升值，汇率所表示的数字会变大。（　　）
4. 利率高的货币其远期汇率一定会升水。（　　）
5. 只要本币贬值，就得马上调整贸易收支。（　　）
6. 第二次世界大战后，在布雷顿森林体系下的固定汇率制是通过协定人为地建立起来的。（　　）
7. 固定汇率制是指汇率在某一点上固定不变、绝对稳定的一种汇率制度。（　　）
8. 在浮动汇率制度下，汇率受黄金输送点的限制。（　　）
9. 在直接标价法下，一定单位的外币折算的本国货币增多，说明本币汇率上升。（　　）
10. 在间接标价法下，一定单位的本国货币折算的外币数量增多，说明本币升值。（　　）

四、论述题

1. 简述汇率决定货币分析法的主要思想和观点。
2. 试论述固定汇率制与浮动汇率制的主要优缺点。
3. 论述影响汇率变动的主要因素有哪些。它们是如何影响汇率变动的？
4. 汇率变动会对一国经济产生哪些直接和间接的影响？
5. 根据我国目前汇率制度改革的实际情况，谈谈你对人民币汇率变化的看法。

实训项目

购买力平价理论之人民币购买力测试

根据所学的购买力平价理论，用于比较不同国家之间的生活水平。按照目前的市场汇率，用100元人民币与其他国家货币进行兑换，然后按照该国的物价水平，分析100元人民币可以买到的某种商品数量，与人民币在国内可以购买到的同类商品数量进行比较，衡量与对比国与国之间价格水平的差异。

【实训目标】

1. 通过实训加深学生对理论知识的认识。
2. 培养学生主动学习的热情。
3. 通过对理论与现实差异之间产生的原因进行分析思考，培养学生独立思考的能力。

【实训要求】

学生自愿组成小组，每小组4~6人，利用课余时间进行测试分析。要求选取亚洲、美洲、欧洲和非洲一些城市的同种商品作为参照，按照目前的汇率，去世界各地"测量"百元人民币的购买力。

【成果与检测】

1. 实训测试结束后，组织一次课堂分享讨论，各小组根据测试的商品进行分析按照购买力形成的汇率与实际汇率之间差异的原因。
2. 学生把自己概括提炼的文字材料信息进行汇总，交老师存档。

第五章
金融市场

>>> **知识目标**

1. 掌握金融市场的概念及其构成。
2. 了解证券发行和交易的程序。
3. 掌握货币市场的构成及作用。
4. 了解外汇市场的交易主体及其功能。
5. 掌握外汇交易的种类。

>>> **能力目标**

1. 能够对股价指数进行计算。
2. 能够对货币交易市场上短期国债、回购协议市场和贴现市场的收益率进行确认。
3. 能够灵活运用即期外汇交易、远期外汇交易、掉期交易、套汇交易和套利交易。

>>> **本章关键概念**

金融市场　资本市场　货币市场　外汇市场　首次公开发行　同业拆借　回购协议
票据贴现　即期外汇　远期外汇　衍生金融市场

>>> **导入案例**

　　金融是现代经济的命脉，金融产业成为国民经济的核心产业。近年来，我国金融交易发展迅速。2014年，我国货币市场交易规模已经突破300万亿元，近10年来年均增长30%左右。银行间债券回购交易居于主导地位，从债券市场发行量来看，近10年来，我国债券市场的发行量增长了两倍。2014年，我国债券总发行超过了12万亿元，净融资超过6万亿元。从投资者结构来看，银行间债券市场最主要的投资者仍然是商业银行，尤其是全国性商业银行，占据了半壁江山，基金公司和保险公司则分别位列第二位和第三位。

金融业作为拉动GDP的重要产业板块,开始扮演越来越重要的角色。从我国金融业的发展来看,金融服务业增加值占国内生产总值比重在20世纪90年代和21世纪前10年平均分别为5.32%、5.01%。进入21世纪之后,随着我国经济和金融业的迅速发展,金融业增加值占GDP的比重呈上升趋势。近10年来,随着我国金融改革的深入推进,金融服务业发展迅猛,已经成为部分经济发达省市的支柱产业,对该区域的经济发展做出了巨大贡献。例如,金融总部云集的北京,2015年金融业实现增加值3 926.3亿元,占地区GDP的比例达17.09%,对经济增长的贡献率为39.6%,成为北京的第一大服务行业;致力于打造国际金融中心的上海,2015年金融业增加值4 052.2亿元,位居全国首位,占地区GDP的比重为16.23%,对经济增长的贡献率高达45%。

金融产业作为国民经济的核心产业,在生产、交换、分配、消费等经济活动中起着至关重要的作用。

第一节 金融市场概述

现代社会生产已经高度商品化,经济形势变化迅速,市场前景难以预测。不同经济主体基于自身对未来收益的预期,在不同时间内对资金融通的要求不同,更需要一个高效率的融资者、多功能的金融机构体系、多样化融资工具、灵活的融资机构及健全的市场法规来实现货币资金的转移,满足不同经济主体对资金的需求。因此,高度发展的商品经济是金融活动和金融市场存在的基础,金融机构体系的健全和金融法规的完善是金融市场健康发展的条件,不同融资形式并存、多种金融工具流通是市场活动的表现,从内涵上讲,金融市场是一个非常丰富的领域。

一、金融市场及其内涵

▶ 1. 金融市场

金融市场是指经营货币资金借款、外汇买卖、有价证券交易、债券和股票的发行、黄金等贵金属买卖场所的总称,直接金融市场与间接金融市场的结合共同构成金融市场整体。现代经济活动很大程度上是通过金融市场来完成的。

▶ 2. 金融市场的内涵

(1) 以信息为基础的资金使用权和所有权暂时分离或有条件的转让关系,包含资金借贷,也包含委托代理关系;这些经济关系形成的不同经济契约表现为不同的金融产品。

(2) 双方的交易需求是面向未来的,体现为能产生预期收益金融产品的供需关系和价格形成机构。由于信息不对称(Asymmetric Information),参与者的预期收益不同,使其产生不同交易行为或运用多种金融产品和交易技术进行投资或投机,结果会导致金融资产供求和价格机制失衡,形成金融风险。

(3) 交易的有形场所或无形系统及各种软件和硬件基础设施，是加强金融资产流动性和控制风险的必要保障。随着商品货币在经济生活中广泛渗透，金融和金融市场逐渐成为现代经济生活的中心和枢纽。

金融市场既可以是某一特定的"地方"，如证券交易所，也可以是某些特定的网络，如计算机网络。金融市场的本质是一种关系，一种交换的关系，一种资本的交换关系。因此，对于金融市场来说，重要的不是其地理位置和场地，而是在其中交换的资本数量和交换的质量。随着通信技术的发展，纯粹从金融市场的组成来看，区域空间的分布在很大程度上已经失去了意义。

二、金融市场分类

金融市场是一个大系统，包罗了许多具体的既相互独立又相互联系的子市场。因此，人们从不同角度对金融市场进行了不同的分类，以便对金融市场进行研究。

▶ 1. 按金融商品在市期限为标准划分

以金融商品在市期限为标准，可以把金融市场划分为货币市场和资本市场。

(1) 货币市场是指金融产品在期限为一年以内的短期资金交易市场，包括短期存贷款市场、银行同业拆借市场(Inter-bank Market)、票据贴现市场、短期债券市场等。货币市场存在的主要目的是使参与者获得现实的支付手段，保持资金的流动性，提高金融资源的配置效益。

(2) 资本市场是指金融产品在期限为一年以上的中长期资金市场，包括中长期存贷款市场和证券市场。证券市场又可分为债券市场和股票市场。债券市场是指中长期债券发行和流通的市场。债券市场流动性强、收益稳定，交易量大，其变化时时刻刻反映着整个金融市场的概况。股票市场是指股市发行和交易的市场。资本市场存在的目的是为社会公众提供一个储蓄向投资转化的场所和企业筹资的平台。

▶ 2. 按金融商品的交割期限为标准划分

以金融商品的交割期限为标准，可以把金融市场划分为现货市场与期货市场。

(1) 现货市场(Spot Market)是指双方成交后的1～2日内立即付款交易的市场。

(2) 期货市场是指在交易所里公开竞价的标准化合约交易市场，双方将按照合约规定的日期完成实际交易，也可以反向对冲完成交割。金融期货(Financial Futures)交易的对象主要是证券、外汇和黄金。20世纪70年代以来，金融期货交易的形式越来越多样化。

▶ 3. 按照金融交易的程序划分

可以把金融市场划分为发行市场和证券流通市场。

(1) 发行市场也称初级市场，是证券发行人通过发行证券以募集资金，投资人则通过购买证券成为股东或债权人，从而实现资金流通的市场。发行市场是国民经济中资金余缺调剂的主要实现场所，其发达程度与国民经济的发展有着密切的关系。证券发行市场是一个抽象的市场。

(2) 证券流通市场也称二级市场或交易市场，是已发行的证券按时价进行转让和流通的市场。流通市场只是金融工具的易手,并不改变交易工具的价格总量。由于流通市场上金融工具的频繁易手,二级市场的交易量远远大于一级市场的交易量,证券流通市场的结构和交易活动比发行市场更为复杂,其作用和影响也更大。证券流通市场根据其交易场所的不同分为证券交易所市场和场外交易市场。

发行市场与流通市场相辅相成体现在:①发行市场是流通市场的基础;发行市场存在,资金需求者才能筹措资金,流通市场才有流通的工具。②流通市场对发行市场有重要的影响;没有流通市场,证券投资者必须到期后才能变现,证券失去了流动性,也就给新证券的发行带来困难,发行市场也随之失去活力。此外,通过流通市场对新上市的证券提供妥善的组织、良好的服务和各种资料信息,从而引起广大投资者的注意和自由买卖的兴趣,促进了新证券的市场流通,也会提高发行市场的地位。③发行市场通过证券发行,可以吸收新的资金,从而创造出新的金融资产;而流通市场只是促成证券的转手交易,使证券具有流动性和变现力,并不创造新的金融资产。发行市场和流通市场相辅相成,共同构成金融商品发行和交易的全过程。

▶ 4. 按金融交易场所特征划分

可以把金融市场划分为有形市场和无形市场。

(1) 有形市场是指具有固定的空间或场地,集中进行有组织交易的市场。

(2) 无形市场是指没有固定的空间或场地,通过电信、电脑网络等现代化通信设备实现交易的市场。

▶ 5. 按照交易标的物划分

可以把金融市场划分为票据市场、证券市场、衍生工具市场、外汇市场、黄金市场等。

总体上,金融市场作为一个整体,由各个子市场综合而成。

三、金融市场的构成要素

金融市场必须具有交易主体、交易客体、交易工具、交易价格、金融市场交易的管理、组织形式和交易方式7个基本要素。

(1) 交易主体。金融市场上的狭义主体是指参加金融交易的资金盈余或不足的企业和个人以及金融中介机构。广义主体是指包括资金供给者、资金需求者、中介人和管理者在内所有参加交易的单位、机构和个人。

(2) 交易客体。金融市场的交易客体不管具体形态如何,都是货币资金,其交易都是实现货币资金的所有权、使用权转移的过程。

(3) 交易工具又称金融工具和融资工具,它是证明债权债务关系并据以进行货币资金交易的合法凭证。这种工具必须具备规范化的书面格式、广泛的社会可接受性和可转让性以及法律效力。

(4) 交易价格是指它所代表的价值,即规定的货币资金及其所代表的利率或收益率的总和。

(5) 金融市场的管理主要包括管理机构的日常管理、中央银行的间接管理、国家的法律管理等。

（6）金融市场的组织形式主要有交易所和柜台交易。

（7）金融市场的交易方式主要有现货交易、期货交易、信用交易等。

第二节 货币市场

货币市场一般包括同业拆借市场、回购协议市场、短期国债市场、票据市场、大额可转让定期存单市场等。由于该市场上使用的金融交易工具具有期限短、流动性强和风险小等特点，在货币供应量层次划分上被置于现金货币和存款货币之后，称之为"准货币"，所以将该市场称为"货币市场"。

一、货币市场概述

▶ 1. 货币市场的参与者

货币市场作为短期资金交易市场，主要借款者包括公司、银行、政府，主要投资者是银行、养老基金、保险公司、共同基金和财务公司等，它们相互交易，使一系列性质相似的银行同业拆借市场、贴现市场、短期债券市场构成一个巨大的网络。

▶ 2. 货币市场的功能

货币市场的主要功能是保持金融资产的流动性，以便随时转换成可以流通的货币。它的存在，一方面满足了借款者的短期资金需求；另一方面为暂时闲置的资金找到了出路。货币市场的功能包括以下几点。

（1）货币市场是整个金融市场的核心和基础，它是资本市场有序发展的物质前提，也是银行体系相互联系形成信贷链条的有效手段。

（2）货币市场是形成基准利率的市场。众多的机构参与者和大量的交易工具，使货币市场交易量大、流动性强、信息透明度高，便于形成竞争性市场利率，这一利率基本上能够反映资金供求，被视为基准利率。并且货币市场的交易信息传递，必然会影响其他相关市场的利率变化。

（3）发达的货币市场是间接调控宏观经济的基础。任何一个间接政策工具都无法在货币市场缺位的条件下充分发挥作用。货币市场是一国货币当局和金融机构之间的主要资金联系渠道，是国家利用货币政策工具调节货币量和市场利率的平台。"间接"二字的主要含义是不再直接面对和操纵调控对象，而是作为市场参与者运用经济手段和市场交易工具影响市场参数，如价格和资金流量等，调控者的政策意图通过市场来传导，调控对象也必须从市场上感知货币当局的政策走向。例如，开展公开市场业务的前提是具备完善的国债市场，国债市场是货币市场的子市场；再贴现是中央银行执行货币政策的有力工具，它的有效性取决于票据贴现市场的发达程度；法定存款准备金制度的建立直接促成同业拆借市场的产生，存款准备金率的调整也需要货币市场为其提供作为决策基础的必要信息。

（4）从微观上讲，货币市场有较强的交易广度和交易深度，其不仅是经济主体资金头寸调剂的场所，而且也是投资的场所。暂时闲置的资金利用货币市场投资风险小、安全性高的特征，促使经济主要的资金在货币市场上不断流动，为各级政府、银行和其他金融机构、公司、企业等参与者提供一个有效的低成本融资机构，客观上强化了市场资金配置功能。

二、同业拆借市场

同业拆借市场也称同业拆放市场，是指金融机构之间为解决临时性或短期资金的余缺而相互调剂融通资金的场所。在这个市场中相互拆借的资金，主要是各银行及其他金融机构经营过程中闲置的资金和支付准备金。拆借的目的是弥补银行头寸的暂时不足，以及灵活调动资金。同业拆借市场是货币市场的主体，该市场的货币交易量大，拆借交易频繁，能敏感地反映资金供求关系和一个货币政策的意图，并影响货币市场利率。同业拆借市场是典型场外交易，既可以由中介机构作为媒介来进行交易，也可以通过电话、互联网或其他通讯设施由双方分散进行。

（一）同业拆借市场的形成和发展

▶ 1. 同业拆借市场的形式

存款准备金政策的实施导致同业拆借市场的产生。为了控制货币流通量和银行信用扩张，美国最早于1913年以法律形式规定，所有接受存款的商业银行必须按存款余额计提一个比例的存款准备金，作为不生息的支付准备金存入中央银行，准备金数额不足将承受一定的经济罚款。存款准备金不生息，使存款准备金有余的商业银行设法把多余的资金通过短期交易贷出去，获取一定的利息。而低于法定存款准备金数额的商业银行为了避免受罚，希望借入资金来补充存款准备金。因此，存款准备金政策的实施，为同业拆借市场的产生创造了客观条件。纽约货币市场上首创了会员商业银行之间的准备头寸拆借，并逐渐形成了被称为联邦基金市场的同业拆借市场。20世纪30年代，经济大危机以后，随着各国对存款准备金政策的采纳，同业拆借市场也在世界许多地方广泛地发展起来。

▶ 2. 同业拆借市场的发展

随着金融业的深入发展，同业拆借市场无论在内容上还是规模上都发生了很大的变化，同业拆借市场正日益成为银行资产负债管理的主要工具。一方面，许多大银行采纳循环拆借方式，即"今天借，明天还""明天借，次日再还"的办法，使其贷款能力超过自有的存款基础。另一方面，许多中小银行因对资产的管理十分审慎，往往将超额准备金拆借大银行，这样既可获得一定收益，又有利于及时调整其资产负债结构，因而其是同业拆借市场资金余缺调剂的主要市场。

（二）同业拆借市场的特点

同业拆借市场拥有以下几个特点。

（1）同业性。凡参加拆借的会员都是具有法人资格的金融机构和经法人授权的非法人金融机构，个人和企业不得参与。同业拆借具有金融机构之间同业贷款的性质。

(2) 期限短。在同业拆借市场上，拆借双方洽谈协商的主要内容之一是拆借期限。期限从一日、七日到几个月不等。拆借资金主要用于头寸调剂和短期性或临时性的需要。

(3) 交易量大。同业拆借市场的交易是银行之间的资金调拨，因此一般交易数额是比较大的。

(4) 信用性。同业拆借的参与者基本上是在中央银行开立了账户的金融机构，交易的资金主要是金融机构的超额准备金，现实的资金基础和严格的准入条件，使同业拆借一般都以借款人的信用进行，只有少量期限较长的拆借采用信用工具——票据、短期证券作为抵押。

(5) 同业拆借利率敏感地反映着短期资金的供求变化。同业拆借市场有拆进利率和拆出利率两个利率，拆进利率表示金融机构愿意借款的利率，拆出利率表示金融机构愿意贷款的利率。在直接交易情况下，拆借利率由交易双方通过直接协商确定；在间接交易情况下，拆借利率根据借贷资金的供求关系通过中介机构公开竞价或从中撮合而确定，当拆借利率确定后，拆借交易双方就只能是这一既定利率水平的接受者。

(三) 同业拆借市场的作用

▶ 1. 形成货币市场基准利率

同业拆借市场利率通常被当作基准利率，对整个经济活动和宏观调控具有特殊的意义。同业拆借市场的参与者主要是各金融机构，市场特性最活跃，交易量最大。这些特性决定了拆息率具有非同凡响的意义。同业拆借按日计息，拆息率每天甚至每时每刻都不相同，它的高低灵敏地反映着货币市场资金的供求状况。在整个利率体系中，基准利率是在多种利率并存的条件下起决定性作用的利率。当它变动时，其他利率也相应地发生变化。了解这种关键性利率水平的变动趋势，也就了解了全部利率体系的变化趋势。一般利率通常参照基准利率而定。

目前，国际货币市场上较有代表性的同业拆借利率有以下四种：美国联邦基金利率(Federal Funds Rate)、伦敦同业拆借利率(London Interbank Offered Rate, Libor)、新加坡同业拆借利率(Singapore Interbank Offered Rate, Sibor)和中国香港同业拆借利率(Hong Kong Interbank Offered Rate, Hibor)。比如，最有代表性的拆息率 Libor，已成为伦敦金融市场乃至于国际金融市场的关键性利率，许多浮动利率的融资工具在发行时都以该利率作为浮动的依据和参照；美国联邦基金利率是美联储货币政策的中间目标。

我国内地在 2007 年启动的上海同业拆借利率(Shanghai Interbank Offered Rate, Shibor)，是由信用等级较高的银行组成报价团，自主报出的人民币同业拆出利率计算确定的算术平均利率，是单利、无担保、批发性利率。中国人民银行成立 Shibor 工作小组，依据《上海银行间同业拆放利率(Shibor)实施准则》确定和调整报价银行团成员、监督和管理 Shibor 运行、规范报价与指定发布人行为。全国银行间同业拆借中心授权 Shibor 的报价计算和信息发布，成为其他资金借贷利率涨落的依据，如表 5-1 所示。

表 5-1　上海银行间同业拆借利率(Shibor)

期限	Shibor(%)	涨跌(BP)
O/N	2.481 0	▼ 8.10
1W	2.561 0	▼ 7.30
2W	2.631 0	▼ 13.40
1M	2.590 0	▼ 0.10
3M	2.625 0	▼ 0.30
6M	2.703 0	▲ 0.00
9M	3.016 0	▼ 0.10
1Y	3.096 0	▼ 0.10

资料来源：上海银行间同业拆借利率 2019-07-31。

▶ 2. 提高资金的使用效益

银行同业间拆借具有灵活、及时的特点，一旦出现事先未预料到的临时流动性需求，金融机构可在不必出售那些高盈利性资产的情况下，很容易地通过同业拆借市场从其他金融机构借入短期资金来获得流动性。这样，既避免了因流动性不足而可能导致的危机，也不会减少预期的资产收益，使各商业银行不必经常保留大量超额准备金，从而提高了资金的使用效益，有利于社会资金的合理配置。当外部资金注入银行体系后，通过银行同业拆借市场运行，这些资金将能够得到比较平衡的地区分配和时间分布，然后进入有需要的各个经济部门和单位。

▶ 3. 中央银行宏观调控的重要载体

同业拆借成为中央银行实施货币政策的操作场所。一方面，银行同业拆借市场的交易对象是在中央银行账户上的多余资金，中央银行可以通过调整存款准备金率，改变商业银行缴存准备金的数量，进而影响商业银行的信贷扩张能力与规模。另一方面，同业拆借利率是金融市场的"晴雨表"，在金融市场上能最及时、最灵敏地反映出资金市场的供求状况，是调整资金供求强有力的杠杆，也是中央银行货币政策调控的一个重要目标。中央银行可以根据同业拆借利率的高低，结合货币政策的目标，或紧缩银根，或放松银根，影响拆借市场交易者的交易行为，引导他们调整自己行动的方案及各类金融资产的发行规模，从而保证国家宏观经济政策的落实。同时，对拆借利率的反馈，可以帮助投资者及时研究市场资金动态和自身的负债能力，有助于促进投资者合理地调整投资方向，实现资金的最佳运用。

(四) 同业拆借市场的分类

▶ 1. 直接拆借

直接拆借由交易双方直接询价、协商成交，包括头寸拆借和同业借贷两种形式。二者的不同之处：前者是为了轧平票据交换头寸，补足存款准备金或减少超额准备金；而后者则是为了调剂临时性、季节性的资金余缺。

头寸拆借的主要过程是：首先由拆出银行开出支票交拆入银行存入中央银行，使拆入银行在中央银行的存款准备金增加，补足资金差额。同时，拆入银行开出一张支票，其面额为拆入金额加上利息支付给拆出银行，并写好兑付日期（一般为出票日后的1～2天）。到期时，拆出银行可将支票通过票据交换所清算收回本息。

同业借贷的主要过程是：由拆入银行填写一份借据，交拆出银行，拆出银行经审核无误后向拆入银行提供贷款，即将其账户上的资金划转给拆入银行账户。到期再逆向划转，其划转金额为拆入金额加上利息。

▶ 2. 间接拆借

间接拆借是通过拆借市场经纪公司（经纪人）或代理银行媒介来进行拆借。它的交易过程大致有以下几步：

（1）拆出行通知中介人，告诉中介人自己可以拆出资金的数量、利率、期限；同时，拆入行通知拆借中介人自己需要的资金数量、期限、利率。

（2）中介人把双方的信息进行整理后将适宜的情况分别通知拆借双方。

（3）拆借双方接到中介人反馈的信息后直接与对方进行协商。

（4）拆借双方协商一致，同意拆借成交后，拆出行用自己在中央银行存款账户上的可用资金划入到拆入行账户上。

（5）当拆借期限到期，拆入行则把自己在中央银行存款账户上的资金加上利息划转到拆出行的账户上。

在这个交易过程中，拆借中介人主要通过拆借手续费或拆出、拆入的利差来盈利。

（五）同业拆借市场的拆借期限与利率

▶ 1. 拆借期限

同业拆借市场的拆借期限通常以1～2天为限，短至隔夜，多则1～2周，一般不超过1个月。当然，也有少数同业拆借交易的期限接近或达到一年的。

▶ 2. 拆借利息

同业拆借的拆款按日计单息，拆息额占拆借本金的比例为"拆息"，拆息以年利率报价。同业拆借利息的计算公式为：

$$I = P \times R \times \frac{A}{D} \tag{5-1}$$

其中，I 为拆借利息，P 为拆借金额，R 是拆息，A 是指拆借期限的生息天数，D 是指1年的基础天数。

目前，关于基础天数和生息天数，国际上有三种较流行的记法：

（1）欧洲货币法，基础天数固定为360天，生息天数按生息月份的实际日历天数计算，中国、美国等国家在使用。

（2）英国法，基础天数和生息天数都按实际日历天数计算，主要运用于英镑、爱尔兰镑、科威特第纳尔和比利时法郎。

（3）大陆法，基础天数和生息天数都采用每月30天的方法，逢实际日历天数31天大于30天的，则第31天称为死息日，此方法主要在欧洲大陆的许多国家使用。

【例 5-1】 在某平年，A 银行拆入一笔金额为 1 000 万元，利率为 10%，期限为 6 月 1 日到 9 月 1 日的资金，分别用三种记法计算应支付的利息额。

解：① 按照欧洲货币法，基础天数为 360 天，计息天数为：30＋31＋31＝92（天），则应支付利息为：10 000 000×10%×92/360 元＝255 555.56 元。

② 按照英国法，基础天数为 365 天，计息天数为 92 天，则应计利息为：10 000 000×10%×92/365 元＝252 054.79 元。

③ 按照大陆法，基础天数为 360 天，计息天数为 90 天，应计利息为：10 000 000×10%×90/360 元＝250 000.00 元。

(六) 同业拆借市场的支付工具

▶ 1. 银行本票

银行本票是同业拆借市场最常用的支付工具之一。银行本票使用方式是：由资金短缺银行开出本票，凭本票向资金盈余银行拆借。盈余银行接到本票后，将中央银行的资金支付凭证交换给资金拆入行，以抵补其当日所缺头寸。这种由拆出行交换给拆入行的中央银行支付凭证，通称为"今日货币"。

▶ 2. 银行支票

拆入行开出本银行的支票，到次日才能交换抵补所缺头寸，故银行支票也称为"明日货币"。

▶ 3. 同业债券

同业债券是拆入单位向拆出单位发行的一种债券，主要用于拆借期限超过 4 个月和资金额较大的拆借。

▶ 4. 转贴现

转贴现是银行同业之间融资的一种方式。在拆借市场上，银行贴现商业票据后，如头寸短缺，也可将贴现票据转给其他银行再贴现，以抵补其短缺头寸。

▶ 5. 资金拆借借据

由拆入方同拆出方商妥后，拆入方出具加盖公章和行长章的"资金拆借借据"给资金拆出方，经拆出方核对无误后，将该借据的三、四联加盖印章后给拆入方，同时划拨资金。

(七) 同业拆借市场的管理

(1) 对市场准入的管理，包括对拆入者、拆出者及中介机构的管理，只有符合资格的金融机构才能进入该市场。

(2) 对拆借市场金额数量的管理，为控制风险保证金融体系安全，许多国家对同业拆借资金数额都有限制。

(3) 对拆借期限的管理，以防止金融机构将拆入资金用于长期贷款或投资，如我国规定同业拆借期限有 1 天、7 天、14 天、20 天、30 天、60 天、90 天、120 天、6 个月、9 个月、1 年等。

(4) 对拆借市场利率的管理有三种方式：规定利率上限；规定利率波动范围；直接规定不同期限下的同业拆借利率。

(5) 其他管理措施。

三、回购协议市场

(一) 回购协议市场的含义及作用

▶ 1. 回购协议市场的含义

回购协议市场是指通过回购协议(Repurchase Agreement)进行短期资金融通交易的市场。从本质上说，回购协议是一种质押借款，其质押品为证券，属于一种金融衍生工具。回购协议对于未来买进或卖出资产的期限、价格等均有明确规定，期限一般在7天以内，交易对象一般是国库券、大额可转让定期存单等。

▶ 2. 回购协议市场的作用

(1) 对资金借入者来说，可满足其对短期资金的需求，并免受购回金融资产时市场价格上升引起的损失，降低市场风险。

(2) 对资金借出者来说，回购协议可使其减少债务人无法按期还款的信用风险，也可免受卖出时市场价格下降造成的损失。

(3) 回购协议的出现使商业银行可将大量的资产投资于国库券、商业票据等生息资产，将超额准备金降至最低限度，从而最大限度地扩大业务，增加盈利，加大了银行资金运用的灵活性。

(4) 商业银行利用回购协议获得的资金无须向中央银行缴纳法定存款准备金，从而降低商业银行筹集资金的成本，增强了商业银行扩展业务的积极性。

(5) 回购协议扩大了货币市场范围，增加了市场主体融通短期资金的渠道。

(6) 中央银行采用回购协议，可保证对货币供应量的调节不至失控，同时降低公开市场操作的成本。

(二) 回购协议市场的主要参与者

(1) 银行是回购协议市场最主要的参与者，为商业银行提供了廉价的资金来源，且不受政府有关法定准备金比率的限制，对于银行提高资金利用效率具有重要意义。

(2) 非银行金融机构也是回购协议市场主要参与者，主要与商业银行形成互补交易。

(3) 企业是回购协议市场主要的资金提供者，它们参与回购协议市场，主要是为其短期资金寻找能带来利息收益且安全的投资项目。

(4) 政府主要是在法律允许范围内，为其掌握的闲置资金寻找具有还款保障的短期投资渠道。

(5) 中央银行一方面将商业银行可利用回购协议向中央银行申请贷款；另一方面，中央银行也可主动利用回购协议进行公开市场操作，在买入卖出有价证券时，可与卖方或买方签订回购协议，以保证对货币供应量的调节不至于失控，同时降低公开市场操作的成本和市场风险。

(三) 回购协议的类型

▶ 1. 按照债券的资金流向的不同，回购协议可以分为正回购和逆回购

(1) 正回购是指融资方(正回购方)出售证券，以从买方那里获得资金，同时双方约

定，在未来某一日期卖方再以约定的价格从买方手中如数买回这些证券。

(2) 逆回购是指融券方(逆回购方)在购买某一证券的同时签订协议，约定在将来某一个日期以更高的价格将该证券如数卖给原来的出卖方。

二者实际上属于同一次交易的两个方面。

▶ 2. 按回购交易的场所不同，可以分为场内回购和场外回购

(1) 场内回购是指在交易所内进行交易，并且经主管部门批准的标准化回购业务。在这种方式下，体现为融资方(或融券方)直接与交易所签订回购合同，他们并不知道交易对方是谁。清算和结算均由代理交易商与交易所直接进行。深交所与上交所都为国债场内回购设计了一套标准的国债回购合同，对参与交易的投资者在回购成交及回购期满反向成交时的债券、款项清算与交割等做了明确的规定，以确保交易双方按合同履约。在此方式下，投资者的利率能够得到较好的保障，风险较小。场内回购的交易流程如图5-1所示。

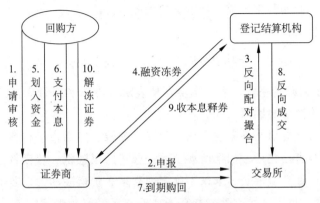

图5-1　场内回购的交易流程

(2) 场外回购是指各类金融机构在场外柜台开展的债券回购交易，以及各类证券中介机构与商业银行或其他债券投资者在场外开展的回购交易。场外回购的交易流程如图5-2所示。

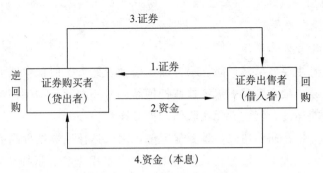

图5-2　场外回购的交易流程

▶ 3. 按照在回购合约有效期内对债券的处置权利的不同，可以分为封闭式回购和开放式回购

(1) 封闭式回购也称质押式回购，是指在回购协议有效期内，作为债券融入方所持有的卖方临时让渡给买方的债券被冻结，它不得随意支配。

（2）开放式回购也称买断式回购，是指在回购协议有效期内融券方拥有买入证券的所有权和处置权，可以灵活处置债券的回购交易。被冻结的债券允许自由替换券种。例如，如果卖方在回购协议有效期内急需使用抵押给买方的债券A，在开放式回购下，卖方就可与买方商议以债券B更换，甚至可商定变更回购的期限和价格；卖方将债券A过户到买方后，债券A并没有被冻结，买方在回购协议有效期内具有对债券A的买卖处置权，只要回购到期时能够买回来偿还对方即可，也可将债券进行再回购交易。

（四）回购协议的收益和风险

▶ 1. 回购协议收益

回购所涉及的有价证券可以是国库券、公司债券或银行承兑票据。在有效期内，尽管证券的所有权被转移给证券买方，但是买方对证券价值可能发生的波动并不关心，因为回购协议已经明确证券出售方必须按事先决定的价格回购这些证券。购买和回购价格之间的差额就是回购利率，回购利率形成了回购交易的收益。

回购交易计算公式：

$$RP = P \times \left(1 + R \times \frac{T}{360}\right) \tag{5-2}$$

其中，RP 表示回购价格，P 表示本金，R 表示证券商和投资者所达成的回购时应付的利率，T 表示回购协议的期限。

回购利率是交易双方根据基础债券的信用度、期限、货币市场行情等因素议定的，与债券本身的利率没有直接关系。如果所涉及的证券违约风险低、流动性强、期限短，回购利率就较低；反之，证券期限长、未来不确定因素多、价格波动大，回购利率就较高。

【例5-2】 债券投资人甲持有两年期债券100万元，票面利率4.50%，因资金临时短缺需要做7天的正回购。甲将债券质押给银行，回购利率5%，银行借给他100万元资金。则甲的回购价格为：

$$1\,000\,000 \times (1 + 5\% \times 7/360) 元 = 1\,000\,972.22 元$$

该投资人甲的融资成本是972.22元。回购期内票面利息 $1\,000\,000 \times 4.50\% \times 7/360$ 元 $= 875$ 元，归投资人甲所有。

▶ 2. 回购协议交易的风险

回购协议的风险主要是信用风险。一方面，借款者无力购回证券或因价格跌幅很大而不愿买回抵押的证券，贷款者只能保留这些抵押品；另一方面，如果证券的市场价格上升很大，融券方有可能违约，使卖方无法收回抵押品证券。

减少风险的方法：在回购协议中设置保证金，用于弥补证券抵押品的市场价值高于贷款价值的部分，保证金大小一般为贷款额的1%~3%，根据证券抵押品的市值变化随时调整回购头寸。

四、短期国债市场

（一）短期国债的市场特征

（1）违约风险小。由于国库券是国家的债务，因而它被认为是没有违约风险的。

（2）流动性强。存在高组织性、高效率的国债流通市场，这一特征使国库券能在交易成本较低及价格风险较低的情况下迅速变现。

（3）面额小。对许多小投资者来说，国库券通常是他们能直接从货币市场购买的唯一有价证券。

（4）收入免税。免税主要是指免除利息所得税。

（二）短期国库券发行方式

短期国库券通常采用拍卖方式贴现发行，票面为100元，拍卖价低于100元，票面金额与发行价之间的价差即为投资者的收益。短期国债的发行方式主要有两种。

▶ 1. 承购包销

由大型金融机构和证券交易商组成承购包销团，与财政部签订承购国债的合同来确定各自的权利和义务，商定双方满意的价格，由承购包销团负责在市场上转售给投资者，未售出的余额由承销商包销。目前，凭证式国债发行采用承购包销方式。

▶ 2. 公开招标

财政部通过招标方式向有资格的承销商发标，投标者中标后，视同投资购买性质，可按一定价格向社会再行出售。目前记账式国债发行采用公开招标方式。

公开招标方式是通过投标人的直接竞价来确定发行价格（或利率）水平，发行人将投标人的标价自高价向低价排列，或自低利率排到高利率，发行人从高价（或低利率）选起，直到达到需要发行的数额为止。因此，所确定的价格恰好是供求决定的市场价格。公开招标方式包括：荷兰式招标和美国式招标。

（1）荷兰式招标

荷兰式招标又称单一价格招标，是指按照投标人所报买价自高向低（或者利率、利差由低而高）的顺序中标，直至满足预定发行额为止，中标的承销机构以相同的价格（所有中标价格中的最低价格）来认购中标的国债数额。荷兰式招标是以所有投标者的最低中标价格作为最终中标价格，全体中标者的中标价格是单一的。标的为利率时，最高中标利率为当期国债的票面利率；标的为利差时，最高中标利差为当期国债的基本利差；标的为价格时，最低中标价格为当期国债的承销价格。

（2）美国式招标

美国式招标又称多种价格招标，是指中标价格为投标方各自报出的价格。标的为利率时，全场加权平均中标利率为当期国债的票面利率，各中标机构依各自及全场加权平均中标利率折算承销价格；标的为价格时，各中标机构按各自加权平均中标价格承销当期国债。

【例5-3】 某发行人拟发行政府债券5亿元，有9个投标人参与投标，按照"价格有限，数量优先"原则对他们的出价（所报出的利率）和投标额进行排序（如表5-2所示）。

表 5-2　投标人出价排序

投标人	投标额/亿元	出价(利率)/%
A	1.5	5.1
B	1.1	5.2
C	0.9	5.2
D	1	5.3
E	0.75	5.4
F	0.25	5.4
G	0.8	5.5
H	0.7	5.6
I	0.8	5.7

如按照荷兰式招标，则该债券的发行价格为 5.1%，所有投标人按此价格购买；如按美国式招标发行该国债，全场加权平均中标利率为当期国债的票面利率，中标机构按各自中标标位利率与票面利率折算的价格承销。二者有效投标均以收益率由低到高的累加方式截止于招标发行量。

从 2003 年起，财政部对国债发行招标规则进行了重大调整，即在原来单一荷兰式招标基础上，增加美国式招标方式，并发展出混合式招标方式。招标的标的确定为三个，依次是利率、利差和价格。

发行国债要根据社会经济状况，以确保经济的景气为原则，它要求国债发行者审时度势，相机抉择。例如，经济萎缩低迷，需要政府投资拉动经济增长时，短期国债发行较多。因为短期国债流动性强，能在较短时间内筹集更多的资金，有助于经济快速回升。相反，经济过热时，长期国债发行的比重增大，以此来减弱货币的流动性。

(三) 短期国债交易

▶ 1. 短期国债交易方式

目前，国际市场上国债交易均采用记账方式进行净价交易，此项交易具有交易速度快、效率高等优点。

我国深圳证券交易所和上海证券交易所于 2004 年 3 月 25 日起，开始进行国债净价交易，国债净价交易是指在现券买卖时，以不包含自然增长应计利息的价格报价并成交的交易方式，即将国债成交价格与国债的应计利息分解，让交易价格随行就市，而应计利息则根据票面利率按天计算，从而使国债的持有人享有持有期间应得的利息收入。净价交易使国债交易价格形成及变动能够更加准确地体现国债的内在价值、供求关系及市场利率的变动趋势。

短期国债交易市场报价不以价格直接显示，报价系统同时显示国债全价、净价及应计利息额。交割价仍是全价，即净价加上应计利息才是实际的交割价，以成交价格和每百元国债应计利息额之和作为结算价格，以结算金额(结算价格×成交量)为基数计算交易经手

费等费用。交易清算及交割单打印系统将自动计算应计利息额并在交割单上分别列明结算价、净价及应计利息额。其计算公式为:

$$应计利息额 = 票面利率/365 天 \times 已计息天数 \tag{5-3}$$

▶ **2. 短期国债发行价格**

短期国债发行市场报价不以价格直接显示,而是以对应的收益率表示,国债的发行价格用公式表示为:

$$发行价格 = 面值 \times [1 - 贴现收益率 \times 期限(天)/365] \tag{5-4}$$

▶ **3. 国债收益率**

国债收益率是指投资于国债债券这一有价证券所得收益占投资总金额每一年的比率。按一年计算的比率是年收益率。债券收益率通常是用年收益率来表示。

(1) 贴现收益率

国债的收益率一般以银行贴现收益率(Bank Discount Yield)表示,按照单利原则确定,其计算方法为:

$$Y_{BD} = \frac{F-P}{F} \times \frac{360}{t} \times 100\% \tag{5-5}$$

其中:Y_{BD} = 银行贴现收益率,F 为债券面值,P = 发行价格,t = 距到期日的天数。

(2) 真实年收益率

实际上,用银行贴现收益率计算出来的收益率低估了投资国库券的真实年收益率(Effective Annual Rate of Return)。真实年收益率指的是所有资金按实际投资期所赚的相同收益率再投资的话,原有投资资金在一年内的增长率,它考虑了复利因素。

Y_E 为真实年收益率,其计算方法为:

$$Y_E = [(1 + \frac{F-P}{P})^{365/t} - 1] \times 100\% \tag{5-6}$$

(3) 等价收益率

由于在实践中期限小于1年的大多数证券的收益率都是按单利计算的,因此《华尔街日报》在国库券行情表的最后一栏中所用的收益率既不是银行贴现收益率,也不是真实年收益率,而是债券等价收益率(Bond Equivalent Yield)。债券等价收益率低于真实年收益率,但高于银行贴现收益率。

以 Y_{BE} 表示债券等价收益率,其计算方法为:

$$Y_{BE} = \frac{F-P}{P} \times \frac{365}{t} \times 100\% \tag{5-7}$$

【例 5-4】某贴现债券面值 1 000 元,期限 180 天,以 10.5% 的年贴现率公开发行,计算其发行价格和等价收益率。

发行价格 $P = 1\,000 \times (1 - 10.5\% \times 180/360)$ 元 $= 947.5$ 元

等价收益率 $Y_{BE} = \frac{1\,000 - 947.5}{947.5} \times \frac{365}{180} \times 100\% = 11.24\%$

由此可以得出结论:贴现收益率<债券等价收益率<真实年收益率

原因在于银行贴现收益率按 360 天计算,而非 365 天,它除的是面额而非发行额。由

于债券贴现发行,其发行额总是小于面额,因此,贴现收益率小于债券等价收益率。真实年收益率采用的是复利原则,所以最大。

(四)中央银行在短期国债市场的作用

中央银行在短期政府债券市场上活动的目的表现为以下两个方面。

(1)以国库券作为公开市场操作工具,进行公开市场业务,调节货币供应量和市场利率,从而实现宏观经济目标。

(2)接受商业银行等金融机构所持有的国库券,发放再贴现贷款和抵押贷款、回购协议贷款,通过为商业银行融资,间接为中央政府融资。中央银行的公开市场业务在调控货币数量的同时,也会通过国库券的买卖对国库券的供求产生影响,从而造成国库券市场的价格变化,进而对市场利率产生影响。中央银行买入国库券等于向市场投放新货币。反之,则是回笼货币。

五、票据市场

(一)票据的含义及类别

票据是约定由债务人按期无条件支付一定金额,并可以转让流通的债务凭证。

一般来说,票据主要有三类。

(1)汇票。出票人签发,由付款人按约定的付款期限对指定的收款人无条件支付一定金额的债务凭证,是典型的票据。

(2)本票。出票人签发,由出票人自己在约定的日期无条件支付一定金额的债务凭证。

(3)支票。出票人根据银行存款或约定的透支额度签发,以银行为付款人无条件支付一定金额的债务凭证。

另外,票据还包括存单、保险单等单据。票据还可分为交易性票据和融资性票据。

交易性票据产生于商品的生产和流通过程,以商品交易为基础,如银行承兑汇票、商业承兑汇票等。

融资性票据单纯以融通短期资金为目的,并不要求有商品交易的背景,如商业本票、银行本票、大额可转让定期存单等。

(二)商业票据

▶ 1. 商业票据的含义

商业票据又称商业证券,其内涵不同于以商品信用交易为基础的商业汇票、本票等广义上的商业票据,而是一种没有抵押和担保,出票人凭自身的信用发行并允诺到期付款的短期流动票据。广义的商业票据包括商业汇票和商业本票,狭义的商业票据仅指商业本票。

一般发行商业票据的都是资本雄厚、运作良好、信誉卓著的大公司,通过发行票据来筹借资金。

▶ 2. 商业票据的优点

对于发行者来说,其优点是成本较低,发行方式灵活,并可提高发行公司的声誉;对于投资者来说，可获得比银行存款利息高的收益，又具有较高的流动性，风险虽然比银行存款稍高但还是相对比较小。

(三) 商业票据市场的类型

商业票据市场主要是指商业票据的流通及转让市场，包括票据承兑市场和票据贴现市场。

▶ 1. 票据承兑市场

承兑是指汇票到期前，汇票付款人或指定银行确认票据记载事项，在票面上做出承诺付款并签章的一种行为。汇票之所以需要承兑，是因为债权人作为出票人单方面将付款人、金额、期限等内容记载于票面，从法律上讲，付款人在没有承诺前不是真正的票据债务人。经过承兑，承兑者就成了汇票的主债务人，因此，只有承兑后的汇票才具有法律效力，才能作为市场上合格的金融工具转让流通。由于承兑者以自己的信用作保证，负责到期付款，如若委托他人或银行办理承兑，需支付承兑手续费。

在国外，汇票承兑一般由商业银行办理，也有专门办理承兑的金融机构，如英国的票据承兑所。以银行承兑汇票作为交易对象的市场即为银行承兑汇票市场。银行承兑汇票期限短，有银行的付款保证，是风险低、流动性强、收益率较高的短期信用工具，在对外贸易中运用较多。例如，当一笔国际贸易发生时，由于出口商对进口商的信用不了解，加之没有其他的信用协议，出口方担心对方不付款或不按时付款；进口方担心对方不发货或不能按时发货，交易就很难进行。这时便需要银行信用从中做保证。一般地，进口商首先要求本国银行开立信用证，作为向国外出口商的保证。信用证授权国外出口商开出以开证行为付款人的汇票，可以是即期的也可是远期的。这样，银行承兑汇票就产生了。

▶ 2. 票据贴现市场

票据贴现是指票据持有者为取得现金，以贴付利息为条件向银行或贴现公司转让未到期票据的融资关系。票据贴现可以使工商企业的资本从票据债权形式转化为现金形式，从而有利于资金周转，使资金循环顺利进行。贴现交易的工具是经过背书的汇票和本票以及政府国库券与短期债券。商业银行贴入票据，目的在于获取利润，一般情况下，会将购入票据保存到期，向承兑人收取票款，还复本息。如在实际经营中急需资金，商业银行可用贴入票据向中央银行再贴现，中央银行运用再贴现率来调节或控制商业银行的信贷规模，保持适当的市场货币供给量。

贴现与再贴现，形式上是承兑票据的转让与再转让，其实质是金融资产的交易行为，它使参与主体既能充分利用资金，又能应付突发事件。

(四) 商业票据的发行

商业票据的面额一般都比较大，发行期限大多在 20~40 天之间，市场上未到期票据的平均期限在 30 天以内，很少有超过 270 天的。

商业票据一般以低于面值的价格出售，到期按面值偿还，即采用贴现方式发行。

商业票据发行市场由发行人、包销商和投资人三方面参加。由于商业票据是一种无担保的筹资工具，因而其发行人主要是一些资信等级较高的大工商企业。各国对商业票据发行企业的评级标准，基本是根据资产负债和业务状况由高到低把企业划分成若干个等级，信誉等级高的企业发行的商业票据易于销售，信誉等级低的企业发行的商业票据易遭违约风险，有到期不能偿还的可能。

商业票据的发行可采用两种方式：一种是直接发行，另一种是通过包销商间接发行。大部分商业票据是通过包销商间接发行的，其发行程序如下：

(1) 对各种借款方式进行比较，确定是否用此方式融资。

(2) 制定发行方案，包括发行目的、数量、发行方式、发行时机、发行承销机构、发行条件(贴现率、发行价格、期限、兑付手续费等，贴现率根据发行者资信等级、资金供求状况、发行期限等，参照银行同业拆借利率确定)。

(3) 选择承销机构。

(4) 办理商业票据评级。

(5) 办理发行事宜。

(五) 商业票据的收益

商业票据通常用贴现方式发行，发行价格低于票面金额，两者差额部分为投资人的利息。商业票据的利率一般高于短期国债的利率，但低于商业银行的短期贷款利率，这一特点，使大企业更热衷于发行商业票据以取得资金。

$$贴现利息 = 贴现票据的面额 \times 贴现率 \times 期限 / 360 \qquad (5\text{-}8)$$

$$贴现金额 = 贴现汇票的票面金额 - 贴现利息 \qquad (5\text{-}9)$$

由公式(5-8)可以得出：

$$贴现率 = \frac{贴现利息}{面额} \times \frac{360}{期限} \times 100\% \qquad (5\text{-}10)$$

票据持有者在持有期的收益率计算公式如下：

$$票据收益率 = \frac{面额 - 发行价}{发行价} \times \frac{360}{剩余期限} \times 100\% \qquad (5\text{-}11)$$

影响其收益的主要因素有：①发行机构的信用；②同期借贷利率，包括银行利率、国库券利率及其他利率；③发行时货币市场的情况。

【例 5-5】 某公司持有银行承兑汇票一张，票额 10 万元，出票日期为 2019 年 2 月 20 日，6 个月后付款。6 月 22 日，该公司急需用款，持票向其开户银行申请贴现，经银行审查同意，于 6 月 24 日贴现，贴现率按月息 6‰ 计。试计算贴现利息和贴现金额。(每个月按 30 天计算)

该汇票到期日为 8 月 20 日，从贴现日到到期日剩余天数还有 56 天。

$$贴现利息 = 100\,000 \times 6‰ \div 30 \times 56 \, 元 = 1\,120 \, 元$$

$$贴现金额 = (100\,000 - 1\,120) \, 元 = 98\,880 \, 元$$

银行在此次交易中获得的收益率是多少？考虑银行的收益与成本，收益就是贴息 1 120 元，成本就是付给贴现人的 98 880 元。银行的收益率即为票据的贴现率。

$$收益率 = (1\,120 \div 98\,880) \times (360 \div 56) \times 100\% = 7.28\%$$

如果贴现银行在 7 月 20 日持该汇票向中央银行申请再贴现，贴现率按年息 6% 计，再贴现利息和再贴现金额为：

$$再贴现利息 = 100\,000 \times 6\% \div 12\,元 = 500\,元$$

$$再贴现金额 = (100\,000 - 500)\,元 = 99\,500\,元$$

此时，银行的收益为贴现率与再贴现率之间的差额，即：

贴现利息－再贴现利息＝(1 120－500)元＝620 元。

(六) 中央银行在商业票据市场的作用

(1) 通过票据再贴现向流通领域投放基础货币。中央银行一般不直接参与商业票据市场的活动而是对商业银行等金融机构持有的合格票据进行再贴现，通过这种方式来投放基础货币。

(2) 通过调整再贴现率调节再贷款规模和市场利率。

(3) 作为最后贷款人向寻求再贴现的商业银行提供短期贷款。

六、大额可转让定期存单市场

大额可转让定期存单是商业银行发行的、有固定面额和约定期限，并可以在市场上转让流通的存款凭证。本质上是银行存款的证券化。

▶ 1. 大额可转让定期存单的特征

同传统的定期存款相比，大额可转让定期存单有以下特征：

(1) 定期存款记名、不可流通转让，而大额可转让定期存单则是不记名的，可以流通转让。

(2) 定期存款金额不固定，可大可小，而大额可转让定期存单金额较大。在美国，向机构投资者发行的大额可转让定期存单的面额最少为 10 万美元，二级市场上的交易单位 100 万美元，但向个人投资者发行的大额可转让定期存单的面额最少为 100 美元。在我国香港，最小面额为 10 万港元。

(3) 定期存款利率固定，而大额可转让定期存单利率既有固定的，也有浮动的，且一般来说比同期限的定期存款利率高。

(4) 定期存款可以提前支取，提前支取时要损失一部分利息，而大额可转让定期存单不能提前支取，但可以在二级市场上流通转让。

▶ 2. 存单的发行和交易

大额可转让定期存单市场可分为发行市场(一级市场)和流通转让市场(二级市场)。

存单的发行有直接发行和间接发行两种形式。直接发行一般不通过经纪人和交易商，由银行直接向大企业和客户出售，这样可以降低发行成本，同时降低银行经营状况的透明度；间接发行，即发行人委托中介机构负责发行过程中各类事项的策划，并最终实现成功发行。

存单市场的交易者主要是机构投资者，大企业是存单最大的买主。

▶ 3. 风险和收益

大额存单的风险主要有信用风险和市场风险。信用风险是指发行存单的银行在存单期满时无法偿还本息的风险;市场风险是指存单持有者急需资金时,不能立即出售存单变现或不能以合理的价格出售。

存单的收益取决于三个因素:发行银行的信用评级、存单的期限及存单的供求量。存单的收益即存款人的到期价格,用公式表示:

$$到期价格=面额\times(1+存单利率\times 发行日至到期日的天数/360) \quad (5-12)$$

【例 5-6】 某公司持有面额 100 万美元,年利率 8%,期限 90 天的大额可转让定期存单,该存单的到期价格为:

$$到期价格=100 万美元(1+8\%\times 90/360)=102 万美元$$

二级市场存单价格与新发行存单利率的关系:若新发行存单利率高于原存单利率时,存单价格相对发行价较低,反之则相对较高。发行价为面值的固定利率存单转让价格公式为:

$$存单市场价格=面额\times \frac{1+原存单利率\times \dfrac{存单期限}{360}}{1+新存单利率\times \dfrac{剩余期限}{360}} \quad (5-13)$$

【例 5-7】 上例存单在距到期日还有 10 天时转让,市场利率为 6%,则该存单的转让价格为:

$$存单转让价格=100 万美元\times \frac{1+8\%\times 90/360}{1+6\%\times 10/360}=101.826\,9 万美元$$

第三节 资本市场

一、资本市场概述

(一) 资本市场的构成

资本市场包括中长期存贷款市场和证券市场,证券市场又可分为债券市场和股票市场,其主要功能是满足社会公众储蓄向投资转化、工商企业的项目投资和政府弥补财政赤字及政府对重点建设的投资需求。

(二) 资本市场的资金供求者

资本市场的资金供给者主要是各种非银行金融机构,如保险公司、信托公司、各种基金组织等。这些机构从存款户、投保户、投资者等方面吸收大量资金,其中大部分为证券投资,形成资本市场上资金的主要来源。

资本市场的资金需求者主要是本国的中央政府、地方政府、公司、企业等。此外,需要筹措资金的外国政府、外国公司也可以利用国际证券市场发行各种证券来吸收和利用资本市场的中长期资金。

二、股票市场

(一) 股票发行市场

▶ 1. 股票发行及发行关系人

股票发行是公司新股票的出售过程。新股票一经发行,经中间人或径自进入应募人之手,应募人认购,持有股票,即成为股东。这一过程一般没有固定集中的场所,或由公司自己发行,较普通的是由投资银行、信托公司、证券公司和经纪人等承销经营。发行股票有两种情况:①新公司成立,首次发行股票;②已成立的公司增资发行新股票。二者在发行步骤和方法上都不相同。创建新公司首次发行股票,须办理一系列手续,即由发起人拟定公司章程,经律师和会计师审查,在报纸上公布,同时报经主管机关经审查合格准予注册登记,领取登记证书,在法律上取得独立的法人资格后,才准予向社会上发行。股份公司发行新股、增资扩股的目的除了筹集长期资金、扩大经营规模,还可以是调整资本结构。

股票市场发行关系人包括:①发行人。股票发行人是为筹措资金而发行股票的公司、政府和金融机构,它是构成证券发行市场的首要要素。多数国家都对证券发行人规定了严格的条件要求,目的是保障投资者的利益,维护正常的证券发行秩序。②投资人。投资人是证券市场上的资金供给者,包括个人投资者和机构投资者。③承销人。承销人又称为证券承销商,是依照与发行人签订协议,以包销或代销的方式向社会投资者发行证券的证券经济机构,它们是证券顺利发行的中介。

▶ 2. 股票发行审批制度

世界各国对股票的发行审批制度主要有审批制、核准制和注册制三种。

(1) 审批制是一种通过实质审查、正式批准后方可发行证券的制度。审批制是计划经济形态下的发行模式。在 2000 年以前,我国主要以审批制为主,实行"额度控制",发行股票时,要经过一系列申报和审批程序。

(2) 核准制是发行人发行股票时,不需要各级政府批复,而是根据我国的《证券法》和《公司法》的有关条款充分公开企业的真实状况,并经证券管理机构核准后,即可发行。证券主管机构有权否决不符合发行条件的股票发行申请。

(3) 注册制是指证券监管部门公布股票发行的必要条件,只要达到所公布条件要求的企业即可发行股票。发行人在准备发行证券时,将依法公开的各种资料完全、准确地向证券管理机构呈报并申请注册,申请人在申请后法定时间内未被管理机构拒绝注册,即为生效。证券管理机构的职责是对申报文件的真实性、准确性、完整性和及时性做合规性的形式审查,但无权对证券价值本身做出判断,而将发行公司的质量留给证券中介机构来判断和决定。这种股票发行制度对发行人、证券中介机构和投资者的要求都比较高。注册制是目前成熟资本市场普遍采用的发行体制。

十二届全国人大常委会第三十三次会议决定:2015 年 12 月 27 日,十二届全国人大常委会第十八次会议授权国务院在实施股票发行注册制改革中调整适用《中华人民共和国证券法》有关规定的决定施行期限届满后，期限延长二年，至 2020 年 2 月 29 日。目前，A 股市场还不具备注册制的条件，但注册制改革必须进行，于是就有了新三板市场上进行注册制的试点工作。正在井喷式发展的新三板市场就是一个注册制的市场。新三板全称为"全国中小企业股份转让系统"，是继上交所、深交所之后的第三家全国性的股票交易所。

▶ 3. 股票的发行方式

由于金融体制和金融市场管理的差异化，每个国家股票的发行方式也不尽相同。根据不同的分类方法，股票的发行方式可以分为三种：公开发行与不公开发行；直接发行与间接发行；有偿增资、无偿增资和搭配增资等。

(1) 按照股票的发行对象不同，股票可分为公开发行与不公开发行

公开发行就是公开募集。公开发行没有特定的发行对象，针对广大社会投资者公开销售，这样可以防止股票被少数人操控或者囤积，同时对于公司知名度也有一定的正面影响，可以让股票具备流通性。这种发行方式是最常见的股票发行方式。

不公开发行就是私下募集，指的是股份公司有特定的发行对象并只针对这些特定发行对象发行股票的一种发行方式。这些特定对象通常是公司之前的股东或者是公司内部的员工，或者是和公司有一些特殊关系的群体，比如公司大客户。

(2) 根据股票销售方式的不同，股票可以分为直接发行与间接发行

直接发行指的是股份公司自己发行股票，并承担股票发行的所有事务和风险，直接面向投资者销售股票的一种发行方式。直接发行适用于有既定的发行对象，或者是发行风险小、手续简单的股票。

间接发行指的是股份公司委托证券机构办理所有发行事务并承担发行风险，进而销售股票的一种发行方式，证券机构在销售过程中赚取佣金。这种方式也是目前市场上最常见的股票发行方式。

(3) 按照是否支付股金，股票可分为有偿增资、无偿增资和搭配增资

有偿增资指的是购买股票的投资者必须按照股票的发行价支付款项才可以得到相应的股票。这是最常见的发行方式。

无偿增资指的是购买股票的投资者不需要向发行者支付现金就能得到股票。这种方式通常只限于股份公司的原股东，而这部分股票的资金来源则是公司的公积金和盈余结存。

搭配增资指的是公司在原股东分摊新股的时候，股东只需要支付一部分款项就能得到相应的股票。这种发行方式资金来源，除了股东支付的那一部分之外，其他部分来源于无偿增资。

无偿增资和搭配增资的股票发行方式，只针对原股东，这两种方法都是给原股东的一种优惠，只从他们那里募集部分资金，甚至不直接募集资金。上市公司这么做的主要目的是为了增加股东对公司的信心，以及强化公司的信誉。通常情况下只有在股票分红派息、股票分割和法定公积金或盈余转作资本的时候，才会采用无偿增资的方式发行。有时候上市公司为了调整公司的资本结构，也可能会采用这种方式来进行发行股票。

▶ 4. 首次公开发行新股定价

首次公开发行(Initial Public Offerings，IPO)是指公司通过证券交易所首次公开向投

资者增发股票，募集用于公司发展的资金，或首次向社会公众公开招股的发行方式。

首次公开发行是目前股票发行的主要方式。首次公开发行股票通常由证券公司承销而进入市场，证券公司按照一定的折扣价从发行方购买到自己的账户，然后以约定的价格出售。

在股票发行价格中，溢价发行或者等价发行都是允许的，但是不允许以低于股票票面的价格发行，即不允许折价发行。因为这种折价发行价格会使公司实有资本少于公司应有的资本，致使公司资本中存在着虚数，不符合公司资本充实原则。另一方面，公司以低于票面金额的价格发行股票，实际上就意味着公司对债权人有负债行为，不利于保护债权人的利益。

首次公开发行新股定价过程分为两部分，第一是确定上市公司的理论价值；第二是通过某种发行方式来体现市场的供求，并最终确定市场发行价格。

(1) 理论价值的确定

不同的行业属性、成长性、财务特性决定了上市公司适用不同的估值模型。目前较为常用的估值方式为类比法。

类比法是通过选择同类上市公司的一些比率，如最常用的市盈率（股价/每股收益）、市净率（股价/每股净资产），再结合新上市公司的财务指标，如每股收益、每股净资产，来确定上市公司价值，一般都采用预测的指标。

①市盈率定价法：

$$新股发行价格 = 每股税后利润 \times 发行市盈率$$

市盈率定价法要求上市公司经营业绩稳定。

②市净率定价法：

$$新股发行价格 = 每股资产产值 \times 发行市净率$$

市净率定价法依赖公司账面价值而不是最新的市场价值，不一定能准确反映公司的未来收益。

(2) 首次公开发行的价格形成方式——累计投标方式

累计投标方式是国际上首次公开发行主要采用的新资发行定价方式，采用累计投标法，让机构投资者参与确定发行价格。

累计投标法源自美国证券市场，市场化的定价在累计投标法中得到了很好的体现。

具体做法是主承销商初步询价确定新资发行价格区间，询价时间为1~2周。初步询价时，发行人和主要销售商根据询价对象的报价结果确定发行价格区间及相应的市盈率区间，召开路演推介会，根据需求量和需求价格信息对发行价格反复修正，然后发行人和主承销商在发行价格区间内通过向配售对象进行网下累计投标询价，最终确定发行价格的过程。如果在价格区间范围内认购量很少，就调低发行价格或推迟发行；如果超额认购非常多，就调高发行价格。价格确定后，投资银行在发行时把新股按确定的价格先配售给已订购的大机构，再留出一定比例向公众发售。

正式发行时，如果有效认购数量超过了拟发行数量，即形成超额认购，超额认购倍数越高，说明投资者的需求越强烈。在超额认购的情况下，主承销商可能会拥有分配股份的权利,即配售权。通过行使配售权,发行人可以达成理想的股东结构形式。在我国,目前主承销商不具备配售股份的权利,必须按照认购比例配售。

(二)股票流通市场

▶1. 股票交易程序

(1) 开户

开户人要申请开立股票账户、需要同时开立商业银行银证通账户和证券公司账户。商业银行银证通账户是投资人的资金账户,该账户资金可以直接与证券公司的资金账户互通转户。证券公司开户包括证券交易专用账户和资金账户。证券账户是投资者买卖证券,进行清算、交割的专户。证券交易专用账户可分为股票账户、债券账户和基金账户三种。在我国,股票账户既可从事股票交易,还可以从事债券和基金买卖。

(2) 委托

委托是投资者向经纪人发出其愿意以某种价格买进或卖出一定数量某种证券的请求或指令。

(3) 竞价成交

竞价成交是证券公司在接到投资人的买卖委托后,通过场内交易员或计算机主机申报竞价,证券买卖双方分别竞价,若买卖双方价位和数量合适,交易即可达成。证券交易所的竞价方式有两种:一种是集合竞价方式;另一种是连续竞价方式。

集合竞价是对一段时间内接受的买卖申报一次集中撮合的竞价方式。我国上海证券交易所和深圳证券交易所的集合竞价时间为每个交易日的上午9:15~9:25。一般情况下,集合竞价产生开盘价。

连续竞价是一种与集合竞价相对应的竞价方式,是指开盘后投资者根据市场价格的变化,连续不断地进行申报、竞价,以确定有时成交价格的过程。我国证券交易的连续价时间为每个交易日上午的9:30~11:30和下午的1:00~3:00。连续竞价遵循"时间优先、价格优先、数量优先"的原则进行,即在同等价格条件下,先申报的先成交;时间相同的,价格优惠的(买价高、卖价较低)先成交;在时间、价格都相同时,申报数最大的先成交。收盘价由连续竞价产生。证券的收盘价为当日该证券最后一笔交易前一分钟所有交易的成交量加权平均价(含最后一笔交易)。

(4) 清算与交割

清算与交割是证券交易双方实施交易的最终结果,出售方转移其拥有的证券,同时购买方支付其购买证券的费用。

▶2. 股票交易方式

目前,我国股市主要实施的是经纪人撮合驱动交易机制,在该交易机制下,经纪人接受客户买卖委托后,通过人工或计算机,帮助客户选配合适的交易对象,撮合成交。

按照股票交易的交割期限和交割方式不同,可以分为现货交易和保证金交易。

(1) 现货交易

现货交易是在公开市场交易中,股票买卖双方通过证券交易所达成交易后,按成交价格通过专门的竞算机构进行股票和款项的交割，表现为双方资金账户和证券账户的变更。现货交易如果是当日交易，即称"T+0"交割；如果是次日交易，则称"T+1"交割。

(2) 保证金交易

保证金交易又称为信用交易或垫头交易，也是通常所说的买空卖空，这就是当投资者在看好后市但资金又不充足时，以将购入的股票为担保向经纪人借入一定的款项来购买股票，或在看空后市时但没有股票，以一定数额的资金为担保向经纪人融通股票而卖出股票的行为。保证金是证券管理机构规定的投资者在信用交易时必须按一种比例向券商缴存的资产。缴纳现金形式的保证金是为现金保证金；缴纳证券、不动产等形式的保证金称为权益保证金。

1) 保证金比率分为法定保证金比率、实际保证金比率和最低保证金比率三种

①法定保证金比率是中央银行决定应支付购买价格的最小比例。目前，世界各国保证金比率高低不一，低到10%以下，高达100%，且经常调整，但一般维持在50%左右。法定保证金比率越低，保证金交易的杠杆作用越大，中央银行可以通过调整法定保证金来控制信用。②实际保证金比率是指保证金交易中实际保证金所占比例。由于市场股票价格的不断变动，在进行保证金交易后，每天的保证金比率都随着股票市场价格的变动而变动。③最低保证金比率是券商为控制风险而要求的最低保证金维持率，若实际保证金比率低于最低保证金比率，则券商会签发"补充保证金"通知，在规定时间内投资者如不存入保证金，券商有卖出部分证券达到最低保证金比率的权利。

2) 保证金交易分为保证金融资交易和保证金融券交易

①保证金融资交易也称保证金多头交易。投资者预测股价将会上涨，但自有资金有限不能购进大量股票，于是先缴纳部分保证金，并通过经纪人向银行融资以买进股票，待股价上涨到某一价位时再卖，以获取差额收益。这种交易方式也称为融资交易。

【例5-8】 某投资者为了购买价值10 000元的某股票(1 000股，10元/股)，法定保证金比率要求为60%。投资者先支付6 000元，从经纪人处借了4 000元。购买的1 000股该股票就是4 000元借款的担保，其中法定保证金比率=账户中的自有资金/股票市场价值=6 000/10 000=60%。

如果该股票价格降为每股8元，股票价值总额为8 000元，其中自有资金为4 000元、借款为4 000元时，法定保证金比率=4 000/8 000=50%。

保证金的存在为经纪人提供了一定保护，假设经纪人规定的最低保证金比率为30%，股价下降的临界点是$(1\,000P-4\,000)/1\,000P=30\%$，即$P=5.71$元。所以，股市市值最低要求$P=4\,000/(1-0.3)=5\,714$(元)，即每股5.71元。

②保证金融券交易也称保证金空头交易，是指投资者预测股票价格将会下跌，于是向经纪人缴付抵押金，并借入股票抢先卖出，待股票价格下跌到某一价位时再买进该股票，然后归还借入股票，并从中获取差额收益。因此，这种交易方式称为融券交易。

【例5-9】 假设某投资人对B股票看跌，目前市值100元/股。该卖空者通知经纪人卖空1 000股，经纪人从其他客户处借了1 000股卖出，并将卖空后100 000元存入其账户，假设经纪人对卖空者的保证金比率要求为50%，卖空者账户除了卖空收益外，还必须至少

有50 000元的自有现金。卖空者的账户资金为

B股票空头价值(1 000股)100 000元＋自有资金50 000元＝150 000元

保证金率＝50 000/100 000＝50%

若B股票价格下降到70元，投资者买进B股票1 000票，还掉卖空股票后，获利30 000元。

获利＝股价下降值×卖空股票数＝30×1 000元＝30 000元

若B股票价格上升，卖空者可能亏损。如果最低保证金比率要求为30%时，股价上升的临界点是$(150\ 000-1\ 000P)/1\ 000P=30\%$，则：

$P=150\ 000/1\ 300$元$=115.38$元，即每股115.38元。

▶ 3. 证券交易市场的组织形式

按照市场组织形式划分，股票的流通市场可以分为场内交易市场和场外交易市场两种形式。

(1) 场内交易市场

证券交易所是高度组织化的二级市场，是最主要的证券交易市场。

从组织形式看，世界各国证券交易所主要有公司制证券交易所和会员制证券交易所两种形式。

公司制证券交易所是依照《公司法》组织的以营利为目的的公司法人，如瑞士日内瓦证券交易所就是公司制证券交易所。公司法证券交易所是依照《公司法》组织的，因此它类似于公司，具有以下主要特点：①以盈利为目的；②股东大会为最高权力机构；③对证券上市和交易收取上市费和手续费，同时向政府缴纳营业保证金；④对场内交易承担担保责任，对违约买卖造成的损失有赔偿义务。

会员制证券交易所是以会员协会形式组成的不以营利为目的的社会法人，参加证券交易所证券买卖的必须是证券交易所会员。因此，其主要特点为：①不以营利为目的，不收手续费；②会员大会为最高权力机构；③一切费用由会员承担；④会员及特许经营人入场交易，责任由双方自负。证券交易所不承担违约损失赔偿。证券交易所的会员，必须是符合一定条件的法人，向证券交易所提出申请，经批准后，取得会员资格，然后缴纳足够的席位费，取得证券交易席位，会员通过席位进行自营或代理证券交易，获取收益。目前，大多数国家的证券交易所均实行会员制，我国的上海证券交易所和深圳证券交易所也实行会员制。

(2) 场外交易市场

凡在证券交易所以外进行股票买卖流通的组织方式统称场外交易。场外交易的对象包括在证券交易所内上市的部分股票和证券交易所内不经营的非上市股票。场外交易的主要形式是店头市场，也称柜台交易或第二市场。其特点为：①交易品种多，既有上市证券也有非上市证券；②买卖双方直接交易，交易价格由双方协议而定。

世界最著名的场外交易市场是美国全国证券商协会(National Association of Securities Dealers，NASD)于1971年开始运行的全国证券交易商协会自动报价系统(National Association of Securities Dealers Automated Quotations，NASDAQ)，NASDAQ是世界上第一

个完全由显示屏作为交易基础的股市,它没有中央交易大厅,但它用交易系统将全球最大的几家证券公司的交易大厅联合起来,选择了519个交易商(做市商),这些交易商在纳斯达克提供了6万个竞买和竞卖价格,其计算机系统向世界各地的投资者同时显示每一个投资者的买卖交易,同一时间不同地点所有买卖价格显示在计算机屏幕上,因此 NASDAQ 上市公司股票的流通性很好。

我国主要的场外交易市场是中国全国证券交易自动报价系统(Securities Trading Automated Quotations System,STAQ)和中国证券交易系统(National Electronic Trading System,NETS)。

▶ 4. 股票价格指数

股票价格指数是反映股票市场整体价格水平及其变动的相对指标。股票价格指数通常以"点"为单位,选择某一年为基期并确定基期股票价格指数为100点,以后各期的股票价格通过与基期价格相比较计算出来。计算期的股票价格指数每上升或下降1单位,称为上升和下降1个点。股价价格指数集中地反映了股市市场的变化趋势,股票价格指数的涨跌是显示一国政治、经济、社会及其他各种因素变化状况的"晴雨表",是政府当局关注的指标,也是投资者预测和衡量股票市场行情进行投资决策的主要依据。

(1) 股票价格指数有综合指数和成分分数

综合指数是指以证券交易所上市的全部股票为样本计算依据的指数。

成分指数是股票价格有目的地选择具有代表性的多种股票为样本计算的指数。成分指数必须具有客观的、准确的、代表的、敏感性的要求。其样本选择应当做到:首先,正确选择若干种具有典型的、普遍性或较大影响力的样本股票作为计算对象,这些样本股票的选择必须综合考虑其行业分布、市场影响力、股票等级、股票数量等因素。其次,采用恰当的计算方法和科学的计算依据进行编制。计算方法应具有高度的适应性,能对不断变动的股市行情做出相应的调整或修正,使股票价格指数有较好的敏感性。最后,在计算股票价格指数时需选好基期,基期应该有较好的代表性和均衡性,即能代表正常情况下股票市场的均衡水平。

具有代表性的股票价格指数有美国的道·琼斯股票价格指数、标准普尔500指数、NASDAQ指数、英国的《金融时报》指数、日本的日经225指数、我国香港的恒生指数、我国的上海证券交易所股票价格综合指数和深圳证券交易所成份指数等。

(2) 股票价格指数的计算

1) 平均数法计算股票价格指数。

价格平均数是用来反映一定时点上多种股票价格变动的一般水平,通常用算术平均数或修正平均数表示。人们通过对不同时期股票价格平均数的比较,可以看出股票价格的变动情况及其趋势。

平均数法的典型代表是道·琼斯股票价格指数,又称道·琼斯平均数,是指道·琼斯30种工业平均数。它是以1928年10月1日为基期并以基期的平均数为100计算的。

① 道·琼斯股票价格指数的简单算术平均计算法。它是以上市的全部股票或选择的样本股票为计算对象,将当天收盘价格和后除以具有代表性的样本股总数而得出的,其计

算公式如下:

$$I_a = \frac{\sum_{i=1}^{n} P_{ti}}{n} \quad (5\text{-}14)$$

其中,I_a 为单纯算术股票价格平均数;P_{ti} 是指样本股为 i 的当天收盘价;n 为样本股票总数。

【例 5-10】 假定选择的样本股有四种,分别的收盘价如表 5-3 所示。

表 5-3 四种样本股收盘价

样本股	A	B	C	D
当日收盘价	100	90	200	70

由上表可知,I_a = 1/4(100+90+200+70)点 = 115 点,即股票价格指数为 115 点。

采用单纯算术平均计算法计算的股票价格平均数主要用于衡量现实的股票价格水平,观察的重点在于股票价格的动态。一般说来,单纯算术股票价格平均数与高值股的变化成正比,价票价格平均数升高,购买高值股的投资者就会增多。美国道·琼斯公司在 1928 年以前一直采用此法编制纽约股市的股票价格指数。

如果发生样本股票分股,如 C 股票一分为二,股票价格下跌,股票价格指数也下跌,即:

$$I_a = 1/4(100+90+100+70)\text{点} = 90 \text{点}$$

按照单纯算术平均计算法计算的股价票价格指数价格为 90 点,但股票市值总额并未变化。显然,算术平均法难以反映股票价格指数变动的连续性。

② 道·琼斯股票价格指数的除数修正法。除数修正法又称道式修正法,是美国道·琼斯公司为克服单纯算术平均计算法的不足,在 1928 年发明的一种计算股票价格平均数的方法。此方法的核心是求出一个常数除数来修正因有偿增资、股票分割等因素造成的股票价格总额的变化,以便更好地反映平均股票价格水平。具体方法是以有偿增资或股票分割后的新股票价格总额为分子,旧的股票价格平均数为分母,计算出一个除数,然后去除报告期的股票价格总额,所得出的股价价格平均数称为道式修正股票价格平均数,其计算公式为:

$$x = \frac{\sum_{i=1}^{n} p_i'}{I_a} \quad (5\text{-}15)$$

$$I_b = \frac{\sum_{i=1}^{n} P_{ti}}{x} \quad (5\text{-}16)$$

其中,x 为道式修正除数;p_i' 为变动后新的样本股票 i 的价格;I_a 为旧的股票价格平均数;I_b 为道式修正股票价格平均数;P_{ti} 报告期样本股价 i 的价格。

接【例 5-10】,C 股票分股,股票价格变成 100,修正除 x = (100+90+100+70)/115 = 3.13。再求股票价格指数,即 I_b = (100+90+100+70)/3.13 = 115(点)。

如果分股后第二周样本股票价格变成如表 5-4 所示。

表 5-4　样本股股票价格变动表

A	B	C	D
130	100	100	70

则可得：$I_b=(130+100+100+70)$点$/3.13=127.8$点。因此第二周比第一周上涨 12.8 点，上涨了 11%。

2）股票价格指数的指数计算法。

① 算术股票价格指数法。它是一种以某一交易日的股票价格为基期价格，将报告期的股票价格与它相比较来计算的，其计算公式为：

$$I_a = \frac{\sum_{i=1}^{n}\frac{P_{ti}}{P_{oi}}}{n} \times I_b \tag{5-17}$$

其中，I_a 为算术股票价格指数；I_b 为计算期股票价格指数；P_{oi} 表示基期第 i 种股票的价格；P_{ti} 表示报告期第 i 种股票的价格；n 为股票数目。

② 加权股票价格指数法。由于作为计算对象的各种股票上市交易数量不同，其价格变动对股市的影响程度也不同，因此在计算股票时价总额时，有必要进行加权。一般以上市股票数作为权数来权衡各种股票价格的变成对时价总额的相对重要程度。具体计算方法有两种。一种是以基期的上市股票数为权数计算时价指数，另一种是以报告期的上市股票交易量作为权数计算时价指数。一般以报告期的上市股票交易量作为权数来计算时价格数，其计算公式为：

$$I_t = \frac{\sum_{i=1}^{n}P_{ti}Q_{ti}}{\sum_{i=1}^{n}P_{oi}Q_{ti}} \times I_o \tag{5-18}$$

其中，I_t、I_o 分别为报告期和基期的股票价格指数；P_{ti} 和 P_{oi} 分别为报告期和基期样本股票 i 的市场价格；Q_{ti} 为报告期的样本股票 i 的上市股票交易数量。

【例 5-11】 根据下列资料计算股票价格指数，具体数据详见表 5-5 所示。

表 5-5　样本股股票价格指数变动表

样本股	A	B	C	D
分股后股票价格 P_o	100	90	100	70
一周后变动价格 P_t	130	100	100	70
分股后交易量 Q_o	80	40	70	120
一个后交易量 Q_t	100	45	85	120

由此可以得出，$I_a = \frac{1}{4}(\frac{130}{100}+\frac{100}{90}+\frac{100}{100}+\frac{70}{70})$点$=110.28$点。

以计算期交易量为权数计算股票价格指数，即：

$$I_2 = \frac{130\times100+100\times45+100\times85+70\times120}{100\times100+90\times45+100\times85+70\times120}点=111.14 点$$

根据结果可知，本期股票价格指数比前一周上涨了 11.14%。

加权股票价格指数是目前使用得最普遍的指数。目前，世界上比较著名的美国标准普尔指数、英国《金融时报》股票价格指数、日本东证股票价格指数、我国香港恒生股票价格指数、我国上海证券交易所股票价格综合指数和深圳证券交易所成份指数等均采用加权法进行计算。

股票价格指数是股票市场价格的"测量器"，无论采用什么方法计算，凡是经得住时间考验的股票价格指数，都能比较真实地反映股票市场的变化。

三、中长期债券市场

中长期债券市场是发行和买卖一年以上债券的场所，是资本市场的一个重要组成部分。我国债券市场实行多元化管理，存在多个市场交易，分类方式较多。从市场功能来看，可以分为一级市场和二级市场。一级市场是各主体发行债券融资的场所，二级市场是债券投资机构根据不同债券的特性和潜在价值进行投资交易的场所。

（一）中长期债券发行市场

▶ 1. 中长期债券发行市场的参与者

债券发行市场的主要参与者有三个：①发行人，即发行债券将承担债券到期兑付责任的公司或团体。目前，我国最大的两个发债主体是政府和银行。②承销商，拥有承销资格的承销商帮助发行人完成债券发行，参与债券发行认购，在发行期内将承销债券向其他结算成员进行分销。③直接投资人，是指参与债券投标和申购，完成对债券投资的机构。

此外，审计师事务所、律师事务所、信评机构等辅助发行人和承销商完成债券材料制作、申报以及债券发行工作。

▶ 2. 中长期债券的发行价格

中长期债券的发行价格是指投资者认购新发行的债券实际支付的价格。与短期债券贴现发行不同，中长期债券的发行价格可以分为：溢价发行、平价发行和折价发行三种发售方式。

（1）溢价发行是指按高于债券面额的价格发行债券。当债券票面利率高于市场利率时，企业仍以面值发行就会增加发行成本，故一般要溢价发行。

（2）平价发行也称等价发行或面额发行，是指以债券的票面金额作为价格发行债券。当债券票面利率等于市场利率时，债券发行价格等于面值。

（3）折价发行指按低于债券面额的价格发行债券。当债券票面利率低于市场利率时，企业仍以面值发行就不能吸引投资者，故一般要折价发行。

在实际操作中，发行债券通常先决定年限和利率，然后再根据当时的市场利率水平进行微调，决定实际发行价格。一批债券的发行不可能在一天之内完成，认购者在不同的时间内购买同一种债券，可能面对不同的市场利率水平。为了保护投资者的利益和保证债券能顺利发行，有必要在债券利率和发行价格方面不断进行调整。一般说来，在市场利率水平有较大幅度变动时，采取变更利率的办法；而在市场利率水平相对稳定时，采取发行价格的微调方式。有时利率变更和发行价格微调两者并用。由此可见，票面利率和市场利率的关系影响到债券的发行价格。

3. 决定中长期债券发行价格的基本因素

(1) 债券面额。债券面值即债券市面上标出的金额,企业可根据不同认购者的需要,使债券面值多样化,既有大额面值,也有小额面值。

(2) 票面利率。票面利率可分为固定利率和浮动利率两种。一般地,企业应根据自身资信情况、公司承受能力、利率变化趋势、债券期限的长短等决定选择何种利率形式与利率的高低。

(3) 市场利率。市场利率是衡量债券票面利率高低的参照系,也是决定债券价格按面值发行还是溢价发行或折价发行的决定因素。

(4) 债券期限。期限越长,债权人的风险越大,其所要求的利息报酬就越高,其发行价格就可能较低。

(二) 中长期债券流通市场

债券流通市场又称债券二级市场,是指已发行债券买卖转让的市场。债券一经认购,即确立了一定期限的债权债务关系,但通过债券流通市场,投资者可以转让债权,把债券变现。债券的交易程序与股票大体类似。

(三) 中长期债券收益率

债券收益率可以分为名义收益率、当前收益率、实际(到期)收益率,其中,实际收益率是投资者最终获得的收益率。

1. 名义收益率

名义收益率是指债券的票面收益与本金的比率,一般又称票面收益率。

【例5-12】 某企业债券的面额为100元,偿还期为3年,到期一次还本付息,每年利息为8元,其名义年收益是为8%,即:

$$债券的名义收益率 = 票面收益/票面金额 = 8/100 = 8\%$$

2. 当前收益率

当前收益率是指金融工具创造的年收益(红利或利息)对其当前市场价格的比率。它是金融工具收益率的另一个普遍衡量标准,一般又称持有期收益率。

【例5-13】 某债券在市场上以90元卖出,其名义年收益为8元,则其当前收益率计算如下:

$$债券的当前收益率 = 年收益/债券市场价格 = 8/90 = 8.89\%$$

金融报刊上公布的债券的收益率通常都是当前收益率。像名义收益率一样,当前收益率往往不能很好地反映投资者获得的实际收益,它忽视了金融工具到期前的市场变化和投资者能够卖出债券的价格。

3. 实际收益率

实际收益率是指债券的总收益与购进时市场价格的比率。实际收益率是被广泛接受的收益率衡量标准。

【例5-14】 某投资者以市场价格108.5元购得一张面额为100元、名义期限为3年、票面利率为8%的一次性还本付息企业债券，待偿期还有2年。若该投资者持有到最终偿还日，则2年间他除了获得24元票面利息外，还需付出本金的折价损失8.5元。该债券的实际年收益率为：

债券实际收益率＝（终值－买入价格）×100%/（买入价格×持有期限）
　　　　　　　＝(124－108.5)/(108.5×2)×100%
　　　　　　　＝7.14%

在现实生活中，实际收益并不真实存在，而必须通过再计算。投资者所能接触到的是名义收益和当期收益。

第四节　外汇市场

一、外汇市场概述

（一）外汇市场的含义

外汇市场是指经营外汇的金融机构、企业和个人，借助各种通信媒介进行外汇买卖的交易场所。外汇市场是国际金融市场的组成部分之一，外汇市场分布于各金融中心，是世界上最大的市场。外汇市场是场外交易市场，由计算机终端、电话、电传及其他信息通道进行交流和交易，各经营者可以相互保持广泛的、连续不断的联系，从而抹掉了各市场之间的时空差距，使世界各金融中心的外汇市场相互联结成一个网络。

外汇交易是真正的"全天候"交易。最主要的外汇市场分布于伦敦、纽约、东京。在这些市场集中了60%的外汇交易，其中伦敦、纽约的交易量巨大，这两个市场在整个世界外汇市场上起着主导作用。因而，在进行大额的外汇交易时，最好选择在这两个市场同时营业的时间里进行。"全天候"交易的外汇市场意味着汇率随时都会改变。

全球外汇市场24小时不休市

外汇市场是一个全天24小时不停止的市场，它区别于其他交易市场最明显的一点就是时间上的连续性和空间上的无约束性。换句话说，外汇市场是全天24小时不停止的市场，主要的波动和交易时间在周一新西兰开始上班到周五美国芝加哥下班。周末在中东也有少量的外汇交易存在，但基本上可忽略不计，周末外汇交易属于正常的银行间兑换，并非周一至周五的外汇投机行为。综上所述，外汇市场是一个不停止、连续不断的交易市场。

有市场存在就可以交易，这是众所周知的事情，但是并不等于可以交易就必须去交易。在全天24小时中，外汇市场每个交易时段都有其自身的规律和特性，所以，我们只要了解它的规律在适当的时段采取相应的策略,就可大大提高交易成功率,同时也可避免交易风险。

国际各主要外汇市场开盘收盘时间(北京时间)如下:

新西兰惠灵顿外汇市场:04:00—12:00。

澳大利亚悉尼外汇市场:6:00—14:00。

日本东京外汇市场:08:00—14:30。

英国伦敦外汇市场:17:00—1:00

德国法兰克福外汇市场:15:30—00:30

美国纽约外汇市场:20:20—03:00

美国旧金山外汇市场:23:00—7:00

香港外汇市场:09:00—16:00。

(二) 外汇市场的交易主体及交易层次

▶ 1. 外汇市场的交易主体

外汇市场由外汇商业银行、外汇经纪人(Foreign Exchange Brokers)、投资基金、其他客户和中央银行等经济主体构成。

(1) 外汇商业银行主要是指专营或兼营外汇业务的银行,外汇商业银行的主要任务是负责外汇买卖及资金融通,充当外汇供给和需求的中介,而且出于安全性、流动性、收益性等目的,它们本身也主动进行外汇买卖。它们是外汇市场的主要构成者,主要包括:商业银行、外资银行以及各类财务公司、投资公司、证券公司。

(2) 外汇经纪人是指专门撮合外汇交易并从中赚取佣金(Brokerage)的机构。他们要依靠同外汇银行的密切关系和对外汇供求情况的了解,利用通信设备联络银行、进出口企业等机构,撮合外汇交易,从中赚取佣金。在世界各国,外汇经纪人必须经所在国的中央银行批准,才能取得经营业务的资格。

(3) 投资基金是指购买或出卖外币进行组合,进行风险控制并从中获利的机构。

(4) 其他客户包括有外汇交易需求的进出口商和其他投资者或个人。

(5) 中央银行作为一国金融体系的核心,参与外汇交易的目的是稳定本国货币汇率。

▶ 2. 外汇市场的交易层次

根据外汇交易者之间的交易关系,外汇交易市场可以划分为三个层次,这三个层次交易的功能是不同的。

(1) 顾客市场

外汇交易第一层市场是顾客市场,该市场是外汇银行与客户之间的交易。客户主要是个人、贸易商、企事业单位、公司等。他们或出于贸易的需要,或出于外币存款的需要,或出于投资和投机的需要,与商业银行进行外汇买卖。银行在与客户的外汇交易中,一方面从客户手中买入外汇,另一方面又将外汇卖给客户。实际上商业银行与客户之间的外汇交易是在外汇的终极供给者与终极需求者之间起中介作用,赚取外汇买卖的差价。这个市场也被称为外汇的零售市场。

(2) 银行同业市场

外汇交易第二层市场是银行同业市场,也称批发的外汇市场。银行在为顾客提供外汇买卖的中介服务中,难免会在营业日内出现各种外汇头寸的"多头"(Long Position)或"空头"(Short Position),为了避免汇率变动的风险,银行需要借助同业间的交易,及时进行外汇头寸调拨,通过抛出多头、补进空头来轧平各币种的头寸。银行出于投机、套利、套汇等目的,还在同业市场进行外汇交易。银行同业间的外汇交易构成了外汇交易的主体,占外汇交易总额的90%以上。狭义的外汇市场常常是银行同业交易市场,由于交易量大,银行同业间的外汇买卖报价往往比客户报价合理,买卖差价窄,买卖外汇的金额大。

(3) 外汇银行与中央银行之间的交易市场。

第三层外汇市场是中央银行与其他银行之间的外汇交易市场。可兑换货币国家的中央银行,出于经济和政治要求,经常要干预外汇市场,以稳定汇价,于是产生外汇买卖行为。中央银行参与外汇交易的目的是改变外汇市场供求关系,使汇率保持相对稳定。

(三) 外汇市场的基本功能

▶ 1. 购买力转移

通过货币兑换业务可以转移各国之间的购买力,出口商和其他收汇者通过外汇市场把外币兑换成本币,把外国货币的购买力转化为本币购买力。当国内投资者需要到外国投资或进口商进口支付时,常常需要把本币兑换成外币,由此使本币的购买力转移为外币购买力。

▶ 2. 国际清算

由于各国政治、经济、文化的交往,必然产生国际之间的债权债务关系。外汇市场为国际债权债务关系的履行提供清算服务(Clearing Service),以利于国际经贸关系的扩大,为国际支付时契约的履行提供条件。因为外汇就是作为国际间经济往来的支付手段和清算手段的,所以,清算是外汇市场的基本作用。

▶ 3. 套期保值

远期外汇的买卖,可以为银行和进出口商减少或消除外汇风险。由于汇率的波动,某些持有外汇债权或债务的人承担着外汇风险,他们可以在债权债务产生时就通过外汇市场进行远期外汇买卖,从而"锁定"对外交易的成本或收益,避免汇率大幅度变动造成的经济损失,有利于国际贸易的发展和国际资本流动。

▶ 4. 投机

在外汇期货市场上,投机者可以利用汇价的变动谋利,对未来市场行情下赌注。这种投机活动,是利用不同时间外汇行市的波动进行的,也可以在同一时间内利用不同市场上汇价的差别进行套汇活动。

二、即期外汇交易

即期外汇交易(Spot Exchange Transactions)又称现汇交易,是指交易双方按当天外汇市场的即期汇率成交,并在交易日以后第二个工作日(T+2)进行交割外汇交易。如果交易双方位于同一时区,通常在一个工作日以后交割。外汇交割的日期称为交割日(Value Date),是交易双方必须履行支付义务的日期,双方在这一天将各自的货币交割完毕,当日买入的货币记在买方账户,开始生息。如果规定的交割日恰逢非营业日或节假日,则顺延到双方都营业的下一工作日。即期外汇交易是外汇市场上最常见、最普遍的形式。

(一)即期外汇交易的报价

报价是交易双方达成交易的关键和基础。

▶ 1. 即期外汇交易的报价者与询价者

在外汇市场上,通常把提供交易价格的机构称为报价者,一般由外汇银行充当这一角色。与之相对应的,把向报价者索价并在报价者所提供的汇价上成交的其他外汇银行、外汇经纪商、个人和中央银行等称为询价者。

▶ 2. 即期外汇交易的报价依据

即期外汇交易的汇率称为即期汇率。即期汇率报价通常依据前一时区的收盘价、当时的经济政治新动向和本银行现有的外汇头寸等因素。

▶ 3. 即期外汇交易的报价原则

外汇银行一般采取"双档"报价法,即外汇银行在交易中同时报出买价(Bid Rate)和卖价(Offer Rate)。银行的买卖价格之差(Spread),就是外汇银行买卖外汇的收益,一般为1‰~5‰。汇率一般用五位有效数字表示,由大数和小数两个部分组成,大数是汇价的基本部分,小数是汇价的最后两位数字。报价的最小单位市场称为基点。

在实际操作中,外汇交易员不申报全价,只报出汇率小数点后的最后两位数,这是因为外汇汇率变化一天之内一般不会超过最后两位数,用不着报全价,这是银行报价的习惯。只有在需证实交易或是在变化剧烈的市场,报价银行才会报出大数。

例如,某银行的即期外汇报价为:EUR/USD=1.113 2/1.114 8,其中1.11是大数,32和48是小数,32和48之间的差额为16个基点的差价。报价汇率斜线,左边的货币称为基准货币,右边的货币称为标价货币。

除特殊情况外,所有货币的汇价都是针对美元的,在外汇市场上,外汇交易银行所报出的买卖价格,如没有特殊说明,均是指所报货币与美元的比价。

(二)交叉汇率的计算

各市场报价商报出本币对美元的开市价,然后由交易员套算出其他货币的汇率。一旦银行确定了报价,各交易员就将报出自己专门从事交易货币的即期汇率。套算汇率的计算方法分为两种:交叉相除法和同边相乘法。

▶ 1. 两种汇率的中心货币或报价货币相同时,采用交叉相除法

(1)基础货币相同

在基础货币相同时,套算汇率中,处于基础货币位置上的、原来给定的含有该基础货币的汇率为分母,原来给定的含有标价货币的汇率为分子。交叉的是分母。

【例5-15】已知 USD/SFR:1.624 0—1.624 8,USD/EUR:0.811 0—0.811 8,计算 EUR/SFR 的汇率。

该汇率中 USD/EUR 为 0.811 0—0.811 8 作为分母,将 USD/SFR 为 1.624 0—1.624 8 作为分子,并将其交叉。

USD/SFR 1.624 0—1.624 8

USD/EUR 0.811 0—0.811 8

则 EUR/SFR 的买入价=1.624 0/0.811 8=2.000 5
EUR/SFR 的卖出价=1.624 8/0.811 0=2.003 5
即所求交叉汇率为:EUR/SFR 为 2.000 5/2.003 5

(2) 报价货币相同。

在报价货币相同的情况下,套算汇率中,处于基础货币位置上的、原来给定的含有该基础货币的汇率为分子,原来给定的含有该标价货币的汇率为分母,交叉的仍然是分母。

【例 5-16】 已知 CAN/USD 为 0.894 0—0.895 3,GBP/USD 为 1.587 0—1.588 0,计算 GBP/CAD 的汇率。

本例中,美元在给定的两个汇率中均处于报价货币,在计算的交叉汇率 GBP/CAN 中,GBP 是基础货币,CAN 是报价货币。

CAN/USD 0.894 0—0.895 3

GBP/USD 1.587 0—1.588 0

即 GBP/CAN 的买入价=1.587 0/0.895 3=1.722 6
  GBP/CAN 的卖出价=1.588 0/0.894 0=1.774 3
故 GBP/CAN 的汇率为 1.772 6—1.774 3

▶ 2. 两种汇率的中心货币不同时,采用同边相乘法

同边相乘即两种汇率的买入价和卖出价分别相乘。

【例 5-17】 已知 GBP/USD 为 1.587 0—1.588 0,USD/EUR 为 0.811 0—0.812 0。计算 GBP/EUR 的交叉汇率。

GBP/USD 1.587 0—1.588 0

USD/EUR 0.811 0—0.812 0

综上可得:GBP/EUR 的买入价=1.587 0×0.811 0=1.287 1
     GBP/EUR 的卖出价=1.587 0×0.812 0=1.289 5

(三) 即期外汇交易的付汇方式

即期外汇交易成交后的付汇方式有三种:电汇(Telegraphic Transfer,T/T)、信汇(Mail Transfer,MT)和票汇(Demand Draft,DD)。

▶ 1. 电汇

电汇是汇款人向汇出银行交付本国货币，由汇出银行用电报或电传通知国外汇入银行立即付出外币的汇款方式。电汇的凭证是外汇银行开出的具有密押的电报付款委托书。在进出口贸易实务中，进口商如果开出带有三电报索汇条款的信用证，即开证行允许议付行在议付后以电报的形式通知开证行，并说明各种单证与信用证的要求相符；开证行在接到上述电报后有义务立即将货款电汇议付行。此外，商业银行在平衡外汇买卖、调拨外汇时，投机者在进行外汇投机时，也都使用电汇。因为电报或电传比邮寄快，收付外汇的时间较短，可以在一定程度上减少汇率波动的风险。电汇方式是主要的汇款方式。

▶ 2. 信汇

信汇是汇出银行应汇付人的申请，用航空信函指示国外汇入银行解付一定金额给收款人的一种汇款方式。其凭证是信汇付款委托书，其内容与电汇委托书内容相同，只是汇出银行在信汇委托书上不加密押，而以负责人签字代替。

▶ 3. 票汇

票汇是汇出银行应汇款人的申请，开立以汇出银行为付款人的汇票，列明收款人的姓名、汇款金额等，交由汇款人自行寄送给收款人或亲自携带出国，以便凭票取款的一种汇付方式。票汇的凭证即银行汇款。

信汇汇率和票汇汇率通常要低于电汇汇率。

(四) 即期外汇市场套汇

▶ 1. 套汇的含义

套汇业务是利用不同外汇市场某些货币汇率的较大差异，在汇率低的市场大量买进，同时在汇率高的外汇市场卖出，利用贱买贵卖赚取利润，这种做法具有强烈的投机性。市场上出现大量套汇活动以后，会使软币（币值不稳或预计会贬值的货币）汇率上涨、硬币（汇率稳定或趋于升值的货币）汇率下跌，从而拉平不同外汇市场上的货币汇率差距。

套汇业务都是利用电汇来进行的。因为汇率的较大差异是很短暂的，电汇交易速度快，可以追逐转瞬即逝的汇率差。从事套汇活动的一般都是经营外汇业务的大银行，这是因为他们在各金融中心都设有分行或代理网络，信息灵通，资金雄厚，最具进行套汇业务的便利条件。

▶ 2. 套汇的形式

套汇的形式主要有直接套汇(Direct Arbitrage)和间接套汇(Indirect Arbitrage)两种。

(1) 直接套汇

直接套汇也称两角套汇(Two Point Arbitrage)或两地套汇，它是指套汇人利用两地之间汇率的差异，同时在两个市场贱买贵卖以赚取汇率差价的金融活动。例如，伦敦市场英镑即期汇率为 GBP1＝USD1.596 2，而纽约市场即交汇率为 GBP1＝USD1.606 2。由于英镑在伦敦的价格低，在纽约的价格高，当资本可以自由流动时，套汇者就会在伦敦以 GBP1＝USD1.596 2 的价格买进英镑，在纽约以 GBP1＝USD1.606 2 的价格卖出英镑，这样每 1 英镑可获利 1 美分。若套汇者用 100 万英镑来套汇，不计套汇成本，则可获利 1

万美元。两地套汇的结果会使伦敦的英镑汇率上升,纽约的英镑汇率下跌,并达到一个可能的共同水平——GBP1=USD1.601 2。

(2) 间接套汇

间接套汇也叫三角套汇(Three Point Arbitrage),是指利用三个不同外汇市场中三种不同货币之间交叉汇率的差异,于同一时点在这三个外汇市上贱买贵卖,从中赚取差额的一种套汇交易。

三角套汇的条件是交叉汇率的连乘积不等于1,即将三个或更多个市场的汇率(如果有买入价、卖出价两个汇率,先计算出各个市场的中间汇率)转换为同一标价法(间接标价法或直接标价法)表示,并将被表示货币的单位都统一为1,然后将得到的各个汇率值相乘。如果乘积为1,说明没有套汇的机会;如果乘积不为1,则存在套汇的机会。若以 a/b 表示1单位A国货币以B国货币表示的汇率,b/c 表示1单位B国货币以C国货币表示的汇率……m/n 表示M国货币以N国货币表示的汇率,那么对于 n 点套汇机会存在的条件为:

$$\frac{a}{b} \times \frac{b}{c} \times \cdots \frac{m}{n} \times \frac{n}{a} \neq 1$$

定理:如果三点套利不再有利可图,那么四点、五点以至 n 点的套汇也不再有利可图。

简单地说,三个市场直接标价法的汇率乘积如果小于1,则在三个市场上卖本币(高卖)买外币(贱买);如果乘积大于1,则卖外币买本币。反之,三个市场间接标价法的汇率乘积如果大于1,则在三个市场上卖本币(高卖)买外币(贱买);如果乘积小于1,则卖外币买本币。

【例 5-18】 某外汇市场牌价为 GBP1=EUR2.938 5,EUR1=USD0.946 6,USD1=GBP0.359 5,其交叉汇率的连乘积为 2.938 5×0.946 6×0.359 5≈1.000 0。三者的连乘基本上等于1,不能套汇。

【例 5-19】 某投机者持有1 000万港元,欲在国际外汇市场上进行套汇。他所掌握的外汇市场同一时刻的外汇牌价是:

香港:USD/HKD=7.812 3~7.851 4;

纽约:GBP/USD=1.332 0~1.338 7;

伦敦:GBP/HKD=10.614 6~10.721 1。

该投机者套汇收益为:

第一步:求中间汇率价格。

香港:USD/HKD=7.831 85;(直接标记法)

纽约:GBP/USD=1.335 35;(直接标记法)

伦敦:GBP/HKD=10.667 85。(间接标记法)

第二步:统一标价方法。

在纽约和香港都是直接标价法,只有伦敦采取间接标价法,按照"少数服从多数"的原则,将标价方法统一为直接标价法。

伦敦:HKD/GBP=1/10.667 85=0.093 739 6。

第三步：计算乘积。

7.831 85×1.335 35×0.093 739 6＝0.980 353≠1，所以存在套利空间。在直接标价法下，0.980 353＜1，因此要在三个外汇市场卖出本币，买入外币。

套汇路线为港币→美元→英镑→港币，即该投机者在香港市场卖出港币，买入美元；在纽约市场卖出美元，买入英镑；在伦敦市场卖出英镑，买入港币。因此，1 000 万港元套汇的利润率是：

(1 000 万×1/7.851 4×1/1.338 7×10.614 6－1 000)万港元＝9.888 1万港元。

三、远期外汇交易

远期外汇交易(Forward Exchange Transactions)是指买卖双方在成交之前，先就交易的货币种类、汇率价格、数量以及交割期限等达成协议，并以合约的形式确定下来，在合约签订时，除缴纳10%的保证金外，不发生任何资金的转移，在约定交割日双方履行合同时，办理有关货币金额的结算手续。

远期外汇交易的交割期限通常为1个月、2个月、3个月、6个月，一般不超过1年。

(一) 远期外汇的交割日

远期外汇交易与即期外汇交易的主要区别就在于交割日的不同，凡交割日在2个营业日以上的外汇交易均属远期外汇交易。

(1) 远期外汇交易的交割日是以即期交割日加上月数或星期数，如果远期合约是以天数计算，其交割时间是以即期交割日后的日历天数为基准，而非营业日。如远期交割日不是营业日，则顺延至下一个营业日。

(2) 远期交割日的"双底"惯例：假定即期交割日为当月的最后一个营业日，则所有的远期交割日为相应各月的最后一个营业日。

(二) 远期外汇交易的种类

根据交割日的不同，远期外汇交易可分为固定交割日的远期交易和择期交易两种类型。

▶ 1. 固定远期外汇交易(Fixed Forward Transaction)

固定远期外汇交易是指买卖双方约定具体交割日期。固定方式的交割期以星期和月份为单位，如1星期、2个月(60天)、6个月(180天)等，这是实际交易中较常用的远期外汇交易形式。这种交易的特点是交割日一旦确定，交易双方的任何方都不能随意改动。

▶ 2. 择期远期外汇交易(Optioned Forward Transaction)

择期远期外汇交易分为确定外汇交割月份和未确定外汇交割月份的远期外汇交易。前者可在指定月份中任何一天交割；后者则可在合约签订后的即期起息日至约定期满的任何一天选择交割日。由于具体的交割日不确定，择期外汇交易特别适合进出口商对收付外汇日期不确定的需要。

国际贸易合同中经常出现自签订合同之日起三个月交货付款的条约。因此，进出口商虽然对具体哪一天的收付外汇的日期不确定，但对于哪段时间收付外汇还是有把握的。在这种情况下，与银行订立择期第三个月的择期交易合同，那么在第三个月内，进出口商可以自由选择一个最方便、对自己有利的日期进行交割，将汇率风险转嫁出去，以达到保值目的。当然，银行由于承担了较固定交割月远期交易更大的风险，作为对银行承担这额外风险的"补偿"，银行在给进出口商报择期交易升贴水时，往往就会选择最不利的汇率给他们。例如，"升水"时，按距可交割第一天的期限计算；而"贴水"时，则按可交割的最前一天计算。因此，对于客户来讲，在选择做择期交易时，应尽可能事先把交割的时间段缩小，以减小成本，获得更有利的远期汇价。

（三）远期外汇交易的报价

▶ 1. 远期汇率的报价方法

远期外汇交易的报价，即远期汇率，也称期汇汇率，是交易双方达成外汇买卖协议，约定在未来某一时间进行外汇实际交割所使用的汇率。远期汇率总是参考即期汇率的水平来进行报价的。远期汇率的报价方法有以下两种。

（1）直接报价法

直接报价法是指直接报出远期外汇的实际汇率。国际外汇市场上，日本和瑞士采用直接标出远期外汇的实际汇率。通常，银行对一般中小客户交易常常直接报出远期汇率。它的优点是可以使人们对远期汇率一目了然，缺点是不能显示远期汇率与即期汇率之间的关系。

（2）点数报价法

银行或金融机构之间的交易常采用报点数法，即报出升水、贴水或平价的点数，交易双方在即期汇率基础上加上报出的点数，以计算出远期汇率。

▶ 2. 远期汇率的计算方法

远期汇率的计算要根据外汇市场的标价方法来决定。由于汇率的标价方法不同，计算远期汇率的原则也不同。

（1）直接标价法下远期汇率的计算。

远期汇率＝即期汇率 $\begin{cases} +升水值 \\ -贴水值 \end{cases}$

在直接标价法下，远期汇水如果小数在前大数在后，则外国货币升水，本国货币贴水；如果大数在前小数在后，则外国货币贴水，本国货币升水。

【例 5-20】 美国纽约市场英镑的即期汇率为 GBP1＝USD1.860 0~1.861 0，3 个月英镑远期升水为 51~55，则 3 个月英镑远期汇率为：

$$GBP1＝USD1.860\ 0＋0.005\ 1＝USD1.865\ 1$$
$$GBP1＝USD1.861\ 0＋0.005\ 5＝USD1.866\ 5$$

如 3 个月英镑远期贴水为 55~51，则 3 个月英镑远期汇率为：

$$GBP1＝USD1.860\ 0－0.005\ 5＝USD1.854\ 5$$
$$GBP1＝USD1.861\ 0－0.005\ 1＝USD1.855\ 9$$

（2）间接标价法下远期汇率的计算。

$$远期汇率=即期汇率 \begin{matrix} -升水值 \\ +贴水值 \end{matrix}$$

在间接标价法下,远期汇水如果小数在前大数在后,则外国货币贴水,本国货币升水;如大数在前小数在后,则外国货币升水,本国货币贴水。

【例 5-21】 伦敦市场上美元即期汇率为 GBP1＝USD1.750 0～1.753 0,3 个月美元远期升水为 45～35,则 3 个月美元远期汇率为:

$$GBP1＝USD1.750\ 0－0.004\ 5＝USD1.745\ 5$$
$$GBP1＝USD1.753\ 0－0.003\ 5＝USD1.749\ 5$$

如 3 个月美元贴水为 35～45,则 3 个月美元的远期汇率为:

$$GBP1＝USD1.750\ 0＋0.003\ 5＝USD1.753\ 5$$
$$GBP1＝USD1.753\ 0＋0.004\ 5＝USD1.757\ 5$$

远期汇率的计算技巧:如果差价是小/大排列,在即期汇率上加远期差价;如果差价是大/小的排列形式,则在即期汇率上减去远期差价。

无论即期还是远期,斜线前的数字总小于斜线后的数字,并且与即期汇率相比,远期汇率的买入与卖出价之间的差异总是更大,如果计算结果不符上述说法,则计算错误。

(四) 远期汇率的决定

▶ 1. 远期升水或贴水年率

远期升水或贴水年率又称远期差价率。由于不同货币的远期差价绝对值不易进行比较,故升水和贴水通常表示为即期汇率的百分数(以年率为准)。

$$远期升(贴)水年率=\frac{远期汇率-即期汇率}{基期汇率}\times\frac{12月}{远期合同月数}\times100\% \quad (5-19)$$

远期差价年率通常用中间汇率计算。

【例 5-18】中,美国纽约市场英镑即期汇率为 GBP1＝USD1.860 5,3 个月远期汇率为 GBP1＝USD1.865 8,则 3 个月英镑远期升水年率为:

$$\frac{1.865\ 8-1.860\ 5}{1.860\ 6}\times\frac{12}{3}\times100\%=1.14\%$$

如果英镑的三个月远期汇率为 GBP1＝USD1.855 2,低于即期汇率,则英镑 3 个月远期贴水年率可表示为:

$$\frac{1.855\ 2-1.860\ 5}{1.860\ 5}\times\frac{12}{3}\times100\%=-1.14\%$$

在直接标价法下,远期差价年率为负数,则表示外汇的远期差价为贴水。

▶ 2. 远期均衡汇率的形成

从理论上讲,正常市场条件下的远期汇率是在即期汇率基础上,由各种货币的利率差异决定的。因为在资金可以自由流动的市场条件下,某种货币的利率高于其他货币,则其他货币就可能流向高利率货币以谋取高利息收入。外汇市场高利率货币需求上升,则高利率货币汇率上升。如果高利率货币不做即期买卖,而做远期交易,那么卖方在这段时间内就会获得利息上的收益;而买方必须等候这段时间过后才能利用高利率货币,因而发生损失,此损失需经远期外汇贴水来弥补。

【例 5-22】 英镑 3 个月定期利率为 9.5%,同期美元利率为 7.0%,投资者可能在现汇市场买进英镑,卖出美元,并存放在英镑账户上以获得较高的利息收入。此时即期市场上英镑现汇汇率上涨,美元现汇汇率下跌。同时,为了保证英镑套利收入的稳定,投资者在购买英镑现汇套利存款的同时,又在远期外汇市场卖出英镑,买进美元,于是远期外汇市场上英镑的供给增加,远期英镑汇率下跌;美元的需求增加,远期美元汇率上升。

远期汇率与即期汇率的关系为:利率较高的货币将表现出远期贴水,而利率较低的货币则表现为远期升水。因此,升贴水的大小主要取决于两种货币利率差幅的大小和期限的长短,两种货币的利差是决定它们远期汇率的基础。而如果甲乙两种货币相同期限的利率水平无差异时,那么从理论上说,升水和贴水就等于 0,远期汇率等于即期汇率,这种情况称为平价。

根据上述原理,升贴水的计算公式可表述为:

升(贴)水值＝即期汇率×两种货币利率差×合同月数/12 月   (5-20)

如【例 5-20】中,假定伦敦市场美元即期汇率为 GBP1＝USD1.96,则 3 个月美元升水为:

$$USD1.96 \times [(9.5-7)/100] \times (3/12) = USD0.0122$$

3 个月的美元远期均衡汇率为:

$$GBP1 = USD1.96 - 0.0122 = USD1.9478$$

在实际外汇业务中,远期汇率一般是由欧洲货币市场各种货币的利率差异决定的。英镑兑换美元的远期汇率是以欧洲英镑和欧洲美元的利率差为基础的,其原因在于欧洲市场是自由市场,只要有利差存在,就必然会有大量资金迅速流动以求从利差中获益。这种资金的大量流动改变了各种货币的供求关系,使利率差距与升/贴水年率之间差距缩小,直到消除为止。

(五)远期外汇市场套利

远期外汇市场上的套利又称为利息套汇或时间套汇,是指利用不同国家或地区进行短期投资的利率差异,将资金从利率较低的国家转移到利率较高的国家或地区,以赚取利率差额。

▶ 1. 无抵补套利

无抵补套利是指交易者把资金从利率较低的货币兑换成利率较高的货币进行投资,但不进行反方向轧平头寸的操作,此种操作需冒汇率变动的风险。

【例 5-23】 假定美国金融市场上 3 个月短期贷款年利率为 6%,英国金融市场上 3 个月短期存款利率的年利率为 9%,那么,美国投资者可以 6% 的年利率借入资金,然后在外汇市场上将美元兑换成英镑,存于英国银行。

(1)如果汇率不变,该投资者以 20 万美元套利,那么 3 个月后可获净利:

$$200\,000 \times (0.09 - 0.06) \times 3/12\ 美元 = 4\,500\ 美元$$

(2)假定投资套利时,GBP/USD＝1.9180,3 个月后投资者可收进本息:

$$(200\,000/1.9180) \times (1 + 9\% \times 3/12)\ 英镑 = 101\,980.72\ 英镑$$

如果汇率变为 GBP/USD＝1.908 0，则其本息折合约为 194 579.21 美元，扣除成本额：200 000×(1＋6%×3/12)美元＝203 000 美元，投资者亏损。

根据利率平价理论，高利率货币其远期差价为贴水，低利率货币其远期差价为升水，英镑短期利率之所以偏高，是因为英镑疲软。3 个月后的英镑汇率可能下跌，因此，存入英镑生息期间，很可能会因为英镑汇率下跌使套利者获利减少甚至亏损。因为套利者通常采用抵补套利的方法。

▶ 2. 抵补套利

抵补套利是指投资者在即期外汇市场上，将甲货币兑换成为乙货币投资于乙国的同时，在远期外汇市场上卖出乙货币，买进甲货币，以规避汇率波动的风险。

【例 5-24】 金融市场上美元的 3 个月短期利率为年利率 7%，同期英镑利率为 9.5%，即期汇率为 GBP1＝USD1.960 0。于是套利者以年息 7% 的低利率借进 19 600 美元，然后购入英镑现汇 10 000。如果已知的远期汇率有下列两种假定情况：

(1) 假定 1 远期汇率 GBP1＝USD1.956 2

(2) 假定 2 远期汇率 GBP1＝USD1.930 0

本例中，两者都满足高利率货币呈贴水的结论，哪一种汇率条件下套利成功？

判断套利是否可行，就要看高利率货币的贴水率是否小于两地利差。如果高利率货币的贴水年率小于两地利差，则存在套利机会。

存美国 3 个月获得的本利和为：USD19 600×(1＋7%×3/12)＝USD19 943

假定 1：

该投资者将美元换英镑存英国 3 个月，获得的本利和为：

GBP10 000×(1＋9.5%×3/12×1.956 2)＝USD20 026＞USD19 943，套利成功。

假定 1 的贴水年率 $=\frac{1.960\ 0-1.956\ 2}{1.960\ 0}\times\frac{12}{3}\times 100\%=0.78\%<2.5\%$，满足高利率货币的贴水年率(用变动的绝对幅度衡量)＜两种货币的利率差，所以套利成功。

不断进行这种抵补套利的结果会使高利率英镑货币的现汇汇率上升，期汇汇率下跌，即高利率货币的贴水额加大。本例中，由于套利者大量买进英镑现汇，卖出英镑期汇，英镑远期贴水会不断扩大，套利成本也由此相应提高，套利收益逐渐减少。这种趋势持续到两者利率差与高利率货币贴水年率接近时，套利活动即会停止。

假定 2：

该投资者将美元换英镑存英国 3 个月，获得的本利和为：

GBP10 000×(1＋9.5%×3/12×1.930 0)＝USD19 758＜USD19 943，套利失败。

此时，高利率货币的贴水年率＞两种货币的利率，即：

$$\frac{1.960\ 0-1.930\ 0}{1.960\ 0}\times\frac{12}{3}\times 100\%=6.12\%>2.5\%$$

这时虽然从事英镑套利是亏损的，但是投资者会促使资金反向流动，去追逐低利率货币的汇率升值。

四、掉期交易

(一) 掉期交易概述

▶ 1. 定义

掉期交易是指将相同货币、相同金额，而买卖方向相反、交割期限不同的两笔或两笔以上的外汇结合起来进行的交易。

为将掉期交易与远期交易相区别，习惯上把单纯做一笔远期而不同时做掉期的远期称为"单边远期"(Outright Forward)。

▶ 2. 特点

(1) 强调买进与卖出的同时性。在掉期交易中，一种货币的买和卖是同时进行的，即一种货币在被买进时，同时又被卖出；或被卖出时，同时又被买进。在这一过程中，买和卖的货币金额完全相同。

(2) 不改变外汇持有额，但改变交割期限。由于所买入的货币与卖出的货币在数额上总是相等的，因此，掉期交易不会改变交易者的外汇持有额，但交易的结果会使交易者所持有的货币期限发生变化。由于货币的外汇净数额不变，故不会有汇率波动的风险。

(3) 掉期交易绝大部分是与同一对手进行的。

▶ 3. 交易目的

掉期交易的主要目的是轧平各货币因到期日不同所造成的资金缺口，是公司、银行用于套期保值、短期资金管理的主要工具。进行掉期交易，只是为了调整外汇资金头寸、规避风险，以达到保值的目的，并非为了盈利。

(二) 掉期交易的形式

目前，掉期交易大致可分为以下三种形式。

▶ 1. 即期对即期

即期对即期掉期交易(Spot against Spot Swaps，S/S Swaps)或称一日掉期交易(One-day Swaps)，主要用于银行同业的隔夜资金拆借，其目的在于避免进行短期资金拆借时因剩余头寸或短缺头寸的存在而遭受汇率变动的风险。这种交易方式又可以分为两种情况：

(1) 今日对次日掉期交易

今日对次日掉期交易(Today/Tomorrow Swaps)，或称隔夜交易(O/N，Over/Night)，把第一交割日安排在成交的当天，并将第二个反向交割日安排在成交后的第一个工作日。

(2) 明日对次日掉期交易

明日对次日掉期交易(Tomorrow/Next Swaps)，或称隔日交易，是成交后的第二个营业日(明日)交割，第三个营业日(次日)再做反向交割的一种外汇交易。

▶ 2. 即期对远期掉期交易

即期对远期掉期交易(Spot against Forward Swaps，S/F Swaps)，是指买进或卖出一笔现汇的同时，卖出或买进一笔期汇。这是掉期交易最常见的形式。此类掉期交易主要用于避免外汇资产到期时外币即期汇率下降，或外币负债到期时即期汇率上升可能带来的损失，也可用于货币的转换、外汇资金头寸的调整。如国际投资者的投资保值、进出口商远期交易的展期、外汇银行筹措外汇资金及调整外汇头寸等。

即期对远期掉期交易分为三种情况：

（1）即期对次日掉期（Spot/Next Swaps，S/N），即把第一个交割日安排在即期交割日，把第二个反向交割日安排在即期交割日的次日。

（2）即期对一周（Spot－Week，S/W）：自即期交割日算起，为期一周的掉期交易。

（3）即期对整数月（Spot/n Months，S/n M）：n Months 表示 1、2、3、6 个月等。自即期交割日算起，为期 1、2、3、6 个月的掉期交易。

▶ 3. 远期对远期掉期交易

远期对远期掉期交易（Forward to Forward Swaps，F/F Swaps）是指同时进行货币相同、数额相等而交割期限不同的两笔远期外汇交易。在买进交割期限较短的远期外汇的同时，卖出同等数量的交割期限较长的同种远期外汇，即"买短卖长"；或在卖出交割期限较短的远期外汇的同时，买进同一笔交割期限较长的远期外汇，即"卖短买长"。它既可以用于套期保值，也可以用于图利和投机。目前，这种形式被越来越多的银行采用。

（三）掉期交易的成本

▶ 1. 掉期汇率

在掉期外汇交易中，银行在买进和卖出某种货币的两笔交易中所使用的汇率是不同的，二者之间有个差额，该差额就是这笔掉期交易的价格，即掉期率。实际上，掉期率就等于远期汇水。

掉期汇率与远期汇率的含义是不同的，远期汇率是即期汇率±远期汇水而成，而银行在报掉期率时一般都同时报出两个价格。

▶ 2. 掉期汇率的计算

掉期汇率在计算上要特别注意是即期买入/远期卖出单位货币，还是即期卖出/远期买入单位货币。

即期汇率　　　　　　买入价 S／卖出价 S

N 个月掉期率　　　　X/Y

N 个月远期汇率　　　买入价 $S±X$／卖出价 $S±Y$

则，掉期汇率：

（1）即期买入/远期卖出单位货币。

即期买入单位货币汇率：　　　　买入价 S

N 个月远期卖出单位货币汇率：　买入价 $S±Y$

（2）即期卖出/远期买入单位货币。

即期卖出单位货币汇率：　　　　卖出价 S

N 个月远期买入单位货币汇率：　卖出价 $S±X$

（$X<Y$，则为加，$X>Y$，则为减，同远期汇率计算。）

【例5-25】 GBP/USD 即期：1.927 9/89

3个月：30/50

则3个月远期汇率：1.930 9/39，掉期汇率为

(1) 即期买入/3个月远期卖出英镑汇率：

即期买入英镑：1.927 9

3个月远期卖出英镑：1.932 9(1.927 9＋0.005 0)

(2) 即期卖出/3个月远期买入英镑汇率：

即期卖出英镑：1.928 9

3个月远期买入英镑：1.931 9(1.928 9＋0.003 0)

▶ 3. 掉期交易成本

由于掉期交易是同时进行两笔交易而必然产生的两个汇率，两个汇率之间的差额即掉期率，汇差会产生掉期成本。因此，掉期率是计算掉期成本的依据。其盈亏即为单位货币的买卖金额乘掉期率，即可得到掉期交易的"收益"或"损失"。

$$掉期交易的成本＝交易的现汇价值×掉期率 \quad (5-21)$$

【例5-26】 瑞士某银行因某项3个月短期投资业务需要，买进了100万欧元。为了防止3个月后欧元汇率下跌而蒙受损失，瑞士银行在买进现汇欧元的同时，会卖出等额的3个月欧元期汇。这样不论3个月内汇率如何变化，到期均按既定的远期合同汇率交割。如果远期欧元为贴水，瑞士银行最多只付出贴水的代价。

设苏黎世市场即期汇率为 EUR1＝SF1.250 0，3个月远期欧元贴水为 SF0.002 0/EUR1。瑞士银行买进欧元花费的瑞士法郎和到期可收回的瑞士法郎分别为

$$EUR100×SFR1.250\ 0/EUR1＝SFR125$$

$$EUR100×(1.25－0.002\ 0)/EUR1＝SFR124.8$$

瑞士银行只付出 0.2 万瑞士法郎贴水的代价，就可以避免更大的风险。

在本例中，掉期率为 0.002 0/EUR1，即 20 点。

$$掉时交易的成本＝EUR100×SF0.002\ 0/EUR1＝SFR0.2$$

掉期交易买卖的货币数额相等，它使交易者不同期限的外汇持有头寸轧平为零，因此它可以避免外汇风险。

第五节 衍生工具市场

一、衍生工具市场概述

金融衍生工具市场是指从货币、利率、股票等传统的、较为常见的基础型金融工具的交易过程中衍生而来的新型金融产品交易市场，其主要形式有远期交易、期货交易、期权交易、掉期交易等。它是金融创新以及金融自由化的产物。

金融衍生产品目前在金融市场上已经越来越多地被用于规避和对冲风险，增加金融市场的流通性，促进国际资金的交易，提高投资效率，优化资金配置，并越发地展现出其作为创新型金融工具所特有的规避风险、风险投资、价格发现等功能。

（一）市场的参与者

金融衍生产品的作用有规避风险和价格发现，它是对冲资产风险的好方法。但是，任何事情都有两面性，风险规避了，一定是有人承担了。衍生产品的高杠杆性就是将巨大的风险转移到了愿意承担的人手中，这类交易者称为投机者（Speculator），而规避风险的一方称为套期保值者（Hedger），另外一类交易者被称为套利者（Arbitrageurs），这三类交易者共同维护了金融衍生产品市场上述功能的发挥。

▶ 1. 套期保值者

套期保值者是指那些把期货市场作为价格风险转移的场所，利用期货合约作为将来在现货市场上进行买卖的商品的临时替代物，对其现在买进（或已拥有，或将来拥有）准备以后出售或对将来需要买进商品的价格进行保值的机构和个人。这些套期保值者大多是生产商、加工商、库存商以及贸易商和金融机构，其原始动机是期望通过期货市场寻求价格保障，尽可能消除不愿意承担的现货交易的价格风险，从而能够集中精力于本行业的生产经营业务上，并以此取得正常的生产经营利润。

▶ 2. 投机者

投机者是指在期货市场上通过"买空卖空"和"卖空买空"，希望以较小的资金来获取利润的投资者。

投机者愿意承担期货价格变动的风险，一旦预测期货价格将上涨，投机者就会买进期货合同；一旦预测期货价格将下降，投机者就会卖出期货合同。待价格与自己预料的方向变化一致时，再抓住机会进行对冲。通常投机者在期货市场上要冒很大的风险。

▶ 3. 套利者

套利者是指利用股指期货市场和股票现货市场（期现套利）、不同的股指期货市场（跨市套利）、不同股指期货合约（跨商品套利）或者同种商品不同交割月份（跨期套利）之间出现的价格不合理关系，通过同时买进卖出，以赚取价差收益的机构或个人。

（二）市场功能

▶ 1. 套期保值

金融衍生品的首要功能是规避风险，这是金融衍生品市场赖以存在和发展的基础。而防范风险的主要手段是套期保值。

▶ 2. 价格发现

金融衍生品的第二个功能是价格发现。金融衍生品市场集中了各方面的参加者，带来了成千上万种关于衍生品基础资产的供求信息和市场预期，通过交易所类似拍卖方式的公开竞价，形成了市场均衡价格。金融衍生品的价格形成，有利于提高信息的透明度，金融衍生品市场与基础市场的高度相关性，提高了整个市场的效率。

▶ 3. 套利

金融衍生品市场存在大量具有内在联系的金融产品，在通常情况下，一种产品总可以通过其他产品分解组合得到。因此，相关产品的价格应该存在确定的数量关系，如果某种产品的价格偏离这种数量关系时，总可以低价买进某种产品，高价卖出相关产品，从而获取利润，这种交易活动即为套利。

▶ 4. 投机

市场上总存在一些人希望利用对特定走势的预期来对未来的变化进行"赌博"，构建出一个原先并不存在的风险。投机者通过承担风险获取利润，只要是在透明公开的条件下进行，投机是有利于促进市场效率的。

▶ 5. 构造组合

利用金融衍生品可以对一项特定的交易或风险暴露的特性进行重新构建，实现客户所预期的结果。

二、金融远期市场

远期合约是 20 世纪 80 年代初兴起的一种保值工具，它是一种交易双方约定在未来的某一确定时间，以确定的价格买卖一定数量的某种金融资产的合约。合约中要规定交易的标的物、有效期和交割时的执行价格等项内容。

远期合约是指合约双方同意在未来日期按照固定价格交换金融资产的合约，承诺以当前约定的条件在未来进行交易的合约，会指明买卖的商品或金融工具种类、价格及交割结算的日期。远期合约是必须履行的协议，其合约条件是为买卖双方量身定做的，通过场外交易（OTC）达成。远期合约规定了将来交换的资产、交换的日期、交换的价格和数量，合约条款因合约双方的需要不同而不同。远期合约主要有远期利率协议、远期外汇合约。下面重点分析远期利率协议。

（一）远期利率协议定义

远期利率协议（Forward Rate Agreements，简称 FRA）是一种远期合约，是买卖双方（客户与银行或两家银行同行业之间）商定将来某一时间（指利息起算日）开始的一定期限的协议利率，并规定以何种利率为参照，在将来利息起算日，按规定的协议利率、期限和本金额，由当事人向另一方支付协议利率与参照利率利息差的贴现额。

在这种协议下，交易双方约定从将来某一确定的日期开始，在某一特定的时期内借贷一笔利率固定、数额确定、以具体货币表示的名义本金。远期利率协议的买方就是名义借款人，如果市场利率上升的话，按协议上确定的利率支付利息，就避免了利率风险；但若市场利率下跌的话，仍然必须按协议利率支付利息，就会受到损失。远期利率协议的卖方就是名义贷款人，他按照协议确定的利率收取利息，显然，若市场利率下跌，他将受益；若市场利率上升，他将受损。

（二）FRA 报价

FRA 的价格是指从利息起算日开始的一定期限的协议利率，FRA 的报价方式和货币市场拆出拆入利率表达方式类似，但 FRA 报价多了合约指定的协议利率期限。FRA 具体行情可通过路透终端机的"FRAT"画面得到。FRA 市场定价是每天随着市场变化而变化的，实际交易的价格要由每个报价银行来决定，如表 5-6 所示。

表 5-6 FRA 市场报价举例

12th May	USD	FRA
	3×6	8.08%～8.14%
	2×8	8.16%～8.22%
	6×9	8.03%～8.09%
	6×12	8.17%～8.23%

表 5-6 中，报价第三行"6×9""8.03%～8.09%"的市场术语做如下解释："6×9"对应 6 个月对 9 个月，是表示期限，即从交易日(5 月 12 日)起 6 个月末(即 11 月 12 日)为起息日，而交易日后的 9 个月末为到期日，协议利率的期限为 3 个月期。"8.03%～8.09%"为报价方报出的 FRA 买卖价：前者是报价银行的买价，若与询价方成交，则意味着报价银行(买方)在结算日支付 8.03%利率给询价方(卖方)，并从询价方处收取参照利率。后者是报价银行的卖价，若与询价方成交，则意味着报价银行(卖方)在结算日从询价方(买方)处收取 8.09%利率，并支付参照利率给询价方。

(三) FRA 的利息计算

在起息日如何支付利息，可按以下步骤进行：

(1) 计算 FRA 协议期限内利息差。该利息差就是根据当天参照利率(通常是在结算日前两个营业日使用 LIBOR 来决定结算日的参照利率)与协议利率结算利息差，其计算方法与货币市场计算利息的惯例相同，利息差＝本金额×利率差×期限(年)。

(2) 要注意的是，按照惯例，FRA 差额的支付是在协议期限的期初(即利息起算日)，而不是协议利率到期日的最后一日。因此，利息起算日所交付的差额要按参照利率贴现方式计算。

(3) 见公式(5-22)，计算的 A 有正有负，当 A>0 时，由 FRA 的卖方将利息差贴现值付给 FRA 的买方；当 A<0 时，则由 FRA 的买方将利息差贴现值付给 FRA 的卖方。

利息差即为结算金，用公式表示：

$$结算金 = \frac{(r_r - r_k) \cdot A \cdot \dfrac{D}{B}}{1 + \left(r_r \cdot \dfrac{D}{B}\right)} \tag{5-22}$$

其中，r_r＝参照利率，r_k＝合约利率，A＝合约金额，D＝合约期间，B＝年基准天数。

【例 5-27】2019 年 4 月 10 日，某财务公司经理预测从 2019 年 6 月 16 日到 9 月 15 日的 3 个月(92 天)的远期资金需求，他认为，利率可能上升，因此，他想对冲利率上升的风险，便于 4 月 10 日从银行买进远期利率协议。合约金额 1 000 万元，交易日为 2019 年 4 月 10 日，结算日为 2019 年 6 月 16 日，合约到期日为 2019 年 9 月 15 日，合约年利率 6.75%，年基准 360 天。

如果在结算日 6 月 16 日的 3 个月全国银行业同业拆借利率(参考利率)为 7.25%，高于合约利率，则按照远期利率协议，银行需补偿公司一定量的现金，运用公式(5-21)计算支付金额：

$$结算金 = \frac{(7.25\% - 6.25\%) \times 100\,000\,000 \times \frac{92}{360}}{1 + 7.25\% \times \frac{92}{360}} 元 = 12\,545.34\,元$$

至此，远期利率协议就终止了，该公司可以将借款成本锁定在 6.75%。

在现代金融分析中，远期利率有着非常广泛的应用。它们可以预示市场对未来利率走势的期望，一直是中央银行制定和执行货币政策的参考工具。更重要的是，在成熟市场中几乎所有利率衍生品的定价都依赖于远期利率，通过固定将来实际交付的利率而避免了利率变动的风险。利率用利差结算，资金流动量小，为银行提供了一种管理利率风险而又无须改变资产负债结构的有效工具。

三、金融期货市场

期货是一种跨越时间的交易方式。买卖双方透过签订标准化合约(期货合约)，同意按指定的时间、价格与其他交易条件，交收指定数量的现货。通常期货集中在期货交易所进行买卖，但也有部分期货合约可透过场外交易(OTC)，进行买卖。

期货市场发展史

最初的期货交易是从现货远期交易发展而来的，交易双方口头承诺在某一时间交收一定数量的商品，后来随着交易范围的扩大，口头承诺逐渐被买卖契约代替。这种契约行为日益复杂化，需要有中间人担保，以便监督买卖双方按期交货和付款，于是便出现了1571年伦敦开设的世界第一家商品远期合同交易所——皇家交易所。

历史上最早的期货市场出现于江户幕府时代的日本。由于当时的米价对经济及军事活动造成很大的影响，米商会根据食米的生产以及市场对食米的期待而决定库存食米的买卖。20 世纪 70 年代，芝加哥的 CME 与 CBOT 两家交易所曾进行多项期货产品的创新，大力发展多个金融期货品种，使金融期货成为期货市场的主流。80 年代，芝加哥的交易所开始发展电子交易平台。20 世纪 90 年代末，各国交易所出现收购合并的趋势。

金融期货市场的参与者主要包括：交易所、清算所、经纪人和客户。清算所又称清算公司，是负责对期货交易所内的期货合同进行交割、对冲和结算的独立机构。它既是所有期货合同的买方，也是所有期货合同的卖方。

通过清算所，期货合同的转让、买卖以及实际交割可以随时进行，不用通知交易对方。由清算所负责统一的结算、清算以及办理交割手续。

(一) 期货交易的基本特征

期货合约本质上是一种在规范的交易所进行交易的标准化的远期合约。期货交易的基

本特征包括:
(1) 期货交易具有专门的交易场所。
(2) 期货市场的交易对象是标准化的期货合约。
(3) 期货交易是一种不以实物商品的交割为目的的交易。
(4) 期货交易具有杠杆效应。

(二) 金融期货市场交易制度

▶ 1. 保证金制度

任何交易者必须按照其所买卖期货合约价值的一定比例缴纳资金,作为其履行期货合约的财力担保,然后才能参与期货合约的买卖,并视价格变动情况确定是否追加资金。这种制度就是保证金制度,所交的资金就是保证金。保证金制度既体现了期货交易特有的"杠杆效应",也成为交易所控制期货交易风险的一种重要手段。

▶ 2. 每日结算制度

期货交易的结算是由交易所统一组织进行的。期货交易所实行每日无负债结算制度,又称"逐日盯市",是指每日交易结束后,交易所按当日结算价结算所有合约的盈亏、交易保证金及手续费、税金等费用,对应收应付的款项同时划转,相应增加或减少会员的结算准备金。期货交易的结算实行分级结算,即交易所对其会员进行结算,期货经纪公司对其客户进行结算。

▶ 3. 每日价格最大波动限制

期货合约在一个交易日中的交易价格波动不得高于或低于规定的涨跌幅度,超过该涨跌幅度的报价将被视为无效,不能成交。

(三) 金融期货的交割形式

▶ 1. 实物交割

实物交割是指期货合约的买卖双方于合约到期时,根据交易所制定的规则和程序,通过期货合约标的物的所有权转移,将到期未平仓合约进行了结的行为。商品期货交易一般采用实物交割的方式。

由于期货交易不是以现货买卖为目的,而是以买卖合约赚取差价来达到保值的目的,因此,实际上在期货交易中真正进行实物交割的合约并不多。交割过多,表明市场流动性差;交割过少,表明市场投机性强。在成熟的国际商品期货市场上,交割率一般不超过5%。

▶ 2. 对冲平仓

对冲平仓是指投资者持有的期权部位由其交易方向相反、交易数量相等的相同期权对冲的期权合约了结方式。对冲是指通过卖出(买进)相同交割月份的期货合约来了结先前所买进(卖出)的合约。平仓是指期货交易者买入或卖出与其所持期货合约的品种、数量及交割月份相同但交易方向相反的期货合约,了结期货交易的行为。

(四) 金融期货市场的功能

金融期货市场有多方面的经济功能,其中最基本的功能是规避风险和发现价格。

▶ 1. 规避风险

20世纪70年代以来，汇率、利率的频繁、大幅波动，全面加剧了金融商品的内在风险。广大投资者面对影响日益广泛的金融自由化浪潮，客观上要求规避利率风险、汇率风险及股价波动风险等一系列金融风险。金融期货市场正是顺应这种需求而建立和发展起来的。因此，规避风险是金融期货市场的首要功能。

投资者通过购买相关的金融期货合约，在金融期货市场上建立与其现货市场相反的头寸，并根据市场的不同情况采取在期货合约到期前对冲平仓或到期履约交割的方式，实现其规避风险的目的。

从整个金融期货市场看，其规避风险功能的实现，主要有三个原因：

（1）众多的实物金融商品持有者面临着不同的风险，可以通过达成对各自有利的交易来控制市场的总体风险。例如，进口商担心外汇汇率上升，而出口商担心外汇汇率下跌，他们通过进行反向的外汇期货交易，即可实现风险的对冲。

（2）金融商品的期货价格与现货价格一般呈正相关关系。投资者在金融期货市场建立了与金融现货市场相反的头寸之后，金融商品的价格发生变动时，则必然在一个市场获利，在另一个市场受损，其盈亏可全部或部分抵消，从而达到规避风险的目的。

（3）金融期货市场通过规范化的场内交易，集中了众多愿意承担风险而获利的投机者。他们通过频繁、迅速的买卖对冲，转移了实物金融商品持有者的价格风险，从而使金融期货市场的规避风险功能得以实现。

▶ 2. 价格发现

金融期货市场的发现价格功能，是指金融期货市场能够提供各种金融商品的有效价格信息。

在金融期货市场上，各种金融期货合约都有着众多的买者和卖者，他们通过类似于拍卖的方式来确定交易价格。这种情况接近于完全竞争市场，能够在相当程度上反映出投资者对金融商品价格走势的预期和金融商品的供求状况。因此，某一金融期货合约的成交价格，可以综合地反映金融市场各种因素对合约标的商品的影响程度，有公开、透明的特征。

由于现代电子通信技术的发展，主要金融期货品种的价格一般都能够即时播发至世界各地。因此，金融期货市场上所形成的价格不仅对该市场的各类投资者产生了直接的指引作用，也为金融期货市场以外的其他相关市场提供了有用的参考信息。各相关市场的职业投资者、实物金融商品持有者通过参考金融期货市场的成交价格，可以形成对金融商品价格的合理预期，进而有计划地安排投资决策和生产经营决策，从而减少信息检索成本，提高交易效率，实现公平合理、机会均等的竞争。

（五）金融期货的类型

根据标的物性质不同，金融期货也可分为三大类：外汇期货、利率期货和股票指数期货。

▶ 1. 外汇期货

外汇期货是交易双方约定在未来某一时间，依据现在约定的比例，以一种货币交换另一种货币的标准化合约的交易。它是以汇率为标的物的期货合约，用来规避汇率风险。它是金融期货中最早出现的品种。自 1972 年 5 月芝加哥商业交易所的国际货币市场分部推出第一张外汇期货合约以来，随着国际贸易的发展和世界经济一体化进程的加快，外汇期货交易一直保持着旺盛的发展势头。它不仅为广大投资者和金融机构等经济主体提供了有效的套期保值的工具，而且也为套利者和投机者提供了新的获利手段。

目前，外汇期货交易的主要品种有：美元、英镑、欧元、加拿大元等。与其他金融市场不同，外汇市场没有具体地点，也没有中央交易所，而是通过银行、企业和个人间的电子网络进行交易。

▶ 2. 利率期货

利率期货的种类繁多，分类方法也有多种。通常，按照合约标的的期限，利率期货可分为短期利率期货、长期利率期货以及指数利率期货三大类。

▶ 3. 股票指数期货

股票指数期货交易的实质是投资者将其对整个股票市场价格指数的预期风险转移至期货市场的过程，其风险是通过对股市走势持不同判断的投资者的买卖操作来相互抵消的。它与股票期货交易一样都属于期货交易，只是股票指数期货交易的对象是股票指数，是以股票指数的变动为标准，以现金结算，交易双方都没有现实的股票，买卖的只是股票指数期货合约，而且在任何时候都可以买进卖出。

四、金融期权市场

金融期权是赋予其购买者在规定期限内按双方约定的价格（简称协议价格 Striking Price）或执行价格（Exercise Price）购买或出售一定数量某种金融资产（称为潜含金融资产 Underlying Financial Assets，或标的资产，如股票、外币、短期和长期国库券以及外币期货合约、股票指数期货合约等）的权利的合约。

（一）期权合约要素

期权合约主要有三项要素：权利金、执行价格和合约到期日。

▶ 1. 权利金

权利金（Premium）又称期权费、期权金，是期权的价格。权利金是期权合约中唯一的变量，是由买卖双方在国际期权市场公开竞价形成的，是期权的买方为获取期权合约所赋予的权利而必须支付给卖方的费用。对于期权的买方来说，权利金是其损失的最高限度。对于期权卖方来说，卖出期权即可得到一笔权利金收入，而不用立即交割。

▶ 2. 执行价格

执行价格是指期权的买方行使权利时事先规定的买卖价格。执行价格确定后，在期权合约规定的期限内，无论价格怎样波动，只要期权的买方要求执行该期权，期权的卖方就必须以此价格履行义务。例如，期权买方买入了看涨期权，在期权合约的有效期内，若价格上涨，并且高于执行价格，则期权买方就有权以较低的执行价格买入期权合约规定数量的特定商品，而期权卖方也必须无条件地以较低的执行价格履行卖出义务。

▶ 3. 合约到期日

合约到期日是指期权合约必须履行的最后日期。欧式期权规定只有在合约到期日方可执行期权。美式期权规定在合约到期日之前的任何一个交易日（含合约到期日）均可执行期权。

同一品种的期权合约在有效期时间长短上不尽相同，按周、季度、年以及连续月等不同时间期限划分。

（二）金融期权的种类

根据不同的标准，金融期权可以分为许多类型。

▶ **1. 按交易的对象划分，场内交易的金融期权主要包括股票票权、利率期权和外汇期权**

（1）股票期权（Stock Option）是在单个股票基础上衍生出来的选择权。

（2）利率期权是指买方在支付了期权费后，即取得在合约有效期内或到期时以一定的利率（价格）买入或卖出一定面额的利率工具的权利。利率期权合约通常以政府短期、中期、长期债券以及欧洲美元债券、大面额可转让定期存单等利率工具为基础资产。

（3）货币期权又称外汇期权，是指买方在支付了期权费后，即取得在合约有效期内或到期时以约定的汇率购买或出售一定数额某种外汇资产的权利。货币期权合约主要以欧元、日元、英镑、瑞士法郎、加拿大元及澳大利亚元等为基础资产。

▶ **2. 按照买进和卖出的性质划分，期权可分为看涨期权和看跌期权**

（1）看涨期权（Call Options）又称认购期权、买进期权、购买期权、买方期权、买权、延买期权或敲进期权。看涨期权是指在协议规定的有效期内，协议持有人按规定的价格和数量购进股票的权利。期权购买者购进这种买进期权，是因为他对股票价格看涨，认为将来可获利。购进期权后，当股票市价高于协议价格加期权费用之和时（未含佣金），期权购买者可按协议规定的价格和数量购买股票，然后按市价出售，或转让买进期权，获取利润；当股票市价在协议价格加期权费用之和之间波动时，期权购买者将遭受一定损失；当股票市价低于协议价格时，期权购买者的期权费用将全部消失，并将放弃买进期权。因此，期权购买者的最大损失不过是期权费用＋佣金。

（2）看跌期权（Put Options，PUTS），又称认沽期权、卖出期权、出售期权、卖权选择权、卖方期权、卖权、延卖期权或敲出期权，是指期权的购买者拥有在期权合约有效期内按执行价格卖出一定数量标的物的权利。

▶ **3. 按照行使期权交易的时间金融期限可以划分为美式期权、欧式期权和百慕大式期权**

（1）美式期权（American Option）是指从合约生效日起到合约到期日之前任意时刻均可以行使权利的期权合约。

（2）欧式期权（European Option）是指只能在到期日行权的期权合约。

（3）百慕大式期权（Bermuda Style Option）的行权方式为以上两种的混合，即持有人有权在到期日之前的一个或多个日期行权，通常是在五个工作日内行权。

（三）金融期权与金融期货的区别

▶ 1. 标的物不同

金融期权与金融期货的标的物不尽相同。一般地说，凡可作为期货交易的金融商品都可作为期权交易。然而，可作为期权交易的金融商品却未必可作为期货交易。只有以金融期货合约为标的物的金融期权交易，而没有以金融期权合约为标的物的金融期货交易。金融期权的标的物多于金融期货的标的物。

▶ 2. 投资者权利与义务的对称性不同

金融期货交易的双方权利与义务对称，即对任何一方而言，都既有要求对方履约的权利，又有自己为对方履约的义务。金融期权交易形成以后，双方的权利与义务存在着明显的不对称性，因为交付了期权费，期权购买方只有买/卖的权利，没有一定要买/卖的义务，而期权的卖方只有被动承担对方行权的义务。

▶ 3. 履约保证不同

金融期货交易双方均需开立保证金账户，并按规定缴纳履约保证金。在金融期权交易中，只有期权出售者，尤其是无担保证权的出售者才需开立保证金账户，并按规定缴纳保证金，以保证其履约的义务。至于期权购买者，因期权合约未规定其义务，所以无须开立保证金账户，也就无须缴纳任何保证金。

▶ 4. 现金流转不同

金融期货交易双方在成交时不发生现金收付关系，但在成交后，由于实行逐日结算制度，因价格的变动，盈利一方的保证金账户余额将增加，而亏损一方的保证金账户余额将减少。当亏损方保证金账户余额低于规定的维持保证金时，他必须按规定及时缴纳追加保证金。因此，金融期货交易双方都必须备有一定的流动性较高的资产，以备不时之需。在金融期权交易中，在成交时，期权购买者为取得期权合约所赋予的权利，必须向期权出售者支付一定的期权费；但在成交后，除了到期履约外，交易双方均不发生任何现金流转。

▶ 5. 盈亏的特点不同

金融期货交易双方都无权违约，也无权要求提前交割或推迟交割，而只能在到期前的任一时间通过反向交易实行对冲或到期实行交割。在对冲或到期交割前，价格的变动必然使其中一方盈利，使另一方亏损，其盈利或亏损的程度决定于价格变动的幅度。因此，从理论上说，金融期货交易中双方潜在的盈利和亏损都是无限的。

在金融期权交易中，由于期权购买者与出售者在权利和义务上的不对称性，他们在交易中的盈利和亏损也具有不对称性。从理论上说，期权购买者在交易中的潜在亏损是有限的，仅限于所支付的期权费，而可能取得的盈利却是无限的；相反，期权出售者在交易中取得的盈利是有限的，仅限于所收取的期权费，而可能遭受的损失却是无限的。

▶ 6. 套期保值的作用与效果不同

金融期权与金融期货作为套期保值工具的作用与效果是不同的。

人们利用金融期货进行套期保值，在避免价格不利变动造成损失的同时，必须放弃价格有利变动可能获得的利益。人们利用金融期权进行套期保值，若价格发生不利变动，套期保值者可通过执行期权来避免损失；若价格发生有利变动，套期保值者可通过放弃期权来保护利益。这样，通过金融期权交易，既可避免价格不利变动造成的损失，又可在一定程度上保住价格有利变动而带来的利益。

金融期权与金融期货各有所长，在实际交易活动中，人们往往将两者结合起来，通过一定的组合或搭配来实现某一特定目标。

本章小结

1. 金融市场是资金流通市场，是指资金供应者和资金需求者双方通过信用工具进行交易而融通资金的市场。

2. 资本市场又称中长期金融市场、中长期资金市场，是指期限在一年以上各种资金借贷和证券交易的场所。资本市场包括中长期存贷款市场和证券市场，证券市场又可分为债券市场和股票市场。

3. 世界各国对证券的发行审批制度主要有审批制、核准制和注册制三种。

4. 证券交易市场的组织形式有证券交易所场内交易和场外交易两种。证券交易所是高度组织化的二级市场，是最主要的证券交易市场。凡在证券交易所以外进行股票买卖流通的组织方式统称场外交易，场外交易的主要形式是店头市场。

5. 股票价格指数是反映股票市场整体价格水平及其变动的相对指标。股价价格指数集中地反映了股票市场的变化趋势，股票价格指数的涨跌是显示一国政治、经济、社会及其他各种因素变化状况的"晴雨表"，是政府当局关注的指标，也是投资者预测和衡量股市市场行情进行投资决策的主要依据。

6. 同业拆借市场也是同业拆放市场，是金融机构之间为解决临时性或短期资金的余缺而相互调剂融通资金的场所。

7. 回购协议是市场参与主体以证券为抵押进行短期融资的一种方式，即交易的一方将持有的债券卖出和融进资金的同时，与买方签订协议在约定的日期以约定的价格买入证券的交易行为。

8. 票据贴现是企业持未到期的银行承兑票价以预扣利息的办法向银行取得现金的票据买卖行为。票据再贴现是贴进票价的金融机构向央行申请的贴现行为。再贴现是中央银行宏观调控的一种重要手段。

9. 即期外汇交易又称现汇交易，它是在外汇买卖成交后第二个工作日（T+2）办理交割的外汇业务。即期外汇交易的汇率称为即期汇率。即期交易的交割原则是价格对等原则。即期外汇交易成交后，付汇方式有电汇、信汇和票汇三种。

10. 远期外汇交易是在买卖双方签订外汇买卖合同后，规定用双方商定的价格在将来某一日内进行实际交割的外汇交易活动。远期外汇交易的目的主要有两方面：避免汇率风险和外汇投机。

11. 掉期交易是将相同货币、相同金额，而买卖方向相反、交易期限不同的两笔或两笔以上的外汇率合起来进行的交易。进行掉期交易的目的也在于避免汇率变动的风险，而不是为了谋利。目前掉期交易大大可分为三种形式：①即期对即期；②即期对远期；③远期对远期。

12. 套汇业务是利用不同外汇市场某些货币汇率的较大差异，在汇率低的市场大量买入，同时在汇率高的外汇市场卖出，利用低买高卖赚取利润。套汇的形式主要有直接套汇和间接套汇两种。

13. 套利是指利用外汇市场有关两种货币的短期利率差，通过低买高卖来谋取利润的交易活动。

综合练习题

一、单项选择题

1. 短期资金市场又称为（　　）。
   A. 初级市场　　B. 货币市场　　C. 资本市场　　D. 次级市场
2. 长期资金市场又称为（　　）。
   A. 初级市场　　B. 货币市场　　C. 资本市场　　D. 次级市场
3. 外汇银行报价，若报全价应报出，若采取省略形式，则应报出（　　）。
   A. 整数和小数点后的4位数，小数点后的2位数
   B. 小数点后的4位数，小数点后的最后2位数
   C. 整数和小数点后的4位数，小数点后的最后2位数
   D. 整数和小数点后的2位数，小数点后的4位数
4. 现货市场的交割期限一般为（　　）。
   A. 1～3日　　B. 1～5日　　C. 1周　　D. 1个月
5. 在远期外汇合同到期前的任何一天，客户可以选择进行交割，也可以选择放弃执行合同的外汇业务是（　　）。
   A. 择期业务　　B. 欧式期权业务　　C. 美式期权业务　　D. 远期外汇业务
6. 下列属于优先股股东权利范围的是（　　）。
   A. 选举权　　B. 被选举权　　C. 收益权　　D. 投票权
7. 下列属于短期资金市场的是（　　）。
   A. 票据市场　　B. 债券市场　　C. 资本市场　　D. 股票市场
8. 下列不属于初级市场活动内容的是（　　）。
   A. 发行股票　　B. 发行债券　　C. 转让股票　　D. 增发股票
9. 下列关于初级市场与二级市场关系的论述，正确的是（　　）。
   A. 初级市场是二级市场的前提　　B. 二级市场是初级市场的前提
   C. 没有二级市场初级市场仍可存在　　D. 没有初级市场二级市场仍可存在
10. 两种货币的利差是决定它们远期汇率的基础，利率高的货币，其远期汇率为（　　）。
    A. 升水　　B. 贴水　　C. 平价　　D. 不变

二、多项选择题

1. 能够直接为筹资人筹集资金的市场是（　　）。
   A. 发行市场　　B. 一级市场　　C. 次级市场　　D. 二级市场
   E. 交易市场

2. 按金融交易的交割期限可以把金融市场划分为（　　）。
   A. 现货市场　　　　B. 货币市场　　　　C. 长期存贷市场　　D. 证券市场
   E. 期货市场

3. 股票及其衍生工具交易的种类主要有（　　）。
   A. 现货交易　　　　B. 期货交易　　　　C. 期权交易　　　　D. 股票指数交易
   E. 贴现交易

4. 金融市场必须具备的要素有（　　）。
   A. 交易形式　　　　B. 交易对象　　　　C. 交易主体　　　　D. 交易工具
   E. 交易价格

5. 下列属于货币市场金融工具的是（　　）。
   A. 商业票据　　　　B. 股票　　　　　　C. 短期公债　　　　D. 公司债券
   E. 回购协议

6. 由债权人开出的票据有（　　）。
   A. 本票　　　　　　B. 汇票　　　　　　C. 期票　　　　　　D. 支票
   E. 股票

7. 下列金融工具中，没有偿还期的有（　　）。
   A. 永久性债券　　　B. 银行定期存款　　C. 股票　　　　　　D. CDs
   E. 商业票据

8. 根据股东权利范围不同，可以把股票分为（　　）。
   A. 记名股　　　　　B. 优先股　　　　　C. 不记名股　　　　D. 新股
   E. 普通股

9. 按金融交易对象可以把金融市场划分为（　　）。
   A. 股票市场　　　　B. 票据市场　　　　C. 证券市场　　　　D. 黄金市场
   E. 外汇市场

10. 远期合约、期货合约、期权合约、互换合约的英文名是（　　）。
    A. Forwards　　　　B. Futures　　　　C. Options　　　　D. Stocks
    E. Swaps

11. 以下属于利率衍生工具的有（　　）。
    A. 债券期货　　　　B. 债券期权　　　　C. 外汇期货　　　　D. 外汇期权
    E. 货币互换

12. 场内交易和场外交易的最大区别在于（　　）。
    A. 风险性　　　　　B. 流动性　　　　　C. 组织性　　　　　D. 集中性
    E. 公开性

三、计算题

1. 某债券面值120元，市场价格为115元，10年偿还期，年息9元，其即期收益率是多少？

2. 某投资者以97元的价格，购入还有1年到期的债券，债券面值100元，年息8元，其平均收益率是多少？

3. 某三年期债券，面值100元，票面利率8%，到期一次性还本付息，市场利率为9%，其价格为多少？

4. 2015年10月30日，某出口公司持有一张12月30日为到期日，金额1万美元的远期汇票到银行要求贴现，银行贴现的过程中包括有银行要买入即期外汇，如当时贴现率为6%，即期汇率为USD1＝RMB8.275 7/04，银行应该付多少人民币给该公司？

5. 某银行一客户打算卖出远期美元，买入远期港币，成交日为2009年3月3日，交割日为6月20日，远期合约的期限为3个月零15天。中国香港外汇市场有关汇率报价如下：

3月3日的即期汇率：USD 1＝HKD7.812 5

3个月期　美元升水125

4个月期　美元升水317

请计算：6月20日美元对港币汇率是多少？

四、简答题

1. 什么是场外交易市场？其特点是什么？
2. 优先股与普通股的主要区别是什么？
3. 简述远期合约、期权合约、互换合约。
4. 期货交易与期权交易的区别是什么？

实训项目

投资规划方案

【实训目标】

1. 熟悉金融产品的种类。
2. 掌握各金融产品的特点及区别。
3. 比较不同投资方式的风险和收益。

【实训内容与要求】

随着经济的发展，很多人都有了投资理财的意识。以小组为单位，每小组3~4人，比较储蓄存款、债券、股票、外汇等金融产品，并分析每种途径投资收益的特点。

【实训要求】

1. 谨慎选择投资方式：主要依据自身的实际，综合考虑比较各种投资方式的收益（回报率）和风险，理性投资。
2. 把握四个原则：

(1) 既要注意投资的回报率，也要注意投资的风险。

(2) 要注意投资的多元化。

(3) 要根据自身的实际情况，量力而行。

(4) 既要考虑个人利益，也要考虑国家利益，不要违反国家的法律法规。

【成果与检测】

课程结束后，每小组上交投资规划报告一份。

第六章 商业银行

>>> **知识目标**

1. 掌握商业银行的定义及商业银行的主要业务。
2. 了解商业银行的功能及商业银行经营管理的基本理论。
3. 理解商业银行的类型及组织形式。

>>> **能力目标**

熟悉我国商业银行业务的主要特点，初步具备与商业银行打交道的能力。

>>> **本章关键概念**

商业银行　负债业务　资产业务　中间业务　商业银行资产负债管理

>>> **导入案例**

美国关闭多家银行

美国金融监管部门 2009 年 10 月 30 日宣布关闭 9 家银行，创自 2008 年金融危机爆发以来单日银行倒闭最多纪录。至此，全美该年有 115 家银行倒闭。分析人士指出，一天之内 9 家银行倒闭，显示源自次贷危机的不良贷款问题仍在继续削弱美国银行业实体部分。被关闭的 9 家银行包括加利福尼亚州国民银行和其他 8 家较小的私人银行。这 9 家银行分布在加利福尼亚州、伊利诺伊州、得克萨斯州和亚利桑那州。截至 2013 年 9 月，这些银行总资产为 194 亿美元，总存款额 154 亿美元。美国银行公司分支"明尼阿波利斯美国银行"同意接管这些银行的全部存款及大部分资产。9 家银行全部 153 个分支机构 10 月 31 日起将在"明尼阿波利斯美国银行"招牌下重新营业。这 9 家银行中，加利福尼亚州国民银行规模最大，拥有超过 70 亿美元资产和 68 家分支机构，是洛杉矶市第四大商业银行，也是 2009 年以来美国倒闭的第四大银行。在金融危机中倒下的最大存贷款机构是全美最大存贷款机构华盛顿互助银行。这家银行资产一度膨胀至 3 070 亿美元，但 2008 年 9 月遭摩根大通公司收购。这 9 家最新倒闭的银行均隶属于美国 FBOP 银行控股公司。FBOP 公司成立于 1990 年，至 2007 年共并购 28 家银行，是全美最大私人银行控股公司之一，但大量不良贷款和投资失败导致这家公司举步维艰。

（资料来源：美国 9 家银行同一天倒闭，今年有 115 家银行倒闭 http：//news.sohu.com/20091102/n267889889.shtml.）

美国的商业银行为什么会破产倒闭？它们与一般企业相同吗？这类银行机构有哪些职能？商业银行主要经营哪些业务？商业银行的经营管理与经济发展有没有关系？面对经营中可能出现的风险，如何保证银行经营的安全性？

这些都是本章要讨论的问题。

第一节　商业银行功能及商业银行制度

一、商业银行及其在社会经济生活中的功能

（一）商业银行

商业银行是以获取利润为经营目标，以多种金融资产和金融负债为经营对象，具有综合性服务功能的金融企业。商业银行也称为存款银行，因为它们主要是依靠吸收活期存款作为发放贷款的基本资金来源，而活期存款作为一种短期资金，只能适应短期的商业性放款业务，故称为"商业银行"。

从目前的发展趋势看，发达国家商业银行的业务正朝着全能化和多样化方向发展，除了办理传统的短期存放款和贴现业务外，还不断扩大业务范围，开展了中长期信贷、租赁、代理保险、证券买卖、信息咨询服务等业务。

（二）商业银行的功能

商业银行是金融体系中的主要环节，在金融体系中具有重要地位，这一地位通过其功能充分反映出来。商业银行具有信用中介、支付中介、信用创造和金融服务四大功能。

(1) 信用中介功能是商业银行最基本、最能反映其经营活动特征的功能。其实质是通过银行的负债业务，把社会上的各种闲散资金集中到银行里来，再通过银行的资产业务把它们投向社会经济中的各个部门，商业银行从中获取自身的经营利润。商业银行信用中介功能是在保持货币资金所有权不变的条件下，通过改变货币资金使用权，对经济过程形成多层次的调节关系。第一，银行把从社会再生产过程中游离出来的闲置资金转化为功能资金，在社会资金总量不变时，改变了不同部门的资本使用量和不同部门的使用期限，形成对资金总量的有偿再分配。第二，在利润原则的支配下，把资金从效益低的部门引向效益高的部门，形成对社会资源配置和经济结构的调节，提高整个社会的经济效益。

(2) 支付中介功能是指商业银行在日常业务活动中，以客户活期存款为基础，代理客

户支付和兑现的功能。该功能使银行成为工商企业、社会团体和家庭个人的货币保管者、出纳者和支付代理人，使商品经济交易过程中的债权债务关系以商业银行为核心形成一条永无终止的支付链条。支付中介功能的发挥，节约了社会流通费用，加速了结算过程和货币资金的周转速度，有力地促进了社会生产的发展。

（3）信用创造功能是商业银行在信用中介和支付中介的基础上创造存款货币的功能。长期以来，商业银行是各种金融机构中唯一能吸收活期存款、开设支票存款账户的机构。在支票流通和转账结算的基础上，贷款又转化为存款。在这种存款不提取现金或不完全提现的情况下，可增加商业银行的资金来源，即商业银行可以通过自己正常的信贷活动创造或收缩活期存款。因此，商业银行可以把自己的负债作为货币来流通，从而产生信用创造功能。当然，商业银行的信用创造是有若干限制条件的。

（4）金融服务功能是指作为第三产业构成部分之一的商业银行，为全社会提供多方面服务的功能，如信息服务、咨询服务、代发工资、代理支付等。这些服务使商业银行与客户建立起广泛的联系。反过来能促进资产、负债业务的发展，并将资产负债业务与金融服务结合起来，开拓新的业务领域。

二、商业银行制度

（一）单一银行制度

▶ 1. 单一银行制度的含义

单一银行制度（Unit Banking System）是指业务由各自独立的银行经营，不设立或不允许设立分支机构的银行组织形式。

单一银行制度

单一银行制度的典型代表是 20 世纪末以前的美国。美国的商业银行包括在联邦当局注册的国民银行和在州政府注册的州银行。国民银行数目为美国商业银行总数的 1/3，而其资产则占商业银行总资产的 60%，其分支机构为商业银行机构的 53%。美国联邦银行与州银行制度的二重性银行制度，反映了美国政治结构中的制衡与分权的特征，也反映了各州政府在经济管理活动中的作用。1994 年以前，美国各州政府具有自行决定在本州注册的银行能否设置分支机构的权力。很多州政府为保护本地信贷资源、防止资金外流、支持本地经济建设，都禁止大都市的商业银行在其境内设分支机构。同时州政府认为，限制外地大银行在本区域开设分行也可对本地的中小银行起到保护作用。其结果使单一银行制的经营规模远低于全美国银行业的平均水平，经营成本明显高于分支银行。单一银行在金融产业的竞争中处于劣势，倒闭的比例远高于分支银行。第二次世界大战以后，美国对商业银行设立跨州分支机构的限制有一个逐渐放松的过程。到 1993 年年底，共有 39 个州及哥伦比亚特区允许商业银行无条件地在其境内开设分行。1994 年，美国国会通过立法，允许商业银行跨州建立分支机构，从而结束了对银行经营的地域限制。1997 年 5 月 21 日，美国财政部长鲁宾代表克林顿政府向国会提出取消银行、证券和保险混业经营限制金融体制改革的建议。1999年11月4日，美国参众两院通过了《金融服务现代化法案》，分业经营限制的突破不仅把美国的金融业带进了一个新时代，而且为分支银行的发展带来了机遇。

▶ 2. 单一银行制的优点

单一银行制可以限制银行垄断，人为地缓和竞争的剧烈程度，减缓银行资本集中的进程；有利于银行与地方政府的协调，集中全力为本地区服务；具有较强的独立性，业务经营的灵活性较大；管理层次少，控制和管理目标容易达到。

▶ 3. 单一银行制的缺点

单一银行制不利于银行向集约化经营发展；单一银行制与经济的外向发展存在着矛盾；银行的经营规模小，业务发展和金融创新受到限制。

（二）分支银行制

▶ 1. 分支银行制的含义

分支银行制（Branch Banking System）又称总分行制，是指法律上允许商业银行在首都或中心城市设立总行，在国内外各地普遍设立分支行，所有分支行在业务上实行由总行统一管理的银行组织方式。分支银行制是世界各国普遍采用的银行制度。

分支银行制按各层次的职能不同，可进一步划分为总行制和总管理处制。总行制是指其总行除管理控制各分支行外，本身也对外营业。总管理处制是指总管理处只负责控制各分支行处，不对外营业，总管理处所在地另设对外营业的分支行。

▶ 2. 分支银行制的优点

分支银行制利用遍布各地的分支行吸收存款、取得规模效益；易于采用现代化设备，提供方便快捷的金融服务；容易分散放款风险；业务经营受地方政府干预较小。

▶ 3. 分支银行制的缺点

分支银行制容易形成金融垄断；银行内部管理层次多，管理效率可能受到影响。

（三）银行控股公司制

▶ 1. 银行控股公司制的含义

银行控股公司制又称为集团制银行或持股公司制银行，是指由少数大企业或大财团设立控股公司，再通过控制和收购两家以上银行股票所组成的公司。银行控股公司制在美国最为流行，它是规避政府对设立分支机构进行管理的结果。到20世纪90年代，美国的银行控股公司控制着8 700家银行，掌握着美国银行业总资产的90%。2008年9月21日，美国联储局批准高盛和摩根士丹利转为银行控股公司，成立吸纳存款的商业银行，改善机构的资金状况。

▶ 2. 银行控股公司制的优点

银行控股公司能够有效地扩大资本总量，增强银行实力，提高银行抵御风险的能力；可以扩大经营范围，实现地区分散化、业务多样化；服务设施集中，可以节约费用开支，降低成本。

3. 银行控股公司制的缺点

银行控股公司引起金融权力过度集中，形成垄断，不利于竞争，并在一定程度上影响了银行的经营活力。

（四）银行的联合与扩张

在竞争环境下，发展是生存的条件。发展可使银行的实力更加雄厚，从而吸引更多的管理和技术人才，开创富有创造性和挑战性的业务。

银行联合与扩张的两条途径：内部增长和外部扩张。

（1）内部增长是指银行内部追加资本投资、扩充资本总额和金融产品的生产规模。这一途径耗时长，难以满足银行高速成长的要求。另外，金融市场的变动，如银行对潜在盈利的追逐、对新市场渗入的渴望、对成本减缩的冲动及摆脱经营困境的欲望等，也阻碍着商业银行的内部增长。

（2）外部扩张是指通过兼并或收购，迅速扩充资本和资产规模，并借助合力优势提高竞争力。这一条途径可以在短期内满足银行资产规模迅速膨胀和追求高速成长的愿望，并且兼并与收购使相对集中的银行资产产生规模效益，减少竞争的破坏，保证银行的利润水平。因此，兼并和收购成为银行业重组的一个重要手段和银行成长的主要途径。

兼并是两个或两个以上的企业根据契约关系进行股权合并，以实现生产要素的优化组合。企业兼并不同于行政性的企业合并，它是具有法人资格的经济组织，通过以现金方式购买被兼并企业或以承担被兼并企业的全部债权债务等为前提，取得被兼并企业全部产权，剥夺被兼并企业的法人资格。

收购是指收购方以现金、证券或其他形式购买其他银行的产权，获得目标公司的控股权，使对方丧失法人资格或改变法人实体。收购成功后，收购方继续存在，保持其法人资格，而被收购方则不再具备独立法人资格。

第二节 商业银行的业务

一、商业银行的业务类型及其关系

商业银行是经营货币资金的特殊企业。商业银行的特殊经营对象形成了其特定的业务内容。

（一）商业银行的业务类型

商业银行的业务类型包括负债业务、资产业务和中间业务三种，商业银行的主要业务具体构成如图 6-1 所示。

（1）负债业务是指银行资金来源业务。

（2）资产业务是指银行资金运用业务。

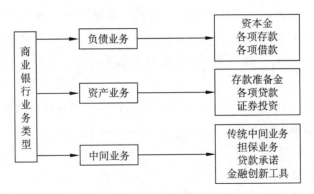

图 6-1 商业银行的主要业务

（3）中间业务是指利用银行信誉和现有设施提供各种服务的收费业务。

(二) 商业银行三种业务类型的关系

负债业务和资产业务是商业银行最基本的受授信用业务，也是商业银行的主要业务。中间业务是负债业务和资产业务的一种派生，同样构成商业银行经营活动的重要方面。三者中负债业务是一切业务的基础。

二、商业银行的负债业务

负债业务是商业银行的资金来源业务，是银行经营资产业务和中间业务的基础。它包括三项内容，即资本金、存款和借款，其中存款和借款属于商业银行吸收的外来资金。

(一) 资本金

▶ 1. 资本金的含义

资本金是指商业银行自身拥有并永久性支配的资金。关于资本金，各国都有法律条款明确规定了商业银行注册资本的最低限额。对于新建的银行而言，资本金是指其实收的股本金；对于营运中的银行而言，资本金是指其资产的市场价值扣除全部负债后的余额。

▶ 2. 资本金的分类

按照《巴塞尔协议（Ⅲ）》，银行资本被分为两级：第一级是核心资本（Core Capital）；第二级是附属资本（Supplementary Capital）。

（1）核心资本包括实收资本（已发行的完全缴足的普通股和非累积的永久性优先股）、税后利润中提取的公开储备。普通股是银行最原始的资金来源，也是银行开业的前提条件之一，其性质是股东权益。非累积的永久性优先股是银行没有法律义务支付累计的未分配股息，因此它等同于普通股。公开储备是通过保留盈余或其他盈余方式在资产负债表上明确反映的储备，包括股票发行溢价、未分配利润和公积金。

（2）附属资本包括未公开的储备、重估储备、普通（呆账）准备金、带有债务性质的资本工具和长期债券等。未公开的储备是指反映在损益表上并被金融监管机构认可但未公开的储备。重估储备是指金融监管机构认可的根据市值重估的某些资产价值，如计入资产负债表中的银行自身使用的房产和具有隐蔽价值的无形资本。普通（呆账）准备金是指为了防范未来可能出现的亏损而设立的准备金，但不包括已经确认的损失或为某项资产价值明显下降而设立的准备金。带有债务性质的资本工具是指既带有股本性质，又具有债务性质的资本工具，如永久性债务工具、可转换性债务工具。长期债券是指可以部分替代资本职能的中长期债券。可见，第二级资本中既有表示所有权的部分，又有表示债务性质的部分。

《巴塞尔协议(Ⅲ)》规定，各国的核心资本应当相同。附属资本则可视各国会计和管理条例，自行决定每一成分的取舍。

▶ 3. 资本金的功能

资本金的功能包括以下两点。

（1）资本金是银行吸收存款、提供贷款的基础。

（2）资本金可以作为意料之外的损失补偿保障。

对商业银行来说，资本金是一种长期稳定的资金来源，它既可以参加资本周转，又可以保持和增进商业银行自身的信誉。银行一旦遭受损失，首先消耗的就是银行资本金。对于广大存款客户来说，资本金的多少是商业银行可信赖程度大小的重要标志之一；对于金融管理当局来说，资本金比率是金融宏观调控的手段之一。

（二）存款

▶ 1. 存款的含义

存款是商业银行最传统的资金来源，也是商业银行最主要的负债。任何商业银行总是千方百计地设法增加存款，只有增加资金来源，才能扩大放款和投资规模，增加利润收入。

▶ 2. 存款的分类

（1）按存款方便程度和计息方式，分为活期存款、定期存款和定活两便存款。

1）活期存款是指储户在自身的存款额度内可以随时取钱并由储户自主决定支取时间的银行储蓄方式。

2）定期存款是指储户存款时先约定存款期限，到期才能提取本金和收取利息的储蓄方式。

3）定活两便存款是指储户存款时不约定期限，实际支取时，银行按同期定期存款的60%支付利息的储蓄方式。

（2）按照账户资金是否交易，分为交易账户和非交易账户。

1）交易账户是指私人和企业为了交易而开立的支票账户。客户可以通过支票、汇票、电话转账等提款或对第三者支付款项，包括活期存款、卡存资金、货币市场存款账户等。

2）非交易账户主要表现为储蓄存款账户和定期存款账户。

（3）按存款对象，分为对公存款和对私存款（储蓄存款）。

1）对公存款是指对企事业单位的存款。

2）对私存款（储存存款）是指对居民的储蓄存款，即个人以积蓄资财为目的凭存折或存单提取的存款。

中国工商银行 2014 年年度报告

据《中国工商银行股份有限公司 2014 年年度报告》显示，截至 2014 年年末，中国工商银行客户存款余额 155 566.01 亿元，比上年年末增加 9 357.76 亿元，增长 6.4%。从客户结构上看，公司存款增加 5 336.36 亿元，增长 7.1%；个人存款增加 2 927.68 亿元，增长 4.2%。从期限结构上看，定期存款增加 5 713.72 亿元，增长 7.8%；活期存款增加 2 550.32 亿元，增长 3.6%。2014 年，工行获评英国《银行家》"全球最佳银行"，蝉联《银行家》全球 1 000 家大银行榜首及美国《福布斯》杂志全球企业 2 000 强全球最大企业。

(三) 借款

▶ 1. 借款的含义

借款是指商业银行在自有资本和存款不能满足贷款或投资需求时，或银行资金的流动性不足时，可以通过各种渠道主动寻求资金来源的方式。

▶ 2. 商业银行借入资金的主要渠道

商业银行借入资金的主要渠道包括以下几种。

(1) 同业拆借。银行间的同业拆借是银行获取短期资金的简便方法。同业拆借通常在会员银行之间通过资金拆借系统完成。

(2) 回购协议。回购协议是指某银行出售政府证券获得资金的同时，与购买方达成未来某一天以稍高的价格重新购回这些证券的协议。回购协议的实质是银行及其他金融机构以政府证券作抵押，在货币市场上筹集短期资金。由于回购协议期限短、风险小、使用方便，因而被银行大量使用。

(3) 向中央银行再贴现。商业银行向中央银行以再贴现的方式借款。再贴现借款的利率由中央银行规定，再贴现利率是中央银行调节商业银行准备金的重要手段之一。中央银行的货币政策对这种借款方式影响极大。当市场货币供应量需要增加时，中央银行可降低再贴现率来刺激商业银行借款；反之，当市场货币供应量需要减少时，中央银行可提高再贴现率以减少商业银行对资金的需求。

(4) 发行中长期金融债券。商业银行发行中长期金融债券借入资金，主要是适应中长期投资和放款的资金需要或作为附属资本的来源。它是商业银行以发行人的身份直接向货币所有者举借债务并承担债券利息的融资方式。

(5) 借入国际金融市场资金。国际金融市场特别是欧洲货币市场交易量大、资金来源充裕、借款手续简单、资金流动性强，在国内信贷资金紧张时，它是商业银行重要的资金来源。

三、商业银行的资产业务

资产业务是商业银行通过不同渠道运用资金并创造收益的主要业务。

(一) 现金资产/存款准备金资产

现金资产是商业银行应付客户随时提现的资产准备，银行常常把它称为存款准备金。

（1）商业银行的现金资产品种构成，即现金资产＝库存现金＋存放中央银行的准备金＋存放同业资金＋托收中的现金。库存现金和存放中央银行的准备金被称为法定存款准备金，代表着中央银行对商业银行的负债。存放同业资金和托收中的现金是银行之间的清算准备金。

（2）法定存款准备金的数量构成。法定存款准备金的多少，取决于法定存款准备金率的大小和商业银行吸收的存款数额大小。法定存款准备金(R)＝法定存款准备金率(r)×商业银行的存款总额(D)，即$R=rD$。在数量上，存款准备金资产分为法定存款准备金和超额存款准备金，即存款准备金总额＝法定存款准备金＋超额存款准备金，而超额存款准备金＝存款准备金总额－法定存款准备金。超额存款准备金是商业银行作为联行清算、支付准备和寻找投资机会的后备资金。超额存款准备金的数量一定程度上影响着商业银行的经营。

（3）存款准备金的功能。存款准备金一方面是中央银行控制商业银行的流动性准备和保证存户利益与安全的后备资金；另一方面是中央银行调控货币供应量的政策工具。

现金资产是商业银行维持其流动性而必须持有的资产，是银行信誉的基本保证。适度流动性是银行经营成败的关键环节，也是银行盈利性与安全性的平衡杠杆。进行现金资产管理就是要在持有现金资产的机会成本和现金资产不足的借入成本之间做出权衡。现金资产是满足商业银行流动性需要的第一道防线。由于现金资产是非盈利资产，持有现金资产而失去的利息收入构成持有现金资产的机会成本。从经营的观点出发，商业银行一般都尽可能地把它降到法律规定的最低标准。

（二）贷款资产

▶ 1. 贷款的含义

贷款是商业银行按一定的利率将资金贷放给客户并约期归还的资产。贷款是商业银行的主要资产业务，也是商业银行获取利润的主要途径。

▶ 2. 贷款资产的分类

（1）按贷款期限，可以分为短期贷款和中长期贷款。

1）短期贷款通常是指贷款期限在一年或一年以下的临时性、季节性贷款，或流动资金贷款。短期贷款是商业银行的主要贷款种类。

2）中长期贷款是指贷款期限在一年以上的贷款。在市场经济国家，中长期贷款的发放较受欢迎的是循环信贷。其具体做法是：银行给借款人规定一个借款最高限额，在一定期限内只要不超过限额，借款人可以随时获得贷款和偿还贷款。信贷额度相当于一个资金池，企业可以根据自己的资金松紧来确定借款或还款数额。在有效期内，企业可以多次使用贷款。循环信贷给企业带来了极大方便的同时也为商业银行创造了收益。因为商业银行要根据限额的大小收取承诺费，而贷款利息则按实际借款数额和时间来计算。如果企业没有真正借款，就只需付承诺费。银行发放循环信贷限额的对象是高等级信用的企业。

中长期贷款中风险最大的类型是项目贷款，项目贷款是指数额巨大、常用于基础设施的贷款。由于风险较大，银行会要求借款者提供担保，并约定较高的利率。项目贷款多由多家银行组成银团共同提供贷款,以分散风险。

(2) 按贷款的保障程度,可以分为信用贷款和担保贷款。

1) 信用贷款是指无抵押品作为担保,通常仅凭借款人的信誉,并由借款人出具签字文书的贷款。信用贷款一般是贷给那些具有良好资信的借款者。银行通常对信用贷款收取较高利息,并往往附加一定的条件,如要求借款者提供资产负债表、收支计划和报告借款用途等,以便银行了解借款者的财务状况和经营前景,并对借款者进行严格的监督。

2) 担保贷款具体包括保证贷款、抵押贷款和质押贷款三类。①保证贷款是银行按法律规定的保证方式,以第三人承诺在借款人不能偿还贷款时,按约定承担一般保证责任或连带责任而发放的贷款。②抵押贷款是指以特定的抵押品作担保的贷款。抵押品的选择原则是价值稳定、流动性强、容易保管。抵押的资产必须是能够在市场上出售的,如果贷款到期时借款人不愿或不能偿还,银行可取消抵押品的赎回权并处理抵押品。抵押品资产的价值一般要求大于贷款金额,其目的在于减少借款人违约时银行的风险。如果银行处理抵押品时,其收入的金额超过贷款的本息之和,超过部分应返还给借款人;反之,银行可通过法律程序追索不足的款项。抵押品通常包括抵押人所有的房产、机器设备,抵押人有权处分的国有土地使用权、房产、机器设备、交通工具,抵押人承包并经发包人同意抵押的荒山荒沟的土地使用权等。作为抵押的物品必须经过相关机构的鉴定估价,其产权证书经过法律机构公证,银行取得抵押品的支配权和保险收益权之后,方能办理贷款手续。③质押贷款是指银行以借款人或第三人的动产和权利作为质押物发放的贷款。

质押和抵押的区别在于质押必须将质押物移交债权人占有并作为债权的担保,其中权利质押主要包括:①汇票、本票、支票、债券、存款单、仓单、提单;②依法可以转让的股份、股票;③依法可以转让的商标专用权、专利权、著作权中的财产权。证券和票据质押贷款期间并不发生证券和票据所有权的转移。贷款额也只是票面额的一部分,这种贷款金额与票面金额的差额称为"垫头",目的在于防止贷款风险。一般贷款期限不超过证券和票据的到期日,借款人到期归还贷款时赎回证券和票据,否则银行有权处理作为贷款抵押的证券和票据。

▶ 3. 我国商业银行的部分贷款品种

我国商业银行的部分贷款品种包括以下几种。

(1) 动产及货权质押授信业务。是指借款人以自有的动产(包括库存原材料、商品等)或货权(如提单或仓单)为质押,以贷款、承兑、商票保贴、国际贸易融资等各种融资形式发放,用于满足企业物流或生产领域配套流动资金需求的授信融资业务,具体分为动产质押贷款和仓单质押贷款。

(2) 保理业务(应收账款融资)。是一种通过收购企业应收账款为企业融资并提供相关服务的金融产品,主要是为以赊销方式销售产品的企业设计的一种综合性金融服务品种。保理业务的一般做法是,银行从客户(供货商或卖方)的手中买入用销售发票所表示的债务人(买方)的应收账款,同时根据客户需要提供与此相关的包括应收账款融资在内的单项或多项服务。保理业务分为两类:一类是有追索权的,即当购货方拒绝付款时,银行有权向销售方追索;另一类是没有追索权的,即无论购货方是否支付这笔应收款,银行都不向销售方追索。

（3）鉴证贷款。鉴证贷款是一种由销售方开户银行向销售方发放的、无须抵押担保的短期流动资金贷款或签发的信用证、承兑汇票。其条件是必须由购货方开户银行出具鉴证承诺或其他有效的付款承诺。

（4）保函业务。包括授标保函、承包保函、履约保函、预收（付）款保函、工程维修保函、质量保函、来料加工及来件装配保函等。

（5）本币综合授信。是指在一定时期内，银行对符合规定条件的公司客户的生产经营需求，按约定的一种或多种融资方式，一种或多种币种，一次性授予一种金额的信用额度，客户可随时申请使用，银行实行余额控制。对企业来说，这是一种便利的融资方式。

（三）证券投资

▶ 1. 证券投资的含义

银行证券投资是银行以有价证券为经营对象的资产业务。证券投资是指商业银行在公开市场购进有价证券，如购买国库券、公司债券的业务。

▶ 2. 银行证券投资的目的

银行证券投资的目的包括以下几点。

（1）商业银行证券投资的首要目的是增加收益。激烈的银行竞争、贷款的高风险等多种因素使商业银行无法找到合适的贷款对象，导致资金暂时搁置。证券投资就是使闲置资金产生效益的手段，由于商业银行主要投资国库券，其税收优惠也是银行增加收入的手段之一。商业银行证券投资的收益包括利息收益和资本收益。

（2）分散风险。证券投资是银行实现资金运用多样化的主要手段之一，证券投资的选择面广，不受地域限制，银行可以购买全国甚至全世界的证券，从而使银行资产分散风险的范围扩大，而且证券投资比贷款容易转移。银行可以对不同发行者、不同期限、不同收益率的证券采取分散化投资策略，将银行经营风险与投资损失降低到尽可能小的程度。

（3）保持银行资金的流动性。商业银行保持一定比例的高流动性资产是保证其资产业务安全性的重要前提，商业银行的现金、中央银行存款、存放同业及托收未达款具有充足的流动性，但它们是非盈利资产。银行的短期证券投资在保证一定收益水平上还可以迅速变现，这在一定意义上满足了银行资产的流动性要求，因此常常被银行作为二级储备。

各国商业银行资产业务中，资金安排的顺序是：第一是存款准备金的提取，第二是贷款的发放，第三是证券投资。

（四）银行贷款和投资的区别

银行贷款和投资都是银行的资产业务，但也有不同之处，体现在以下几个方面。

1. 贷款是银行应借款人的申请而放贷，一般在贷款期满后才能收回，流动性较弱；投资则是银行根据本身的需要而购买的，证券投资的资金具有较强的流动性。

2. 贷款业务是一对一进行的，银行有权决定贷款条件，如期限、利率、担保等。证券投资受市场供求因素影响较大，银行自身很难控制。

3. 贷款主要用于生产经营过程，若贷款利率相对较高，信用风险较大。因投资的主要对象是证券,银行主要承受证券带来的信用风险和市场利率风险。

商业银行的贷款与证券投资相比,贷款的风险虽然较大,但利率较高,同时通过贷款收放,可使银行与工商企业的往来关系更加密切,有利于稳定存款来源和拓宽业务领域。因此,贷款业务的规模和结构不仅对商业银行资产的安全性、流动性、盈利性有重要影响,而且对商业银行经营成败具有关键性意义,贷款是商业银行经营的重点。

(五)贷款证券化

贷款证券化(securitization)是指银行通过向市场发行具有未来现金流的资产支持证券,将现有的信贷资产进行技术处理和市场交易,最终实现再融资的金融活动。

贷款证券化起源于美国的住房抵押贷款债券。住房抵押贷款证券化是指商业银行把自己所持有的流动性较差但具有未来现金收入流的住房抵押贷款,汇集重组为抵押贷款群组,由证券机构以现金方式购入,经过第三者担保或信用增级后,以证券的形式出售给投资者的融资过程。这一过程将原先缺乏流动性但能够产生可预见性现金流入的资产,转换成可以在市场上流通的证券。它加速了资金的流动速度。

贷款证券化兼有资产和负债双重业务创新。当银行发行以抵押贷款为担保的证券,抵押贷款本身仍是资产,发行债券筹措的资金构成新的负债。因此,贷款证券化既增加了贷款资产的流动性,又创造了新的资金来源渠道。

贷款证券化使直接融资和间接融资的界限模糊。银行贷款的证券化使证券持有人(即投资人)与抵押资产产生了直接的联系,并将银行借贷市场、证券市场、抵押市场有机地联系起来,既促进了市场的发展,又为各经济主体提供了资产管理的多层次空间。但是金融环节的链条越多,可能发生的风险越大,如果某一链条发生断裂,可能产生"多米诺骨牌效应"。

此外,适合于证券化的资产还有汽车贷款、信用卡应收款、租赁应收款等。

贷款证券化的积极作用在于增强信贷的信用创造能力和改善信贷市场的整体流动性。

贷款证券化过程中难度最大的一个环节是证券的定价,如果贷款资产证券的价格和收益事先设计有误,如2008年美国次贷危机中,对楼市价格和利率水平的走势判断错误,证券价格偏高,而实际贷款人的贷款违约,会使得贷款机构所获得的实际收益根本无法负担支付给证券持有者的本金和利息,而一旦信贷机构贷款损失准备金不足,则会不可避免地出现资金链断裂的现象,从而造成市场大范围卖空贷款资产证券的局面。贷款证券化简图如图6-2所示。

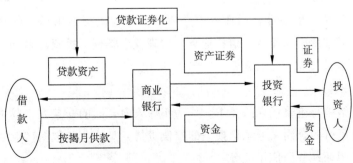

图6-2 贷款证券化简图

次贷危机中的著名收购案例

摩根大通集团收购贝尔斯登公司。2008年次贷危机中,美国第五大投资银行贝尔斯登公司是次级抵押贷款市场的"急先锋"。随着次贷风暴席卷全球,它成为第一家葬送于次贷市场的著名投资银行。摩根大通集团于2008年3月17日宣布收购贝尔斯登公司,并获得两家董事会一致通过。该交易以换股形式进行。摩根大通可用每0.054 73股摩根大通普通股交换1股贝尔斯登股。基于2008年3月15日的收盘价,该交易合每股2美元左右。

美国银行收购美林证券。因华尔街金融风暴,2008年9月12日的一周里,美林证券的股价跌幅高达36%,市值缩水150亿美元。美国银行2008年9月14日与美林证券达成协议,双方同意美国银行以每股29美元的价格收购美林证券,总交易额约为440亿美元。

2008年9月22日,三菱日联金融集团收购美国第二大投资银行摩根士丹利公司20%的普通股。日本最大的金融集团——三菱日联金融集团9月22日宣布,出资收购摩根士丹利公司20%的普通股,从而成为摩根士丹利公司的最大股东。收购价格以8月底的股票价格为基准,总投资额为9 000亿日元(约合86亿美元)。这一投资额创下日本金融机构进行海外并购的新纪录。三菱日联金融集团将派出一名以上的董事参与摩根士丹利公司的经营管理。

野村控股公司(Nomura Holdings Inc.)收购雷曼兄弟。日本最大证券公司野村控股公司2008年9月22日称其以2.25亿美元的价格收购雷曼兄弟的亚太部门,接管该部门的3 000名员工;收购雷曼兄弟的欧洲和中东地区投资银行及证券业务,接管其在欧洲和中东地区2 500名员工中的大部分员工。

四、商业银行的中间业务

(一)商业银行的中间业务及其类型

商业银行的中间业务是指不构成商业银行表内资产和负债,形成银行非利息收入的业务。在中间业务中,银行不需要或很少需要运用自己的资金,而是以中间人身份代理客户承办支持和其他委托事项,提供各类金融服务,从中收取手续费。

《巴塞尔协议(Ⅲ)》规定的银行中间业务包括以下几条。

▶ 1. 传统的中间业务

传统的中间业务是指结算、代理等中介业务。商业银行利用现有的机构、人力、技术、设备等资源,开展结算业务、信托业务,代理现金管理、投资理财和经济信息咨询业务,以及进行住房买卖等中介业务。

▶ 2. 担保业务

担保业务是指银行应委托人的要求,作为担保人向合同的受益人出具书面保证,对委托人的债务或应履行的合同义务承担损失的赔偿责任,具体业务包括商业银行对客户的正式担保、跟单信用证、备用信用证等。

3. 贷款承诺业务

贷款承诺是指银行向客户做出的在未来一定时期内按商定条件为该客户提供约定数额贷款的承诺。在客户满足贷款承诺中约定的提款先决条件的情况下，银行按约定的金额、利率、时间、期限等，满足客户的借款需要，具体有承兑票据、承诺贷款限额、承诺透支限额、承诺循环贷款、发行商业票据等。

4. 金融工具创新业务

金融工具创新业务是指银行适应投资者在金融资产的安全性、流动性和收益性之间协调均衡所需要的各种创新金融工具及其交易，包括货币利率互换、金融期货与期权合约、远期利率协议、有价证券的各种指数交易工具。

中间业务种类繁多，但不直接反映在银行的资产负债表中，所以称它们为广义的表外业务。其中，金融创新业务称为狭义表外业务，包括各种担保、票据发行便利、租赁、货币和利率互换、期权和期货、远期利率协定等。

由于中间业务发生时不涉及存贷资金量的变化，在不改变资产负债规模的条件下，仅凭银行信誉、技术、信息和劳务等获得利润，其资金风险、利率风险和汇率风险相对较小，因此日益受到银行经济者的青睐。

(二) 中间业务的特征及风险表现

中间业务的特征包括以下几点。

1. 不增加银行资产负债总量，以非投入方式来达到增收目的。
2. 以银行无形资产为"资本"，以银行信誉和实力作为存在基础。
3. 以增强服务功能来满足客户需要并从中获利。

中间业务的风险表现在其具有潜在性风险。除传统的结算代理等中间业务外，其他中间业务构成银行或有资产和或有负债，可能在一定条件下，可以转化为表内业务，对银行收益有着潜在的风险影响。例如，当银行对商业汇票承兑后，就负有不可撤销的第一付款人责任，到时原始付款人无力付款，银行必须对受益人支付，使银行承兑汇票转化为银行债务。

花旗银行与旅行者集团

美国的两大金融机构——花旗银行与旅行者集团于1998年4月6日宣布合并，组成名为花旗银行集团（Citigroup Inc.）的新公司。合并协议规定，旅行者集团的股东以1∶1的比例换取新公司的股票，花旗银行的股东以1∶2.5的比例换取新股票。合并完成后，原来的两家公司各持新公司股份的50%。根据两家公司原来的财务及业绩，新组成的花旗银行集团1997年的资产相当于7 000亿美元，净收入近500亿美元，经营收入约为75亿美元，流通股市值超过440亿美元。以市值而言，当时的花旗银行是全球最大的金融服务公司。新集团为全球100个国家及地区的1亿多客户服务。新组成的花旗银行集团，将传统的银行业务、消费者融资、信用卡、投资银行、证券经营、资产管理、地产和人寿保险等业务集于一身。

第三节 商业银行的资产负债管理

银行业是一个通过吸收公众存款来发放贷款的高风险行业。存款支付的刚性和贷款收回的不确定性，使银行经营时刻面临风险。因此，商业银行的资产负债管理至关重要。

一、商业银行资产负债管理的演变过程

（一）商业银行资产负债管理的基本原则

商业银行是以盈利为目标的经营资金企业，同时在经营中充满了风险。因此，商业银行必须考虑自身的盈利性，盈利性是银行经营活动的内在动力。由于"三性"的矛盾，银行还必须随时顾及资产和负债的流动性与安全性。资产和负债的流动性与安全性反映了银行的资产收益、银行信誉及银行生存和发展的可靠性程度。

商业银行资产负债管理的基本原则是选择最佳的资产负债组合，使银行资产的盈利性、资产和负债的流动性、资金的安全性三者能够协调，并在确保资金流动性和安全性的原则下追求最大限度的利润。

（二）商业银行资产负债管理的演变过程

围绕商业银行经营管理的基本原则，商业银行在其发展过程中，随着经营环境和条件的不断变化，经营管理的重点也不断变化，先后经历了资产管理、负债管理、资产负债综合管理三个阶段。

▶ 1. 资产管理

资产管理是商业银行的传统管理方法，其重点是对现有资产在现金、贷款、证券投资之间进行适当分配，形成合理的资产结构去适应负债结构，解决商业银行利润最大化和资产流动性之间的矛盾。早期商业银行的主要资金来源是社会公众的活期存款，由于活期存款的债权人具有随时支取的特征，因此银行资产必须具备充足的流动性。商业银行经营者将管理的重点放在资产方面，在安排资产结构时必须考虑资产流动性的要求。

现代商业银行资产管理的基本内容包括存款准备金管理、贷款管理和投资管理三方面。

存款准备金管理的目标是促使商业银行在有限的准备资产条件下保持最大的流动性，这既是商业银行保证存款户随时提款的基本手段，也是适应中央银行流动性管理的强制性工具。

贷款管理的内容主要是对借款人信用分析、贷款定价、贷款发放、贷后检查、问题贷款的发现和处理等，其中对借款人贷前的信用分析和贷后的跟踪是主要内容。

商业银行证券投资的目的是在保持资产流动性的同时增强获利能力。这是银行贷款收益较低或风险较高时，为保持和提高银行利润的一种选择。通常管理的重点是有价证券的品种、期限和利率风险控制。

▶ 2. 负债管理

负债管理理论的核心是银行不能单纯地依靠吸收存款这种被动的负债方式，而应当采用主动对外借款的负债方式，筹措资金、扩大放款以获取最大的利润。

自 20 世纪 60 年代起，商业银行业务管理的重心由资产方转向负债方，希望借助于负债管理方法来解决利润最大化和资产流动性之间的矛盾。负债管理理论认为，尽管银行的主要资金来源是存款，但当存款不足时，银行不应单纯通过调整资产结构去被动地适应负债结构，而应通过主动举债来满足资金周转的需要。

负债管理理论的假设是：资金总是可以筹措到的，一个来源渠道借不到，可以寻求另一个来源渠道。因此，银行需要多少流动性就可以创造多少潜在流动性。因而，银行不能单纯地依靠吸收存款这种被动的负债方式，而是应当采用主动对外借款的负债方式，只要市场上能借到资金，银行就可以大胆地放款，以获取最大的利润。

负债理论实践的结果是创造了很多新型融资工具，如发行大额可转让定期存款单，存款账户和非存款负债的创新，最终促进了同业拆借市场和其他货币市场的发展。

负债管理作为商业银行解决流动性问题的一种重要方法，一方面促进银行信用的扩张，缓解了资金不足的矛盾；但另一方面银行在获利的同时，也牵动了市场利率的上升，提高了银行负债成本，增加了银行的经营风险。

▶ 3. 资产负债综合管理

资产负债综合管理既克服了资产管理注重安全性、流动性，忽视盈利性的缺点，又克服了在负债管理理论下商业银行经营风险过大、流动性和安全性缺乏保障的问题，因此更为先进和科学。

一般来说，商业银行资产负债综合管理的最基本方法是匹配法，即保持期限相当的资产与负债之间的高度对称关系，使资产的平均到期日与负债的平均到期日大体相等，从而在保障流动性的同时获得尽可能高的盈利。同时，商业银行应当对资产和负债进行利率敏感性管理，利率敏感性资产是指短期证券、银行同业存款等短期资产，利率敏感性负债是对同业拆借的短期资金、活期存款等短期负债。利率敏感性资产的利息收入与利率敏感性负债的利息支出，很容易受到市场利率变动的影响。因此，商业银行在对市场利率水平进行研究、分析、预测之后，根据市场利率的预期变化，调整利率敏感性资产、负债与利率非敏感性资产、负债在资产与负债中各自所占的比重，从而达到克服利率风险、增加收入的目的。

总之，资产负债综合管理的宗旨在于商业银行资产负债的各项目之间及资产负债总体之间的统一协调和管理，从而满足盈利性、安全性和流动性的要求。资产负债管理理论是商业银行经营管理理论的一大发展。

二、商业银行贷款管理

贷款既是商业银行的主要利润来源，也是其风险来源。贷款管理过程就是风险控制过程。

（一）银行贷款决策程序

银行贷款决策程序如图6-3所示。

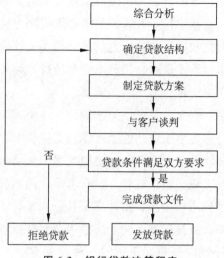

图 6-3　银行贷款决策程序

（二）企业还款能力分析要素

▶ 1. 银行提供贷款的6C原则

为了确保贷款安全与盈利，商业银行会对借款人信用进行调查与审查，在多年实际操作中逐渐形成一整套衡量指标，即通常所说的6C原则。

（1）品德（Character）。品德主要是指企业负责人的工作作风和生活方式、企业管理制度健全程度、经营稳妥状况及信用记录等。同时注意借款人的历史还款记录，借款人是否逾期及逾期时间长短、客户的信用评级等，但是不能用客户的信用评级代替财务分析。

（2）才能（Capacity）。才能主要是指企业负责人的才干、经验、判断能力、业务素质等。

（3）资本（Capital）。充足的资本是衡量企业经济实力的重要方面。

（4）担保（Collateral）。在中长期贷款中，借款人必须提供一定数量的、合适的物质作担保来作为第二还款来源，担保的存在可以减少或避免银行的贷款风险。

（5）经营环境（Condition）。经营环境是指借款者面临的经营环境及可能的变化趋势，包括宏观经济状况、同业竞争、政府的行业政策、劳资关系、政局变化等内容。

（6）经营的连续性（Continuity）。经营的连续性是指对借款企业持续经营历史和前景的审查。企业经营的连续性，反映了企业适应经济形势及市场行情变化的能力。

▶ 2. 企业财务分析

企业财务分析是企业还款能力分析的重点。

企业财务分析主要包括借款企业的财务资料分析。如图6-4所示，企业的预期偿债能力是企业的第一还款来源，而要对企业的预期偿债能力做全面细致的调查，就要对企业的财务状况进行分析，因而企业财务状况也是第一分析要素，它包括企业现金流量、盈利能力、成本费用。

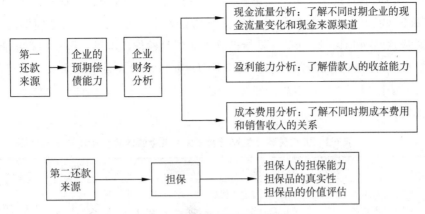

图 6-4　银行贷款的财务分析图

▶ 3. 担保品价值分析

担保品是第二还款来源，担保品的价值下降，贷款风险增大。

(三) 贷款质量评价

我国银行贷款质量管理从"一逾两呆"指标管理过渡到五级贷款分类管理。

▶ 1. "一逾两呆"指标管理

2003年以前，我国把银行贷款分为正常、逾期、呆滞、呆账，其中后三类为问题贷款。因此，商业银行的资产质量指标被称为"一逾两呆"。

(1) 逾期贷款。是指借款合同约定到期(含展期后到期)未归还的贷款，或虽未逾期或逾期不满规定年限但生产经营已终止、项目已停建的贷款(不含呆账贷款、呆滞贷款)。

(2) 呆滞贷款。逾期半年不能偿还自动转为呆滞贷款；逾期(含展期后到期)超过规定年限以上尚未归还的贷款，或虽未逾期或逾期不满规定年限但生产经营已终止、项目已停建的贷款也为呆滞贷款(不含呆账贷款)。

(3) 呆账贷款。是指借款人和担保人依法破产，进行清偿后未能还清的贷款；借款人死亡并依法宣布失踪，或宣告死亡，以其财产或遗产清偿后未能还清的贷款；借款人遭受巨大自然灾害或意外事故，损失巨大且不能获得保险赔偿，确定无力偿还的部分或全部贷款，或以保险清偿后未能还清的贷款；经国务院专案批准核销的贷款。

逾期贷款与各项贷款余额之比不得超过8%，呆滞贷款与各项贷款余额之比不得超过5%，呆账贷款与各项贷款余额之比不得超过2%。这种监管是一种典型的事后管理。

▶ 2. 五级贷款分类管理

(1) 五级贷款分类管理是以风险为基础的追踪贷款过程的管理方法。从1998年5月5日，我国在贷款质量管理方面试行了五级贷款分类方法试点，2003年全面推开。在实际执行中，五级贷款分类管理仍然是一个原则，各不同银行会有更多的细则和更详细的分类。

(2) 五级分类。监管部门定时和不定时对已有的银行贷款进行检查并将贷款分为(表6-1)：①正常贷款(Pass Loans)。是指借款人能够履行合同，有充分把握按时足额偿还本息的贷款。②关注贷款(Special Mention Loans)。是指尽管借款人有能力偿还贷款本息，但目前存在一些可能对偿还产生不利影响因素的贷款。③次级贷款（Subprime Loans）。是指借款人的还款能力出现明显问题，依靠其正常经营收入已无法保证足额偿还本息的贷款。④可疑贷款（Doubtful Loans）。是指借款人无法足额偿还本息，即使执行抵押或担保，也肯定要造成一部分损失的贷款。⑤损失贷款（Loss Loans）。是指在采取所有可能的措施和一些必要的法律程序之后，本息仍然无法收回，或只能收回极少部分的贷款。其中，后三类为不良贷款。

表 6-1　五级贷款分类及贷款损失准备金的提取参考表

贷款种类	表现	计息政策	损失准备金的提取参考
正常贷款	借款人财务状况良好，能按期归还贷款本息，贷款全部清偿不存在问题。	应收利息计入当期损益账，属银行确认的收入需缴纳营业税。	适用一般方法：①按贷款余额的1‰提取呆账准备金；②针对单个借款人或单笔贷款提取一定比例的特别呆账准备金。
关注贷款	借款人已经出现资金周转问题，但是归还贷款不存在问题。	同上	
次级贷款	借款人还款能力下降，或抵押品价值不足以抵偿全部贷款本息。	如果抵押品价值充足，应收利息计入损益账，缴纳营业税；抵押品价值不足时，应收利息计入暂记账，不纳营业税。	次级贷款为贷款余额的30%。
可疑贷款	借款人还款能力不足，抵押品价值低于贷款本息，已不能按期归还全部贷款。	不计利息	可疑贷款为贷款余额的50%。
损失贷款	银行采取各种经济和法律手段仍无法收回的贷款，列为贷款损失。	不计利息	损失贷款为贷款余额的100%。

（3）五级贷款分类的目的。五级贷款分类的目的是根据贷款质量按时足额提取呆账准备金，保证银行经营安全。

如果影响借款人财务状况或贷款偿还的因素发生重大变化，银行应严密监控不良贷款的变化，重新审查借款合同执行情况和贷款担保情况，根据贷款的风险情况重新分类，并足额提取呆账准备金。损失贷款通常按贷款余额提取100%，可疑贷款提取50%，次级贷款提取30%等。

南京"爱立信倒戈"事件

2002年3月21日，花旗银行上海分行首先获准向中国境内各类客户开办外汇业务，这是我国履行对世贸组织的承诺，进一步开放银行业的第一项举措。几乎与此同时，媒体也爆出了爱立信放弃中资银行、投奔花旗银行的新闻。3月26日，各媒体报道称，近日南京爱立信公司突然做出惊人之举，凑足巨资提前还完了中国工商银行、交通银行共19.9

亿元人民币贷款,转而向花旗银行上海分行贷同样数额的巨款。爱立信南京公司是南京市最大的外资企业,多年来,一直由中国银行江苏省分行、交通银行南京分行、工商银行江苏省分行和招商银行南京分行为其提供金融服务。然而,从2001年下半年起,该公司陆续归还了中资银行的贷款。到2002年3月底,在中资银行的贷款余额只剩下0.5亿元。与此同时,该公司开始向外资银行贷款,2001年9月向花旗银行上海分行贷款6 000万美元,12月底与汇丰、渣打等外资银行签订了1亿美元贷款协议。2002年3月28日与花旗银行上海分行签订了金额为5亿元人民币的无追索权保理贷款协议。"爱立信投奔花旗"一说就是指这一协议。协议的内容是爱立信将其持有的一定数量的应收账款出售给花旗银行,同时花旗银行给爱立信5亿元人民币贷款,即花旗银行将爱立信的应收账款买断。如果花旗银行收购的应收账款到期不能收回,爱立信不负责购回。此次事件已使江苏金融业产生激烈震荡,业内人士开始担心此次"倒戈事件"会对金融业引起连锁反应。

三、商业银行流动性管理

(一)商业银行流动性管理的目的

商业银行流动性管理的目的是控制流动性风险。商业银行流动性管理主要体现为存款准备金管理。当银行无法对存款人支付时,可能引起挤兑,严重时可能导致银行破产。

银行通常要求保留一定比例的超额准备金,以备不时之需。因为当银行存款外流时,银行管理者必须确保银行拥有足够的准备金来支付。假定法定准备金率为10%,表6-2显示:A银行拥有10%的超额准备金;B银行没有超额准备金。

表6-2 A、B银行初始资产负债表　　　　　　　　　　万元

A银行初始资产负债表				B银行初始资产负债表			
资产		负债		资产		负债	
存款准备金	2 000	资本金	1 000	存款准备金	1 000	资本金	1 000
贷款	8 000	存款	10 000	贷款	9 000	存款	10 000
证券	1 000			证券	1 000		

表6-3显示:A银行1 000万元存款外流用存款准备金去弥补后,存款准备金减少为1 000万元,但仍高于10%的法定比率。显然拥有足够存款准备金,存款外流不会迫使银行变动资产负债表其他部分。B银行1 000万元存款外流并用存款准备金去弥补后,法定存款准备金为0。

表6-3 A、B银行变动后的资产负债表　　　　　　　　　　万元

A银行变动后资产负债表				B银行变动后资产负债表			
资产		负债		资产		负债	
存款准备金	1 000	资本金	1 000	存款准备金	0	资本金	1 000
贷款	8 000	存款	9 000	贷款	9 000	存款	9 000
证券	1 000			证券	1 000		

（二）商业银行流动性不足的弥补手段

商业银行的法定存款准备金不能为 0，B 银行有四种选择来弥补存款准备金缺口，即从其他银行借款、出售证券、从中央银行借款、收回贷款或出售贷款。

▶ 1. 在同业拆借市场上向其他银行借款来弥补存款准备金，如表 6-4 所示。

表 6-4 B 银行同业借款后资产负债表　　　　　　　　　　万元

资产		负债	
存款准备金	900	资本金	1 000
贷款	9 000	存款	9 000
证券	1 000	同业借款	900

向其他银行借款的成本是支付同业拆借利率。

▶ 2. 出售证券来弥补存款准备金，如表 6-5 所示。

表 6-5 B 银行出售证券后的资产负债表　　　　　　　　　万元

资产		负债	
存款准备金	900	资本金	1 000
贷款	9 000	存款	9 000
证券	100		

出售证券的成本是支付经纪人的手续费和减少的证券投资收益。

▶ 3. 向中央银行借款来补充准备金，如表 6-6 所示。

表 6-6 B 银行向中央银行借款后的资产负债表　　　　　　万元

资产		负债	
存款准备金	900	资本金	1 000
贷款	9 000	存款	9 000
证券	1 000	中央银行借款	900

向中央银行借款的成本是支付再贴现利息。

▶ 4. 存款外流时收回贷款，如表 6-7 所示。

表 6-7 B 银行收回贷款后的资产负债表　　　　　　　　　万元

资产		负债	
存款准备金	900	资本金	1 000
贷款	8 100	存款	9 000
证券	1 000		

通过削减贷款来取得存款准备金的代价是银行可能会因此丧失客户,如果银行要保留客户,贷款可能折价转让,这同样会给银行带来损失。

为了减少这一手段的负面影响,银行会准备一定量的超额存款准备金。超额存款准备金是对存款外流所引起的各种成本的保险。存款外流引起的成本越高,银行愿意持有的超额存款准备金就越多。

四、商业银行资本充足性管理

(一) 商业银行资本充足性管理的目的

▶ 1. 商业银行资本充足性管理的目的

商业银行资本充足性管理的目的是满足最低的资本金数额要求,消除银行之间的不平等竞争,防范银行倒闭风险。

▶ 2. 我国银监局的银行资本充足性管理要求

各国金融当局根据《巴塞尔协议(Ⅲ)》进行资本充足性管理,规定商业银行必须持有法定资本金比率。我国从 2004 年起,银监会对上市银行资本充足率实行按季考核,上市银行的资本充足率必须在"所有时点"上满足 8% 的最低要求,否则将暂停该机构和业务市场准入。

(二)《巴塞尔协议》的主要内容

《巴塞尔协议》是由国际清算银行所属的"银行业务法规及监理作业委员会",经过与美国、英国、法国、德国、日本等 12 个国家中央银行行长商讨,于 1988 年正式公布的有关统一国际银行资本衡量和资本标准的协议。其宗旨是通过制定资本对信贷风险资产比率和确定最低资本比率的方法来加强国际银行的稳定性,并制定统一标准来消除国际市场上各国银行之间的不平等竞争。协议的内容主要包括资本构成、风险加权的计算、设计标准比率。

▶ 1. 资本构成

银行资本被分为核心资本和附属资本。在用途方面,核心资本主要用来添置固定资产或补偿资产坏账损失。附属资本主要用来保障业务顺利进行或维护银行信誉,在银行经营中适宜用作应付提存或满足贷款的资金需求。

▶ 2. 风险加权的计算

通过划分不同资产的风险权数及表外项目换算系数的方法,把资本与资产负债表内的不同种类资产及表外项目所产生的风险挂钩。

经济合作与发展组织(Organization for Economic Cooperation and Development,OECD)成员国表内资产项目风险权数规定有五种:①风险权数为 0 的资产是指 OECD 成员国政府发行的债券及由 OECD 成员国政府提供抵押或担保的债权;②风险权数为 10% 的资产是指商业银行对中央政府之外的国内政府部门的债权和由这类部门提供担保的贷款;③风险权数为 20% 的资产是指中央政府以外的公布机构和跨国开发银行拥有的债权;④风险权数为 50% 的资产是指由房地产作抵押的贷款;⑤风险权数为 100% 的资产是指上述四类以外的一切资产，如对地产的投资、对私人的贷款、对非 OECD 成员国政府债券的投资等。

表外项目风险按"信用换算系数"分为四类：①信用换算系数为 0 的信用风险具体是指短期（一年以内）能随时取消的信贷额度；②信用换算系数为 20% 的信用风险具体是指短期与贸易有关的债权，如担保信用证和有货物抵押的跟单信用证；③信用换算系数为 50% 的信用风险具体是指履约担保书、即期信用证、证券发行便利等一年以上的信贷额度；④信用换算系数为 100% 的信用风险具体是指直接信贷的替代工具，如担保、银行承兑、回购协议、有追索权的资产销售和远期存款的购买等。

（3）设计标准比率。要求各国把银行资本金与加权风险资产总额的比率控制在 8% 以上，其中核心资本不低于加权风险资产总额的 4%。其计算公式如下：

$$资本充足比率 = \frac{核心资本 + 附属资本}{加权风险资产总额} \times 100\% \geq 8\%$$

$$核心资本比率 = \frac{核心资本}{加权风险资产总额} \times 100\% \geq 4\%$$

表 6-8　银行表内资产风险换算

资产种类	资产价值量/百万元	风险权数(%)	加权风险资产值/百万元＝资产价值量×风险权数
国库券	400	0	0
金融债券	100	20	20
住宅抵押贷款	200	50	100
商业贷款	500	100	500
资产总额	1 200		620

由表 6-8 中的数据可得：

最低总资本额＝620×8%＝49.6（百万元）

最低核心资本额＝620×4%＝24.8（百万元）

（三）银行经营的安全和股东收益的替代关系

▶ 1. 银行资本金是银行经营的安全保障之一

资本金是弥补银行资产损失的准备金，准备金充足，银行经营就安全。

表 6-9 反映了两家银行的情况，即高资本金银行和低资本金银行，它们资产负债表的其他方面均相同，只是前者资本金比率为 10%，后者仅为 4%。

表 6-9　高资本金银行和低资本金银行的资产负债表　　　万元

高资本金银行				低资本金银行			
准备金	1 000	资本金	1 000	准备金	1 000	资本金	400
贷款	9 000	存款	9 000	贷款	9 000	存款	9 600

假设这两家银行均卷入了房地产市场的热潮,当房地产价格大幅下降后,它们都发现自己 500 万元的房地产贷款已经一文不值。用资本金冲销坏账后,资产总值减少了 500 万元,银行资本金也减少了 500 万元。

两家银行资产负债表变动如表 6-10 所示。

表 6-10 高资本金银行和低资本金银行变动后的资产负债表　　　　万元

高资本金银行				低资本金银行			
准备金	1 000	资本金	500	准备金	1 000	资本金	−100
贷款	8 500	存款	9 000	贷款	8 500	存款	9 600

高资本金银行应付 500 万元的贷款损失后仍然有 500 万元资本金净值,符合 8% 的资本充足比率。但低资本金银行的资本金净值为 −100 万元,已经不能足额偿付其所有的债权人,因此陷入困境。银行净资本值为负,该银行可能破产,银行股东投资可能被一扫而光。

因此,保持高比例资本金的基本目的是保证银行经营的安全性。

资本充足性管理,本质上是控制金融机构的资本杠杆率,过高的杠杆率必然导致过高的风险。8% 的资本充足率反映了 12.5 倍的杠杆率。

▶ 2. 银行资本金的数量也是影响股东收益的因素之一

测度银行盈利性的基本指标是资产回报率,即单位资产的税后净利润,其计算公式为:

$$资产回报率 = \frac{税后净收益}{资产}$$

资产回报率是衡量银行经营好坏的主要指标之一。

银行股东最关心的是单位股权资本的税后净收益,即股权回报率,其计算公式为:

$$股权回报率 = \frac{税后净收益}{股权资本}$$

在资产回报率和股权回报率之间存在直接联系,该联系体现在股权乘数上,它等于单位股权资本的资产值,股权乘数的计算公式为:

$$股权乘数 = \frac{资产}{股权资本}$$

股权乘数越大,股东收益越高,即:

$$\frac{税后净收益}{股权资本} = \frac{税后净收益}{资产} \times \frac{资产}{股权资本}$$

$$股权回报率 = 资产回报率 \times 股权乘数$$

例如,上面所提到的高资本金银行和低资本金银行,假定这两家银行经营得同样好,均获得了 1% 的资产回报率,则高资本金银行股东回报率低,即:

$$股权回报率 = 0.01 \times \frac{1\ 000}{100} = 10\%$$

低资本金银行股东回报率高,即:

$$股权回报率 = 0.01 \times \frac{1\,000}{40} = 25\%$$

高比例资本金银行的股本回报率为10%，低比例资本金银行的股本回报率为25%。所以，在资产回报率一定时，银行资本金越低，股东回报率越高。这又成为银行所有者不愿意持有大量资本金的原因。

银行资本金既有利益又有代价。资本金降低了银行破产的可能性，使银行股东的投资更为安全。但保留银行资本金也要付出代价，当资产回报率一定时，资本金越多，股本回报率越低。

在确定银行资本规模时，经理们必须决定在多大程度上愿意用安全性来换取股权回报率的相应降低。通常，在不确定因素增加、贷款损失的可能性增加时，银行持有较多的资本金来保护其股东权益。如果能确认贷款损失较低，银行管理者将削减资本金，拥有较高的股权乘数，增加股权回报率。

（四）银行资本金不足的解决手段

如果某银行的资本金低于法定水平，可以通过三个途径来解决：

（1）发行股票来增加资本金，或者发行长期债券增加附属资本；

（2）减少对股东分配的红利，从而增加可记入资本账户的未分配利润；

（3）保持资本金水平不变，通过减少贷款或卖出证券来减少资产。

我国商业银行增加资本金的新途径

2004年1月，国务院规定，将对中国银行和中国建设银行实施股份制改造，核心是要办成真正的商业银行。同时，针对两家试点银行目前的财务状况，将450亿美元外汇储备注资给中国建设银行和中国银行以补充其资本金。国务院要求，新的资本金注入后，要对试点银行实行更加严格的外部监管和考核，确保新注入资本金的安全性并获得合理回报。在处置不良资产时要严肃追究银行内部有关人员的责任，严厉打击逃避银行债务的不法行为。同时，其他两家国有商业银行——中国工商银行和中国农业银行也已加快股份制改造的速度。2003年12月，中国银监会发布《关于将次级定期债务计入附属资本的通知》。根据这一规定，中国工商银行已经宣布将采取对外发行长期金融债券的方法补充资本金。此外，招商银行、华夏银行等股份制银行也已经开始通过可转换债券从资本市场上筹措资本金。

根据《巴塞尔协议(Ⅲ)》的要求，2004年2月23日公布的《商业银行资本充足率管理办法》更加明确了我国商业银行资本金的构成及银行资本管理的有关要求，为商业银行的快速、健康发展打下了良好的基础。

金融行业混业经营是未来趋势

2013年，银监会主席尚福林在两会期间表示，要扩大银行设立基金公司试点范围，将改善社会融资结构，提高直接融资比例，改善间接融资比例过高情况；将推进银行的发展转型；为投资者提供更多的投资渠道。

保监会发布了《关于保险资产管理公司开展资产管理产品业务试点有关问题的通知》，保险资管"一对N"将开闸；与此同时，证监会则发布了《资产管理机构开展公募证券投资基金管理业务暂行规定》，允许券商、险资、私募及PE等机构开展基金业务。央行也在其发布的《中国金融稳定报告（2012）》中称："当前，在金融业对外开放不断深化的环境下，为应对外部挑战，我国金融机构开展综合经营是面对现实的必然选择。"

无论是政策导向，还是银行、券商、保险等机构的布局都表明，金融行业混业经营的态势已现。业务分析人士普遍认为，混业经营势必会引发金融业各子行业格局的进一步变化，而商业银行在我国金融体系中本来就占据主导地位，在多年的发展中已累积起强大的优质客户资源。如果银行能较好地对各项业务进行资源整合和渗透，那么其强势地位将巩固并加深。

据了解，目前已有8家商业银行控股的基金管理公司管理的基金资产规模近5 000亿元，还有5家城商行有望获得基金牌照；9家银行有旗下控股的保险公司，包括：工、农、中、建、交五大行，光大、中信、邮储和北京银行；有3家商业银行持信托公司牌照，分别是建行、交行和兴业银行。

全国政协委员、招商银行行长马蔚华认为，近年来我国金融脱媒进一步加剧，这在一定程度上迫使中资银行加速转型，拓宽经营领域。

本章小结

1. 商业银行是以获取利润为经营目标，以多种金融资产和金融负债为经营对象，具有综合性服务功能的金融企业。商业银行也称为存款银行，因为它们主要是依靠吸收活期存款作为发放贷款的基本资金来源，而活期存款作为一种短期资金，只能适应短期的商业性放款业务，故称为"商业银行"。

2. 商业银行是金融体系中的主要环节，在金融体系中具有重要地位，这一地位通过其功能充分反映出来。商业银行具有信用中介、支付中介、信用创造和金融服务四大功能。

3. 从商业银行的外部组织形式看，商业银行的制度主要有单一银行制、分支银行制、银行控股公司制及银行的联合与扩张。

4. 商业银行的业务主要有负债业务、资产业务、中间业务。

5. 商业银行资产负债管理的基本原则是选择最佳的资产负债组合，使银行资产的盈利性、资产和负债的流动性、资金的安全性三者能够协调，并在确保资金流动性和安全性的原则下追求最大限度的利润。

6. 监管部门定时和不定时对已有的银行贷款进行检查并将贷款分为正常贷款、关注贷款、次级贷款、可疑贷款和损失贷款五大类，其中后三类为不良贷款。

7. 商业银行流动性管理的目的是控制流动性风险。商业银行流动性管理主要体现为存款准备金管理。

8. 各国金融当局根据《巴塞尔协议（Ⅲ）》进行资本充足性管理，规定商业银行必须持有法定资本金比率。我国从 2004 年起,银监会对上市银行资本充足率实行按季考核,上市银行的资本充足率必须在"所有时点"上满足 8% 的最低要求,否则将暂停该机构和业务市场准入。

9. 如果某银行的资本金低于法定水平,可以通过三个途径来解决:发行股票来增加资本金,或者发行长期债券增加附属资本;减少对股东分配的红利,从而增加可记入资本账户的未分配利润;保持资本金水平不变,通过减少贷款或卖出证券来减少资产。

综合练习题

一、名词解释

商业银行　　银行控股公司制　　存款保险制度

二、不定项选择题

1. 商业银行的职能作用是(　　)。

   A. 信用中介　　B. 支付中介　　C. 信用创造　　D. 金融服务

2. 商业银行的外部组织形式有(　　)。

   A. 单一银行制　　B. 分行制　　C. 集团制　　D. 银行控股公司制

3. 《巴塞尔协议(Ⅲ)》规定,银行的总风险资本比率不得少于(　　)。

   A. 4%　　B. 6%　　C. 8%　　D. 10%

4. 属于银行外部筹集资本的方法有(　　)。

   A. 股利分配　　B. 出售银行资产　　C. 发行股票　　D. 发行债券

   E. 发行大额存单

5. 现金资产包括(　　)。

   A. 库存现金　　　　　　　　B. 托收中的现金

   C. 在中央银行的存款　　　　D. 存放同业的存款

6. 银行持有现金资产的目的是保证银行的(　　)。

   A. 安全性　　B. 流动性　　C. 盈利性　　D. 安全性和流动性

7. 按照贷款的保障程度,银行贷款分为(　　)。

   A. 抵押贷款　　B. 质押贷款　　C. 保证贷款　　D. 信用贷款

8. 反映借款企业营运效率的指标有(　　)。

   A. 速动比率　　B. 总资产周转率　　C. 资产负债率　　D. 利息保障倍数

9. 商业银行实行分业经营的国家典型代表有(　　)。

   A. 美国　　B. 德国　　C. 日本　　D. 英国

10. 评价管理者盈利能力的指标是(　　)。

    A. 资产报酬率　　　　　　　　B. 利息保障倍数

    C. 负债与所有者权益的比率　　D. 权益报酬率

三、问答题

1. 如何理解商业银行的性质?

2. 什么是贷款的五级分类?
3. 银行资本筹集的主要渠道和方法有哪些?

四、计算题

假设某商业银行的核心资本为 600 万元,附属资本为 500 万元,各项资产及表外业务项目见附表:

附表:

项目	金额/万元	信用转换系数	风险权重
现金	850		0
短期政府债券	3 000		0
国内银行存款	750		20%
住宅抵押贷款	800		50%
企业贷款	9 750		100%
备用信用证支持的市场债券	1 500	1.0	20%
对企业的长期贷款承诺	3 200	0.5	100%

根据以上资料,暂不考虑市场风险与操作风险,请计算该银行的资本充足率是多少。是否达到了《巴塞尔协议(Ⅲ)》规定的资本标准?

实训项目

商业银行业务与管理

【实训目标】
1. 理解和掌握商业银行的基本概念、性质与特征。
2. 熟悉商业银行的组织机构、主要业务,明确其管理的一般原则。
3. 了解商业银行产生、发展及现代商业银行的发展趋势。

【实训内容】
选择亚洲、欧洲和美洲的若干商业银行,考查商业银行的特性,比较理论知识与现实状况的差异,并加以总结。

【知识实训分析】
这是一道对学生的应用能力要求较高的题目。商业银行作为以经营工商业存放款为主要业务,并以获取利润为目的的货币经营企业,在人们的日常生活中具有重要作用。在解题之前,我们首先要明确如下问题:

1. 商业银行有哪些性质?
2. 商业银行的职能与特征是什么?
3. 中西方的商业银行有何异同?

【成果与检测】
试比较中西方商业银行的特性、业务模式、组织结构、发展趋势等。课程结束后,每个同学上交总结报告一份。

第七章 国际储备和国际收支

>>> **知识目标**

1. 掌握国际储备的概念及其构成。
2. 了解国际储备的功能及其来源。
3. 掌握国际收支的概念及其内涵。
4. 掌握最佳储备量的确定因素和国际通行的控制指标。

>>> **能力目标**

1. 掌握国际收支平衡表编制的编制原理及其主要内容,能够对国际收支平衡表进行分析。
2. 掌握国际收支失衡的判断标准、产生原因及应采取的相应调节措施。

>>> **本章关键概念**

国际储备　外汇储备　普通提款权　特别提款权　国际收支　国际收支平衡表　经常项目　资本和金融项目

>>> **导入案例**

国际储备的作用

1975—1984年哥伦比亚和墨西哥面对有利的国际形势,采取不同的政策,产生了不同的结果,有力地说明了国际储备的作用。在这10年中,这两个国家都有一段非常有利的外部环境。1977—1979年,世界市场上咖啡价格上涨,哥伦比亚的外汇收入增加,此外,哥伦比亚还是一个毒品走私最猖獗的国家,毒品价格上涨使哥伦比亚受益匪浅。1977—1981年石油价格第二次大幅度提价,墨西哥因为出口石油赚取了大量的外汇。

面对当时国际收支的有利形势,哥伦比亚和墨西哥两国政府采取了截然相反的政策。

哥伦比亚政府决定保持经济稳定增长，把增加的外汇收入储存起来。在1975年，该国的外汇储备仅为4.75亿美元；而到了1980年，哥伦比亚的外汇储备为48.31亿美元，该国当年的进口额为47.39亿美元，外汇储备已经超过了该国12个月的进口额。在5年内，哥伦比亚的外汇储备增加了近10倍。墨西哥在1975年的外汇储备为13.83亿美元，1980年平均外汇储备为29.60亿美元，进口平均为183.39亿美元，外汇储备仅为进口的1/6左右。几年时间内，墨西哥花光了所有增加的外汇收入，外汇储备从来没有超过2个月的进口额。墨西哥政府借助出口增长，有恃无恐地大量举债增加消费，外债增长的速度远远超过了其收入增长的速度。

两种相反的政策产生了两种不同的结果。哥伦比亚政府由于积累了外汇储备，20世纪80年代拉美债务危机爆发时，在美元升值、国际利率提高、外债负担加重的情况下，能从容地应对外债冲击，避免了重新安排债务，没有发生外债危机，维持了经济的稳定增长。而墨西哥面对大好的形势，没有保留足够的国际储备，受国际石油价格下跌和贷款利率上浮的影响，墨西哥出现了国际储备枯竭和国际收支巨额赤字的局面，进而引发了1982年8月的债务危机，进入经济零增长的6年。

第一节 国际储备

一、国际储备的含义及其构成

（一）国际储备的含义

国际储备是指各国货币当局自己拥有的、能够随时动用的、国际间广泛接受的流动资产。国际储备状况是一个经济体一定时期对外经济交往的最终结果，也是其国际金融地位和对外清偿能力高低的集中反映。

（二）国际储备的构成

根据IMF的要求，各国的国际储备由货币性黄金、外汇储备、普通提款权、特别提款权四个部分构成。其中后两种是IMF的成员持有的储备资产形式。四种储备最主要的构成部分是外汇。

▶ 1. 货币性黄金

货币性黄金是指一国货币当局为应付国际收支差额而持有的黄金总额。在货币发展史上，黄金一直占有极其重要的地位。在国际支付与清算中，黄金曾经作为主要的支付手段。第一次世界大战爆发前，黄金是西方世界各国最重要的储备资产。第二次世界大战结束初期，黄金也曾作为主要的国际储备资产。20世纪70年代，布雷顿森林体系崩溃，黄金非货币化，黄金的储备地位减弱。但黄金的价值稳定，人们仍将它视为可靠的保值手段；发达的黄金交易市场，使各国货币当局可以方便地出售黄金，换得必需的外汇来平衡国际收支差额。这些因素使黄金仍然可以作为官方的储备资产之一。一般在全球经济稳定时期，黄金储备量会下降，一旦遇到经济危机，各国会增加黄金外汇储备量。例如，受贸易战的影响，中国、俄罗斯、土耳其等众多新兴市场国家央行大幅增持黄金资产。世界黄金协会发布的报告显示，截至2019年上半年，各国央行购金总量达到了374.1t，创下有统计数据以来全球官方黄金储备同期最大净增幅。

▶ 2. 外汇储备

外汇储备是指各国货币当局拥有的、作为国际储备手段和支付手段的关键货币。外汇储备是各国官方储备总量中的主要构成部分。作为储备的外汇资产必须具备三个条件。

（1）官方持有性。外汇储备资产必须是一国政府或货币当局所拥有或直接有效控制之下的各种流动资产。

（2）普遍接受性。外汇储备资产必须是世界各国普遍赞同和愿意接受的。

（3）价值稳定且流动性强。价值稳定是指外汇储备资产自身的价值必须在较长时期内相对稳定，不能大起大落，而且变现能力强。

在黄金非货币化以后，储备货币既是一种国别货币，又是一种国际货币，因而使它具有了对内和对外的双重责任。内外两种不同的责任对储备货币提出各自不同、甚至完全矛盾的要求。作为一种国别货币，货币当局要求它必须适应本国宏观经济的政策目标，做到币值稳定和促进本国经济发展；作为一种国际货币，则要求它适应国际经济和国际贸易稳定发展的需要。这两种要求同时满足，往往是很困难的。

第一次世界大战以前，英国依靠其庞大的殖民体系和"世界工厂"的地位，使伦敦成为世界上最大的商业与金融中心，与此同时，英镑成为国际货币体系中唯一的储备货币。第一次世界大战使英国的经济实力大大削弱，20世纪30年代以后，美元、英镑和法郎并驾齐驱，共同作为国际储备货币。第二次世界大战后，以美元为中心可调整的固定汇率制度，使美元成为布雷顿森林体系下唯一的储备货币。1973年，布雷顿森林体系崩溃，储备货币逐步走上了多元化道路。目前，主要储备货币有美元、欧元、英镑、日元。随着全球经济中心逐渐转移，加之美元受到结构性问题以及周期性障碍，尽管美元仍是最主要的储备货币之一，但其储备地位已大大下降。近年来，全球多个国家均开启了"去美元化"进程，有意减少对美元的依赖。

我国的外汇储备

根据国家外汇管理局数据显示，截至2019年7月末，我国外汇储备规模为31 037亿美元，继续保持全球领先。过去十几年来，中国一直是全球外汇储备最多的国家。截至2018年末，我国外汇储备规模占全球外汇储备规模的近30%，远高于其他国家。

▶ 3. 普通提款权

普通提款权（General Drawing Right，GDR）也称会员国在IMF的储备头寸，是会员国按其份额的一定比例向IMF缴款并取得借款的权利，所借资金到期必须还本付息。

IMF 犹如一个股份性质的储备互助会。当一个国家获准加入该组织时，必须缴纳入股基金——份额。按 IMF 规定，认缴份额分为两部分：第一部分是黄金或外汇部分，占缴纳份额的 25%，此部分的贷款是无条件的；第二部分是信用部分，用本国货币缴纳，占份额的 75%，信用部分的贷款是有条件的，借款数量越多，条件越严。当成员国发生国际收支逆差时，其有权以本国货币为抵押的形式向 IMF 申请借用可兑换货币。借用的总数额为本国份额的 125%，共分五档，每一档占其份额的 25%，第一档为外汇部分，其余四档为信用部分，借款条件逐档严格。当 IMF 持有的某会员国本国货币数额小于该会员国所缴纳份额的 75% 时，其差额部分和外汇部分之和，形成会员国在 IMF 的净储备头寸。会员国对净储备头寸的借款也是无条件的，因此净储备头寸被 IMF 会员国列为官方储备资产。

▶ 4. 特别提款权

特别提款权（Special Drawing Right，SDR），亦称"纸黄金"（Paper Gold），是 IMF 人为创设的，按会员国原有的基金份额无偿分配给会员国使用的储备账面资产。

（1）特别提款权的性质及分配。

特别提款权诞生于 1969 年 9 月。从性质上讲，特别提款权没有发行基金，是 IMF 人为创设的并按原有基金份额无偿分配给会员国，以专门账户记载，代表着会员国使用资金的特别权利。

特别提款权的创造是通过分配程序实现的。包括以下两种分配方式。

① 一般分配。当会员国长期性全球发展资金需要增加时，为了获得满足，参加国可依据其在国际货币基金所缴纳份额的比例获得特别提款权的分配，补充现有的储备不足。特别提款权的分配决定相隔基期五年。决定的做出依据 IMF 总裁的提案，经执行董事会的同意，由理事会做出决定，并要求得到总投票权的 85% 多数票通过。特别提款权的第二次分配是 1979—1981 年间 121.182 亿特别提款权，累积分配特别提款权约为 215 亿特别提款权。

② 特别一次性分配。1997 年 9 月，国际货币基金组织理事会倡议进行特别提款权的特别一次性分配，以纠正国际货币基金组织中超过 1/5 的会员国从未得到特别提款权分配的事实。倡议生效需得到国际货币基金组织 3/5 的会员国投票（占总投票权 85% 的票数）通过。到 2001 年 3 月 15 日，已有 106 个会员国（占总投票权 71%）表示接受这一建议修正案。特别提款权的特别分配将使所有成员国都能在平等的基础上参与特别提款权，使特别提款权双倍累积分配达 428.7 亿特别提款权。

（2）特别提款权的价值确定。

在价值确定方面，最初的特别提款权是一个具有基金保值的计账单位，每单位的含金量为 0.888 671g，与 1971 年 12 月贬值前的美元等值。布雷顿森林体系崩溃后，特别提款权割断了与黄金的联系，IMF 于 1974 年 6 月达成协议，决定特别提款权改为多种货币定价。每种货币在特别提款权货币篮子中所占的比重依据以下两个因素：一是会员国或货币联盟的商品和劳务出口额；二是各个会员国的货币被 IMF 其他会员国所持有储备资产的数量。

IMF 采用一种加权平均的方法来确定特别提款权的价值。IMF 目前选择了世界贸易中的 5 个主要国家(美国、德国、日本、英国、法国),与 5 国各自对外贸易在 5 国总贸易中的百分比作为权数,分别乘以 5 国货币计算日当日(或前一天)在外汇市场上对美元的比价,求得特别提款权当天的美元价值,然后再通过市场汇率,套算出特别提款权同其他货币的比价。

2016 年 10 月 1 日,人民币正式加入特别提款权。目前,特别提款权的价值由美元、欧元、人民币、日元、英镑这五种货币所构成的一篮子货币的当期汇率确定,所占权重分别为 41.73%、30.93%、10.92%、8.33%和 8.09%。国际货币基金组织特别提款权汇率(XDR),如表 7-1 所示。

表 7-1 国际货币基金组织特别提款权汇率(XDR)

兑换币种	代码	汇率
对人民币汇率	XDRCNY	9.813 9
对美元汇率	XDRUSD	1.371 8
对欧元汇率	XDREUR	1.214 9
对英镑汇率	XDRGBP	1.065 6
对日元汇率	XDRJPY	155.876 6

数据来源:2019 年 8 月 27 日,汇率网。

(3) 特别提款权的使用。

特别提款权一经分配便在会员国的 IMF 专门提款权账户上记录,作为持有国的官方储备资产之一,它用来弥补会员国的国际收支逆差或偿还 IMF 的贷款和费用。为了防止滥用特别提款权,IMF 对特别提款权的使用有若干限制:

① 只有 IMF 会员国才拥有特别提款权,特别提款权只用于政府之间的换算和支付,其目的是用来弥补国际收支逆差,不能转移到民间,故不能直接用于贸易和非贸易支付。

② 特别提款权的使用有三种方式:一是发生逆差的国家向另一会员国以特别提款权为抵押提取自由兑换货币;二是会员国之间根据双边协定使用特别提款权,或 IMF 指定某国或数国来接受使用国的特别提款权;三是把特别提款权售予 IMF。

③ 某国一旦对他国提供了自由兑换货币,便同时取得了特别提款权,使自己的特别提款权持有额超过了原有分配额。但是一国没有无限制提供自由兑换货币的义务。按照 IMF 规定,如果该国所持有的特别提款权达到其累积分配额的三倍,就无须再承担提供自由兑换货币的义务。倘若一国自愿接受更多的特别提款权则不在此限。

(三)国际储备的功能

国际储备的功能包括以下两点。

▶ 1. 弥补暂时国际收支逆差

如果一个国家因出口减少或出口价格下降及其他突发因素造成临时性国际收支逆差,可以动用国际储备对外支付来避免采取宏观经济政策等大面积的调整行动。即使某些国家发生长期的、根本性的国际收支不平衡，必须进行结构或政策调整时，动用国际储备也可以缓和调整过程，减少因采取紧急措施而引起的经济危机和社会震荡。

▶ 2. 维持本国货币汇率的稳定，增强本国货币信誉的基础

国际储备数量的多少，是该国经济和金融实力的体现，它直接影响着该国货币的稳定和信誉。第一，国际储备是维持本国货币汇率稳定的后备金。当一国货币在外汇市场上发生波动，特别是由投机因素引起波动时，该国政府可以动用外汇储备来缓和汇率的波动。第二，一国的国际储备充足程度，给市场传递一个信息——该国具有保持汇率稳定的能力，从而可以提高该国货币在国际市场上的信誉。

二、国际储备的来源

从国际收支平衡表（Balance of Payment Presentation）的统计原理看，当一国国际收支平衡表中的收入方（贷方）大于支出方（借方）时，该国的国际储备存量增加，具体来说有以下几种来源。

（一）国际收支顺差

国际收支中，经济项目的顺差和国际资本的净流入，是国际储备资产的主要来源。顺差引起的境外资金进入本国后，通过外汇市场兑换为本币，中央银行买下外汇，最终形成官方外汇储备。

（1）经常项目顺差形成的储备是债权性储备，它是用本国商品和劳务等换来的。债权性储备是一国政府对非居民所拥有的债权，其数量多少是衡量一个经济体金融实力大小的重要标志。它的高速增长，一定程度上反映了国内投资和消费需求的不足。

（2）资本流动顺差形成的储备是债务性储备，包含国外直接投资（Direct Investment Account）、证券投资、国际借贷所形成的盈余，在偿债期之前，是可以作为国际储备资金周转使用的。但这些盈余最终必须对外支付，只是支付方式和期限不同，在国际、国内经济形势动荡时，最容易流出国内并导致储备大幅下降。债务性储备反映了一国的国际金融资信，是衡量一个经济体国际清偿力的重要标志。

（二）中央银行干预外汇市场时买进的外汇

外汇供求变化会影响汇率变化，当外汇汇率下跌趋势过猛，对本国经济和外贸产生不利影响时，货币当局为了维持本国货币汇率，可以抛出本国货币收买外汇。这部分外汇资产被列入该国的外汇储备中，从而增加了该国的国际储备量。通常情况下，各国货币当局干预外汇市场的本意在于稳定汇率，而不在于增加外汇储备量。

（三）一国政府持有的货币性黄金增量

由于黄金始终作为一种价值实体和财富的象征，代表着一个国家的经济实力和储备资源。中央银行持有的货币性黄金量增加，使得该国储备量增加。增加黄金有两条途径：一是从国内收购并由中央银行储藏，二是从国际黄金市场上收购。黄金是用美元标价的，美元价值的起伏，引起黄金的供求变动，进而造成黄金的价格频繁波动。

（四）一国储备资产的投资收益

各国的国际储备大多以各种流动资产的形式保存，如外汇存款、外国政府债券、欧洲

货币市场的大额定期存单等。这些流动资产所产生的利息和收益也是一国国际储备资产的来源之一。因汇率变动造成的某国外汇储备量折成特别提款权或美元的溢价，或黄金价格上涨引起的黄金储备价格的增加，也是储备量增加的原因。

虽然一国国际储备的来源渠道多样，但作为一种金融变量，其中主要的增量因素是出口创汇能力，以及对外资本流动带来的国际收支顺差。

三、国际储备管理

国际储备管理是一国政府或货币当局根据一定时期内本国的国际收支状况和经济发展的要求，对国际储备的规模、结构和储备资产的使用进行调整、控制，从而实现储备资产的规模适度化、结构最优化和使用高效化的整个过程。

一个国家的国际储备管理包括两个方面：一是国际储备规模的管理，以求得适度的储备水平；二是国际储备结构的管理，使储备资产的结构得以优化。通过国际储备管理，一方面可以维持一国国际收支的正常进行，另一方面可以提高一国国际储备的使用效率。

(一) 国际储备总量管理

▶ 1. 国际储备总量管理的核心

国际储备总量管理的核心是对储备数量的管理，即一国在一个时期内保持多少储备量才算合理。当一国发生国际收支逆差时，可以动用国际储备来清偿，也可采用政策调节或国际融资方式来解决。但后者的采用是有条件的、有限度的，尤其是政策调节，如果达到一定程度就可能造成整个经济的震荡。为此，各国必须保持一定的国际储备数量。

一国的国际储备规模可按其需要程度不同分为三种不同的量，即经常储备量、保险储备量和最佳储备量。

(1) 经常储备量是指维持经济正常发展的进口所需的储备量。正常发展是基本能够达到国内经济目标的发展速度。经常储备量可根据历史资料，按进出口对国际储备的一般需求来确定。经常储备量是一国国际储备量的下限，也是该国国民经济发展的临界制约点。

(2) 保险储备量是指一国在其经常储备量的基础上，加上该国经济发展速度最快、经济规模最大时，可能出现的对外贸易量和其他对外金融支付所需要的储备资产量。保险储备量是一国国际储备量的上限。

(3) 最佳储备又称最适度储备，是指既能满足国民经济发展对国际储备量的需求，保证国际储备充分发挥作用，又能使国际储备的机会成本损失最小的储备量。由于进出口贸易是非连续的、变动的，一国对国际储备的需求也是动态的，所以最佳储备量是一个动态概念。最佳储备量必须根据实际需求的变化而变化，这就增加了确定最佳储备量的难度。

▶ 2. 最佳储备量的影响因素

最佳储备量的影响因素包括以下几点。

(1) 经济规模的大小和经济增长速度的快慢

经济规模的大小通常用国内生产总值来表现。最佳国际储备量与国内生产总值呈正相关关系。一定时期内，一国的经济规模越大、国内生产总值越高、经济增长的速度越快，该国所需要的国际储备量就增多。反之，一定时期内，一国经济规模较小、国民经济增长的速度较慢，该国所需要的国际储备量则可以少一些。

(2) 对外贸易的依赖程度

一国经济发展的对外依赖程度用对外贸易总额与国内生产总值来衡量。一国对外贸易总额占国内生产总值的比例越大，本国经济对国外市场的依赖程度就越高，对外贸易和金融支付就越多。为防不测，该国所需要的储备量也应越多。相反，封闭型的经济对外交往少，也就不需要太多的国际储备。

(3) 国际收支差额

国际储备最基本的用途之一就是弥补该国的国际收支逆差。一些国家的国际储备量与该国的国际收支逆差呈正相关关系。国际收支逆差越大，国际储备需求量就越大。反之，当一国的国际收支处于顺差时，对国际储备量的需求会减小。在国际收支项目中，贸易收支是最重要的一个子项目，一国贸易进口额越大，需要保留的国际储备量也就越大。因此，一国国际收支差额的增减程度，大致反映了该国国际储备需求量的变化趋势。

(4) 汇率制度

国际储备的另一大作用是保持汇率稳定，如果一国采用的是固定汇率制度，并且政府以稳定汇率为目标，则必须考虑留有较多的外汇储备，以便随时调节和干预外汇市场。导致一国增加外汇储备数量的因素是多方面的。如果某国实施固定汇率制度，但储备量有限，常常会实行一个管制政策。因此，固定汇率制大多伴随着一定程度的外汇管制。当一国出现国际收支不平衡时，可以采取严格的外汇管制措施来降低对外汇储备量的需求。反之，若一国采用的是浮动汇率制，各种因素引起的外汇投机可以通过汇率的自我浮动来抵消，于是该国的国际储备量就可以相对较少。

(5) 持有储备的机会成本

一国政府的外汇储备通常是以外汇存款或外国有价证券的方式存放在国外银行、国际金融机构。这种外汇储备方式产生的收益率，低于利用外汇储备进口设备等在国内组织生产从而带动国民经济增长产生的收益率，从而构成了持有外汇储备的机会成本。同时，在其他条件不变时，外汇储备量越多，该国的国内货币供应量相应越多，物价上涨压力也就越大。这样就构成了持有外汇储备而产生的整个社会的机会成本。因此，持有外汇储备的相对机会成本越高，则外汇储备量就应越少。

(6) 国际储备货币币值的稳定性

国际储备货币币值的稳定性越高，币值越趋于上涨，其收益率就越高，它所需要的国际储备量就要少一些，即储备货币的质量与量成反比。外汇储备管理者应当随时跟踪世界主要储备货币的汇率变动趋势，及时做出储备货币的结构和总量调整。

除以上因素之外，一国在确定外汇储备量时，还必须考虑突发事件等因素的影响，如国际政治动荡、战争、石油价格波动，以及那些无法预测和不可抗拒的自然灾害。如果某国承受国际突发事件的能力较弱，外汇储备量就应当增多。

▶ 3. 最佳储备量的参照指标

最佳储备量的参考指标主要有三个：

(1) 一国的国际储备量与国内生产总值的比率,一般参考指标为10%以上。

(2) 一国的国际储备量与年均进口额的比率,一般参考指标为25%~50%。

(3) 一国的国际储备量与其外债余额的比率,一般参考指标为30%以上。

其中,第二个指标是最常使用的。一国的储备数量同对外贸易规模,特别是同进口贸易支付规模相当。这个指标是美国经济学家罗伯特·特里芬(R. Tiffin)最先提出来的,他认为这个比例最高为40%(相当于5个月的进口额),最低为20%(相当于3个月的进口额)。从全年平均看,国际储备以25%为宜。这个指标自20世纪60年代以来,一直沿用至今。

▶ 4. 外汇储备增加的好处和储备过多的风险

(1) 外汇储备增加的好处包括以下几点:外汇储备增加是综合国力增强的重要标志之一;外汇储备增加可提高国际支付能力和提升国家的抗风险能力;外汇储备增加能够维持货币汇率稳定;外汇储备增加能够提升一国在国际金融市场的影响力和话语权。

(2) 储备过多的风险包括以下几点:

① 引起输入性通货膨胀。外汇储备持有大幅增长,使货币当局大量增加本币投放,形成输入性的流动性过剩。过剩的流动性,一部分进入生产领域,特别是房地产领域,支持投资持续高涨,经济过热;另一部分进入金融领域,刺激银行信贷扩张和股票价格飙升,积聚信贷泡沫和资产泡沫。因为外汇储备是中央银行的一项资产,对应的是本币的负债,中央银行外汇资产增多引起负债增大,必然增加银行体系的流动性,助长信贷活动及货币增长,引起通货膨胀。

② 不利于提高总体经济运行效率。一方面,高额外汇储备,意味着相对应的国民储蓄从国民经济运行中沉淀下来,没有参与国民经济的运作,以较低的利率借给国外政府和机构使用;另一方面,我国存在着诸多的巨额资金需求,如中小企业发展、"三农"资金缺口等。对处于高速增长时期的中国经济来说,国内投资不足,表呀为效率低下。

③ 面临外汇贬值的风险。我国外汇储备以美元为主。从历史上看,美国往往不顾他国利益,利用美元的国际货币地位不断地交替采取美元升值、贬值的政策,以解决其经济矛盾与相关问题。

④ 国际压力增大。储备来源于对外贸易的顺差,一国的顺差必然形成另一国的逆差,储备增加会引起双方的"贸易战""汇率战"及对方可能采用其他制裁手段,这对该国发展所需的国际经济环境十分不利。

▶ 5. 国际储备总量的调整

一国实际的国际储备量如果偏离了最适度的储备水平,无论是过低或过高,均需进行调整。调整的措施有很多,过低储备的反向调整往往就是过高储备的调整措施。

国际储备总量不足的调整措施有以下几点。

(1) 压缩进口

压缩进口即进口管制,是指一国政府或其他管理机构采取紧缩外贸进口的措施,直接或间接减少外国产品与劳务的进口,通过减少外汇支出的办法来提高该国的国际储备水平。这一措施被发展中国家普遍采用。

(2) 增加出口

政府利用各种机制和手段鼓励出口、多创外汇，力求减少甚至消除国际贸易逆差，增加国际储备。

(3) 货币贬值

中央银行或其他管理机构根据本国储备的现状和国际收支的发展趋势，下调本国货币汇率，以鼓励出口、限制进口，增加国际储备。

(二) 国际储备结构管理

▶ 1. 国际储备结构管理的目的和原则

国际储备结构管理的重点是外汇储备的结构管理。外汇储备的货币常常因汇率变化带来储备价值的变化，国际储备结构管理的目的是减少外汇汇率变动的风险。

国际储备结构管理的一般原则是保证储备资产的流动性、安全性和盈利性三者的协调。

▶ 2. 国际储备结构管理的内容

国际储备结构管理的内容包括储备货币的币种组合、外汇储备存放地点的多样化和储备资产的保值增值。

(1) 储备货币的币种组合

在国际储备货币多元化格局中，选择以硬货币为主的多种货币组合是有效地防止汇率损失风险的重要手段。储备货币币种组合的确定主要考虑以下因素：储备国对外贸易的国别、贸易额和支付习惯。

在币种选择上使外汇储备与对外贸易的支付习惯一致，并且与贸易额大体保持平衡。各储备货币的发行国的经济、金融状况及汇率变动的趋势，使得各种货币在储备国的储备总量中占有一定比重，储备国以此谋求某些货币贬值额小于或等于另一些储备货币的升值额，达到总体保值或升值的目的。

(2) 外汇储备存放地点的多样化

外汇储备主要资产形式是存放在外国银行的各种外汇存款或外国政府和外国银行（企业）发行的债券上。它们除了要承受汇率风险以外，还要承受国家风险和银行（企业）倒闭的风险。因此，外汇资产的存放，在国别和银行的选择上也要多样化，避免集中存放于少数几个国家或少数几家银行。

(3) 储备资产的保值增值

运用金融技术和手段储备资产的投资要实现多元化，必须通过有效的外汇工具选择和投资组合来减少和消除风险损失。各种储备资产在正常投资时，变现能力强和投资收益高是不可能兼顾的。变现速度对国际储备是至关重要的。因此，国际储备应当根据不同的变现能力实行分级管理，将储备分为两级。一级储备是指在需要时可以随时用来支付的部分，一般包括活期存款和短期国库券。一级储备的特点是变现速度快，但收益很低。二级储备是指收益率高于一级储备、但流动性低于一级储备的资产，如收益率较高、安全性较好的中长期政府债券和其他投资项目。一国应当拥有足够的一级储备来满足储备的交易性需求。这部分储备随时可以动用，充当进口支付和日常外汇市场的干预手段。一旦满足了这种交易性需要，货币当局就可以将剩余的储备资产在各种二级储备资产中进行组合投资，追求其收益性。这样既保持了一定的流动性，又尽可能获取高收益。

在外汇储备头寸的管理中，还应当利用远期外汇买卖、远期利率协定、外汇期权、外汇期货等金融技术和手段，实现储备资产的保值和增值。因此，随着保值领域的不断拓宽，还可以购买外汇来保值。

第二节 国际收支

随着社会生产的发展、技术的进步和经济的全球化，各国都需要通过一种分析工具来了解和掌握本国对外经济交往的全貌，而国际收支正是一国对外政治经济交往的缩影，也是一国在国际经济中地位变化的集中反映。因此，国际收支是最好的分析工具。

一、国际收支的含义

（一）狭义的国际收支

人们对国际收支的理解有一个不断变化的过程。国际收支概念最早出现于17世纪初，受重商主义思潮的影响，人们片面强调金银是社会的唯一财富，一味追求贸易顺差。于是，人们直接用商品的进出口差额解释国际收支。第一次世界大战后，随着国际信用的不断发展，国际收支的内容扩大，国际收支被定义为：在一定时期内，一个国家由于经济、政治与文化等对外交往而发生的必须立即结清的货币收入与支出总额的对比，这种以当年外汇收支为基础的国际货币收支，被理解为狭义的国际收支(Balance of Foreign Exchange)。

（二）广义的国际收支

外汇收支是国际收支的一个重要组合部分，但并非一切国际经济交易都要表现为外汇的收支。第二次世界大战后没有外汇收支的交易，如国与国之间的无偿援助、补偿贸易、易货贸易和资本流动等成为国际经济交易的重要组成部分。于是产生了广义的国际收支(Balance of Payment)概念：国际收支是一定时期内，一个经济体居民与世界其他经济体居民之间所有经济交易货币价值的系统记录。广义国际收支的内涵包括以下几点。

▶ 1. 国际收支反映的是不同经济体之间的交易

国际收支中的交易主体不是国家而是经济体。经济体"应视为在某一特定经济领土上，具有密切联系的若干经济实体组成的利益整体"，如我国的香港、澳门均属于一个经济体而不是一个国家。

▶ 2. 国际收支是以交易为基础，反映的是经济流量

国际收支记载不同经济体之间的交易发生量，反映的是流量概念，与反映某一时点的经济体之间的国际借贷和国际投资等存量概念不同。以交易为基础的含义是只要有不同经

济体之间存在交易，无论是否产生外汇收支，都应当理解为发生了国际收支。

▶ 3. 国际交易是居民与非居民之间的交易

居民是指一个国家的经济领土内从事生产和消费的自然人或法人。经济领土包括一国政府所管辖的地理领土和该国在世界其他地方的飞地（飞地是指隶属于某一行政区域管辖但并不与本区域毗连的土地），也包括在海关控制下的自由贸易区和由离岸企业经营的保税仓库或工厂。经济利益中心是指某单位和个人在一国经济领土范围内拥有一定的活动场所，从事相关的生产或消费，并持续经营或居住一年以上的单位或个人。一个机构或个人只有一个经济利益中心。

居民单位包括政府、企业、非营利团体及家庭个人四类。按照这一定义，一个企业的国外子公司是其所在国的居民和其母公司所在国的非居民。例如，美国某公司在中国的子公司是中国的居民、美国的非居民。子公司与母公司的业务往来都构成中国与美国的国际收支记录内容。一个国家的外交使节、驻外军事人员虽然在另一国家派驻超过一年，但仍是派出国的居民、派驻国的非居民。例如，中国驻美国大使馆外交人员是中国的居民、美国的非居民。此外，国际性机构如IMF、世界银行等，无论设在哪里，都是所在国的非居民，他们同所在国的经济交易属于国际收支范围。国际收支之所以要强调居民与非居民之间的交易概念，是因为居民之间发生的经济交易属于国内交易，居民与非居民之间的经济交易才是国际收支反映的对象和统计的范围。

二、国际收支平衡表

国际收支反映的项目多样、内容复杂，要深入分析国际收支各项目的变化，并从中把握国际收支的总体情况，必须借助于国际收支平衡表。

(一) 国际收支平衡表的基本概念及编制原理

国际收支平衡表是按照某种适合于经济分析的需要而编制的，一定时期内一个经济体的国际经济交易的统计报表。

国际收支平衡表的编制原理是国际会计的通行准则——复式簿记原理。其要点是任何一笔交易发生，必然涉及借方和贷方两个方面。凡是引起外汇收入或外汇供给的交易，即资产减少、负债增加都列入贷方，或称正号项目（Plus Items）；凡是引起外汇支出或外汇需求的交易，即资产增加、负债减少都列入借方，或称负号项目（Minus Items）。所以从账面上看，国际收支平衡表的借方总额与贷方总额总是相等的，其净差额为零。

国际收支平衡表的记账时间，采用与所有权变更相一致的原则，即"权责发生制"原则，只要经济体参与交易的实际资源或金融资产的所有权在法律上发生转移，即使并未实现现金收付，也要按转移时间进行记录。

(二) 我国国际收支平衡表的主要内容

国际收支平衡表包括的内容较多，分为三个主要项目：经常项目、资本和金融项目、净误差与遗漏项目（Net Errors and Omissions Account）。其中每个主要项目下又有其特定的子项目，如表7-2所示。

表 7-2　2018 年上半年中国国际收支平衡表（概览表）

项目	行次	亿元	亿美元	亿 SDR
1. 经常账户	1	−1 830	−288	−198
贷方	2	87 996	13 810	9 605
借方	3	−89 826	−14 098	−9 803
1.A 货物和服务	4	517	81	59
贷方	5	79 777	12 521	8 708
借方	6	−79 260	−12 440	−8 649
1.A.a 货物	7	9 899	1 553	1 082
贷方	8	72 417	11 366	7 904
借方	9	−62 518	−9 812	−6 822
1.A.b 服务	10	−9 382	−1 473	−1 024
贷方	11	7 360	1 155	803
借方	12	−16 742	−2 628	−1 827
1.B 初次收入	13	−1 933	−304	−212
贷方	14	7 305	1 146	797
借方	15	−9 238	−1 450	−1 009
1.C 二次收入	16	−413	−65	−45
贷方	17	914	143	100
借方	18	−1 327	−208	−145
2. 资本和金融账户	19	4 999	785	543
2.1 资本账户	20	−12	−2	−1
贷方	21	5	1	1
借方	22	−17	−3	−2
2.2 金融账户	23	5 011	787	545
资产	24	−13 719	−2 153	−1 497
负债	25	18 730	2 940	2 042
2.2.1 非储备性质的金融账户	26	8 203	1 288	893
2.2.1.1 直接投资	27	5 083	798	553
资产	28	−2 919	−458	−319
负债	29	8 002	1 256	872
2.2.1.2 证券投资	30	4 544	712	498

续表

项目	行次	亿元	亿美元	亿SDR
资产	31	−2 404	−378	−261
负债	32	6 948	1 090	759
2.2.1.3 金融衍生工具	33	−124	−19	−13
资产	34	−84	−13	−9
负债	35	−40	−6	−4
2.2.1.4 其他投资	36	−1 300	−203	−145
资产	37	−5 120	−803	−560
负债	38	3 820	600	415
2.2.2 储备资产	39	−3 192	−501	−348
3. 净误差与遗漏	40	−3 169	−497	−345

数据来源：国家外汇管理局统计数据。

▶ 1. 经常项目

经常项目是一国国际收支的主要组成部分，是国际收支平衡表中最主要的项目。我国经常项目包括货物和服务、初次收入和二次收入。

(1) 货物和服务贸易收支

① 货物。货物是指经济所有权在我国居民与非居民之间发生转移的货物交易。贷方记录货物出口，借方记录货物进口。货物账户数据主要来源于海关进出口统计，但与海关统计存在以下主要区别：一是国际收支中的货物只记录所有权发生了转移的货物(如一般贸易、进料加工贸易等贸易方式的货物)，所有权未发生转移的货物(如来料加工或出料加工贸易)不纳入货物统计，而纳入服务贸易统计；二是计价方面，国际收支统计要求进出口货值均按离岸价格记录，海关出口货值为离岸价格，但进口货值为到岸价格，因此国际收支统计从海关进口货值中调出国际运保费支出，并纳入服务贸易统计；三是补充部分进出口退运等数据；四是补充了海关未统计的转手买卖下的货物净出口数据。

② 服务。服务包括：加工服务，维护和维修服务，运输、旅行、建设、保险和养老金服务，金融服务，知识产权使用费、电信、计算机和信息服务，其他商业服务，个人、文化和娱乐服务以及别处未提及的政府服务。另外还有贷方记录提供的服务，借方记录接受的服务。

(2) 投资要素收支(初次收入)

初次收入是指由于提供劳务、金融资产和出租自然资源而获得的回报，包括雇员报酬、投资收益和其他初次收入三部分。

① 雇员报酬。雇员报酬是指根据企业与雇员的雇佣关系，因雇员在生产过程中的劳务投入而获得的酬金回报。贷方记录我国居民个人从非居民雇主处获得的薪资、津贴、福利及社保缴款等。借方记录我国居民雇主向非居民雇员支付的薪资、津贴、福利及社保缴

款等。

② 投资收益。投资收益是指因金融资产投资而获得的利润、股息(红利)、再投资收益和利息,但金融资产投资的资本利得或损失不是投资收益,而是金融账户统计范畴。贷方记录我国居民因拥有对非居民的金融资产权益或债权而获得的利润、股息、再投资收益或利息。借方记录我国因对非居民投资者有金融负债而向非居民支付的利润、股息、再投资收益或利息。

③ 其他初次收入。其他初次收入是指将自然资源让渡给另一主体使用而获得的租金收入,以及跨境产品和生产的征税和补贴。贷方记录我国居民从非居民那里获得的相关收入。借方记录我国居民向非居民进行的相关支付。

(3) 经常转移收支(二次收入)

二次收入是指居民与非居民之间的经常转移,包括现金和实物。贷方记录居民从非居民处获得的经常转移,借方记录居民向非居民提供的经常转移。

▶ 2. 资本和金融项目

资本和金融项目亦称"资本和金融账户",是记录一定时期内一国(或地区)对外资本的流出流入情况的项目,是国际收支平衡表中仅次于经常项目的重要项目。

(1) 资本项目反映一国与外国之间发生的资本转移和其他非金融资产的获得与处置情况,主要包括移民资金转移、债务减免等资本性资金转移。

(2) 金融项目(Finance Account)包括引起一个经济体对外资产和负债所有权变更的所有权交易。按照投资方式或者功能,金融项目分为直接投资、证券投资和其他投资、储备资产四类。按资金流向构成的债权债务,金融项目分为资产、负债。以我国为例,其中直接投资分为外国在华直接投资(视同于负债)和我国在外直接投资(视同于资产)。

和经常账户不同,金融账户的各个项目并不是按照贷方总额来记录,而是按照净额来记入相应的借方或者贷方。

① 直接投资。直接投资是指国外经济体在本国和本国在国外经济体以独资、合资、合作经营及合作勘探开发等方式进行的投资。

② 证券投资。证券投资是指国外经济体在本国和本国在国外经济体购买对方发行的债券或股票等有价证券的投资方式。

③ 其他投资。其他投资是指除直接投资和证券投资外的所有金融交易,分为贸易信贷、贷款、货币和存款及其他资产负债四类形式。

④ 储备资产。储备资产是指一国货币当局所拥有的、用于满足国际收支平衡需要的国际流动资产,包括黄金、外汇、在 IMF 的储备头寸和特别提款权。由于官方储备的增减变化是为了平衡上述两项目的差额,因此官方储备的增加反映在国际收支平衡表的借方;反之,反映在贷方。

▶ 3. 净误差与遗漏项目

净误差与遗漏项目是一个人为的平衡项目。由于国际收支平衡表是按照复式簿记原理编制的,借方总额与贷方总额必须相等,经常项目与资本和金融项目冲抵后的净差额应通过官方储备的增减来达到平衡。但是,由于统计口径不同、统计数字来源不一、数字不全或数字错误等原因，总差额与官方储备的实际增减数并不相等，借贷双方账目不能平衡。为了使整个国际收支平衡表的净差额为零，于是设立了净误差与遗漏项目，以达到国际收支平衡表账目的人为平衡。

三、国际收支分析

(一) 国际收支三大项目的经济含义及数量平衡关系

▶ 1. 经济含义

(1) 经常项目是国际收支中最重要和最基本的项目，是一个与实际经济联系紧密的项目，它所记录的各项交易都是以转移所有权为特征的。

在经常项目中，货物贸易收支是重点。它在经常项目中占有较大的比例，同时与实际经济密切联系。通过货物贸易收支分析，可以看出一国商品进出口的结构、在世界贸易中的地位和所占比例的大小，进而看出该国的产业结构、生产技术水平、自然资源、国内外市场行情、贸易条件、货币币值的变化。

服务贸易收支项目反映了一国对外服务的规模和变化趋势，如交通运输业、金融保险业、社会服务事业的发展水平、旅游资源的开发利用程度等。

收入项目反映一个经济体在国际人才和资本流动市场收入或支出的状况，反映对外往来中提供或接受的实际资产或金融资产单方面转移的情况及国际友好往来状况。

随着国内经济市场化程度和对外开放程度的进一步提高，中国经济持续、快速、稳定增长。与此同时，中国的经常账户持续顺差，这是导致中国经济外部不平衡的主要原因。

(2) 在资本和金融项目中，除资本项目与经常项目反映的特征相同外，金融项目反映的是以货币表示的债权、债务在国际的变动，所记录的交易仅转换使用权，并不改变所有权或控制权。金融项目反映了一个经济体引进外资或对外经济扩张状况，以及长短期资本的构成、流向和运用情况。因资本借贷或对外投资而衍生的利息、股利、利润收支等，则属于经常项目下的收支项目。储备资产项目反映一个经济体国际储备的规模、结构，并可纵向或横向比较该经济体国际清偿能力的变化。

(3) 净误差与遗漏项目数量的大小，一定程度上反映了统计误差，并近似地说明一个经济体在特定时期内的资本非法流动状况。

▶ 2. 交易性质

根据交易性质可以将项目分为自主性交易项目和调节性交易项目。

(1) 自主性交易项目

三大项目中，经常项目、资本和金融项目称为自主性交易项目或事前交易项目。自主性交易是指经济实体或个人出自某种经济的、政治的、人道主义目的自发进行的交易。在交易过程中，它们没有也不必要考虑这笔交易对整体国际收支可能产生的影响。

(2) 调节性交易项目

净误差与遗漏项目称为平衡项目或事后项目，是对自主性交易出现缺口或差额时进行的弥补性交易的记录。

(二)国际收支差额分析

▶ 1. 国际收支差额的含义

根据国际收支平衡表对一国在一定时期内的国际收支状况做出判断,通常采用国际收支差额分析法。

国际收支差额(Balance of Payments,BOP)是指自主交易的差额。当这一差额为零时,称为"国际收支平衡";当这一差额为正时,称为"国际收支顺差";当这一差额为负时,称为"国际收支逆差"。后两者统称为"国际收支不平衡"。

▶ 2. 国际收支差额分析

国际收支差额包括贸易收支差额、经常账户差额、资本和金融账户差额以及综合差额。

(1)贸易收支差额

贸易收支差额是指包括货物与服务在内的进出口贸易之间的差额。

$$商品贸易差额=商品出口-商品进口$$

如果这一差额为正,表示该国存在贸易顺差;如果这一差额为负,表示该国存在贸易逆差;如果这一差额为零,表示该国贸易收支平衡。

在分析一国国际收支状况时,贸易收支差额具有特殊的重要性。对许多国家来说,由于贸易收支在全部国际收支中所占的比重较大,同时贸易收支的数字尤其是货物贸易收支的数字易于通过海关的途径及时收集,因此贸易收支差额能够比较快地反映出一国对外经济交往的情况。贸易收支差额在国际收支中具有特殊重要性的原因还在于,它表现了一个国家(或地区)自我创汇的能力,反映了一国(或地区)的产业结构和产品在国际上的竞争力及在国际分工中的地位,是一国(或地区)对外经济交往的基础,影响和制约着其他账户的变化。

(2)经常账户差额

经常账户差额是一定时期内一国(或地区)货物、服务、收入和经常转移项目贷方总额与借方总额的差额。

$$经常项目差额=货物贸易净额+服务收支净额+国外净收入+经常转移净额$$

当贷方总额大于借方总额时,经常账户为顺差;当贷方总额小于借方总额时,经常账户为逆差;当贷方总额等于借方总额时,经常账户收支平衡。经常账户差额与贸易收支差额的主要区别在于收入项目余额的大小。由于收入项目主要反映的是资本通过直接投资或证券投资所取得的收入,因此,如果一国净国外资产数额越大,从外国得到的收益也就越多,该国经常账户就越容易出现顺差。相反,如果一国净国外负债越大,向国外支付的也就越多,该国经常账户就越容易出现逆差。

经常账户差额是国际收支分析中最重要的收支差额之一。如果出现经常账户顺差,则意味着由于存在货物、服务、收入和经常转移的贷方净额,该国的海外资产净额增加,换句话说,经常账户顺差意味着该国对外净投资增加。如果出现经常账户逆差,则意味着由于存在货物、服务、收入和经常转移的借方净额,该国的海外资产净额减少,即经常账户逆差表示该国对外净投资减少。

(3) 资本和金融账户差额

资本和金融账户差额是国际收支账户中资本账户与直接投资、证券投资以及其他投资项目的净差额。该差额具有以下两层含义：第一，它反映了一国（或地区）为经常账户提供融资的能力。根据复式记账的原则，国际收支中的一笔贸易流量通常对应一笔金融流量。当经常账户出现赤字时，必然对应着资本和金融账户的相应盈余，这意味着一国利用金融资产的净流入为经常账户提供了融资。因此，如果该差额越大，代表一国（或地区）为经常账户提供融资的能力越强。第二，该差额还可以反映一国（或地区）金融市场的发达和开放程度。随着经济和金融全球化的不断发展，资本和金融账户已经不局限于为经常账户提供融资，或者说国际资本流动已经逐步摆脱了对国际贸易的依赖，而表现出具有相对独立的运动规律。资本和金融账户差额将能够反映该国（或地区）金融市场的开放程度以及这种独立的资本运动规律。

(4) 综合差额

将经常账户差额与资本和金融账户差额进行合并，或者把国际收支账户中的官方储备与"净误差与遗漏"剔除以后所得的余额，称为国际收支综合差额。它是全面衡量一国国际收支状况的综合指标，通常所说的国际收支差额往往就是指国际收支的综合差额。国际收支差额的计算公式为：

国际收支差额＝经常项目收支差额＋资本和金融项目收支差额
　　　　　＝（经常项目收入额－经常项目支出额）＋（资本和金融项目收入额－资本和金融项目支出额）
　　　　　＝经常项目的顺差（＋）/逆差（－）＋资本和金融项目净流入（＋）/净流出（－）

上列公式未考虑净误差与遗漏。作为平衡项目的净误差与遗漏，可以用上列公式计算出来的国际收支差额与储备资金增减额相比较计算。例如国际收支逆差为120万美元，而同期资金储备只减少了80万美元，则说明有40万美元的净误差和遗漏。

如果综合差额为正，则称该国（或地区）国际收支存在顺差；如果综合差额为负，则称该国（或地区）国际收支存在逆差；如果综合差额为零，则称该国国际收支平衡。国际收支综合差额具有非常重要的意义，可以根据这一差额判断一国（或地区）外汇储备的变动情况以及货币汇率的未来走势。如果综合差额为正，该国（或地区）外汇储备就会不断增加，本国（或地区）货币将面临升值的压力；如果综合差额为负，该国（或地区）外汇储备就会下降，本国（或地区）货币将面临贬值的压力。中央银行可以运用这一差额判断是否需要对外汇市场进行干预，政府也可以根据这一差额确定是否应该进行经济政策的调整。

(三) 国际收支失衡的判断标准和失衡原因

▶ 1. 国际收支失衡的判断标准

国际收支均衡与否是针对自主性交易而言的，自主性交易（Autonomous Tramsaction）是指那些基于交易者自身的利益或其他的考虑而抽查发生的交易，主要包括经常项目和资本与金融项目中的交易。一定时期内，一个经济体在对外经济交易中，其自主性交易收支如果相等或基本相等,那么国际收支是平衡的,否则,国际收支就是不平衡的,而必须以调节性交易来弥补,则这种平衡只是形式上的平衡。

▶ 2. 国际收支失衡的原因

国际收支失衡的原因包括以下几点。

(1) 周期性原因

在市场经济条件下,一个经济体的经济发展往往具有繁荣、衰退、复苏、萧条的周期性。而不同经济时期对国际收支的影响是不同的。当一个经济体的经济处于繁荣时期,经济活跃,需求旺盛;当资源有限、供给不足时,进口需求相应扩大,同时因需求拉动的较高通货膨胀率又使其出口困难,这样常常导致其国际收支出现逆差。在衰退、萧条阶段,经济不景气、居民收入下降、企业投资萎缩、进口减少,同时通货膨胀率相对较低,加上政府竭力开辟国外市场,此时实行商品倾销和外汇倾销政策,往往有利于国际收支的改善。

(2) 收入性原因

通常情况下,一个经济体的进口总额与总需求水平成正方向变化。国民收入增加会引起需求扩大与进口总额增加。另外,一个经济体的出口总额是与它的贸易伙伴的收入水平相联系的。所以,一个经济体的进出口总额是国民收入的函数,无论是因经济周期的变化,还是因各经济体经济增长速度的变化而引起的国民收入的变动,都会给国际收支造成一定的影响。

(3) 结构性原因

国际收支失衡的结构性原因是指生产结构的变动不能适应世界市场供求结构的变化而引起的国际收支失衡。在现有的国际分工和贸易格局下,如果国际市场发生供求结构变化,而某经济体的进出口商品结构未能及时调整,则可能出现进口增加和出口减少的情况,从而直接导致贸易收支或整个国际收支的失衡。例如,两次石油危机导致的非产油国,特别是发展中国家的非产油国大面积收支逆差。归根到底,结构性失衡是由一国生产技术水平决定的。

(4) 货币性原因

货币性原因是指一国币值变动引起的物价变动,进而导致的国际收支失衡。当某经济体因政策原因使货币供给的增长速度超过了国民经济的增长速度,引起物价上涨,出口商品价格必然相对昂贵,而进口商品价格相对便宜,从而导致出口商品的竞争能力降低,出口减少,进口增加,国际收支出现逆差。如果货币币值上升,则会发生相反的情况。

(5) 偶然性原因

偶然性原因是指由于国际政治、经济等突发事件、自然环境的突然变化等不可抗拒因素造成的国际收支失衡。例如,由于气候环境的突变引起的自然灾害(如干旱、洪涝等),会使粮食和其他农副产品减产,当农副产品出口在一国出口贸易中占有较大比重时,必然影响其贸易收支的平衡,最终可能导致国际收支的失衡。此外,季节性因素(进出口淡旺季)、不稳定的资本流动及投机活动因素、战争等政治因素,也往往是导致国际收支失衡的重要原因。

(四)国际收支失衡的后果分析

国际收支失衡不仅涉及对外支付,而且也影响到各经济体的经济活动。在对外开放的环境中,国际收支均衡作为对外经济目标,与充分就业、物价稳定和经济增长等国内经济目标并驾齐驱。无论国际收支赤字还是盈余,它们的持续存在都会通过各种传递机制给经济产生不利的影响,妨碍内部均衡目标的实现。

▶ 1. 大规模逆差对经济的影响

大规模逆差对经济的影响包括以下几点。

(1)不利于本国经济增长

由于长期逆差的存在,必然要耗费国际储备,引起货币供应的缩减及外汇储备的枯竭,从而阻碍国民经济的发展,使得生产萎缩、失业增加。

(2)不利于本国货币稳定

持续逆差,会增加对外汇的需求,从而促使外汇汇率上升,本币不断贬值,使本币的国际地位降低。

(3)不利于对外经济发展和政治交往

长期逆差将使偿债率降低,如果陷入全面困境不能自拔,就会影响经济和金融实力,经济体丧失国际信誉,对对外经济和政治交往产生消极影响。

▶ 2. 大规模顺差对经济的影响

大规模顺差对经济的影响包括以下几点。

(1)导致输入性通货膨胀

持续的顺差即意味着累积的国际储备增加,外汇供给的增加会引起对本币的需要,迫使经济体扩大货币投放,在其他条件不变时一定程度引起通货膨胀。

(2)在货币自由兑换时,本币可能受到国际游资冲击

持续顺差会使外汇汇率下跌,本币汇率上升,这必然引起国际短期资金的大量流入,加剧国际投机资本对本币的冲击,最终使外汇市场陷入混乱。

(3)容易引起贸易摩擦

一国的顺差即意味着他国的逆差,大量的顺差说明该国的出口极多、进口很少,而对应的贸易伙伴出口少、进口多,很可能引起国际纠纷,影响国际经济关系。中美贸易战的爆发和各国不断制定的反倾销政策都反映了这一问题。

■ 四、国际收支调节

国际收支失衡不仅会影响一国的对外经济发展,而且也会影响其国内经济的发展,因此各国都非常注重对国际收支失衡的调节。国际收支的调节机制与货币和汇率制度紧密相关。下面结合不同的货币和汇率制度予以探讨。

(一)国际收支的自动调节

▶ 1. 金本位制的国际收支自动调节机制

金本位制的国际收支自动调节机制就是古典经济学家大卫·休谟所提出的"物价一现

金流动机制",又称"休谟机制"。

在金本位制下,黄金作为货币可以自由输出、输入。当一国国际收支逆差增大时,本国黄金便会自由输出以弥补逆差。由于黄金外流,黄金存量下降,货币供给相应减少,引起国内物价水平下跌,本国出口商品在国外市场上的竞争能力提高,对应外国商品在国内市场竞争能力下降,于是该国出口增加,进口减少,国际收支逆差减少并向顺差转化。同样,国际收支顺差也是不能持久的,因为顺差引起黄金内流会扩大国内的货币供给量,导致物价上涨,出口减弱,进口增加,原有的国际收支顺差趋于消失。"休谟机制"的这种调节过程可用图7-1表示。

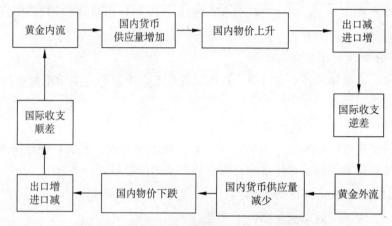

图7-1 金本位制下的国际收支自动调节机制

▶ 2. 信用货币制度下的国际收支自动调节

信用货币制度下的国际收支自动调节包括以下几点。

(1) 汇率的自动调节机制

在固定汇率制度下,汇率的不变或有限变动,使汇率的自动调节功能丧失。

在浮动汇率制度下,当一国国际收支出现逆差时,外汇需求大于外汇供给,外汇汇率上升,本币汇率相对下降,在国外商品的需求弹性较大的情况下可以刺激贸易逆差国增加出口,同时抑制进口,逆差逐渐消除,国际收支恢复平衡。当一国国际收支出现顺差时,外汇供给大于外汇需求,外汇汇率下跌,本币汇率上升,出口减少、进口增加,顺差逐渐消除,国际收支恢复平衡。

(2) 物价的自动调节机制

在固定汇率制度下,当一国国际收支出现逆差时,固定汇率制度要求汇率稳定,结果外汇支出的增加会引起国内信用紧缩,物价下跌,出口商品成本降低,导致出口增加、进口减少,逆差逐渐消除,国际收支逆差失衡恢复。反之,当一国国际收支出现顺差时,外汇收入增加,汇率不变会导致国内信用膨胀,物价上涨,出口的商品成本增加,最终出口减少、进口增加,顺差逐渐消除,国际收支顺差失衡恢复。

在浮动汇率制度下,当一国国际收支出现逆差时,本国货币汇率自动下浮,汇率下浮通过国内出口商品的价格下降来增强本国商品在海外的竞争能力,并逐渐消除逆差失衡。

(3) 利率的自动调节机制

当一国的国际收支逆差增大时，外汇支出增加，银行信用紧缩，利率上升。一方面，国内投资和消费下降，物价下跌，出口上升，进口减少，贸易逆差逐渐消除；另一方面，在货币的自由流动情况下，因逆差国利率水平高于其他国家，会诱导外国短期资本大量流入，该国资本外流减少，资本项目的顺差增加，国际收支恢复平衡。

当一国的国际收支出现顺差时，随着外汇收入增加，银行信用膨胀，利率下降。一方面，使得国内投资和消费增加，物价上涨，出口减少，进口增加，贸易顺差逐渐消除；另一方面，由于利率水平低于其他国家的利率平均水平，短期资本大量外流，使该国顺差减少，国际收支恢复平衡。

(4) 国民收入的自动调节机制

一国国际收支逆差扩大会使其外汇支出增加，引起国内信用紧缩，国内总需求下降，国民收入随之减少，进口需求下降，贸易逆差逐渐缩小直至消失，国际收支逆差失衡恢复。反之，一国国际收支出现顺差会使其外汇收入增加，引起国内信用膨胀，总需求上升，国民收入也随之增加。国民收入的增加必然使进口需求上升，贸易顺差逐渐减少，国际收支恢复平衡。

(二) 国际收支的政策调节

国际收支的政策调节是指政府通过经济政策的调整，恢复本国国际收支平衡的手段。

▶ 1. 外汇政策

外汇政策包含外汇缓冲政策和汇率政策两方面内容。

(1) 外汇缓冲政策

外汇缓冲政策是指各国政府利用外汇储备建立外汇稳定基金（Exchange Stabilization Fund），必要时用来抵消市场超量的外汇供给或需求，改善国际收支状况的政策。

具体做法是，当一国国际收支顺差或逆差增大时，中央银行通过外汇稳定基金在外汇市场上购入或抛出外汇，调节外汇供求，通过稳定汇率来平衡国际收支。动用政府的外汇储备来缓冲国际收支逆差，只能缓冲暂时性的逆差，不可能解决长期性逆差问题。

(2) 汇率政策

逆差国通常采取下调本币汇率，即本币贬值的方法，降低本国出口商品的海外价格，增加出口，减少进口，最终达到国际收支平衡。但是，逆差国在降低本币汇率，减少逆差的同时又会导致资本外流，加剧国际收支逆差，并且降低汇率容易引起国内物价上涨，同时还可能遭到贸易伙伴的报复而难以达到预期效果。

▶ 2. 直接管制政策

直接管制政策是指一国政府用行政命令的办法，直接干预外汇买卖和对外贸易，表现为外贸管制和外汇管制。

(1) 外贸管制

外贸管制是指一国政府对商品输出、输入进行直接干预的政策措施。采取的措施包括限入和奖出。限入是设立进口许可证制、进口配额和提高关税等办法，限制某些商品的进口；奖出是政府通过发放出口津贴、给予免税退税优惠、提供出口信贷等手段来降低出口商品成本，扩大出口。

(2) 外汇管制

外汇管制(Foreign Exchange Control)是指一国政府为平衡国际收支和维持本国货币汇率而对外汇进出实行的限制性措施。外汇管制分为数量管制和成本管制。

数量管制是指国家外汇管理机构对外汇买卖的数量直接进行限制和分配，通过控制外汇总量达到限制出口的目的。数量管制调节国际收支的特点是选择性强，对局部性国际收支失衡可以采取有针对性的措施加以调节。例如，国际收支不平衡如果是由某几类商品进口增加造成的，就可以直接对该几类进口商品加以限制。这种管制方式见效快，能收到立竿见影的效果，但是也容易引起贸易伙伴国的报复，以致使其效果大大减弱甚至化为乌有。

成本管制是指，国家外汇管理机构对外汇买卖实行复汇率制，利用外汇买卖成本的差异，调节进口商品结构。

▶ 3. 财政和货币政策

(1) 财政政策是通过增减财政开支、调节进出口税率等办法来作用于政策目标的。当某经济体出现大量国际收支逆差时，政府可实行紧缩性的财政政策，即增加税收和削减财政开支，以抑制社会总需求，降低物价，从而增加出口、减少进口，消除逆差，使国际收支恢复平衡。当一国国际收支出现顺差时，则实行扩张性的财政政策，即减少税收和增加财政开支，以扩大社会总需求，从而增加进口、减少出口，消除顺差，使国际收支恢复平衡。

财政政策的局限性在于紧缩性的财政政策虽然一定程度上改善了国际收支，但这是以牺牲国内经济为代价的，其效果往往与国内经济目标冲突。因为紧缩性财政政策在减少进口支出的同时也抑制了本国居民对国内产品的需求，容易引起市场疲软和生产能力的闲置，导致失业率升高和经济增长减缓。相反，扩张性的财政政策容易引起物价上涨，导致国内通货膨胀和国际收支逆差。

(2) 货币政策是中央银行通过调整再贴现率、法定存款准备金率或者在公开市场上买卖政府债券等措施来达到政策目标的。

下面以调整再贴现率为例进行说明。

当某经济体国际收支逆差增大时，政府可实行紧缩性的货币政策，即提高中央银行贴现率，使市场利率上升，以抑制社会总需求，迫使物价下跌，通过物价来影响出口和进口。市场利率上升会促使海外资本流入，从经常项目和资本项目两方面逐渐消除逆差，国际收支恢复平衡。相反，国际收支发生顺差时，则可实行扩张性的货币政策，即通过降低中央银行再贴现率来刺激总需求，迫使物价上升、出口减少、进口增加，资本外流，从而顺差逐渐减少，国际收支恢复平衡。

可见，货币政策最终是通过利率杠杆来达到目标的。由于利率的"双刃剑"作用，调整利率来平衡国际收支也有其局限性。首先，利率不是影响资本流动的唯一因素，除利率外，凡能危及资本安全的政治、经济等因素都会影响资本的流动。例如，当一国发生内乱时，提高利率也不可能引起资本内流。其次，提高利率短期内有可能吸引资本流入，起到暂时改善国际收支的作用，但从经济实体角度看，利率上升导致人们的投资消费下降、信用紧缩、失业增加，最终制约经济健康发展。因此，单纯的货币政策并不利于从根本上改善国际收支失衡。

(3) 财政政策和货币政策的配合。

财政政策和货币政策的协调配合，可以达到内部均衡与外部均衡的双重目的。

在开放条件下，财政政策对国内经济影响大于对国际收支的影响，货币政策对国际收支的影响大于财政政策。这为政策配合提供了条件。例如，当一国衰退和逆差交替出现时，可实行宽松财政政策和紧缩货币政策的配合，利用扩张性的财政政策治理衰退，刺激经济增长；利用紧缩性的货币政策吸引外资，改善经济结构，最终促进出口、抑制进口，从而减少逆差。

相反，当膨胀和顺差并存时，则可实施紧缩性的财政政策和扩张性的货币政策的配合，以紧缩性的财政政策抑制膨胀，以扩张性的货币政策促使资本外流，增加进口、减少出口，从而消除顺差。

本章小结

1. 国际储备是指各国货币当局自己拥有的、能够随时动用的、国际间广泛接受的流动资产。国际储备状况是一个经济体一定时期对外经济交往的最终结果，也是其国际金融地位和对外清偿能力高低的集中反映。国际储备由货币性黄金、外汇储备、普通提款权和特别提款权构成。

2. 国际储备的来源主要有：国际收支顺差；中央银行干预外汇市场时买进的外汇；一国政府持有的货币性黄金增量；一国储备资产的投资收益。

3. 国际储备的管理包括总量管理和结构管理两个方面。

4. 国际收支有狭义和广义两层含义。在一定时期内，一个国家由于经济、政治与文化等对外交往而发生的、必须立即结清的货币收入与支出总额的对比，这种以当年外汇收支为基础的国际货币收支，被理解为狭义的国际收支。广义的国际收支是指一定时期内，一个经济体居民与世界其他经济体居民之间所有经济交易货币价值的系统记录。

5. 国际收支平衡表是指按照某种适合于经济分析的需要而编制的，一定时期内一个经济体的国际经济交易的统计报表。国际收支平衡表按照复式簿记原理进行编制，按照IMF要求分为三个主要项目：经常项目、资本和金融项目、净误差与遗漏项目。

6. 国际收支的政策调节是指政府通过经济政策的调整，恢复本国国际收支平衡的手段，包括外汇政策、直接管制政策、财政和货币政策。

综合练习题

一、单项选择题

1. 目前，国际储备体系中最重要的储备资产是（　　）。

A. 黄金　　　　B. 外汇储备　　　C. 特别提款权　　　D. 普通提款权

2. 从布雷顿森林体系崩溃以来，国际储备最明显的变化是（　　）。

A. 美元是唯一的储备货币　　　　　B. 英镑是唯一的储备货币

C. 黄金是最重要的储备资产　　　　D. 国际储备资产多元化

3. 我国国际储备管理的重点是（　　）。

A. 外汇储备　　　B. 特别提款权　　　C. 黄金　　　D. 普通提款权

4. 在特别提款权的价值确定中，（　　）一直是一篮子货币中比重最大的。

A. 欧元　　　B. 英镑　　　C. 日元　　　D. 美元

5. 特别提款权是一种（　　）。

A. 实际资产　　　B. 账面资产　　　C. 流动资产　　　D. 固定资产

6. 国际借贷所产生的利息，应列入国际收支平衡表中的（　　）账户。

A. 经常　　　B. 资本　　　C. 直接投资　　　D. 证券投资

7. 投资收益在国际收支平衡表中应列入（　　）。

A. 经常账户　　　B. 资本账户　　　C. 金融账户　　　D. 储备与相关项目

8. 国际收支平衡表中人为设立的项目是（　　）。

A. 经常项目　　　B. 资本和金融项目　　　C. 综合项目　　　D. 净误差与遗漏项目

9. 根据国际收支平衡表的记账原则，属于借方项目的是（　　）。

A. 出口商品　　　　　　　　　　　B. 官方储备的减少

C. 本国居民收到国外的单方向转移　　D. 本国居民偿还非居民债务

10. 根据国际收入平衡表的记账原则，属于贷方项目的是（　　）。

A. 进口劳务　　　　　　　　　　　B. 本国居民获得外国资产

C. 官方储备增加　　　　　　　　　D. 非居民偿还居民债务

二、多项选择题

1. 按照国际货币基金组织的定义，国际储备包括（　　）。

A. 货币性黄金　　　B. 外汇储备　　　C. 特别提款权　　　D. 普通提款权

E. 人民币

2. 关于特别提款权，下面哪些说法是正确的？（　　）

A. 是一种实际发行的货币　　　　　B. 可以充当流通手段

C. 是一种账面资产　　　　　　　　D. 是一种资金使用的权力

E. 是一种人为虚拟的资产

3. 国际储备的作用是（　　）。

A. 显示一国军事实力　　　　　　　B. 平衡国际收支

C. 稳定本国货币汇率　　　　　　　D. 对外举借的保证

E. 一国政治安定的象征

4. 特别提款权的用途是（　　）。

A. 只能用作非贸易支付　　　　　　B. 只能用作贸易支付

C. 弥补国际收支赤字　　　　　　　D. 偿还国际货币基金组织的贷款

E. 既能用作贸易支付，又能用作非贸易支付

5. 充当国际储备货币必须具备（　　）特征。
   A. 自由兑换　　　　　　　　　B. 在国际货币体系中占重要地位
   C. 将来肯定会升值　　　　　　D. 内在价值稳定
   E. 该国长期保持国际收支顺差

6. 影响一国国际储备需求的因素有（　　）。
   A. 持有国际储备的成本　　　　B. 国外筹集资金的能力
   C. 对外贸易状况　　　　　　　D. 本币的国际地位
   E. 外汇管制的程度

7. 属于我国居民的机构是（　　）。
   A. 在我国建立的外商独资企业　B. 我国的国有企业
   C. 我国驻外使领馆　　　　　　D. IMF 等驻华机构
   E. 美国某公司在我国设立的分公司

8. 国际收支平衡表中的资本和金融账户包括（　　）子项目。
   A. 资本账户　　B. 金融账户　　C. 服务　　D. 收益
   E. 储备资产

9. 下列（　　）交易应记入国际收支平衡表的贷方。
   A. 出口　　　　　　　　　　　B. 进口
   C. 本国对外国的直接投资　　　D. 本国居民收到外国侨民汇款
   E. 本国对外国的捐赠

三、判断题

1. 国际清偿能力实际上就是国际储备。（　　）
2. 无论国际储备体系发展到哪个阶段，黄金都是最重要的国际储备。（　　）
3. 特别提款权是国际货币基金组织根据会员国的份额无偿分配的，可用于归还 IMF 贷款和会员国政府之间弥补国际收支赤字的一种实际资产。（　　）
4. 经常项目收支顺差是一国国际储备的最主要来源。（　　）
5. 用外汇储备购买外国黄金，不仅会改变该国国际储备的构成，而且会增大其国际储备的总额。（　　）
6. 国际储备的规模越大越好。（　　）
7. 国际收支是一国在一定时期内对外债权、债务的余额，因此，它表示一种存量的概念。（　　）
8. 资本流出是指本国资本流到外国，它表示外国在本国的资产减少、外国对本国的负债增加、本国对外国的负债减少、本国在外国的资产增加。（　　）
9. 对外长期投资的利润汇回，应计入资本和金融账户内。（　　）
10. 投资收益属于国际收支平衡表中的服务项目。（　　）

四、简答题

1. 什么是国际储备？其基本作用是什么？
2. 国际储备的构成有哪些？其中最主要的储备构成是什么？

3. 特别提款权是什么?其构成货币有哪些?特别提款权如何使用?
4. 国际储备管理的一般原则是什么?
5. 国际收支平衡表的编制原理和三大项目的主要内容是什么?
6. 国际收支平衡表中的利息收益应计入什么项目?为什么?
7. 试述国际收支几个重要的局部差额的经济含义及其相互关系。
8. 试述国际收支政策性调节措施。

实训项目

【实训目标】

1. 使学生对国际金融业务有一定的了解,并能联系实际进行相应的分析。
2. 加深对基本理论、基本方法和基本技能的理解和掌握,培养学生综合运用所学知识的能力。

【实训内容与要求】

搜集我国近10年来国际储备资产总量的变化及国际储备资产结构的相关资料,了解相关资料的主要来源,并根据所学理论知识对搜集到的资料进行加工整理。

【成果与检测】

通过对搜集资料的整理和总结,分析我国国际储备资产总量、结构的变化与国际收支之间的联系,分析这样的变化对我国可能产生的影响。将搜集资料附书面分析报告一并上交。

第八章 中央银行

>>> **知识目标**

1. 了解中央银行产生和发展的原因。
2. 掌握中央银行的含义、职能、组织形式。
3. 深入理解和掌握中央银行的资产和负债项目。
4. 理解中央银行货币政策的功能及目标。
5. 了解中央银行的设立途径及其独立性。

>>> **能力目标**

1. 理解和掌握中央银行的职能和组织形式。
2. 掌握中央银行的资产和负债项目及基础货币的相关内容。
3. 了解银行体系的货币供给及中央银行的货币政策。

>>> **本章关键概念**

中央银行 单一中央银行制 银行的银行 发行的银行 基础货币 货币供应量 货币政策 中介目标 公开市场操作 货币政策工具

>>> **导入案例**

历史上的第一家中央银行

世界上第一家执行中央银行职责的银行是成立于1694年的英格兰银行。英格兰银行是由伦敦城的1268位商人创立的，其目的是筹集120万英镑，并按8%的年息贷给英国国王威廉三世，支持其在欧洲大陆的军事活动。因此，英格兰银行成立之初，就享有向政府放款、代理国库、管理政府债券、以政府债券为抵押发行等值银行券等特权，但当时它没有独占货币发行权，业务经营也等同于一家商业银行。直到1844年颁布了《皮尔条例》之后,英格兰银行才具有了"发行银行"的职能。此后,英格兰银行通过竞争和合并,逐渐垄断了全国货币发行权。之后,许多商业银行为了保障自己的安全,常把一部分存款准备金存放在英格兰银行,它们之间的债权债务关系也由英格兰银行来清算,同时英格兰银行还对这些商业银行提供贷款。至此,英格兰银行便具有了"银行的银行"的地位。1872年,英格兰银行以放款利率作为货币政策工具,在伦敦金融市场上调节使用,使英国避免了1890年的金融危机。此时,英格兰银行成为金融机构的最后贷款人,并同时强化了"政府的银行"的职能。这一系列变化使其最终成为英国的中央银行。

英格兰银行部分行使中央银行职能之后,西方各国都相继效仿。例如,1800年1月18日开业的法兰西银行于1848年获得全国货币发行权。1856年西班牙银行成立;1860年俄罗斯中央银行成立;1875年德国国家银行(帝国银行)成立;1882年日本银行成立;1913年美国在立法基础上建立联邦储备银行。至此,欧洲的主要国家和亚洲的日本及北美的美国都先后建立了中央银行。

思考:中央银行产生的原因是什么?

第一节 中央银行概述

一、中央银行设立途径

(一)中央银行

中央银行是现代金融、经济和社会生活的中心,在一国银行体系中居于主导地位。它是指发行和管理货币,以稳定货币关系为主要职责,代表政府制定和执行金融政策,并通过自己的金融业务管理金融企业的特殊机构。当今世界,许多国家都设立了中央银行来统管全国金融业的业务活动,如英格兰银行、法兰西银行、日本银行、美国联邦储备银行、印度储备银行、中国人民银行等。

(二)中央银行产生的原因

中央银行是在现代商业银行快速扩张并引起的一系列矛盾当中发展起来的。

从17世纪末到18世纪初,在工业革命的推动下,社会生产力迅速发展,商品流通迅猛扩大,商业银行种类和数量不断增加,货币信用业务扩张,银行间竞争极不规范,由此产生了一系列迫切需要解决的问题。

▶ 1. 各商业银行分散发行银行券引起的货币流通混乱问题

从18世纪后期到19世纪初,资本主义的银行业迅速发展,几乎每家银行都拥有银行券的发行权,市场上流通的银行券五花八门。起初,每家商业银行还能够保证随时兑现自己发行的银行券,但是随着银行券发行数量的增多,很多信用能力薄弱的中小银行无力兑现自己的银行券,从而引起广泛的信用纠纷、挤兑风潮和大批银行的倒闭。同时,由于中小银行的资力和信用有限,发行的银行券流通范围狭小,限制了商品生产和流通的规模和范围。随着商品交易的扩大,日益发达的商品经济与落后的银行体系之间的矛盾越来越尖锐,各国开始酝酿设立中央银行,并集中全国的货币发行。

▶ 2. 商业银行之间的票据交换和迂回清算问题

随着商品经济的发展,银行业务不断扩大,银行每天收付的票据数量日益增加,债权债务关系日益复杂。各银行自行结清各种债权债务成本高、效率低,于是客观上要求建立一个全国统一的、有权威的、公正的清算中心,以保证信用制度的完善和经济发展对银行制度的要求。英国于1833年正式成立伦敦票据交换所。1854年,英格兰银行采取了对各个银行之间每日差额结算的清算方法,提高了清算速度,使英格兰银行逐渐演变为中央银行。

▶ 3. 经济生活中缺乏最后贷款人的问题

随着资本主义经济的迅速发展,企业对银行贷款的需求量越来越大,借款期越来越长。银行的资金来源受到数量和信誉的影响,远远不能满足资金运用的需要。同时,由于一些银行贷款不能按期收回,或者出现大量的突发性提现,部分银行会陷入支付的困境而面临倒闭。因此,经济发展需要有一个信誉卓著的、实力强大的中央银行来充当商业银行资金的最后支持者,当某些商业银行发生暂时性资金困难时,中央银行应给予必要的贷款支持,以避免信用危机和金融危机的蔓延。

▶ 4. 金融业的监督和管理问题

资本主义经济的发展,一方面促使银行业日益兴旺,另一方面使银行业竞争日趋激烈。银行的倒闭极易引起连锁反应,给整个社会带来危害。这就需要一个全国统一而又有权威的金融机构对全国的金融业进行监督。20世纪30年代以前,各国中央银行虽然对商业银行的经营活动有一定的规定,但是银行监督比较松懈,直到1929年"大萧条"引起大批银行倒闭、国际信用瓦解,各国政府才普遍认识到必须将金融业置于中央银行严格的监管之下,中央银行普遍建立起来。

二、中央银行的职能

中央银行的职能是其性质的具体体现。对于中央银行职能的归纳与表述的方法各有不同。一般归纳和表述为:发行的银行、银行的银行、政府的银行和监管的银行四种类型。

(一) 中央银行是发行的银行

发行的银行是指中央银行是垄断货币发行权并管理货币流通的银行。在现代银行制度中,中央银行首先是发行的银行。发行货币是中央银行最原始、最基本的职能,也是中央银行区别于商业银行及其他金融机构的独特之处。现代社会是商品和货币经济社会,其顺利运行的条件是健全的货币制度和稳定的货币币值。因此,为了提供稳定的货币环境,中央银行必须对全国的货币发行做出合理的安排和调节。

▶ 1. 货币发行收入/铸币税

凡是货币垄断发行或铸造均可产生铸币税。传统铸币税是指铸币成本与其在流通中的法定币值之差。例如，在铸造银币时，法定1单位银币的实际银含量只有0.5单位，其明显成色不足，但是因为有国家的承认，货币是可以流通的。国家在发行货币时赚了0.5单位的铸币税。

现代意义的铸币税通常是指中央银行通过发行货币的垄断力而得到的特殊收入，铸币税归政府所有，是一国重要的财政收入来源之一，体现了政府利用其法定货币发行权力所获得的购买力。

▶ 2. 中央银行货币发行的基本职责

(1) 发行统一的货币，并适度掌握货币发行数量，调节货币流通总量。

货币的独占性或排他性要求同一国度货币发行管理和流通的统一，目的在于避免不同货币共同流通的混乱；统一货币发行还要求适度掌握货币发行总量，为经济的稳定和持续增长提供适宜的金融环境。因此，发行银行要正确处理好币值稳定与经济增长的关系，既不能为满足经济增长需要而滥发货币，牺牲币值稳定；也不能为了币值稳定而长期紧缩货币发行量，阻碍经济的增长。中央银行还以稳定币值从而稳定物价为己任。因为货币流通是国民经济运行的"血液"，过少的货币发行量会使经济不景气，而过多的货币发行量又会造成经济过热和通货膨胀。这是由货币流通规律所决定的。

(2) 调节流通中的货币结构。

中央银行的货币发行包括现金投放和存款货币发行。在现金投放方面，要求在货币供应总量既定的条件下，根据商品流通的需要，印刷、铸造或销毁票币，进行库款调拨，调剂不同地区间货币投放数量和面额比例，进行合理的票券组合，满足社会各界对货币发行和支付的不同要求。

▶ 3. 中央银行的货币发行准备

发行货币需要有发行准备。从历史上看，充当货币发行准备的有黄金准备和信用准备。

(1) 黄金准备集中体现在中央银行的黄金库存上，其准备形态可以是金币或金块。黄金准备的主要作用在于把货币的发行量限制在一定的范围之内，并维持货币价值的稳定性。

(2) 信用准备主要是指中央银行以有价证券、各种商业票据和外汇作为货币投放基础。其作用在于保证货币发行量不超过商品交易的客观需要。在目前的信用货币制度下，各国货币的发行均已同贵金属脱钩，发行准备主要是信用准备。这种发行准备制度下货币发行数量的弹性较大，如果控制不当，容易引起通货膨胀。

(二) 中央银行是银行的银行

中央银行是银行的银行，是指其只对商业银行和其他金融机构开展各种银行业务。中央银行作为宏观金融管理机构，有必要通过自身的业务经营，对商业银行和其他金融机构的业务活动实施有效的监督和调控。

中央银行的业务内容和监督调控职能具体表现在以下几个方面。

▶ 1. 集中管理存款准备金

集中管理存款准备金是指中央银行以吸收存款的方式集中管理商业银行的存款准备

金。商业银行及有关金融机构必须向中央银行缴存一定比例的存款准备金。其目的在于保证存款机构的清偿能力，以备客户提现，从而保障客户的资金安全和银行的经营安全；有利于中央银行根据宏观政策的需要，调节货币供应量；可以增强中央银行的资金实力，中央银行集中保管存款准备金，实际上使中央银行拥有了对这部分资金的支配权，必要时可以扩大对商业银行的融资能力。

▶ 2. 充当银行业的最后贷款人

最后贷款人是指某些金融机构发生支付困难而其他商业银行或金融机构无力或不愿意对它们贷款时，中央银行业有义务提供资金支持，帮助这些银行摆脱困境，充当在金融领域内应有的"最后贷款者"角色，以避免因支付链条的断裂出现金融恐慌甚至触发经济危机。最后贷款者原则的提出，确立了中央银行在整个金融体系中的主导地位。

中央银行作为最后贷款人，通常采用再贴现和再抵押的方式对商业银行提供信贷，为了配合政府的经济政策，中央银行主动采取变动再贴现率或者再贴现票据种类的措施，以调节商业银行的信贷规模和结构。在某些特殊情况下，商业银行还可以直接从中央银行取得临时性的信用贷款来满足自己资金的需要。

▶ 3. 组织全国银行间的资金清算

中央银行是各金融机构的清算机构。各商业银行在中央银行都开设有存款准备金账户，这样由客户之间的债券债务关系引起的商业银行之间的债权债务关系，就可以通过该账户用非现金方式清算。作为清算银行，中央银行采用差额结算的办法完成清算，即每一个商业银行的清算差额都可以用它来增减其在中央银行的存款。中央银行作为资金清算中心的主要意义在于加快资金周转，节约现金使用，减少清算费用，及时、全面地了解和监督商业银行的经营活动。利用计算机网络进行清算，进一步加快了银行间的清算速度。

（三）中央银行是政府的银行

中央银行作为政府的银行，要求代表政府贯彻执行货币政策，代理政府管理财政收支，以及为政府提供各种金融服务。

中央银行作为政府银行的具体职能表现在以下几个方面。

▶ 1. 中央银行代表政府制定和执行货币政策

中央银行根据宏观经济环境制定和执行货币政策，最主要的手段是进行公开市场操作。中央银行根据货币政策需要，在二级市场上购进和出售各种政府债券。通过执行相应的货币政策，适时向市场提供或回笼货币，调节全社会的货币量。

中央银行是国库收支中心。作为国库收支中心是指政府财政收支不另设机构，由中央银行资金代理收付。政府的所有收入与支出均通过财政部在中央银行设立的各种账户进行，具体业务包括：按国家预算要求协助财政、税收部门收国库款，根据财政支付命令向经济单位划拨资金，随时反映经办预算收支缴拨过程中掌握的预算执行情况，以及经办其他有关国库的事务。

▶ 2. 必要时对政府提供信贷支持

中央银行作为政府的银行，当政府财政出现暂时性收不抵支的情况时，对政府提供短期信贷支持。其手段主要是短期国债或中央银行票据的回购，而不得直接认购，包括国债和其他政府债券。大多数国家都通过立法程序，严格限制中央银行向政府财政提供长期贷款或透支。因为向政府财政提供长期贷款或透支容易使中央银行沦为弥补政府财政赤字的货币供给者，有损于货币的正常流通和金融稳定。在正常情况下，政府的长期性资金大多通过发行长期债券来解决。

▶ 3. 代表政府金融事务

中央银行作为政府的银行，应当代理政府债券的发行及债券到期时的还本付息事宜，同时代政府保管外汇和黄金储备，进行外汇、黄金的买卖。一个独立自主的国家，为了保证经济的正常运行和扩大对外交往，通常拥有一定数量的外汇和黄金储备。中央银行通过为国家保管和管理黄金外汇储备，并根据国内、国际情况，适时、适量地运用这些资金，可以起到稳定币值、调节汇率和保证国际收支平衡的作用。

▶ 4. 代表政府参加金融活动

中央银行充当政府的顾问，提供经济金融情报和决策建议，代表政府参加国际金融会议，出席各种国际性会议，从事国际金融活动，以及代表政府签订国际金融协定等。

(四) 中央银行是监管的银行

中央银行的监管职能是指中央银行通过自身的业务适时监督各金融机构业务的合规性。

中央银行监督的具体内容包括以下几点。

(1) 审慎监督银行，从微观上调控银行行为，如对银行资本充足率、贷款集中度、资产流动性、拨备覆盖率、资产负债比率等风险控制指标提出要求，把银行利润冲动限制在稳健范围内。

(2) 监督金融控股公司的交叉性金融业务。

(3) 加强货币与监督政策协调，强化反洗钱。洗钱活动是国际公害，且日益猖獗。我国制定并实施了《中华人民共和国反洗钱法》，2007年又成为世界"反洗钱金融行动特别工作组(FAFT)"的正式成员。中央银行承担全国反洗钱工作的组织协调和监督管理的责任，负责涉嫌洗钱及恐怖活动的资金监测。

(4) 管理信贷征信业，如拟订征信机构、业务管理办法及有关信用风险评价准则；建设金融征信统一平台，推进社会信用体系建设。

在我国分业经营和分业管理的状态下，中央银行的监管主要在于会同银保监会和证监会建立金融监管协调机构，以部际联席会议制度的形式，加强货币政策与监管政策及监管政策与法规的协调，建立金融信息共享制度，防范、化解金融风险，维护国家金融安全。

(五) 中央银行各职能的关系

中央银行的基本职能是发行货币并保持货币稳定。其他职能是发行货币稳定币值职能的逻辑延伸和实施条件。稳定币值需要管理好两方面的机构：一是具有信贷扩张功能的商业银行；二是具有大宗收支活动并有较大收支波动性的财政收支机构。这样便形成了现代中央银行作为"银行的银行"和"政府的银行"的表现形式。经济体系中的非货币因素引起的宏观经济不稳定性最终会冲击货币金融领域，造成信用秩序和货币价值关系的波动。中央银行可以通过公开化市场手段进行利率和货币量的调控，从而达到稳定信用秩序和货币价值的目的。

三、中央银行的组织形式

中央银行的组织形式是指中央银行在社会经济生活中的存在形态。就目前各国（地区）的中央银行制度来看，大致可归纳为以下几种类型：单一中央银行制、联邦中央银行制、准中央银行制及跨国的中央银行制。

▶ 1. 单一中央银行制

单一中央银行制是指一个国家建立一个单独的中央银行机构，并根据需要下设若干分支机构，全面行使中央银行职能。单一的中央银行制权力集中，职能齐全。目前，绝大多数国家和地区普遍实行这种组织形式。

▶ 2. 联邦中央银行制

联邦中央银行制是指实行联邦制国家中央银行的组织形式，即全国设立中央一级机构和相对独立的地方一级机构，两者作为一个体系共同行使中央银行职能的制度。这种制度的特点是：权力和职能相对分散。采用这种制度的典型国家是美国。

▶ 3. 准中央银行制

准中央银行制是指在国内或地区范围内没有建立起通常意义上的中央银行制度，由政府授权某些机构或某商业银行分别行使部分中央银行职能的制度。

我国香港属于这种体制。在货币发行方面，香港政府授权汇丰银行、渣打银行和中国银行共同发行法偿货币，辅币则由香港政府自己发行；设银行监理处和证券监理委员会对金融机构和证券交易进行监督管理；由香港政府金融司管理外汇基金，负责币制和汇率等重大决策；香港银行公会也参与协调银行的货币利率和信贷政策调整；在服务方面，汇丰银行和渣打银行是接受政府存款和保管其他公款的主要银行，在金融形势紧急时，也充当"最后贷款人"的角色，并由汇丰银行集中管理其他银行和金融机构的清算资金，独家代理票据交换事务。此外，新加坡也不设中央银行，而由货币局发行货币，金融管理局负责银行管理、收缴存款准备金等业务。

▶ 4. 跨国的中央银行制

跨国的中央银行制是指两个以上的主权国家共有一个中央银行或由参加某一货币联盟的所有成员国联合组成的中央银行制度。其职能主要有发行共同的货币、为成员国政府服务、执行共同的货币政策及其成员国政府一个决定授权的事项。其特点是跨越国界行使中央银行的职能。世界上实行这种制度的典型代表是欧盟中央银行。

欧盟中央银行是欧元区 19 个成员[①]共同的中央银行，它发行统一的货币，制定统一的货币政策，控制欧元区通货膨胀率和欧盟各国的财政赤字。原欧盟各国的中央银行纷纷改

---

① 欧元区共有 19 个成员，欧盟另外 9 个国家和地区采用欧元作为当地的单一货币。

组。例如，法兰西银行完全集中于经济趋势的分析和行使监督规范权，并关闭了一半以上的分行机构。其他跨国的中央银行制包括西非货币联盟、中非货币联盟、东加勒比货币联盟等。

四、中央银行的独立性

（一）中央银行制度存在的基础

现代信用货币制度及其对币值稳定性的要求，是中央央行制度形成和存在的基础。

当货币本位从金属货币转化为信用货币之后，金属实体价值对货币发行的约束力丧失，如果纸币发行和流通失控，可能引起货币价值下降和通货膨胀，动摇信用关系，纸币所体现的价值就不稳定，商品生产和交易必然紊乱，最终阻滞经济运转。因此，人们需要寻求一种有效的制度来保证货币关系和信用秩序的稳定，这就是中央银行制度存在的客观条件。

中央银行诞生以后，便以政权强制力和国家公信力来保证货币价值安全、宏观经济运行稳定，同时有利于提高微观经济交易活动的效率。

（二）中央银行的独立性

▶ 1. 中央银行独立性问题的提出

中央银行存在的目的是稳定币值和稳定经济，同时中央银行又是为政府服务的银行，由此引出中央银行和政府的关系问题或中央银行的独立性问题。所谓中央银行的独立性问题，就是指在货币政策的决策和运作方面，中央银行由法律赋予或实际拥有的自主程度。

独立性问题集中地反映在中央银行与政府的关系上：一是中央银行应对政府保持独立性；二是中央银行对政府的独立性总是相对的。

▶ 2. 中央银行在一国政府中应保持充分独立性的原因

（1）从现代经济学理论角度而言，政府是一个具有特定目标的利益集团，而不是一个单纯的政治团体，特别是在政府机构及其经济职能不断膨胀的情况下，政府既承担着一国的经济发展职能，又作为一个创造收益性的投资和消费主体参与社会经济运行和资源配置过程。同时它的收支方式以强大的政权力量支撑，如果将中央银行完全置于政府的领导和掌握之下，不仅会失去对货币供应的制衡机制，而且当政府目标与货币稳定目标相矛盾时，必然引起货币价值的起伏，有悖于稳定币值的初衷，甚至导致整个经济的动荡。因此，在现代经济学的论述中，独立于政府机构的中央银行制度一直是被提倡和推崇的制度。

（2）从组织制度角度而言，中央银行是一个为实现货币稳定、改进经济运行和资源配置效率、进而给全社会带来福利的组织制度安排。中央银行与其他公共机构一样，是全社会利益均衡和公共选择的结果。它意味着中央银行的行为应当对全社会的利益负责，而不能偏向或依附于某种利益集团的利益。因而，中央银行在原则上应当保持中立和自身决策的独立性，既要排斥自身的利益目标，又要与各种利益主体保持同样的距离。中央银行独立地制定和实施货币政策，不受政府和政治集团的干扰，从而提高货币政策的有效性。

（3）就货币政策的实施效果而言，中央银行的权力和责任相统一，在制定、实施货币政策和宏观调控方面能自主地、及时地形成决策，并保证决策的贯彻执行。中央银行的分支机构全面、准确地贯彻总行的方针政策，不受地方政府的干预，缩小货币政策从决策到实施过程中的时滞，增强货币政策实施的时效性。

中央银行的工作始终是追求货币政策的基本原则和目标。经济工作虽然是政府的中心工作，但社会问题也是政府关注的重点。缺乏独立性，中央银行的目标就会被淹没。

▶ 3. 中央银行独立性的基本原则

中央银行金融政策的制定必须以国家的宏观经济目标为出发点，以此来考虑自身的任务和所承担的责任。

中央银行的政策实施应遵循金融和经济活动的特有规律，并对政府的短期行为起到一定的抑制作用，防止中央银行决策的短期化，促进社会经济的长期稳定与协调发展。

▶ 4. 中央银行独立性的具体体现

由于各国历史背景、经济运行模式、政治体制的不同，中央银行独立性程度存在着差异。一般来说，中央银行的独立性主要体现在以下几个方面。

（1）建立独立的货币发行制度，维持货币的稳定

货币发行权高度集中于中央银行，由中央银行根据国家的宏观经济政策及经济发展的客观需要自行决定货币发行的数量、时间、地区分布及面额比例等，不在政府的干预和影响下进行财政发行。

（2）独立地制定和执行货币金融政策

中央银行应在尽量与国家的宏观经济政策保持一致的基础上，独立掌握货币政策的制定和执行权。在中央银行制定和执行货币政策的过程中，政府应当充分尊重中央银行的意见，并积极地配合，使中央银行的货币政策能更有效地发挥作用。

（3）独立地与其他金融机构开展业务

中央银行应在国家法律的授权和保障下，独立地与各类营利性金融机构发生业务往来，并通过业务往来实施对金融机构和金融市场的管理、调控，使整个金融活动按货币政策的需要有序地运行。

第二节　我国的中央银行制度与金融机构体系

中央银行制度是关于国家最高的货币金融管理组织机构即中央银行的规范体系，在各国金融制度体系中居于主导地位。中央银行制度是商品经济尤其是货币经济发展到一定历史阶段的产物，它满足于政府融资、银行券统一发行、最后贷款人、清算和金融监管的需要。

一、我国中央银行制度的产生与发展历程

在中国,作为政府的金融机构,可以追溯到公元前11世纪的西周初年,《汉书》有"太公为周立九府环法"的记载,这是中国最早的政府金融机构和货币立法。后来的秦、汉、唐、宋、明、清政府常常出台干预货币金融的政策。清代康雍时期,民间金融活跃,出现了办理票据交换、承担货币金融监管的金融行会组织。呼和浩特有"宝丰社",包头有"裕丰社",大同有"恒丰社"等。无论从职能作用还是制度结构来看,这些行会组织都具有现代中央银行的特征,被认为是我国中央银行制度的雏形,为我国中央银行制度的研究开辟了新的天地。

我国现代中央银行始于20世纪初,由于当时钱币紊乱,平色折合十分繁杂。为整理币制,光绪三十年(1904年)由户部奏准,光绪三十一年(1905年)设立户部银行,额定资本银400万两,由国内各界认股。但认股者并不踊跃,结果由政府拨款20万两,先行开业。光绪三十四年(1908年),户部更名为度支部,户部银行改为大清银行,经理国库、发行纸币,但未能真正起到管理金融的作用。户部银行成立未几,邮传部借口大清银行管不了外汇,发生了镑亏(清末中国借外债很多,帝国主义国家在我还债时,有意提高汇价,使我吃亏甚大,因多数借款是英镑,故称镑亏),要求成立交通银行,经清政府批准于1907年3月4日开业,发行纸币,经理铁路、轮船、电报、邮政四个单位的一切款项收支,因此,出现了两个"中央银行"。"国无二君",实际都不称其为真正的中央银行。

1924年8月,孙中山领导的广东革命政府在广州创立中央银行。1928年11月,南京国民政府成立中央银行,总行设在当时全国的经济金融中心上海,在全国各地设有分支机构,行使中央银行职责。

中国人民银行是1948年12月1日在华北银行、北海银行、西北农民银行的基础上合并组成的。1983年9月,国务院决定中国人民银行专门行使国家中央银行职能。1995年3月18日,第八届全国人民代表大会第三次会议通过了《中华人民共和国中国人民银行法》,至此,中国人民银行作为中央银行以法律形式被确定下来。

二、我国的中央银行制度

中国人民银行兼有"国家机关"和"银行"双重性质。

(1) 作为国家机关,中国人民银行是国务院领导和管理全国金融事业的部级机构,是我国国家机器的一个重要组成部分。中国人民银行不同于一般的政府机构:一是它要办理以政府、商业银行及其他金融机构为对象的银行业务,有经营收入,因而要实行经济核算。这是其他政府部门所不具有的特性;二是它在管理上主要运用经济手段进行间接调控,是一种经济性质的管理,与政府其他部门主要是与行政管理部门有区别。

(2) 作为银行,中国人民银行也要经营银行业务,但它与商业银行不同:它是发行的银行、银行的银行和政府的银行。它不以营利为目的,不与商业银行及其他金融机构争利;它不经营一般银行业务,而是以政府、商业银行及其他金融机构为业务对象;它处于超脱地位,以"最后贷款人"和"信用管理者"的身份调控宏观金融,实施银行监管。

在管理体制方面，中国人民银行实行一元中央银行体制，由中国人民银行执行中央银行的全部职责，并按照《中华人民共和国中国人民银行法》第二章第十三条的规定，根据履行职责的需要设立分支机构，作为中国人民银行的派出机构。中国人民银行对分支机构实行统一领导和管理，其决策机构为货币政策委员会。

中国人民银行的分支机构按经济区划设置：将全国分为九个大区、按大区设立分行，在各中心城市设置中心支行，在县及县级市设立支行，下级行对上级行负责，大区分行对总行负责；在各省会城市设立监管办事处，为各大区行派出机构，对大区行负责。1998年，中国人民银行设立了天津、沈阳、上海、南京、济南、武汉、广州、成都、西安九个分行，中国人民银行营业管理部（北京）和中国人民银行营业管理部（重庆），25个中心支行，1 766个县（市）支行。这些分支机构作为中国人民银行的派出机构，根据总行的授权，依法维护本辖区的金融稳定，承办有关业务。2005年8月10日，中国人民银行上海总部成立，该总部是新形势下进一步完善我国中央银行体制、更好地发挥中央银行在宏观调控中作用的制度性安排，也是加快上海国际金融中心建设的重要措施。

三、我国的金融机构体系

（一）金融机构体系

金融机构体系是指一国金融机构按照一定的结构形成的整体。在市场经济条件下，各国金融体系大多数是以中央银行为核心来进行组织管理的，因而形成了以中央银行为核心、商业银行为主体、各类银行和非银行金融机构并存的金融机构体系。

（二）我国金融机构体系的构成

我国的金融机构体系是以中央银行为领导，政策性金融和商业性金融相分离，以国有独资商业银行为主体，多种金融机构并存的现代金融体系。具体实施中，已经形成了由中国人民银行、中国证券监督管理委员会、中国银行保险监督管理委员会作为最高金融管理机构对各类金融机构实行"分业经营、分业监管"的架构。目前，中国的金融机构体系由两大部分组成：一是存款类金融机构；二是非存款类金融机构，以存款类金融机构为主体。

在图8-1中，中国人民银行与其他金融机构之间的实线代表业务关系，中国证券监督管理委员会（China Securities Regulatory Commission，CSRC，简称证监会）、中国银行保险监督管理委员会（China Banking and Insurance Regulatory Commission，CBIRC，简称中国银保监会或银保监会）与其他金融机构之间的虚线代表监管关系。2018年4月，中国银行业监督管理委员会和中国保险监督管理委员会的职责整合，组建为中国银行保险监督管理委员会，统一监督管理银行业和保险业，维护银行业合法、稳健运行，防范和化解金融风险，保护金融消费者合法权益，维护金融稳定。

中国人民银行是我国的中央银行。根据《中华人民共和国中国人民银行法》规定：中国人民银行在国务院领导下，制定和实施货币政策，对金融企业实施监督管理。它具有世界各国中央银行的一般特征，是通货发行的银行、银行的银行、政府的银行、监管的银行。

中国的商业银行主要包含国家控股的股份制银行、中小股份制银行、合作银行和邮政

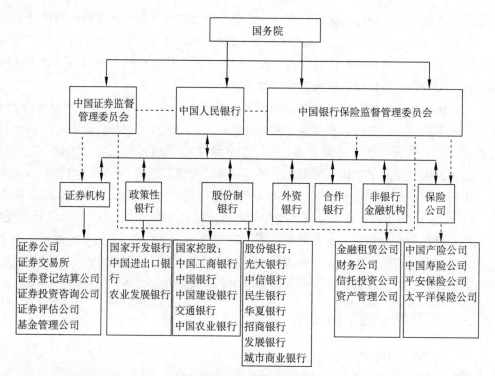

图 8-1 中国金融机构体系

储蓄银行。

政策性银行是国家财政划拨资金和其他财政资金,向其他金融机构发行债券,向社会发行的由财政担保的建设债券,经批准在国外发行债券及利用外资,或向国际商业银行贷款。它不吸收居民的储蓄存款,包括国家开发银行、中国进出口银行、农业发展银行。

非银行金融机构包括信托投资公司、财务公司、资产管理公司、金融租赁公司等。

证监会和银保监会共同协调银行、证券、保险业务创新及其监管问题,协调银行、证券、保险对外开放及监管政策,交流监管信息等,这是健全和完善金融宏观调控、监管决策与管理体制的重要措施,有助于减少摩擦、提高监管效率、促进金融业的健康发展。

第三节 中央银行的资产与负债

一、中央银行的资产与负债的内容

中央银行各项职能的履行,可以通过其业务活动反映出来,最终表现在中央银行的资产负债表上。中央银行最主要的资产负债项目如表 8-1 所示。

表 8-1　中央银行最主要的资产负债项目

资产	负债
（A1）对商业银行的再贴现	（L1）流通中的现金
（A2）持有的政府债券	（L2）商业银行等金融机构的存款
（A3）黄金及外汇储备占用款	（L3）政府部门的存款
（A4）其他资产	（L4）国际金融机构存款 （L5）资本项目

（一）中央银行的负债项目

中央银行的负债是指社会各集团和个人持有的对中央银行的债权，包括以下几种形式。

(1) 流通中的现金(L1)。是指中央银行发行的由社会公众（企业和个人）持有的各种纸币和辅币。中央银行是一国现金货币的唯一发行者。流通中的现金是中央银行的重要资金来源。

(2) 商业银行等金融机构的存款(L2)。包括两部分：①商业银行上缴的法定存款准备金。②商业银行的周转性资金，即商业银行的超额准备金存款。其中，法定存款准备金构成商业银行在中央银行主要的、稳定的存款资金来源。

(3) 政府部门的存款(L3)。是指财政部和其他政府部门存放在中央银行的款项。中央银行承担政府代理货币收支的任务时，政府部门的周转性货币资金成为中央银行的资金来源之一。

(4) 国际金融机构存款(L4)。是指 IMF、世界银行、亚洲银行等对中国的债权。

(5) 资本项目(L5)。是指中央银行的自有资金，包括股本金、盈余结存和财政拨款。

（二）中央银行的资产项目

中央银行的资产项目是中央银行的资金运用项目，包括以下几种形式。

(1) 对商业银行的再贴现(A1)。中央银行作为最后贷款人，通过再贴现或再抵押的方式提供给商业银行资金。

(2) 持有的政府债券(A2)。是指中央银行在公开市场上购买的国库券和其他政府债券。

(3) 黄金及外汇储备占用款(A3)。

(4) 其他资产(A4)。是指以上资产以外的项目，如中国人民银行的专项贷款资金的拨付款。

（三）中央银行的资产负债项目的会计恒等式

根据"资产＝负债"的会计学原理和中央银行资产负债表的内容，中央银行的资产与负债的会计恒等式为：

$$A1+A2+A3+A4=L1+L2+L3+L4+L5 \tag{8-1}$$

目前，各国中央银行的资产负债表根据 IMF 的《货币与金融统计手册》的统一规范进行编制，但因各国的具体情况，其详细内容存在一些差异。根据中国人民银行发布的统计信息，中国人民银行 2019 年 1—4 月份的资产负债表如表 8-2 所示。

表 8-2　中国人民银行 2019 年 1—4 月份资产负债表　　　　亿元

项目　Item	2019.01	2019.02	2019.03	2019.04
国外资产	217 763.22	217 980.04	218 109.66	218 245.39
外汇	212 544.54	212 541.24	212 536.65	212 528.04
货币黄金	2 603.83	2 632.43	2 663.61	2 705.27
其他国外资产	2 614.85	2 806.37	2 909.41	3 012.08
对政府债权	15 250.24	15 250.24	15 250.24	15 250.24
其中：中央政府	15 250.24	15 250.24	15 250.24	15 250.24
对其他存款性公司债权	107 056.45	100 907.79	93 667.54	94 096.00
对其他金融性公司债权	4 646.28	4 657.79	4 708.59	4 706.82
对非金融性部门债权	27.92	27.53	26.97	
其他资产	18 527.70	17 385.99	16 789.62	16 293.97
总资产	363 271.82	356 209.39	348 552.63	348 592.42
储备货币	313 236.23	303 569.26	303 711.03	298 771.05
货币发行	95 776.81	87 532.25	81 310.67	79 782.57
金融性公司存款	203 473.79	202 930.71	209 648.14	206 201.77
其他存款性公司存款	203 473.79	202 930.71	209 648.14	206 201.77
其他金融性公司存款				
非金融机构存款	13 985.62	13 106.30	12 752.22	12 786.71
不计入储备货币的金融性公司存款	4 762.67	4 545.32	4 693.39	4 730.22
发行债券	200.00	315.00	315.00	315.00
国外负债	2 050.67	1 173.14	819.25	1 276.85
政府存款	35 110.81	38 516.63	31 407.14	36 060.52
自有资金	219.75	219.75	219.75	219.75
其他负债	7 691.69	7 870.29	7 387.06	7 219.03
总负债	363 271.82	356 209.39	348 552.63	348 592.42

资料来源：中国人民银行调查统计司统计数据。

二、中央银行的经营特点

中央银行的经营特点是相对于商业银行而言的，它是由中央银的性质、地位和职能决定的。中央银行的经营特点主要包括以下几方面。

（一）中央银行以稳定货币为经营目标

中央银行的特殊地位决定了它负有稳定货币的特殊使命，不能以盈利为目标。因为，一方面，货币发行权的垄断，决定了任何商业银行在利润追逐中都无法与中央银行相抗衡；另一方面，中央银行的宏观调控使命排斥了中央银行盈利的目的，中央银行应当摆脱本位利益的束缚，这样才能达到稳定货币的目标。在实际经营中，中央银行的存款以各金融机构的存款准备金和政府存款为主，这些存款均带有保管和服务性质，按照国际惯例，中央银行对法定存款准备金存款不计利息，对商业银行的超额存款准备金存款支付少量利息，但中央银行的贷款却必须收取利息，由此形成的收入在扣除经营成本和按比例提取资本金以后的净利润通常应当上缴中央财政。

(二) 中央银行以商业银行等金融机构为业务经营对象

中央银行的货币发行业务、保管金融机构缴存的存款准备金业务、办理再贴现、在公开市场与其他金融机构之间买卖国债和其他政府债券、负责金融机构之间的清算等业务，都是与普通金融机构之间进行的。中央银行不经营企业和个人等商业银行业务，以免冲击中央银行进行宏观调控和执行货币政策的效果。

(三) 中央银行的资产应保持较高的流动性

中央银行要达到控制信用、调节金融的目的，必须使它的资产保持最大的流动性，以便在紧急状态下及时变动资产结构来扩张或收缩银根，保证金融体系的正常运行。为此，在中央银行的资产中不能含有长期资产和高风险资产，而应以短期证券和短期放款为主要资产形式，这样才能随时变动和应付其他金融机构的资金需求。例如，《中华人民共和国中国人民银行法》规定，中央银行对商业银行的贷款期限不得超过一年。

三、基础货币与中央银行的资产和负债

(一) 基础货币的含义

基础货币又称强力货币(High-powered Money)，是指由中央银行控制的，能够影响商业银行信用创造的货币。基础货币包括通货和商业银行的存款准备金。

(二) 基础货币与中央银行的资产和负债的关系

中央银行资产负债的会计恒等式为：$A1+A2+A3+A4=L1+L2+L3+L4+L5$。

令基础货币为 B，通货为 C，商业银行的存款准备金为 R。根据基础货币的定义：

$$B=C+R \tag{8-2}$$

将公式(8-2)整理得：

$$B=C+R=L1+L2=A1+(A2-L3)+(A3-L4)+A4-L5 \tag{8-3}$$

其中，$A4$ 和 $L5$ 数量较小，可以忽略不计。

(三) 影响基础货币的变量

根据公式(8-3)可知，基础货币(B)的主要影响因素是：中央银行对商业银行的再贴现或再贷款数额 $A1$；中央银行对财政的资产净额 $A2-L3$；中央银行的外汇收支净额 $A3-L4$。

(1) 中央银行对商业银行的再贴现或再贷款数额 $A1$。根据基础货币定义，如果中央银行对商业银行的再贴现数额($A1$)增加，则商业银行的存款准备金(R)增加，基础货币(B)

也相应增加。所以，中央银行对商业银行的再贴现数量与基础货币的量呈相关关系。中央银行对商业银行的再贴现是中央银行向流通领域注入基础货币的最主要途径。

(2) 中央银行对财政的资产净额($A2-L3$)。财政资产净额是中央银行持有政府债券引起的中央银行货币投放（资产）与财政性存款形成的中央银行资金来源（负债）的净差额。

某一时点，中央银行账户上政府债券数量超过财政存款的数额，说明政府财政赤字增加，发债数量增加，中央银行通过公开市场买进政府债券引起的基础货币投放量增加。

(3) 中央银行的外汇收支净额($A3-L4$)。外汇收支净额是中央银行管理的外汇储备增加量与国际机构存款量的差额。

某一时点，外汇占用款增加意味着中央银行追加了等额的本币投放，这些本币或以现金(C)保存在社会公众手里，或转化为商业银行的存款准备金(R)。它们都会增加基础货币。

由于基础货币是中央银行的负债，也是商业银行信用创造的基础，所以中央银行可以通过自己的资产负债变动来控制基础货币的变动，从而控制整个货币量的变动。

假定 Ms 为货币供给量，m 为货币乘数，由于 $Ms=mB$，假设 m 不变，则：

$$\Delta Ms = m \Delta B \tag{8-4}$$

基础货币的变动是影响货币供给量变动的决定性因素之一，它是中央银行的资产和负债变动的直接结果。

第四节 银行体系的货币供给

一、货币供应量

（一）货币供应量的含义

通货（现金钞票）和不同形式的存款构成信用货币体系下的统一货币。通货是中央银行发行的一种实物券，存款是存款人在商业银行账户上表现出来的一种财产权力。

货币供应量是指某一定时点上政府部门、企事业单位和居民个人持有的现金和存款货币的总量。它是各国中央银行编制和公布的重要经济统计指标之一。货币供应量是一个存量的概念，由于现金是中央银行对持有人的负债，存款是商业银行对持有人的负债，因此货币供应量从总体上讲是某一时点反映在银行体系资产负债表上的债务总量，表现为银行体系向全社会提供的信贷总量。

（二）货币供应量和货币流通量

货币供应量不同于货币流通量。货币流通量是一定时期内货币的周转总额，即货币完成的交易量总和，一定时期的货币流通量＝货币供应量×同期货币周转速度。如果货币供应量增加，但货币周转速度减慢，货币流通量不会增多；反之货币供应量较少，但货币周转速度加快,货币流通量有可能增加。

二、中央银行的基础货币供给渠道

中央银行向银行体系提供追加准备资金的三个途径是:①向商业银行贴现或发放贷款;②向商业银行购买政府债券;③向商业银行买进外汇。

(一)向商业银行贴现发放贷款

假定中央银行向 A 商业银行发放 100 万元贴现贷款,中央银行会立即把贷款额借记 A 银行在中央银行的账户上。A 商业银行的准备金资产增加了 100 万元,同时从中央银行的借款也增加 100 万元,如表 8-3 所示。

表 8-3　T 型账户(一)　　　　　　　　　　　　万元

A 商业银行		央行	
资产	负债	资产	负债
准备金 +100	中央银行贴现贷款 +100	对 A 商业银行贴现贷款 +100	A 商业银行准备金存款 +100

如果商业银行将中央银行的 100 万元贴现贷款资金中的 50 万元贷款给企业,在非现金结算下,50 万元全部转化为商业银行的企业存款。最终商业银行资产和负债均为 150 万元,但中央银行资产负债不变,如表 8-4 所示。

表 8-4　T 型账户(二)　　　　　　　　　　　　万元

A 商业银行		央行	
资产	负债	资产	负债
准备金　+100	中央银行贴现贷款　+100	对 A 商业银行贴现贷款 +100	A 商业银行准备金存款 +100
企业贷款　+50	企业存款　+50		

如果企业将 50 万元中的 10 万元提取现金发放了工资,现金从商业银行存款准备金当中提取的同时,流通中的现金增加 10 万元,企业存款数量减少为 40 万元,商业银行的资产负债为 140 万元,从中央银行流出来的资金总量仍然不变,但负债结构变为 A 商业银行准备金存款 90 万元,流通中现金 10 万元,如表 8-5 所示。

表 8-5　T 型账户(三)　　　　　　　　　　　　万元

A 商业银行		央行	
资产	负债	资产	负债
准备金　+90	中央银行贴现贷款　+100	对 A 商业银行贴现贷款 +100	A 商业银行准备金存款　+90
企业贷款　+50	企业存款　+40		流通中现金　+10

(二)向商业银行购买政府债券

中央银行在公开市场买卖债券可以增减基础货币。

假设中央银行从 A 商业银行购买了价值 100 万元债券,意味着 A 商业银行债券减少 100 万元,准备金账户增加 100 万元。中央银行债券增加 100 万元,同时 A 商业银行在中央银行的准备金账户 100 万元,如表 8-6 所示。

表 8-6 T 型账户(四) 万元

A 商业银行		央行	
资产	负债	资产	负债
准备金存款 +100 政府债券 -100		政府债券+100	A 商业银行准备金存款 +100

(三)向商业银行买进外汇

中央银行向商业银行买进外汇可以增加基础货币供给。

假设中央银行商从 A 商业银行购买了价值 100 万美元的外汇,即期汇率为 USD1=CNY6.877 4,中央银行的外汇持有量增加 100 万美元,同时 A 商业银行在中央银行的准备金账户增加 687.74 万元,如表 8-7 所示。

表 8-7 T 型账户(五) 万元

A 商业银行		央行	
资产	负债	资产	负债
外汇 -100 万美元 准备金 +687.74 万元		外汇+100 万美元	A 商业银行准备金 +687.74 万元

三、商业银行的存款货币创造

商业银行存款货币的创造,即银行活期存款创造,也就是人们通常说的信用创造。

(一)商业银行的原始存款和派生存款

商业银行的存款分为两类,即原始存款和派生存款。

(1) 原始存款是某经济主体以现金或活期存款存入银行的,能够增加商业银行存款准备金的直接存款。原始存款主要来自中央银行对商业银行的贷款或商业银行体系之外的客户存款。中央银行对商业银行的贷款直接形成商业银行在中央银行的存款,它们与商业银行缴存的存款准备金一样,是商业银行的现金资产。因此,它们是商业银行原始存款的来源之一。原始存款是商业银行进行信用扩张或派生存款的基础。

(2) 派生存款是指银行通过放款、贴现业务转化而来的存款,也称衍生存款。它是商业银行为社会提供的存款货币,是以非现金形式增加的货币供应量,也是商业银行创造信用的具体体现。

(二)商业银行创造存款货币的两个前提条件

商业银行创造存款货币必须同时具备部分准备金制度和非现金结算这两个基本条件。

(1) 部分准备金制度是相对于全额准备金制度而言的。全额准备金制度是银行所吸收的存款全部作为准备金的制度。在全额准备金制度下,银行每增加一元存款都必须相应增加一元现金准备。部分准备金制度是银行将所吸收存款的一定比例作为准备金的制度。在部分准备金制度下,银行每增加一元存款,只需要增加一定比例的现金准备。于是,银行可以在保留部分现金准备的条件下,将客户存款的其余部分用于发放贷款。

(2) 非现金结算是相对于现金结算而言的。现金结算是指直接的现金收付,债权债务关系只能通过现金流通才能消除。非现金结算是在银行存款的基础上,通过存款货币的转移完成债权债务的清偿,存款被社会当作货币来使用。在这种结算方式下,货币运动只是存款货币从一个账户转移到另一个账户,是银行的债权人和债务人的相对变化,而用于支付的货币仍然停留在银行的账户上。在非现金结算下,银行可以通过记账来发放贷款,贷款转化为存款,如此循环往复,最终使银行创造出多倍的存款。

商业银行实行部分准备金制度可以为吸收存款后能够运用部分存款货币提供条件,而非现金结算又为存款货币的创造提供了可能。

(三) 派生存款的创造过程

假定银行资产业务只有存款准备金和贷款两类,负债业务只有存款。在部分准备金制度下,商业银行吸收的存款中必须提取一定比例的存款准备金,其余的部分放贷给客户。在非现金结算条件下,银行发放的贷款立即转换成客户的存款,有了存款,客户通过签发支票来完成其支付行为,收款单位又将支票款项继续存入银行,银行缴存法定存款准备金后又可以放贷给企业。这样循环往复的贷款和存款,能够使商业银行创造出多倍的存款。

假定中央银行确定的商业银行体系的法定准备率为20%($r=20\%$),各经济主体采用非现金结算,没有现金形取($C=0$),商业银行不保留超额存款准备金($E=0$),也不吸收定期存款($T=0$)。某客户A将100万元现金或活期存款(B)存入甲商业银行,该商业银行得到这100万元存款以后,将其中的20万元($100 \times 20\%$)留作法定存款准备金,其余的80万元即可以给客户B。于是,甲商业银行的资产负债情况如表8-8所示。

表8-8 甲商业银行的资产负债情况　　　　　　　　　　万元

资产		负债	
存款准备金	+20	存款(客户A)	+100
放款(客户B)	+80		
合计	+100	合计	+100

当客户B得到80万元贷款后,立即形成自己的存款并签发支票命令其开户银行向客户C支付货款,客户C将这80万元存入乙商业银行,该银行提留16万元(80万元×20%)的法定存款准备金后,又将其余的64万元(80万元-16万元)贷给客户D。于是乙商业银行的资产负债业务情况如表8-9所示。

客户D得到64万元贷款后,同样形成自己的存款并签发支票对客户E支付货币,客户 E 又将其存入丙商业银行。以此类推。最后商业银行体系的存款和贷款按表 8-10 继续扩张下去。

表 8-9　乙商业银行的资产负债情况　　　　　　　　　　　　　　　　　　　万元

资产		负债	
存款准备金	+16	存款（客户 C）	+80
放款（客户 D）	+64		
合计	+80	合计	+80

表 8-10　商业银行体系的存款和贷款　　　　　　　　　　　　　　　　　　　万元

银行名称	增加的存款 D		法定存款准备金 $R=rB$		增加的贷款 $L=D-R$	
甲	100	(B)	20	(rB)	80	$[B(1-r)]$
乙	80	$[B(1-r)]$	16	$[rB(1-r)]$	64	$[B(1-r)^2]$
丙	64	$[B(1-r)^2]$	12.8	$[rB(1-r)^2]$	51.2	$[B(1-r)^3]$
丁	51.2	$[B(1-r)^3]$	10.24	$[rB(1-r)^3]$	40.96	$[B(1-r)^4]$
戊	40.96	$[B(1-r)^4]$	8.192	$[rB(1-r)^4]$	32.77	$[B(1-r)^5]$
……	……		……		……	
合计	500		100		400	

由表 8-10 可知，若最初的原始存款增加 ΔB，经过商业银行系统的无数次运用以后，其活期存款的总额扩张到：

$$\Delta D = \Delta B \sum_{n=1}^{\infty} (1+r_d)^{n-1} \tag{8-5}$$

其中，ΔD 为新增的活期存款总额；ΔB 为新增的原始存款；r_d 为法定存款准备金率。

在公式(8-5)中，由于 $r_d<1$，所以 $(1-r_d)<1$，从而 $\sum_{n=1}^{\infty}(1+r_d)^{n-1}$ 是一个公比小于 1 的几何级数，故 $\Delta D=\Delta B \dfrac{1}{1-(1-r_d)}$，同样，存款准备金总额和贷款总额也是公比小于 1 的几何级数，故：

$$\Delta R = r_d \Delta B \sum_{n=1}^{\infty} (1-r_d)^{n-1} = r_d \Delta B \frac{1}{1-(1-r_d)} \tag{8-6}$$

公式(8-6)说明法定存款准备金总额等于最初的原始存款增加额。同样可得：

$$\Delta L = \Delta B \sum_{n=1}^{\infty} (1-r_d)^n = \Delta B \left(\frac{1-r_d}{r_d} \right) = \Delta D - \Delta R \text{，从而}$$

$$\Delta D = \Delta R + \Delta L \tag{8-7}$$

即商业银行系统的总负债等于总资产。

若银行最初有 100 万元原始存款，在部分准备金制度和非现金总算条件下，使商业银行体系活期存款总额增加到 500 万元，其中派生存款为 400 万元，由此产生了 400 万元的贷款和 100 万元的存款准备金。可见，活期存款总额超过原始存款的部分，便是该笔原始存款所派生的存款额。

原始存款、新增总存款和法定存款准备金率之间的关系可用公式(8-8)表示如下：

$$\Delta D = \frac{1}{r_d}\Delta B \tag{8-8}$$

（四）存款乘数

公式(8-8)中的 $\frac{1}{r_d}$ 被称为存款乘数。存款乘数是法定存款准备金率的倒数，它表示新增的存款总额与新增的原始存款的倍数关系。

令 $\frac{1}{r_d}=k$，则

$$\Delta D = k\Delta B \tag{8-9}$$

或

$$k = \frac{\Delta D}{\Delta B} \tag{8-10}$$

从公式(8-9)可知，商业银行存款货币扩张的数额大小取决于两个因素：①原始存款量的大小。原始存款量越多，创造的存款货币量越多；原始存款量越少，创造的存款货币量越少。②法定存款准备金率的大小。法定存款准备金率越大，存款货币扩张的倍数越小；法定存款准备金率越小，存款货币扩张的倍数越大。

尽管商业银行有信用创造的功能，但以上两个基本影响因素都不是商业银行自身所能左右的，它们受中央银行的控制。这样，商业银行就不可能无休止地创造存款。

（五）存款乘数的修正

在实际经济活动中，存款乘数除了受原始存款数量和法定存款准备金率的影响外，还会受其他种种因素的影响，因此必须对此做进一步的修正。

▶ 1. 现金漏损率

如果在存款派生过程中某一客户提取了现金，表明现金从存款账户中漏损，在商业银行没有超额准备金的条件下，必然导致银行系统的法定存款准备金数量减少。为补足法定存款准备金，商业银行收缩贷款，结果存款乘数缩小，商业银行创造存款货币的能力下降。由于现金从活期存款中提取，现金(C)与存款(D)之间的比例关系表现为现金漏损率c，即：

$$C = C/D \tag{8-11}$$

这样，原始派生存款的创造必须扣除法定存款准备金率和现金漏损率，即：

$$\Delta D = \Delta B \sum_{n=1}^{\infty}(1-r_d-c)^{n-1}$$

$$\Delta D = \Delta B \frac{1}{1-(1-r_d-c)} = \frac{\Delta B}{r_d+c} \tag{8-12}$$

于是，新增存款货币(ΔD)的变动对原始存款(ΔB)的变动比率可修正为k_1：

$$k_1 = \frac{1}{r_d+c} \tag{8-13}$$

▶ 2. 超额准备金率

商业银行为了应付不时之需或等待有利可图的贷款和投资机会，总会保留一定数量的

超额准备金(E)。超额准备金(E)和活期存款(ΔD)的比例系统为r_e,即:

$$r_e = \frac{E}{\Delta D} \tag{8-14}$$

由于E的存在必然使银行创造存款的能力削弱,按同样的推理,存款乘数的变动为k_2,即:

$$k_2 = \frac{1}{r_d + c + r_e} \tag{8-15}$$

▶ 3. 定期存款占活期存款转化的比率

企业的活期存款有一部分会转化为定期存款,两者的比例关系为t,即:

$$t = \frac{T}{\Delta D} \tag{8-16}$$

定期存款仍然保留在商业银行,银行按定期存款(T)的法定存款准备金率r_t提留准备金,即:

$$r_t \frac{T}{\Delta D} = r_t t \tag{8-17}$$

$r_t t$的存在可视为法定存款准备金率的调整,银行创造存款的能力相应变化。因此,存款乘数变动为k_3,即:

$$k_3 = \frac{1}{r_d + c + r_e + r_t t} \tag{8-18}$$

由上可知,商业银行吸收一笔原始存款能够创造多少存款货币,受到法定存款准备金率、现金漏损率、超额准备金率、定期存款占活期存款转化的比率等许多因素的影响,商业银行创造存款货币的能力必然有所下降,即分母的数值越大,则存款乘数的数值越小。

四、货币供应的计量模型和决定变量

(一)中央银行货币供应计量模型

我们以广义货币供应量为分析对象,导出一般货币供应量的计量模型。

广义货币供应量定义为现金(C)、一般企事业单位的活期存款(D)和定期存款(T)的总和。根据广义货币供给量定义,M_s表现为:

$$M_s = C + D + T \tag{8-19}$$

商业银行的存款准备金用公式可表述为:

$$\begin{aligned} R &= R_d + R_t + R_e \\ &= r_d D + r_t T + r_e D \\ &= r_d D + r_t t D + r_e D \\ &= (r_d + r_t t + r_e) D \end{aligned} \tag{8-20}$$

公式(8-20)中,M_s代表货币供给量;B代表基础货币;R代表商业银行的法定存款准备金率;C代表流通中的现金总额;D代表活期存款总额;T代表定期存款总额;r_d代表活期存款法定存款准备金率;t代表定期存款总额T占活期存款总额D转化的比率;r_t代表定期法定存款准备金率;r_e代表超额准备金率;c代表现金比率。

再根据基础货币定义,得到:

$$B = C+R$$
$$= cD+(r_d+r_t t+r_e)D$$
$$= (r_d+r_t t+r_e+c)D$$

或

$$D = \frac{B}{r_d+r_t t+r_e+c} \quad (8\text{-}21)$$

将公式(8-21)代入公式(8-19)可得:

$$M_S = C+D+T = cD+D+tD$$

$$M_s = \frac{1+t+c}{r_d+r_t t+r_e+c} B \quad (8\text{-}22)$$

公式(8-22)中,$\frac{1+t+c}{r_d+r_t t+r_e+c}$ 为广义的货币乘数,即货币供应量 M_s 对基础货币 B 变动的比率。

若用 m 表示货币乘数,则公式(8-22)的简化式为

$$M_s = m \times B \quad (8\text{-}23)$$

探讨货币供应量问题,不仅便于计量分析,还能有助于分析经济宏观控制中的一些变量,认识基础货币和法定存款准备金率在货币供给中的作用和货币乘数的功能,并且有助于了解不同经济部门对货币供应量的影响。

(二) 影响货币供应量的多部门行为和变量

▶ 1. 影响货币供应量的多部门行为

公式(8-22)中有三类变量,它们分别代表了三个部门的行为:①中央银行的行为,影响着基础货币 B、法定存款准备金率 r_d 和 r_t。②商业银行的行为,影响着超额准备金率 r_e。③社会公众的行为,影响着现金比率 c 和定期存款总额占活期存款总额转化的比率 t。

中央银行是政府部门之一,负有执行政府政策的使命。如果中央银行认为经济发展平稳、商业银行和公众的行为相对稳定,它可以通过法定存款准备金率和提供基础货币的垄断力量来控制货币供应量。但事实上,货币供应量并不纯粹是中央银行控制的内生变量。随着经济环境的不断变化,商业银行与社会公众的行为是动态的、中央银行不能左右的外生因素,由此产生了中央银行对基础货币控制的不确定性。因此,货币供应量的变动应是这三个甚至更多部门行为共同作用的结果。其中中央银行控制基础货币 B 和法定存款准备金率 r_d 和 r_t,商业银行控制超额准备金率 r_e,社会公众影响现金比率 c 和定期存款总额占活期存款总额转化的比率 t。

▶ 2. 影响货币供应量的变量

影响货币供应量的变量有以下几种。

(1) 基础货币

基础货币是中央银行的负债,由公众所持有的通货与商业银行的存款准备金构成,其中只有准备金可以扩张。因为100元通货需要100元的基础货币,而100元的活期存款只

需要 r_d 元的基础货币。例如，若活期存款法定存款准备金率为 20%，则每 100 元活期存款只需要 20 元的基础货币，或者说每 20 元的存款准备金可支持 100 元的货币供给量。显然，作为商业银行扩张信用的基础货币最初是来自中央银行的。中央银行可以通过变动其资产、利率，或变动法定存款准备金率的方式控制基础货币的投放，最终达到控制货币供给量的目的。

（2）法定存款准备金率

法定存款准备金率是指金融机构依照法律规定缴存的存款准备金与其存款总额的比率，包括活期存款法定准备金率 r_d 和定期存款法定准备金率 r_t。若法定存款准备金率上升，货币乘数减少，则货币供给量随之减少。

（3）超额准备金率

超额准备金率 r_e 是商业银行保有的超额准备金占其存款总额的比率。超额准备金率的大小主要取决于商业银行的经营决策行为。超额准备金是银行的非营利资产。商业银行持有超额存款准备金的多少，受制于银行持有超额准备金的成本和收益变化。影响超额准备金率的因素有：市场利率、再贴现率、市场物价稳定状况，以及社会公众对现金或定期存款的喜好程度。

超额准备金率的变化方向与货币乘数的变化方向相反。超额准备金率增加，货币供给量减少。

（4）现金比率和定期存款总额占活期存款总额转化的比率

现金比率和定期存款总额占活期存款总额转化的比率受社会公众影响。影响现金比率和定期存款总额占活期存款总额转化的比率变动的因素主要有：个人拥有的总财富数量或总收入高低；金融体系的资产质量和预期风险程度的大小；预期的通货膨胀率的高低；替代资产之间的预期回报率变化；非法地下活动规定大小和偶然因素。

第五节 中央银行的货币政策

一、货币政策的特征和功能

（一）货币政策及其构成要素

▶ 1. 货币政策

货币政策是一国的金融政策，是中央银行为实现其特定的经济目标而采用的各种控制和调节货币供给量的方针和措施的总称。

货币政策在宏观经济调节中有防御和主动两方面功能。防御性功能，即保护一国货币和金融体系免遭意外的冲击、破坏和损失，保持货币运行和整个经济生活稳定的功能；主动性功能，即通过对货币、信用的控制，使社会总供给和总需求达到平衡。处理好社会经济中各方面的关系，促进生产和流通的发展，实现社会经济的合理增长。

▶ 2. 货币政策的构成要素

一项完备的货币政策具有货币政策的最终政策目标、中介目标、操作目标和货币政策工具四个基本构成要素。首先需要确定货币政策的最终目标，其次选择适当的货币政策工具和操作目标，并通过特定的中介目标作用于最终政策目标。四者通过传导机制联系，形成一个整体。

（二）货币政策的特征

货币政策的特征包括以下几点。

▶ 1. 货币政策是宏观经济政策

货币政策涉及整个国民经济运行中的经济增长、物价水平、国际收支，以及与此相联系的货币供给量、利率、汇率及金融市场等问题，与整个金融体系和总体经济运行密切相关。

▶ 2. 货币政策是调整社会总需求的政策

中央银行通过控制货币供应量和信用总体来控制体现社会购买力的社会总需求，从而间接影响总供给的变动，促进社会总需求与总供给的平衡。

▶ 3. 货币政策是以间接控制为主动政策

货币政策主要采用经济手段，如法定存款准备金率、再贴现率、货币供应量等来影响各经济主体的经济行为，达到间接调节金融和调控经济的目的。

▶ 4. 货币政策是一项长期的经济政策

虽然在特定条件下，各种具体的货币政策措施可能是短期的、随机应变的，但总体目标是相对稳定的长期目标。

二、中央银行的货币政策目标体系

货币政策目标即中央银行制定和实施货币政策所要达到的目的。一般由最终目标、操作目标和中介目标3个层次的目标组成。中央银行在实施货币政策中所运用的政策工具无法直接作用于最终目标，此间需要有一些中间环节来完成政策传导的任务。因此，中央银行在其政策工具和最终目标之间，插进了两组金融变量：一组叫作操作目标，另一组叫作中介目标。

▶ 1. 最终目标

货币政策最终目标是指货币政策的制定者所期望达到的、货币政策的最终实施结果，是中央银行制定和执行货币政策的依据。货币政策最终目标，一般有四个：稳定物价、充分就业、促进经济增长和国际收支平衡。

▶ 2. 操作目标

货币政策的操作目标是指中央银行通过货币政策工具操作能够准确实现的政策变量。操作目标是接近政策工具的短期金融变量，是中央银行日常货币政策的调控对象，中央银行对其有较强的控制力。操作目标主要有基础货币、货币市场利率和存款准备金。

由于中央银行有时不能通过政策工具直接影响最终目标,为了及时掌握政策工具对调节中间目标的效果,有必要在政策工具和最终目标之间设置一些中间变量,通过这些中间变量来判断中介目标的未来变化。由于货币政策最终目标不仅受货币政策措施的影响,同时还会受到一些非货币政策措施(如财政政策等)的影响,为了将这些影响与货币政策的影响区分开来,需要在政策工具与中介目标之间设置一些能够及时、准确反映货币政策操作力度和方向的中间变量。中央银行货币政策工具能直接作用于操作目标,又与中介目标联系紧密且对货币政策工具反应较为灵敏,因此有利于央行及时跟踪货币政策效果。

▶ 3. 中介目标

中介目标又称为中间目标、中间变量等,是介于货币政策工具和货币政策最终目标变量之间的变量指标。中介目标是接近于最终目标的金融变量,中央银行不易控制,但它与最终目标的因果关系较稳定。

货币政策目标是长期的宏观经济目标,从政策工具的运用到政策目标的实现,有一个相当长的时间过程,操作工具的作用力度不能直接影响政策目标。货币政策是一个社会工程,中央银行不能等到政策目标已发生了变化再来调整操作工具。因此,各国中央银行都设置一些能够在短期内显现经济变化的中介目标,由此给中央银行提供一个判断货币政策力度和效果的指示变量,中央银行在通过修正中介目标在传导过程中的偏差来达到预期的政策目标,减少货币政策的盲目性,避免政策实施引起社会经济的较大波动。

图 8-2　货币政策目标结构图

如图 8-2 所示,建立货币政策的中间目标和操作目标,总的来说,是为了及时测定和控制货币政策的实施程度,使之朝着正确的方向发展,以保证货币政策最终目标的实现。

三、货币政策的最终目标

(一) 货币政策的四大目标

任何一项政策都需要先选定目标,目标是指导政策工具操作的指南。货币政策的最终目标是指在一个较长时期内,中央银行通过政策手段要实现的目标。它通常与该国的宏观经济目标相吻合,最终达到经济高效平稳运行。传统的货币政策最终目标有:稳定物价、经济增长、充分就业与国际收支平衡。

▶ 1. 稳定物价

稳定物价是发展经济的前提条件,是各国货币政策追求的首要目标。物价稳定是指在一定时期内一般物价水平不发生显著或剧烈变动,其实质是币值稳定,既要控制通货膨胀,又要防止通货紧缩。物价的稳定幅度具有相对性,经济学家对物价稳定的含义有着不同的解释,各国数量标准也各不相同。欧洲中央银行规定通货膨胀率的上限为 2%,一般认为把物价上涨率控制在3%左右，就算物价稳定。习惯上用来测定国内物价变动的主要指标是消费者物价指数、批发物价指数、国民生产总值平减指数。

▶ 2. 经济增长

货币政策追求的经济增长主要衡量指标是国内生产总值的增长率。严格地讲，应当用一般时期内人均国内生产总值的增长率，因为保持经济增长的目的是使人均收入不断提高。在发达国家，通常认为国民生产总值的增长率在2%以上，经济增长的目标就算实现。发展中国家由于现有的经济基础差，经济增长的目标更高。经济增长是消费或缓解贫穷与失业的重要手段，因为世界各国都把经济增长的目标放在重要位置。

▶ 3. 充分就业

充分就业本来的含义是指所有经济资源的利用程度。要测定各种经济资源的利用程度有很大困难，于是各国政府均把劳动力资源的利用程度——"自然失业率"作为主要的测定指标。在市场经济条件下，失业总是存在的。凡是需要就业的人都有一个适当的工作时就叫充分就业，"自然失业率"就是劳动力市场处于供求均衡状态时的失业率，它是失业率的一个临界点，低于该点就说明劳动力供应可能出现紧张，容易引发通货膨胀。自然失业率没有一个世界公认的确定标准。部分国家把4%~6%作为充分就业的标准。造成失业的原因有：①有效需求不足，导致设备闲置而产生的失业，这种失业随着经济周期的波动而波动并反映在通货膨胀率上，常被称为周期性失业；②劳动力的供给种类与需求种类不吻合造成的结构性失业，这种失业不会加速通货膨胀率的上升或下跌；③有市场信息不灵或季节性原因引起的暂时性失业。与货币政策相关的失业主要是有效需求不足引起的周期性失业。

失业是一种社会的不幸，它会带来许多问题与灾难。首先，失业表示生产资源未充分利用，会一定程度上导致产出下降。其次，失业者为维持生计，必须动用储蓄，因而会降低全社会的资本累积速度，影响潜在经济增长率。最后，失业者生活困难是社会动荡的根源之一。因此，减少失业是政府的重要经济目标之一。

▶ 4. 国际收支平衡

国际收支平衡是指一国在一定时期内对外收入总额和支出总额大体相等的状态。国际收支是一国对外经济交易的具体体现。它既反映了一国经济结构的性质、经济活动的范围和经济发展的趋势，又反映了一国对外经济活动的规模和特点，以及该国在世界经济中所处的地位和所起的作用。各国一般以自主性项目收支基本平衡作为国际收支的平衡标准。国际收支平衡是开放条件下一国对外平衡的表现。

（二）四大目标之间的关系

货币政策四大目标都是宏观经济控制的目标。但要同时实现四个目标是有困难的，因为它们之间存在着矛盾和冲突。这一现象被称为"神秘的四角"。

▶ 1. 稳定物价与经济增长的矛盾

从本来意义上讲，物价稳定是经济增长的前提条件，经济增长是物价稳定的物质基础，二者是统一的。然而在现代市场经济环境中，经济增长大都伴随着一定程度的物价上涨。因为要加快经济增长速度，中央银行常常需要采取扩张性的货币政策，通过增加货币供应量来达到投资扩张和经济增长的目的。但是，经济增长的同时，会使社会总需求出现较快的增长，在一定程度上造成物价上涨的压力，特别是周期较长的基本建设投资不能在现期内形成生产供给，对物价上涨的压力更为明显。

▶ 2. 稳定物价与充分就业的矛盾

稳定物价与充分就业之间也存在矛盾。要想实现充分就业，中央银行常常采用放松银根、降低利率的手段来扩大总需求，加快投资和增加收入，创造更多的就业机会。总需求扩大的结果虽然使就业率增加，人们收入增加，对各种商品和劳务的需求增加，但如果供给不能同步发生变化，就会对物价稳定产生压力。这样，充分就业的目标显然是以物价上涨为代价的。

最先在理论上分析稳定物价和充分就业之间矛盾的经济学家是英国的菲利普斯。他在研究了英国1861—1957年的失业率和物价变动之间的关系后，认为失业率和物价上涨率之间存在着此消彼长的关系，即失业率降低，物价上涨率升高；失业率上升，物价上涨率下降。这就是著名的菲利普斯曲线（Phillips Curve），如图8-3所示。因此，在失业率和物价上涨率之间可以有三种选择：第一，追求低失业率的同时忍受高通货膨胀率；第二，追求物价稳定而忍受高失业率；第三，在两者之间相机抉择，把失业率和通货膨胀率控制在社会可以接受的水平上。目前，世界很多国家都采取了第三种选择。

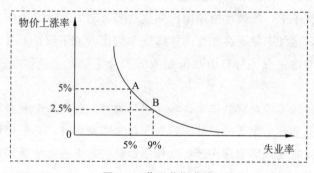

图8-3 菲利普斯曲线

经济增长与充分就业有大体同步的关系。根据经济学家奥肯的名字命名的"奥肯定律"估算，当美国经济增长率高于2.25%时，失业率将下降，在此基础上，经济增长率每增加1%，失业率就会下降0.5%。当经济增长率低于2.25%时，失业率将上升，在此基础上，经济增长率每减少1%，失业率就会上升0.5%。

▶ 3. 稳定物价、经济增长、充分就业与国际收支平衡的矛盾

在开放的市场经济条件下，稳定物价、经济增长、充分就业和国际收支平衡，分别代表一国宏观政策对内和对外的双重目标，它们本身就是矛盾的。

当经济增长较快时，国内物价上涨，本国出口减少、进口增多，造成国际收支的经常项目逆差；经济增大引起外资流入，资本项目的顺差可以一定程度上弥补经常项目逆差失衡。如果两大项目的差额不能抵消，则国际收支失衡，内外矛盾冲突。

（三）货币政策目标的选择

由于货币政策目标之间既有统一又有矛盾，货币政策目标不可能同时实现。因此，就

产生了货币政策的选择问题。关于货币政策的选择可以分为三种情况。

▶ 1. 单目标论

因为各目标之间存在矛盾，因此只能采用单一目标。由此便产生了选择哪个目标的争论。稳定物价是经济正常运行和发展的基本前提，主张稳定币值是唯一目标。也有人主张经济增长是稳定物价的基础，应该以经济增长作为唯一目标。

货币主义认为，货币政策应该将稳定物价作为最优先的目标，物价稳定是实现其他三个目标的前提。除此之外，货币政策是无效的。

▶ 2. 双目标论

既然经济增长是稳定物价的基础，稳定物价又有利于经济的长期稳定增长，那么两者相互制约相互影响，不能偏颇。因此，必须同时兼顾，货币政策应该把稳定物价和经济增长同时作为目标。

▶ 3. 多目标论

货币政策作为宏观经济调控手段，应该在总体上兼顾各个目标，在不同时期以不同的目标作为相对重点。

各国中央银行在执行货币政策的过程中，都面临着如何选择首要目标的问题。中央银行在制定和执行货币政策时，一般会在不同时期确定不同的重点目标，然后采用各种方式努力实现重点目标。无论采取什么政策，这四大目标的核心问题是如何处理好稳定物价和经济增长之间的关系。货币政策应以稳定币值为首要目标，同时兼顾其他目标。由于宏观经济目标既统一又矛盾、宏观经济环境不断变化，因此不同时期货币政策目标也应相应变化。在经济高涨时期，稳定物价应是目标；通货紧缩时期，经济增长和充分就业就应成为相对重点；而在国际收支失衡、汇率波动、金融动荡时期，国际收支平衡、汇率稳定和金融稳定就应成为货币政策的相对重点目标。

四、货币政策的中介目标

货币政策的中介目标是联系货币政策最终目标和政策工具之间的观测性金融指标。中介目标是与货币政策目标具有高度关系的、数量化的、便于适时调整政策工具的参考指标。

（一）中介目标的选择标准

中介目标的选择应具备可控性、可测性和相关性三个基本标准。

▶ 1. 可控性

可控性是指中央银行通过各种货币政策工具的运用，能对中介目标变量进行有效地控制，能在较短时间内（如1～3个月）控制中介目标变量的变动状况及其变动趋势。

▶ 2. 可测性

可测性是指中央银行能够迅速获得中介目标相关指标变化状况和准确的数据资料，并能够对这些数据进行有效分析和做出相应判断。显然，如果没有中介目标，中央银行直接收集和判断最终目标数据（如价格上涨率和经济增长率）是十分困难的，短期内（如一周或一句)是不可能有这些数据的。可测性具体表现在：①有较明确的定义并易于中央银行观察、分析和监测；②中央银行能够迅速获取相关指标的准确数据。

3. 相关性

相关性是指中介目标应与最终目标高度关联，具有类似自变量与因变量之间的函数关系。高度关联使中央银行能够根据中介目标的变化来判断政策目标的变化，以便准确地操作货币政策工具达到预计的效果。

（二）中介目标种类

可以作为中介目标的金融指标主要有：长期利率、货币供应量和贷款量。

1. 长期利率

选择长期利率作为中介目标有三个优点：①可控性强。中央银行可以控制再贴现率，或通过公开市场业务，或通过再贴现政策来调节市场短期利率的走向，并影响长期利率的变动。②可测性强。中央银行在任何时间都能观察到市场利率的水平及结构。③相关性强。利率作为经济周期各阶段转换的"指示灯"，能够敏感地反映社会的总供求，因此，货币当局可以通过长期利率影响投资和消费支出，从而调节社会的总供求。

虽然长期利率符合中介目标的基本要求，但是在现代金融体系中，长期利率作为中介指标存在准确性低的弊病。这是因为：①中央银行控制的只是名义利率，通货膨胀引起的实际利率与名义利率的背离，加大了中央银行调控的难度。②长期利率作为中介目标，其作用过程相对较长。中央银行要运用长期利率去作用货币政策目标，只有通过提高或降低再贴现利率去影响货币市场短期利率水平，并通过经济主体资产组合的结构调整，才能作用于政策目标。如果在这一过程中，经济形势发生突然变动，利率水平的变动就达不到原定的政策目标，有时甚至起到相反的政策效果，致使利率政策作为中间变量变得不可靠。③利率的变动常常使政策性效果与非政策效果混杂在一起，使中央银行难以确定政策是否奏效，并容易造成判断错误。所以，中介目标在参考利率水平的同时还要关注货币供应量。

2. 货币供应量

货币供应量与货币政策目标具有极其密切的联系。目前，大多数国家都把货币供应量划分为M0、M1、M2等不同层次，它们能够对政策目标产生重大的影响。作为中介目标，货币供应量具有可控性：M0是中央银行直接注入流通的货币，因此其可控性最强。M1、M2是商业银行对存款人负债，但它们都是由中央银行的资产支撑的。只要中央银行控制了基础货币数量，也就间接地控制了M1、M2的供应量。不同层次的货币供应量分别反映在中央银行和金融体系的资产负债表内，中央银行很容易获取资料并进行预测分析。不同层次的货币供应量还代表了一定时期内不同方面的社会购买力。中央银行通过对不同层次货币量的变动分析，能够正确评估前期货币政策的效果，为后期政策工具的调整提供依据。中央银行控制了货币供应量，也就控制了社会总需求，从而达到政策目标的要求。所以，从20世纪70年代以后，货币供应量曾是世界各国中央银行最重要的货币政策中介目标之一。

以货币供应量为指标也有几个问题需要考虑。

第一,中央银行对货币供应量的控制能力。货币供应量的变动主要取决于基础货币的改变,但还要受其他非政策性因素的影响,如现金漏损率、商业银行超额存款准备金率、定期存款占活期存款的比率等。这些因素非中央银行所能完全控制。

第二,货币供应量传导的时滞问题。中央银行通过变动存款准备金,以期达到一定的货币量变动率,但此间却存在着较长的时滞。

第三,非银行金融机构的快速发展以及相互之间资产负债业务的替代性,引起货币流通速度非规则变化,中央银行对此无法控制。

从衡量的结果来看,货币供应量仍不失为一个性能良好的指标。

▶ 3. 贷款量

以贷款量作为中间目标,其优点是:①与最终目标有密切相关性。流通中的现金与存款货币均由贷款引起,中央银行控制了贷款量,也就控制了货币供应量。②准确性较强,作为内生变量,贷款规模与需求有正值相关;作为政策变量,贷款规模与需求也是正值相关。③数据容易获得,因而也具有可测性。

五、货币政策的操作目标

各国中央银行通常采用的操作目标主要有:短期利率、商业银行的存款准备金、基础货币等。

▶ 1. 短期利率

短期利率通常是指市场利率,即能够反映市场资金供求状况、变动灵活的利率。它是影响社会的货币需求与货币供给、银行信贷总量的一个重要指标,也是中央银行用以控制货币供应量、调节市场货币供求、实现货币政策目标的一个重要的政策性指标。作为操作目标,中央银行通常只能选用其中一种利率。

过去,美国联储主要采用国库券利率和银行同业拆借利率。英国的情况较特殊,英格兰银行的长、短期利率均以一组利率为标准,其用作操作目标的短期利率有:隔夜拆借利率、三个月期的银行拆借利率、三个月期的国库券利率;用作中间目标的长期利率有:五年公债利率、十年公债利率、二十年公债利率。

▶ 2. 商业银行的存款准备金

存款准备金包括法定存款准备金和超额存款准备金。表现为商业银行的库存现金和商业银行在中央银行的存款。

中央银行以存款准备金作为货币政策的操作目标,其主要原因是,法定存款准备金作为货币政策的中介目标具有较高的可测性和可控性,银行体系存款准备金的变动也与社会的需求增减和经济稳定发展密切相关。法定存款准备金的多少,对货币数量和货币政策目标有着决定性影响。中央银行通过法定存款准备金率的调整来影响基础货币和商业银行贷款数量,进而影响货币供应量。无论中央银行运用何种政策工具,都会先行改变商业银行的存款准备金,然后对中间目标和最终目标产生影响。因此可以说变动存款准备金是货币政策传导的必经之路。由于商业银行准备金越少,银行贷款与投资的能力就越大,从而派生存款和货币供应量也就越多。因此，银行存款准备金减少被认为是货币市场银根放松，存款准备金增多，则意味着市场银根紧缩。

存款准备金在准确性方面的缺点有如利率。作为内生变量，存款准备金与需求负值相关。借贷需求上升，银行体系便减少准备金以扩张信贷；反之，则增加存款准备金而缩减信贷。作为政策变量，存款准备金与需求正值相关。中央银行要抑制需求，一定会设法减少商业银行的存款准备金。因而，存款准备金作为金融指标也有误导中央银行的缺点。

▶ 3. 基础货币

基础货币是中央银行经常使用的一项操作指标，也常被称为"强力货币"或"高能货币"。从基础货币的计量范围来看，它是商业银行存款准备金和流通中通货的总和，包括商业银行在中央银行的存款、银行库存现金、向中央银行借款、社会公众持有的现金等。通货与存款准备金之间的转换不改变基础货币总量，基础货币的变化来自那些提高或降低基础货币的因素。

中央银行有时还运用"已调整基础货币"这一指标，或者称为扩张的基础货币，它是针对法定存款准备金的变化调整后的基础货币。单凭基础货币总量的变化还无法说明和衡量货币政策，必须对基础货币的内部构成加以考虑。因为：

（1）在基础货币总量不变的条件下，如果法定存款准备金率下降，银行法定存款准备金减少而超额存款准备金增加，这时的货币政策仍呈扩张性。

（2）若存款从存款准备金率高的存款机构转到存款准备金率较低的存款机构，即使中央银行没有降低存款准备金率，但平均存款准备金率也会有某种程度的降低，这就必须对基础货币进行调整。

多数学者公认基础货币是较理想的操作目标。因为基础货币是中央银行的负债，中央银行对已发行的现金和它持有的存款准备金都掌握着相当及时的信息，因此，中央银行对基础货币是能够直接控制的。基础货币比银行存款准备金更为有利，因为它考虑到社会公众的通货持有量，而存款准备金却忽略了这一重要因素。

六、货币政策工具

中央银行的货币政策工具指中央银行贯彻执行货币政策的技术手段。根据货币政策工具的调节职能和效果来划分，货币政策工具可分为以下四类。

（一）一般性货币政策工具

一般性货币政策工具也称常规性货币政策工具，是最主要、最常用的货币政策工具。其原因是这些工具的使用通过货币数量和利率变化作用于社会经济活动的各个方面，对社会经济产生全面的、一般性影响。一般性政策工具包括公开市场操作、再贴现政策和存款准备金政策，被称为中央银行的"三大法宝"。

▶ 1. 公开市场操作

（1）公开市场操作的含义

公开市场操作是中央银行在二级市场上公开买卖有价证券，达到影响货币供应量和市场利率的业务活动。中央银行买卖的有价证券主要是政府证券。公开市场操作是各国中央银行采用的最主要的货币政策工具。中国公开市场操作包括人民币操作和外汇操作两部分。

公开市场业务的条件：第一，具备发达的金融市场和完善的金融制度，使人们能够在规范的市场环境下广泛地参与金融交易活动；第二，中央银行只有拥有一定数量的有价证券，才能频繁地在市场上交易，借以影响货币供求和市场利率。

公开市场业务交易主要有两种类型，即直接买卖和回购交易，主要目的都是缓和金融市场的临时性或季节性资金波动。

(2) 公开市场操作的主要作用机理

中央银行能够直接控制商业银行和其他金融机构存款准备金数量的变化，影响基础货币的投放数量，用货币供应量和市场利率发生变化，最后作用于货币政策目标。

公开市场业务的作用效果包括扩张性货币政策和紧缩性货币政策两个方面。

当中央银行希望刺激经济发展、降低失业率时，通常制定和实施扩张性货币政策。在公开市场上向金融机构买进有价证券，引起基础货币投放量增加，导致货币供应量增加和市场利率的下降，并通过利率的下降来刺激投资和消费的增长。

相反，当中央银行货币政策的最终目标是稳定物价、降低通货膨胀率、减少国际收支逆差时，它可能制定和实施紧缩性的货币政策。于是，中央银行将在公开市场上向商业银行出售有价证券，使商业银行存款准备金数量减少，迫使它们谨慎放款，通过减少货币供应量来达到稳定物价的目标。

从交易品种看，中国人民银行公开市场业务债券交易主要包括回购交易、现券交易和发行中央银行票据。其中回购交易分为正回购和逆回购两种。正回购为中国人民银行向一级交易商卖出有价证券，并约定在未来特定日期买回有价证券的交易行为。正回购为央行从市场收回流动性的操作，正回购到期则为央行向市场投放流动性的操作。逆回购为中国人民银行向一级交易商购买有价证券，并约定在未来特定日期将有价证券卖给一级交易商的交易行为。逆回购为央行向市场上投放流动性的操作，逆回购到期则为央行从市场收回流动性的操作。现券交易分为现券买断和现券卖断两种，前者为央行直接从二级市场买入债券，一次性地投放基础货币；后者为央行直接卖出持有债券，一次性地回笼基础货币。中央银行票据即中国人民银行发行的短期债券，央行通过发行央行票据可以回笼基础货币，央行票据到期则体现为投放基础货币。

根据货币调控需要，近年来，中国人民银行不断开展公开市场业务工具创新。2013年1月，立足现有货币政策操作框架并借鉴国际经验，中国人民银行创设了"短期流动性调节工具(Short-term Liquidity Operations，SLO)"，作为公开市场常规操作的必要补充，在银行体系流动性出现临时性波动时相机使用。这一工具的及时创设，既有利于央行有效调节市场短期资金供给，熨平突发性、临时性因素导致的市场资金供求大幅波动，促进金融市场平稳运行，也有助于稳定市场预期和有效防范金融风险。

▶ 2. 再贴现政策

(1) 再贴现政策的含义

再贴现政策主要是指中央银行通过调整再贴现率来干预市场利率，直接影响商业银行在中央银行的融资成本，达到约束商业银行的放款规模，从而调节市场货币供应量的金融政策。提高再贴现率的目的在于收缩信用；反之，则为了扩张信用。

中央银行的再贴现政策不仅可以通过调整再贴现率来影响社会资金量的供求，还可以通过审查再贴现的票据资格来影响商业银行的资金投向。

中央银行运用再贴现政策的前提条件是金融业以票据业务作为主要融资方式。

（2）再贴现政策的作用机理

中央银行主要是通过调整贴现率来间接影响市场利率的，从而调节信用的总规模。当中央银行提高贴现率时，势必增加商业银行向中央银行贴现的成本，商业银行减少再贴现数量的同时也减少其信用扩张的存款准备金，促使商业银行压缩对客户的贷款或贴现，在贷款收缩的同时提高了市场利率；反之，中央银行降低再贴现时，鼓励商业银行向中央银行申请再贴现，以增加其存款准备金，增加对客户的贷款或贴现，促使市场利率下降。中央银行还可以对贴现票据实行差别贴现率，控制不同票据的贴现金额，使货币供给结构与中央银行产业政策相符合。

▶ 3. 存款准备金政策

（1）存款准备金政策的含义

存款准备金政策是指中央银行在法律所赋予的权力范围内，通过规定和调整商业银行缴存中央银行的存款准备金率来控制商业银行的信用创造能力，且间接地控制社会货币供应量的政策。

（2）存款准备金政策的作用机理

中央银行主动调整法定准备金率，通过存款乘数大小和超额准备金数量的传导，最终影响商业银行的信用创造数量。当货币政策目标为促进经济增长时，中央银行可以降低商业银行的法定存款准备金率。这意味着整个商业银行系统的超额准备金增加，存款乘数扩大，货币供应量增加，利率下降，刺激投资和消费增长。

（二）选择性货币政策工具

选择性货币政策工具是指中央银行针对某些特殊的信贷或某些特殊的经济领域而采用的信用调节工具。这种工具以某些商业银行的资产运用与负债经营活动或整个商业银行资产运用的负债经营活动为对象，侧重于对银行业务活动质的方面进行控制，是常规性货币政策工具的必要补充。常见的选择性货币政策工具主要包括：证券市场信用比率控制、消费者信用比率、不动产信用控制、优惠利率等。

▶ 1. 证券市场信用比率控制

证券市场信用比率控制是指中央银行为了抑制过度投机而对证券交易保证金比率进行限制的政策。其手段是通过调整保证金比率来间接控制证券市场的信贷资金流入量，达到控制证券交易规模的目的。

▶ 2. 消费者信用比率

消费者信用比率是指中央银行对不动产以外的各种消费品提供的销售融资政策。其主要内容包括：规定使用分期付款购买消费品时首付款的最低金额比例；规定消费信贷的最长期限；规定使用消费信贷购买的消费品种类，并对不同消费品规定不同的信贷条件，等等。

在消费信贷膨胀和通货膨胀时期，提交消费者信用比率在一定程度上能抑制消费需求和物价上涨。

▶ 3. 不动产信用控制

不动产信用控制是指中央银行为鼓励或抑制房地产消费，对金融机构在房地产方面放款的限制措施，如对金融机构的房地产按揭贷款规定最高限额、最长期限及付款比例和分摊还款的最低金额等。

▶ 4. 优惠利率

优惠利率是指中央银行对国家重点发展的产业，对农业、教育等采取的低息放款的鼓励措施。

▶ 5. 特种存款

特种存款是中央银行在货币政策发挥作用有限的情况下，根据银根松紧及宏观调控的需要，采用特种存款方式，集中一部分金融机构一定数量资金而形成的存款，是中央银行调整信贷资金结构和信贷资金规模的重要工具。特种存款包括驻华外交代表机关、领事机关及其人员人民币存款、外汇券存款、部队人民币存款和农村信用社在中国人民银行的存款。

（三）补充性货币政策工具

除以上常规性、选择性货币政策工具外，中央银行有时还运用一些补充性货币政策工具，对信用进行直接控制和间接控制。

▶ 1. 直接控制政策

直接控制政策是指以行为干预或其他管制方式直接对金融机构，尤其是对商业银行的信用活动进行控制的政策。具体包括以下几种形式。

（1）存贷款利率限额。是指为防止银行同业间不当竞争带来金融业经营混乱，中央银行强行规定存款利率的上限和贷款利率的下限，以防止商业银行用抬高存款利率吸引客户和降低贷款利率争夺客户的竞争。

（2）规定商业银行的流动性比率限制。是指中央银行规定商业银行流动资产对流动性负债的比例。流动性比率与收益率呈反相关关系。为保持中央银行规定的流动比率，商业银行必须采取缩减长期放款、扩大短期放款和增加现金资产等措施。

（3）直接干预。直接干预是指中央银行直接对商业银行的信贷业务、放款范围等加以干预，如对业务经营管理不善的商业银行拒绝再贴现或采取高于一般利率的惩罚性利率等。

▶ 2. 间接信用控制政策

间接信用控制政策，是指中央银行凭借其在金融体制中的特殊地位，通过与金融机构之间的磋商、宣传等，指导其信用活动，以控制信用，其方式主要有窗口指导、道义劝告。道义劝告或窗口指导是指中央银行利用自己在金融体系中的特殊地位和威望，通过口头和书面方式要求银行控制信贷规定或者限制对某个行业的放款。它们的优点是比较灵活，无须花费行政管理费用；其缺点是缺乏法律约束力。

（四）货币政策新工具

▶ 1. 常备借贷便利

常备借贷便利（Standing Lending Facility，简称SLF），是商业银行或金融机构根据自身的流动性需求，通过资产抵押的方式向中央银行申请授信额度的一种更加直接的融资方式。由于常备借贷便利提供的是中央银行与商业银行"一对一"的模式，因此，这种货币操作方式更像是定制化融资和结构化融资。

常备借贷便利的主要特点：一是由金融机构主动发起，金融机构可根据自身流动性需求申请常备借贷便利；二是常备借贷便利是中央银行与金融机构"一对一"交易，针对性强；三是常备借贷便利的交易对手覆盖面广，通常覆盖存款金融机构。

2013年11月6日，我国央行网站新增"常备借贷便利（SLF）"栏目，标志着这一新的货币政策工具的正式使用。常备借贷便利是中国人民银行正常的流动性供给渠道，主要功能是满足金融机构期限较长的大额流动性需求。对象主要为政策性银行和全国性商业银行。期限为1~3个月。利率水平根据货币政策调控、引导市场利率的需要等综合确定。常备借贷便利以抵押方式发放，合格抵押品包括高信用评级的债券类资产及优质信贷资产等。

为满足金融机构临时性流动性需求，2019年7月，中国人民银行对金融机构开展常备借贷便利操作共355.1亿元，其中隔夜1.1亿元，7天24亿元，1个月330亿元。常备借贷便利利率发挥了利率走廊上限的作用，有利于维护货币市场利率平稳运行。

▶ 2. 中期借贷便利

2014年9月，中国人民银行创设了中期借贷便利（Medium-term Lending Facility，MLF）。中期借贷便利是中央银行提供中期基础货币的货币政策工具，对象为符合宏观审慎管理要求的商业银行、政策性银行，可通过招标方式开展。中期借贷便利采取质押方式发放，金融机构提供国债、央行票据、政策性金融债、高等级信用债等优质债券作为合格质押品。中期借贷便利利率发挥中期政策利率的作用，通过调节向金融机构中期融资的成本来对金融机构的资产负债表和市场预期产生影响，引导金融机构向符合国家政策导向的实体经济部门提供低成本资金，降低社会融资成本。

2019年7月，为维护银行体系流动性合理充裕，结合金融机构流动性需求，中国人民银行对金融机构开展中期借贷便利操作共4 000亿元，期限1年，利率为3.30%。

▶ 3. 抵押补充贷款

2014年4月，中国人民银行创设抵押补充贷款（Pledged Supplemental Lending，PSL）为开发性金融支持棚改提供长期稳定、成本适当的资金来源。抵押补充贷款的主要功能是支持国民经济重点领域、薄弱环节和社会事业发展而对金融机构提供的期限较长的大额融资。抵押补充贷款采取质押方式发放，合格抵押品包括高等级债券资产和优质信贷资产。

2019年7月，中国人民银行对国家开发银行、中国进出口银行、农业发展银行发放抵押补充贷款。根据贷款偿还情况，三家银行归还抵押补充贷款共 103 亿元。

综上所述，中央银行货币政策委员会首先确定货币政策的最终目标，其次根据最终目标的要求，观测一些在短期内即可实现的中介目标，并通过中介目标和最终目标的相关性，作用于最终目标。最终目标货币政策工具之间的相互联系、相互依存关系构成中央银行宏观调控体系，如图 8-4 所示。

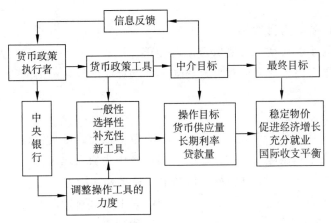

图 8-4　货币政策的作用过程

本章小结

1. 作为金融监管领域的中心机构，中央银行既是金融市场的重要组成部分，也是一国稳定金融市场、稳定币值的政策执行与实施方。

2. 中央银行的组织形式是指中央银行在社会经济生活中的存在形态。就目前各国（地区）的中央银行制度来看，大致可归纳为以下几种类型：单一中央银行制、联邦中央银行制、跨国中央银行制及准中央央行制。

3. 中央银行存在的目的是稳定币值和稳定经济，同时中央银行又是为政府服务的银行。中央银行的独立性主要体现在建立独立的货币发行制度、维持货币的稳定、独立地制定和执行货币金融政策及独立地与其他金融机构开展业务等方面。

4. 中央银行有发行的银行、银行的银行、国家的银行和监管的银行四大职能。

5. 中央银行的负债是为社会各集团和个人持有的对中央银行的债权，包括流通中的现金、商业银行等金融机构的存款、政府部门的存款、国际金融机构存款及资本项目。

6. 中央银行的资产项目是中央银行的资金运用项目，包括对商业银行的再贴现、持有的政府债券、黄金及外汇储备占用款、其他资产。

7. 基础货币又称强力货币，是由中央银行控制的、能够影响商业银行信用创造的货币。基础货币包括通货和商业银行的存款准备金。

8. 中央银行向银行体系提供追加准备资金的三种途径是：①向商业银行贴现或发放贷款；②向商业银行购买政府债券；③向商业银行买进外汇。

9. 中央银行的货币政策目标有：稳定物价、促进经济增长、充分就业与国际收支平衡。

综合练习题

一、判断题

1. 中央银行一般是一国通货的唯一发行银行。（　　）
2. 中央银行作为特殊的金融机构，一般不经营商业银行和其他金融机构的普通金融业务。（　　）
3. 中央银行以盈利为目的。（　　）
4. 中央银行的业务活动一般要保密、不公开。（　　）
5. 当前，中国人民银行可以对财政透支，可以直接认购和包销国债。（　　）

二、单选题

1. 我国中央银行的制度是（　　）。
   A. 单一一元式中央银行制度　　　B. 单一二元式中央银行制度
   C. 复合式中央银行制度　　　　　D. 准中央银行制度
2. 中央银行之所以成为中央银行，最基本、最重要的标志（　　）。
   A. 集中存款准备金　　　　　　　B. 集中与垄断货币发行
   C. 充当"最后贷款人"　　　　　 D. 代理国库
3. 中国最早的中央银行是（　　）。
   A. 1905年满清政府的户部银行　　B. 1912年成立的中国银行
   C. 1928年南京政府的中央银行　　D. 1948年中华人民共和国的中国人民银行
4. （　　）确立了中央银行在金融体系中的核心和主导地位，确定了中央银行对金融机构实施金融监督管理的必然性与必要性。
   A. 依法实施货币政策　　　　　　B. 代理国库
   C. 充当"最后贷款人"角色　　　 D. 依法金融监管

三、多项选择题

1. 集中存款准备金的目的是（　　）。
   A. 保证商业银行和其他存款机构的支付和清偿能力
   B. 调节信用规模　　　　　C. 控制货币供应量
   D. 为政府融资　　　　　　E. 盈利
2. 中央银行制度的类型有（　　）。
   A. 单一式中央银行制度
   B. 复合式中央银行制度
   C. 准中央银行制度
   D. 跨国式中央银行制度
   E. 二元式中央银行制度
3. 中央银行是"政府的银行"具体体现为（　　）。
   A. 代理国库
   B. 代理政府债券的发行
   C. 为政府融通资金，提供特定信贷支持

D. 为国家持有和经营管理国际储备

E. 代表国家政府参加国际金融组织和各项国际金融活动

4. 在现代经济中，以下属于中央银行货币发行内容的有（　　）。

A. 保持币值稳定

B. 促进经济增长和就业

C. 提供与经济运行相适应的货币供应量

D. 保持货币供给结构与经济和社会发展相适应

E. 用货币干预外汇市场、稳定汇率

5. 中央银行对政府独立性的强弱，体现在以下哪几个方面（　　）。

A. 法律赋予中央银行的职责及履行职责时的主动性大小

B. 中央银行的隶属关系

C. 中央银行负责人的产生程序、任期长短与权力大小

D. 中央银行与财政部门的资金关系

E. 中央银行最高决策机构的组成，政府人员是否参与决策等

6. "负责金融业的统计、调查、分析和预测"是由中央银行的（　　）职能共同决定的。

A. 政府的银行　　　　　　　　B. 经理国库

C. 银行的银行　　　　　　　　D. 发行的银行

E. 制定和执行货币政策

四、简述题

1. 中央银行的产生有哪些必然性？

2. 与商业银行相比，中央银行负债业务有哪些特点？

3. 为什么说中央银行的资产业务规模会影响其货币供应量？

4. 中央银行独立性含义的实质是什么？中央银行为什么要保持相对独立性？

5. 中央银行是特殊的金融机构，与商业银行等其他金融机构相比，这种特殊性表现在哪些方面？

实训项目

【实训目标】

1. 使学生熟悉中央银行的货币政策。

2. 理解货币政策目标体系各个构成部分之间的关系。

【实训内容】

查找从2008年以来中央银行所采取的货币政策，结合当时我国的宏观经济环境，分析这些货币政策的目标是什么。中央银行是如何通过货币政策进行宏观调控的？最终结果如何？

【成果与检测】

课程结束后，要求每个同学搜集资料整理，并提交总结报告一份。

参 考 文 献

[1] Wells D A. McKinnon, Ronald I. Money and Capital in Economic Development, Washington, D. C. The Brookings Institution, 1973: xii+184[J]. American Journal of Agricultural Economics, 1974(1).

[2] Chandavarkar A. Of Finance and Development: Neglected and Unsettled Questions [J]. World Development, 1992, 20(1): 133-142.

[3] Asli Demirgü-Kunt, Maksimovic V. Law, Finance, and Firm Growth[J]. The Journal of Finance, 1998, 53(6): 2107-2137.

[4] Goldsmith R W. The Quantitative International Comparison of Financial Structure and Development[J]. Journal of Economic History, 1975, 35(1): 216-237.

[5] [美]罗纳德·麦金农. 经济市场化的次序:向市场过渡时期的金融控制[M]. 上海:上海人民出版社,2014.

[6] 危机以来国际金融监管改革综述,中国银行保险监督管理委员会官网,2011.

[7] Mishkin F S. The Channels of Monetary Transmission: Lessons for Monetary Policy [J]. NBER Working Paper Series, 1996: 1-29.

[8] [加]约翰·赫尔. 期权、期货及其他衍生产品[M]. 北京:机械工业出版社,2009.

[9] 刘明兴,罗俊伟. 泡沫经济与金融危机[J]. 经济学家,2000(4):105-110.

[10] 谢平,邹传伟. 金融危机后有关金融监管改革的理论综述[J]. 金融研究,2010(2):1-17.

[11] [美]A. 巴克利. 国际货币[M]. 黄璐,译. 北京:中信出版社,1998.

[12] [美]兹维·博迪,罗伯特·C. 莫顿. 金融学(第2版)[M]. 欧阳颖,等译. 北京:中国人民大学出版社,2010.

[13] 曹龙骐. 金融学(第4版)[M]. 北京:高等教育出版社,2013.

[14] 陈彪如. 国际金融概论[M]. 上海:华东师范大学出版社,1996.

[15] 郭红玉. 货币银行学[M]. 北京:清华大学出版社,2016.

[16] 戴金平. 国际金融前沿发展理论与实证方法[M]. 天津:天津人民出版社,2000.

[17] 张红伟. 货币金融学[M]. 北京:科学出版社,2016.

[18] 伍瑞凡. 金融学(第2版)[M]. 北京:科学出版社,2012.

[19] 胡乃红. 货币金融学习题集(第3版)[M]. 上海:上海财经大学出版社,2014.

[20] 黄达. 金融学(第3版)[M]. 北京:中国人民大学出版社,2012.

[21] 姜波利. 国际金融[M]. 北京：高等教育出版社，2000.

[22] 李健. 金融学[M]. 北京：高等教育出版社，2010.

[23] 王庆安. 金融市场学[M]. 北京：人民邮电出版社，2015.

[24] 张亦春. 金融市场学[M]. 北京：高等教育出版社，2017.

[25] 罗斯·P. 外汇市场和货币市场[M]. 周炜，译. 上海：上海财经大学出版社，1999.

[26] [美]彼得·S. 罗斯. 货币与资本市场：全球市场中的金融机构与工具[M]. 肖慧娟，安静，译. 北京：机械工业出版社，1999.

[27] 伍瑞凡. 国际金融[M]. 重庆：重庆大学出版社，1997.

[28] 席德应. 商业银行机构金融业务[M]. 北京：中国金融出版社，2010.

[29] 杨长江，张利，王一富. 金融学教程[M]. 上海：复旦大学出版社，2007.

[30] 中国银行业务会行业发展研究委员会. 中国银行业发展报告[R]. 2018.

[31] 佟哲晖. 经济统计学（下册）[M]. 大连：东北财经大学出版社，1986.

[32] 王晋忠. 衍生金融工具[M]. 北京：中国人民大学出版社，2014.

[33] 叶永刚，郑康彬，等. 金融工程概论[M]. 武汉：武汉大学出版社，2000.

[34] 陈威光. 金融衍生工具[M]. 武汉：武汉大学出版社，2013.

[35] 杜金富. 金融市场学（第3版）[M]. 北京：中国金融出版社，2018.

[36] 顾金宏. 商业银行业务与管理[M]. 北京：人民邮电出版社，2014.

[37] 唐友清，黄敏. 商业银行信贷管理与实务[M]. 北京：清华大学出版社，2016.

[38] 杨利，伍瑞凡. 金融学（第3版）[M]. 北京：科学出版社，2015.

教师服务

感谢您选用清华大学出版社的教材！为了更好地服务教学，我们为授课教师提供本书的教学辅助资源，以及本学科重点教材信息。请您扫码获取。

》教辅获取

本书教辅资源，授课教师扫码获取

》样书赠送

财政与金融类重点教材，教师扫码获取样书

清华大学出版社

E-mail: tupfuwu@163.com
电话：010-83470332 / 83470142
地址：北京市海淀区双清路学研大厦 B 座 509

网址：http://www.tup.com.cn/
传真：8610-83470107
邮编：100084